LIVES
OF THE ANCIENT EGYPTIANS
Toby Wilkinson

図説 古代エジプト人物列伝

トビー・ウィルキンソン=著　内田杉彦=訳

悠書館

ジョセル王の階段ピラミッド地下墓室のファイアンス製タイルで作られた壁
（本文 ii 頁参照）（©Jürgen Liepe）

シルト岩で作られたナルメル王の記念パレット細部（本文6頁参照）
(Egyptian Museum, Cairo)

神格化されたイムホテプの青銅製奉献像(本文28頁参照)
(British Museum, London)

母親のアンケネスメリラーの膝にすわる幼王ペピ
2世を表わした方解石製彫像(本文89頁参照)
(Brooklyn Museum of Art)

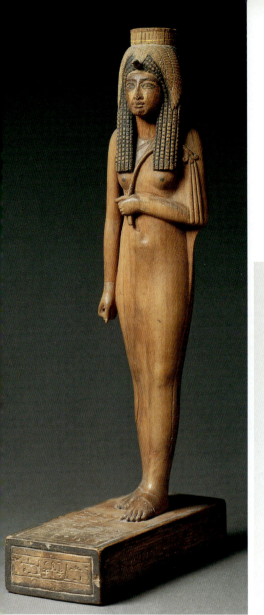

「ハプの息子」アメンホテプの座像（本文 232 頁参照）
（©Jürgen Liepe）

アハモセネフェルトアリの木製小像（本文 173 頁参照）
（Musée de Louvre, Paris）

長女メリトアテンをあやすアクエンアテン（本文238頁参照）
（©Jürgen Liepe）

ネフェルトイティの彩色胸像（本文 249 頁参照）
(Ägyptisches Museum und Papyrussammlung,
Sraatliche Museen zu Berlin)

ホルエムヘブとホルスの等身大の座像（本文 292 頁参照）
(©Jürgen Liepe)

アンクネスネフェルイブラーの玄武岩製彫像（本文391頁参照）
（©Aidan Dodson）

トゥトアンクアムン王墓より出土した王の舟の木製模型
（本文393頁参照）（©Robert Harding Picture Library）

パディウスィルの木棺（本文 364 頁参照）（©Jürgen Liepe）

序

　古代のエジプトで暮らすというのは、実際のところどのようなものだったのだろうか。ファラオの文明について我々が抱く印象は、目に見えるその遺跡、ピラミッドや神殿、墓に左右されている。しかしそれらを作らせ建設した人びと、中央や地方の官庁に務めていた人びと、神殿で奉仕し、エジプトの国境を守るため戦い、あるいは農地で汗水たらして働いていた人びとについてはどうだろう。ナイルの谷でエジプトの壮麗な文化を生み出し支えた男女はどんな人たちだったのか。古代のエジプトについて個人の視点が文献に登場することは稀であり、ハトシェプストやアメンホテプ３世、ラメセス２世、あるいはクレオパトラのように良く知られた少数のファラオは例外と言える。とはいえ、統治者はイデオロギーと儀礼によって厳しく制限された生涯をおくっており、そうした理由によって彼らは、彼らの臣下である人びとにくらべ、当時を物語る証人としてはあまりおもしろくない場合が多い。したがって、エジプト文明をじかに体験していた普通の人びとについてこれまで書き記されることがほとんどなかったのは、驚くべきことだ。なぜなら彼らの観点を共有することによって初めて我々は、ファラオのもとで生きるということの多様性や複雑さを正しく認識できるようになるからである。この本の簡潔な目的がまさにそれである。すなわちそれは、古代エジプトの歴史と文化をその住人たちの生涯を通して探求し、彼らをして語らせることにある。

　対象とする100人を選ぶにあたっては、時代と場所、社会的な地位に関してバランスをとることを目標としている。利用できる証拠には限界があるため、これはどんな場合にも簡単にいくとは限らなかった。古代エジプト文明の年代的な範囲を例にとろう。エジプト国家の誕生から、それがローマ帝国に吸収されるまで

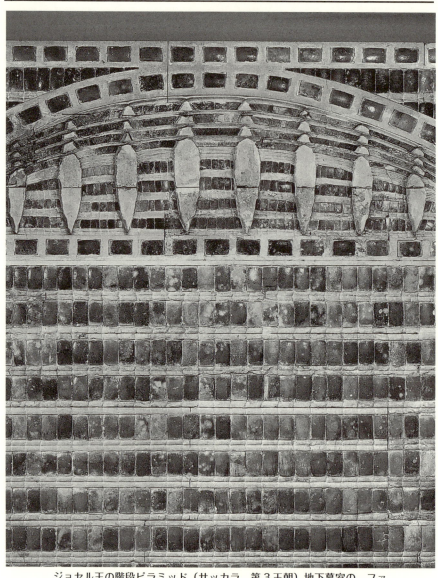

ジョセル王の階段ピラミッド（サッカラ、第3王朝）地下墓室の、ファイアンス製タイルで作られた壁。このタイルの青緑色は再生を象徴し、半円形壁面装飾を形作っているジェド柱の列は安定と持続を意味していた。

を隔てるのは3000年の時間である。言い換えれば、「大ピラミッド」の時代から
クレオパトラの時代までは、この女王の頃から現代までよりもはるかに長い年月
が経っているのである。したがって、もし一世代をおおよそ30年とすると（独
立国で活気あふれる文化としての）古代エジプトは、百世代にも及んでいたこと
になるが、だとすれば、100人の生涯を扱えば、この本はファラオ時代の歴史の
あらゆる局面を同じ程度の詳しさでカバーできるはずである。ところがあいにく、
考古資料の残り方が時代によってまちまちであるため、それほど公平な取り組み
をするわけにはいかない。エジプト文明の最初のおよそ500年間（初期王朝時代）
よりも、紀元前14世紀における30年間（いわゆるアマルナ時代）のほうが、知
ることができる情報は多いのである。そこでこの本では、アマルナ時代を代表す
る人びととして10人を選んだのに対して、初期王朝時代の代表者は8人にとど
めてある。ただし、古代エジプト史の主要な側面は、古王国の崩壊、ヒクソスに
よる支配、ラメセス朝の勃興などといった主な転換期とともに、すべてもれなく
カバーするよう注意を払ったつもりである。

　古代エジプトの地理的な広がりは、その歴史の長さと同じように印象的である。
この国の中核をなす領土は、南は第一急湍から北は地中海沿岸まで伸び、川の長
さにして約1,000キロ（625マイル）に及ぶ。その歴史におけるいくつかの時期に
は、エジプトは征服や植民によって国境をさらに先まで押し進め、ヌビアと近東
のかなりの地域を併合した。この広大な帝国の内部では、政治と宗教にかかわる
生活は二つか三つの主要拠点に集中していた。すなわちデルタの頂点に位置する
メンフィスと上エジプトのテーベ、そして紀元前13世紀以降は、デルタの中央
部と東部のさまざまな都市である。したがって、我々の登場人物の多くが、これ
ら大都市圏で生活し、そこで生涯を終えたことは驚くにあたらない。しかし地方
もまた重要であり、いくつかの重要な局面では、国家の命運を形作ったことさえ
あった。ファラオ支配下の生活の全体像を捉えるためには、デルタの広大な湿地
帯から上エジプト南部の狭い谷まで、エジプト各地の田舎町や村落の住人に語ら
せることがきわめて重要である。それゆえ我々の証人たちには、ブシリスやヘラ
クレオポリス、エルカブのような町の市民も、大都市の住民とともに含まれてい

序　iii

る。

　古代エジプト人の生活に関する証拠は驚くほど広範囲に及ぶが、決して社会の
さまざまな領域にまたがって均等に分布しているわけではない。記念建造物や文
字資料の大多数は、男性が男性のために作らせたものだったから、古代エジプト
文化についての我々の印象は、ほぼ例外なく男性のレンズを通して得られたもの
である。少数の女性が（とりわけ第18王朝の王家において）卓越した地位を得た
とはいえ、一般的に言って、人口の半数を占める女性の生活は隠されたままで
ある。この本の対象となっている100人のうち、女性は11人である。これは古
代エジプトについて扱った多くの著作にくらべれば性偏見が少ないが、理想的な
バランスからはなおほど遠い。そのうえ、墓や神殿の壁に表わされた場面と銘
文、彫像や石碑などの工芸品に刻まれた銘文、そして現存するパピルス文書の大
部分は、エジプトでは数少ない識字支配階級の経歴や家族関係に関するものであ
る。これとは対照的に、読み書きができず、人口の90パーセントに及ぶ農民の
生活については、おおむね記録されていない。しかし、支配階級のエリートのな
かにさえ、数多くの異なった民族的背景が表わされていた。エジプトは常にさま
ざまな民族や文化のるつぼであり、アフリカとアジア、ヨーロッパを結ぶ十字路
であった。事実、さまざまな時期に、エジプト王自身がアジア人やリビア人、ヌ
ビア人、あるいはマケドニア人だったこともある。彼らの物語は、美術や建築で
喧伝されているような保守的な文化の覆いを取り払って、エジプトが多民族から
なり、絶えず変化する社会だったことを明らかにしてくれる。

　エジプト史の3000年間において本質的な連続性と安定をもたらしたのは、結
局のところ官僚、すなわち王家や中央政府、地方行政に奉仕する人びとだった。
これら官吏たちは古代人のなかでも最も良く知られる人びとのうちに数えられ、
彼らにも（宰相から宮廷専属の小人に至るまで）彼らなりに語るべき物語がある。
ファラオ統治下の社会において同様に影響力を持っていたのは、この国の大いな
る神官たちだった。古代エジプトのイメージは、主要な国家神の大司祭から地方
神殿の名もなき女性神官にいたるまで、この国の宗教にかかわる職員たちを抜き
にしては、完全なものとならないだろう。彼らには本書でさらに数多くの人びと、

医師や歯科医師、下絵師、彫刻師、建築家、楽師、兵士、水夫、農夫、主婦、犯罪者、歴史家、そして最初の「エジプト学者」さえ加わることとなる。なぜなら彼らは真の古代エジプト人であり、彼らの経験こそが、20世紀、30世紀、あるいは40世紀も前のナイルの谷での生活がいかなるものだったかについて、最良の知識を与えてくれるからである。

著者覚え書き

　エイダン・ドッドソン博士、ビル・マンリー博士、そしてピーター・グロース・ホッジの各氏には格別の感謝が捧げられるべきだろう。この方々はこの本の初期の草稿を親切にも読んでくださり、数多くの有益な訂正、批評、示唆をしてくださった。著者はまた、マイアの生涯と経歴に関する主要な研究をされたジェフリー・マーティン教授、ヘスィラーの経歴に関する資料を提供されたデーヴィッド・デニシュ博士、熱意と支援を捧げてくださったテムズ・アンド・ハドソン社の編集・制作スタッフの方々、そしていつもながらの忍耐と理解を示してくれたマイケル・ベイリーに感謝したい。

　この本の意図は、古代のナイル河谷の歴史と文明を、その住人たちの生涯を通して読者に探検し経験できるようにすることにある。物語の速さや流れを保つため、そして一般読者を念頭に置いたために、古代エジプト資料の専門的な研究には当然つきものである補足説明は、この本の記述では故意に控えることとした。しかし、ファラオ時代の文明について我々が描くイメージは偏っているばかりか断片的であることは、認めないわけにはいかない。これから続いて語られる人々の生涯は、確かな事実、学者の間で意見の一致をみている事柄、知識に基づいた当て推量を混ぜ合わせたものではあるが、どちらかというと最初の二つが多く、最後のものは比較的少ないだろうと信じる。それぞれの人物の伝記や、彼らをめぐってなおも続く論争について、もっと知ることに興味をもつ読者諸氏は、この本の巻末にあげてある参考文献を参照されたい。

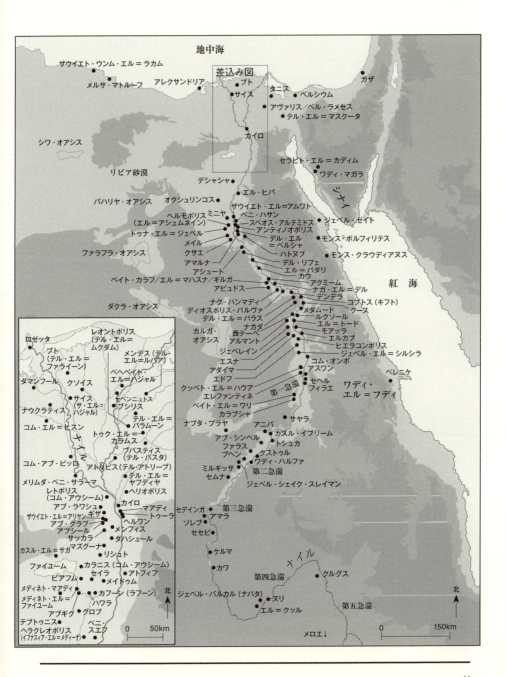

メンチュホテプ2世の彫像（砂岩に彩色、テーベ西岸デル・エル＝バハリの同王の葬祭複合体より出土、第11王朝）細部

目　次

序　i

著者覚え書き　vi

地図　vii

第Ⅰ部　建国：初期王朝時代　1

1　ナルメル
：エジプト最初の国王　5

2　メルネイト
：政権を握った最初の女性　10

3　デン
：第1王朝の改革王　12

4　カーセケムウイ
：「ピラミッド時代」の先駆者　16

5　ジョセル
：「階段ピラミッド」を造営した王　20

6　ヘスィラー
：ジョセルの宮廷の主任歯科医　24

7　イムホテプ
：建築家、賢者、ついには神に　27

8　メチェン
：キャリア官僚　33

第Ⅱ部　ピラミッド時代
：古王国時代　37

9　ヘテプヘレス

：クフ王の母　42

10　クフ
：「大ピラミッド」の主　46

11　ヘムイウヌ
：「大ピラミッド」を建設した労働
監督官　51

12　ペルニアンクウ
：宮廷専属の小人　54

13　プタハシェプセス
：王の義理の息子　56

14　ペピアンク
：長生きの官吏　59

15　ウナス
：謎めいた王　63

16　メチェチ
：廷臣、パトロン、審美家　68

17　メレルカ
：大宰相　72

18　ウェニ
：国王の便利屋　76

19　ハルクフ
：はるかな国々を旅した探検家　81

20　ペピ2世
：エジプト最長の治世を持つ王　86

21　ペピナクト・ヘカイブ
：地方の英雄　90

第III部　内戦と復興：第一中間期と
中王国時代　95

22　チャウティ
：砂漠交通路の支配者　99

23　アンクティフィ
：内戦で活躍した地方豪族　101

24　ヘミラー
：デルタ出身の女性神官　105

25　インテフ2世
：テーベの戦士王　107

26　チェチ
：2代の王に仕えた高官　111

27　メンチュホテプ2世
：エジプトを再統一した王　115

28　メケトラー
：メンチュホテプ2世の大蔵大臣
122

29　アメンエムハト1世
：宮廷の陰謀の犠牲になった王
125

30　ヘカナクト
：書簡を残した農夫　130

31　サレンプウト
：エレファンティネの支配者　134

32　ハピジェファ
：法を重んじる州知事　138

33　クヌムホテプ（2世）
：世襲の貴族　141

34　イケルノフレト
：オシリスの秘儀の証人　145

35　センウスレト3世
：ヌビアの征服者　149

36　ホルウェルラー
：遠征指揮官　154

37　ソベクホテプ3世
：王になった平民　157

第IV部　黄金時代
：第18王朝初期　161

38　アペピ
：エジプト王となったアジア人
166

39　タア2世
：ヒクソスと戦って戦死した王
169

40　アハモセ・ネフェルトアリ
：王女、王妃、そして王の母　172

41　アハモセ（「アバナの息子」）
：戦う水軍士官　175

42　アハモセ・ペンネクベト
：4代の王に仕えた軍人　180

43　ハトシェプスト
：ファラオとなった王妃　182

44　セネンムト
：ハトシェプストの寵臣　189

45　トゥトモセ3世
：エジプト帝国の創設者　194

46　メンケペルラーセネブ
：国家神アムンの大司祭　200

47 レクミラー
: 上エジプトの「総理大臣」 203

48 デディ
: 西部砂漠の支配者 207

49 ケンアムン
: 大げさな大家令 209

50 ナクト
: 美しい墓を持った小市民 212

51 センネフェル
: テーベ市長 215

52 アメンホテプ3世
: 黄金時代の統治者 218

53 ティイ
: 権勢を振るった王妃 224

54 ウセルハト
: 芸術を愛する平凡な書記 228

55 アメンホテプ（「ハプの息子」）
: 王の右腕 231

第V部　大いなる異端の時代
: アマルナ時代 237

56 アクエンアテン
: 異端のファラオ 242

57 ネフェルトイティ
: 玉座の背後の権力者 248

58 メリラー
: 新宗教の狂信者 254

59 バク
: 美術革命をリードした彫刻師
258

60 マフ
: アクエンアテンの警察長官 261

61 フイ
: クシュ総督 265

62 トゥトアンクアムン
: 少年王 270

63 アンケセンアムン
: トゥトアンクアムンの幼妻 277

64 マイア
: 王の宝庫管理官 280

65 アイ
: 生き残った大物 285

第VI部　帝国時代のエジプト
: ラメセス朝時代 291

66 ホルエムヘブ
: 新時代の創始者 296

67 センネジェム
: 「王家の谷」の職人 303

68 ウルヒヤ
: 将軍になった異国人 307

69 イウパ
: 成功した二世移民 310

70 ラメセス2世
: 最も偉大なファラオ 312

71 ライア
: メンフィスの楽師 319

72 カーエムウァセト
: 最初の「エジプト学者」 321

73 メス

目次　xi

：長期裁判の勝者　325

74　ディディア
　　：異民族の血を引く主任下絵師
　　329

75　メルエンプタハ
　　：イスラエルを屈服させたファラオ
　　332

76　パネブ
　　：悪名高い犯罪者　336

77　バイ
　　：キングメーカー　339

78　ラメセス3世
　　：エジプト最後の大王　342

79　ラメセスナクト
　　：ラメセス朝後期を生きた大司祭
　　348

80　ナウナクト
　　：親不孝な子供たちから相続権を取
　　りあげた母　350

81　トゥトモセ
　　：苦難の世相を映す書簡の筆者
　　353

82　パネヘスィ
　　：王に挑戦した実力者　357

83　ヘリホル
　　：大将軍　360

第Ⅶ部　神々の黄昏：第三中間期、
　　　末期王朝時代、プトレマイオ
　　　ス朝時代　363

84　ウェンジェバエンジェデト
　　：王の寵臣　368

85　オソルコン
　　：熾烈な権力争いに巻きこまれた王
　　子　371

86　ピイ
　　：最初の黒人ファラオ　375

87　ハルウァ
　　：「神を礼拝する婦人」の家令　379

88　モンチュエムハト
　　：混乱期のテーベを支配した実力者
　　382

89　パディアメンオペ
　　：エジプト最大の私人墓所有者
　　385

90　ニトイクレト（ニトクリス）
　　：神妻として生涯を捧げた王女
　　389

91　セマタウイテフナクト（1世）
　　：王の船隊指揮官　392

92　アハモセ2世（アマシス）
　　：ギリシア人と和解した王位簒奪者
　　395

93　ウァジホルレスネト
　　：ペルシアに協力した提督　399

94　ウェンネフェル（オンノフリ）

：政変をくぐり抜けた蛇医者　402

95　ナクトホルヘブ(ネクタネボ2世)
：エジプトで生まれた最後のファラ
オ 406

96　セマタウイテフナクト（2世）
：アレクサンドロス大王による征服
の目撃者　410

97　パディウスィル（ペトシリス）
：故郷の神の信仰に一生を捧げた神
官 413

98　プトレマイオス1世
：王朝を創始したマケドニアの将軍
416

99　マネト
：エジプト史の父　421

100　クレオパトラ7世
：伝説となった悲劇の女王　424

年表と王名一覧　431

訳者あとがき　439

引用出典　444

参考文献　446

図版出典　452

索引　453

第I部 建国：初期王朝時代

　紀元前3000年頃、史上最初の国民国家がエジプトに生まれた。（エジプト人には「二つの国土」として知られる）ナイル河谷とデルタに1000年以上のあいだ互いに争いつつ発展をとげたさまざまな王国や地域が、神権を主張するただひとりの王が支配する一つの国に統合されたのである。国土統一として知られるこのプロセスは、かなり迅速に生じたように思われ、完了するまでにせいぜい数世代しかかかっていない。そのなかで生じた出来事の厳密な経過はやや漠然としているものの、結果についてははっきりしている。ティス（古代のチェニ）の諸王、すなわち上エジプト（ナイル河谷南部）に二つか三つ成立していた「原王国」のひとつが最も有力となり、国土の南部で競争相手を打ち負かしただけでなく、デルタの湿地帯すべてに割拠していた町や都市の支配者たちをも征服した。我々にはナルメルとして知られる王(1)は、南は第一急湍、北は地中海の沿岸に至るエジプト全土を支配したと確信をもって言える最初の君主である。この王はほぼ同時代を生きた人びとによって、国家の創設者として認められており、第1王朝の初代国王として、エジプト史上格別の地位を占めている。

　ナルメルとその後継者たち(2~4)にとって難題となったのは、成立したばかりの地理的に広大な彼らの王国を治める手段を作り出し、規定することだった。エジプトが文化的な活力に欠けていなかったことは確かである。ナイル河谷とデルタには、それぞれ活力に満ちた固有の伝統が、国土統一に先立つ1000年以上もの間、成長をとげていた。技術的に優れ、エジプトの初期の支配階層の好んだ

ヘスィラーの木製浮彫パネル（サッカラのヘスィラーの墓、第3王朝）。ヘスィラーは長い杖（権威の象徴）を持ち、自らの（読み書きを知るエリートの一員であることを示す）書記パレットを肩にかけている。ヘスィラーの浮彫は、その繊細な造形と肖像のような特質によって、初期エジプト美術の傑作となっている。

誇示的消費に比較的適合していた上エジプトの文化は、先王朝時代後期になると、デルタで栄えていた北部の文化に取って代わるが、これは同様に、南部から進められた政治的統一のプロセスを反映している。第1王朝の諸王はこの文化伝統を採用し、宮廷独自の権力の表現として洗練し体系化した。美術と建築は、ひとつの制度としての君主制の威信を高めるため注意深く配置され、君主制がメルネイト（2）のもとでの摂政政治や、カーセケムウイ（4）の治世初期における全面的内戦のような数々の挑戦を克服するのを可能にした。続けざまのプロパガンダはめざましい効力を発揮した。王権は迅速に、接着剤のごとくエジプトを結びつける理論となり、君主なしの政府など考えられなくなったのである。エジプトの初期の統治者たちの最大の業績のひとつは、以後3000年のあいだ事実上変わることなく続く王権支配の図像体系とイデオロギーを、こうして創出したことにある。

　初期の諸王各個人については、どちらかというとほとんど知られていないが、これはヒエログリフの文字記録がまだ発達の初期の段階にあったためであり、いずれにせよ君主制が、秘密主義と神秘のヴェールの背後で最も栄えたためでもある。しかしこれら統治者たちの政治、経済、宗教上の事業については、文献および考古学上の証拠の断片から推論することができる。国土統一に続く（初期王朝時代として知られる）最初の3、4世紀は、エジプト文明における大いなる革新と急速な発展の時代であり、王朝時代の文化を支える主要な建材ブロックがすべて据えられた時期であった。国家権力を拡張し維持するために用いられた手段のいくつかは、今日の我々にとってもなじみのものである。自らの正当性を補強するためにどぎついほど国粋主義的な信条を説く一方で、政府は異国との正式な交流を穏やかに増やしており、交易から得た収益を、ますます入念になっていく王による事業（とりわけ王墓の造営）をまかなうために用いていた。国内では行政のすべての分野で国家による締め付けが強められ、とりわけ国家経済のあらゆる側面が確実に国家の（直接支配とは言わないまでも）統制のもとにおかれるよう計られた。綿密な記録をともなう定期的な国勢調査が開始され、それは以後も続くエジプトと官僚制との「恋愛関係」の原型となったのである。

　互いにつながりのある二つの政策、すなわち経済的・政治的な中央集権と、記

第Ⅰ部　建国：初期王朝時代　　3

念建造物造営に対する執着とは、ジョセル(5)の治世に、エジプト最初のピラミッド建設で一つに結びつく。サッカラの台地に高くそびえる石の山を建てるためには、大偉業というべき工学技術のみならず、それに匹敵する支援事業、石材ブロックの切り出しと輸送、膨大な数の労働力を集めて収容し、養い、指揮するための事業も要求された。ピラミッド造営というじつに複雑な行政上の課題に対しては、最初の二つの王朝では行政につきものだったように思われるもの、つまり王の親族からなる一定の責務をもたない小派閥ではなくて、もっと専門的な官僚が必要になった。ヘスィラー(6)やメチェン(8)のような人びとは、ジョセルのもとで高官職の性格が変化しつつあったことを示している。彼らの葬祭記念物に丹念に記録された称号は、我々が彼ら一人一人の経歴をかいま見ることを初めて可能にしてくれる。王の側近のなかで最も有名な官吏だったイムホテプ(7)は、そのうえさらに卓越した地位を獲得し、後代のエジプト人によって、学識と英知の神として崇拝された。彼の偉大な作品である「階段ピラミッド複合体」は、第3王朝を特色づけており、この時代を一種の移行期としている。この時期に、エジプトの形成期に達成されたさまざまな偉業が強化され、きたるべき栄光の時代の舞台が整えられたのである。

イムホテプの青銅製座像（末期王朝時代）。第3王朝の官吏だったイムホテプは、死後数世紀を経て、知恵と治癒の神として神格化された。この奉献彫像は、卓越した学識をもつ人物というイムホテプの評判を表わすため、膝の上にパピルスの巻物を広げた姿となっている。

1. ナルメル：エジプト最初の国王

　我々が名前を知っている最初の古代エジプト人は誰だろう。いまやヒエログリフ（聖刻文字）の起源は、第1王朝の始まりよりも古く、エジプトがまだ相争う諸王国の集まりであって、単一の国民国家に統合されていなかった頃にまでさかのぼるとされている。このように古い時代に見られるいくつかの文字の集まりは人名かもしれないが、確かにそうとは言えないし、いずれにせよそれらは読むのが困難である。エジプト先王朝時代の支配者たちは、さしあたり無名の存在にとどまらざるをえないだろう。その「名前」が単純な土器片から装飾のある棍棒頭まで、さまざまな遺物に一貫して記されており、しかもそれを読むことができる最初の王は、王朝歴代諸王の最初に位置している。この王の残した最も名高い工芸品である儀礼用パレットは、ヒエラコンポリス（古代のネケン）の神殿から出土したものであり、今は、カイロのエジプト博物館入口広間にあって、ファラオ時代3000年の文化をめぐるツアーを始めようとする観光客を迎えている。このパレット（「化粧板」）は、偉大な文明の創始を象徴するものとなり、これを作らせた王は、エジプト史上最初の国王として認められている。

　この王の名はナルメルだ。とは言っても「ナルメル」という読みはほぼまちがいなく誤りである。この名を記すのに用いられている2つの文字、「鯰（なまず）」と「鑿（のみ）」は、ヒエログリフのもっと後の段階では確かにそれぞれ「ナル」、「メル」という音価を持っていた。しかしそれらは、このように早い時期には異なる音を表わしていたと考えざるを得ない根拠がいくつかある。事実、ナルメルという「名前」にしてもまったく人名ではないかもしれず、むしろ自然界の荒々しい力（鯰）とその攻撃的な力（鑿）に王を関連づける象徴を組み合わせたものかもし

シルト岩で作られたナルメル王の記念パレット(ヒエラコンポリス出土、第1王朝初期)の細部。やがてエジプト王権の本質的な図像となるこの表現のなかで、ナルメルは、倒した敵を打ちのめすため、棍棒を持つ腕を振り上げる姿で表わされている。王の背後の小さな人物は、ナルメルのサンダルを預かる従者である。

6 　第Ⅰ部　建国：初期王朝時代

れない。それはこのような性格をもつものとして、先史時代の王の図像体系に見られる特徴的な表現様式の一部となっていたことになる。ナルメルの名をこのように説明すれば、それは彼を過渡期の王とする見方を裏付けることになるだろう。この王の治世は、先王朝時代からなる過去と王朝時代からなる未来にまたがっており、その永続的な業績とは、王権のイデオロギーと図像体系を、以後3000年間も続くこととなる新たな、恒久的な形へと作り直すことだったのである。

　人間としてのナルメルについては、我々は何を知っているだろうか。彼は紀元前3000年頃に王となった人物で、ほぼ疑いなく上エジプトの都市ティス（古代のチェニ、現在のギルガ付近）の出身だった。この都市はエジプト文明の初期の中心地のひとつであり、先王朝時代末期までに上エジプト北部、中部エジプトの大部分、デルタのいくつかの地域を併合した王国の首都だった。外交によったのか力づくかはともかく、ナルメルは自らの支配を、第一急湍からデルタの縁辺部にいたるエジプト全土に拡大した。この領土統合のプロセスのなかでもとりわけ決め手となったのは、ネイトホテプという名の女性とナルメルとの結婚だったかもしれない。ネイトホテプは、その墓の位置から判断すると、上エジプトにおけるティスの競争相手のひとつだったナガダ（古代のヌブト）の古い王家の子孫だったとみられる。ナガダはそれより数年前にティスによって征服されていた可能性があり、これら二つの王家の戦略上の結びつきは、もっと広範な政治的合意を形成するうえで格好の基礎となったことだろう。ナルメルは、上エジプトにおける第三の主要勢力の中心地であるヒエラコンポリスの神、ホルスの祠堂を崇敬するため尽力したが、これも同じ趣旨によるものであろう。ホルスは地方の都市神だっただけでなく、王権の神でもあった。だからホルスの崇拝に敬意を払えば、それはヒエラコンポリスのエリート層に、彼らの新しい支配者が（地元の人間ではないとしても）彼らの伝統を尊重しようとしていることを納得させる一方で、ナルメルの王権のあかしとなるものを補強するという二重の目的に役立ったのである。

　ナルメルがホルス神殿に捧げたうちでも最も印象的な二つの奉納物は、王の図像体系の完璧な実例であり、王権の及ぶ範囲についての力強い声明と言えるもの

である。儀礼用の棍棒頭には、天蓋の下の玉座にすわる王が、捕虜と戦利品の行列を見つめ、自らの新たな領土の地理的極限を象徴する二つの地域、デルタ北西部のブト（古代のジェバウト）と上エジプト南部のヒエラコンポリスに関する儀式を眺める姿が示されている。装飾をもつパレットにも同様に、王が縛られた捕虜を打ちのめし、殺害され首をはねられた敵の死体の列を検分し、謀反人のこもる砦の防壁を破壊するという、象徴的な性格をもつ場面が表わされている。これらの場面が敵として表現しようとしているのがデルタの首長なのか、それとも異民族なのかはともかく、伝えようとするメッセージは共通であり明瞭そのものである。すなわちエジプト全土の王たるナルメルは、敵対する者を容赦するつもりはないということである。王はエジプトの国境を守るが、その代償として、すべての民の揺るぎない忠誠が要求された。この断固としたメッセージは、エジプトの南部国境では、エレファンティネ島（古代のアブウ）に大規模な要塞が建設されたことで強化された。この要塞は河川を用いたヌビアからの侵入を警戒するものだっただけでなく、現地の共同体の頭上にもそびえていたのである。神権王制の専制的な性格はすでにしっかりと確立されていたのである。

　国家によるプロパガンダには、異国に対する嫌悪がみてとれる。ヒエラコンポリス出土の円筒印章には、リビア人の一団を打ちすえるナルメルが表わされており、ナルメル王墓出土の象牙製品断片は、王に敬意を表して身を屈める髭面のアジア人を表現しているのである。しかしこれらは異国との関係についてのもっと実際的な態度を覆い隠すものだった。北部デルタや南部パレスチナのいたるところにある遺跡から、ナルメルの頃のエジプト製土器が発見されることは、二つの地域の間で盛んな交易がおこなわれていたことを暗示する。王の宮廷は、経済的・政治的優越を保つのに必要な貴重な交易品を入手するためにはいかなる努力も惜しまなかった。エジプト東部砂漠の只中に露出した岩に刻まれている一連の銘文は、おそらくは黄金か高品質の石材をもとめて、これほどの遠隔地までナルメルが遠征隊を派遣したことを証明している。

　ナルメルの名を記した遺物はエジプト各地で発見されており、この王の権威がそれ以前のどの王よりも広い地域で承認されていたことを示している。現代の学

者は、第1王朝の始祖の地位を与えるべきなのはこの王か、それとも後継者のア
ハなのかについて論争をおこなってきたが、ナルメルの後に即位した諸王にとっ
ては、そのような論争は存在しなかった。それぞれ第1王朝の中期と末期の王で
あるデン(3)とカアの墓地の封印では、そこに記されたエジプトの統治者一覧の
筆頭にナルメルが挙げられているのである。彼らにとって、ナルメルは疑いなく
王朝の始祖だったのであり、5000年も後になってそれに異を唱えるというのは
無作法のように思われる。

2. メルネイト：政権を握った最初の女性

古代エジプトにおいて国王とは比類のない存在だった。王は、理論的には彼以外の人類より上位にあって、天空の神ホルスの地上における化身とみなされており、政治的には国家元首、行政の長であり、勅令によって統治し、政府のあらゆる部局は王に対して責任を負った。国王なしでは、エジプトは（理論的な意味でも、政治的な意味でも）崩壊してしまうだろう。時おり起こったことだが、新たに即位した王がまだ子供だった場合、これは問題を生じさせた。宗教上の信条からは、人間と神々の領域を結ぶチャンネルとして年少者を受け入れる余地はあったとはいえ、行政上の職務には成人による指導が必要であり、解決策として摂政政治がおこなわれたが、実際的な見地からは、そのような権力を男性の王族のひとりにゆだねるのは危険だった。なぜなら摂政となった人物はさらに一歩進んで、王座を奪うかもしれないからである。摂政に任命するなら、そうした野心をもつはずがない人物、いずれにせよ、古い治世から新たな治世への移行を象徴するような人物のほ

石灰岩で作られたメルネイトの墓碑（アビュドスのメルネイトの墓、第1王朝）。粗いヒエログリフ（聖刻文字）で、エジプトの王妃としては記録に残る最初の摂政となったこの女性の名が刻まれている。本来は、同じ意匠の一対の墓碑が、墓主を示す目印として墓の正面に立っていただろう。

うがずっと安全だった。つまり王の母親である。

　記録に残るエジプト最古の摂政政治は、第1王朝中期におこなわれた。年老いた国王ジェトが世を去り、玉座は後継者のデン（3）にゆだねられたが、この新王はまだ子供だったので、母親のメルネイトが、彼に代わって統治したのである。彼女は王妃であり、王の母となったが、この王朝の第2代国王であるジェルの娘でもあった可能性がある。メルネイトが摂政の職にあった期間は、エジプトで女性が政権を握ったことが確実な最初の例である。もちろんすべての公式記録には、幼少であろうとも（形としては）在位している王の名が記されており、メルネイトの名はわずかに——サッカラ地域出土の容器断片3点、小さな象牙製容器1点に——記録されているにすぎない。しかしエジプトの事実上の統治者としてメルネイトは、アビュドス（古代のアブジュウ）にある王家の先祖の墓地に、完備した葬祭複合体を造営する特権を与えられた。伝統に従ってメルネイトの墓を地上で示す目印となったのは一対の大きな葬祭碑であり、それには所有者の名が浮彫で刻まれている。

　メルネイトが摂政だったことを建築で承認するというのは、彼女の息子のデンが成年に達したとき個人的に下した決断だったように思われる。メルネイトの墓所から出土した品々にはデンの王名がしばしば見られ、最近になって発見されたこの王の墓地の封印には、ナルメル（1）より始まる第1王朝の先王たちとならんで「王の母メルネイト」の名が挙げられているのである。これとは対照的に、王朝最後の王であるカアの封印ではメルネイトの名は省かれており、彼女の息子の治世の後は、彼女にはもはや当時の正当な統治者たちと対等の地位は与えられなくなっていたことがうかがえる。しかし摂政を務めていた期間、そして王の母として過ごした残りの人生において、メルネイトとデンの間には明らかに強固な絆が生じていた。息子は母の誠意と援助に、王にふさわしい墓の造営という最適の方法で報いたのである。

2．メルネイト：政権を握った最初の女性　**11**

3. デン：第1王朝の改革王

　デンは、第1王朝の王としては最も多くの記録が残る人物である。子供の頃に即位したことを考えにいれてもなお、この王は長い治世を享受していた。デン王墓の南西付属室から最近になって発見された石灰岩製容器の断片には、「セド（祭）の第2回」に言及した銘文がみられるのである。セド祭は王の祝祭であって、30年の治世の後に挙行され、その後はもっと短い間隔でおこなわれるのが普通だった。もちろん長期に及ぶ在位それ自体は注目すべきことではない。しかしデンが王位にあった時代は、例外的なほどの改革の時代であり、ほぼあらゆる分野において文化的・物質的に主要な発展のあった時代だった。そしてそれはエジプトが、生まれたばかりの国家から偉大な文明へと歩む道に、さらなる決定的な一歩を踏み出すための助けとなったのである。

　デンは自分が改革を志していることを当初から宣言しており、王の称号がその手始めだった。諸王はそれまでホルスの化身であるとされ、「二女主」すなわち上下エジプトの守護女神たちの保護下で統治するとされていた。こうした立場を示す二つの称号に、デンはネスウト・ビティ、直訳すれば「葦と蜜蜂の者」という第三の称号を付け加えた。「二重王」と訳すのが最も適切なこの称号は、王が統括していた数多くの二重性——神と人間、聖と俗、ナイル河谷とデルタ、氾濫原と砂漠、東と西——を意味しており、創造された秩序に内在する相容れないものの調和が保たれるかどうかは王個人にかかっていることを強調している。この念入りに作られた王権のイデオロギーはさらに、上エジプトの白い冠と下エジプトの赤い冠を組み合わせた新しい王冠の採用に反映されていた。デンは、自らが両方、そしてすべての王となるつもりであることを示したのである。

12　第Ⅰ部　建国：初期王朝時代

デンはさらにエジプトの国境の彼方に目を向けて、近隣地域に関する新たな政策をも開始した。彼の副次的な王名のひとつであるゼムティは「砂漠の（もの）」を意味しており、この王はエジプトの不毛な北東辺境地域に格別の関心を払っていたように思われる。彼の治世には南部パレスチナにおける（実際におこなわれたか儀礼上のものかはともかく）軍事活動と、デルタからの沿岸ルートを用いた交易遠征についての証拠がある。そのような形で維持された交流の成果は、デン王治世下のエジプトに大量に輸入されたシリア・パレスチナ土器——おそらく貴重な油と軟膏をいれてあったのだろう——にみてとることができる。

対外活動の増大に匹敵するものが国内の行政改革であった。デンの宮廷では高級官僚の数が増えているように思えるが、これは行政構造に変化があったことを反映するものかもしれない。国事に対する王の支配をより厳重にするためには、有能な行政官たちだけでなく、国内の人口や資源を正確に査定することも必要だった。デンもまた、このことに意を用いていた。古王国後期に編纂された王家の年代記（いわゆる「パレルモ・ストーン」）のなかの、この王の治世半ばの記入欄には、「北部、西部、東部のすべての人びとの調査」と記されている。この情報が役立つためには、それはすべて記録され、保管されねばならなかった。エジプト最古のパピルスの巻物

第5王朝後期に編纂された王家の年代記集成を、玄武岩の石板に刻んだ「パレルモ・ストーン」。3番目の欄の上にある水平の帯には、右端に3つのヒエログリフがみえるが、これは、デン王の母、メルネイトの名の一部である。

アビュドスのデン王墓(第1王朝)から出土した象牙製の札。本来は王のサンダルにつけられていたこの札は、王がここでは「東方人」と呼ばれているエジプトの敵、すなわちシナイ北部の丘陵地帯あるいはパレスチナ南部の住民を打ちのめす儀礼的な行為を表わしている。

アビュドスに造営された第1王朝のデン王墓。入口階段は新機軸であり、葬列が玄室まで入っていくのを容易にした。王が最後の眠りにつく部屋は、王の従者たちのための副次的な墓室に囲まれている。

が、デンの大蔵大臣だったヘマカの墓から副葬品のひとつとして発見されたのは、偶然ではないかもしれない。

　これらすべての努力——異国との交易の増大、行政の合理化、経済運営の改善——の最終的な成果は、君主の伝統的な責務を果たすことによる王権強化に、より多くの資源を捧げられるというものだった。したがって、パレルモ・ストーンにデンが「神々の玉座」と呼ばれる新たな神殿を創建したことが記録される一方で、王はそれ以外にも、重要な祠堂の訪問、新しい神像の奉納、聖牛アピスの走行儀礼のような儀式の奨励といった宗教活動にも従事していた。あふれるほど豊かな王の宝庫もまた、デンがもっと印象的な王の記念建造物を新たに作らせることを可能にした。アビュドス（古代のアブジュウ）では、王の建築師たちが、玄室に通じる入口階段という重要な新機軸を取り入れた壮大な王墓を建設した。この工夫は墓の準備をかなり容易にし、エジプト全土で迅速に採用された。デン王墓の副葬品については、職人たちはこれまでになく優れた腕前を示し、葦の籠を模倣したものから花形のものまで、当惑させられるほどに多様な形態の石製容器の数々は、王室工房のとりわけ最先端の製品である。デン王のもとで、エジプト文明は洗練の新たな段階に到達したのである。

3. デン：第1王朝の改革王　15

4. カーセケムウイ

:「ピラミッド時代」の先駆者

　第2王朝時代は、古代エジプト史のなかでも最も不分明な時期のひとつである。この時期の記念物は、前後の王朝のそれとくらべて数少なく、あまりよく知られていない。当時の王たちにしても影のような人びとであり、文献や考古学上の記録によって、かろうじて存在が確認できるにすぎない。その注目すべき例外といえるのは第2王朝最後の王であり、その治世はエジプト文明の発展において重大な転換点をなしている。

　この王は、治世のはじめにホルス名 [訳注：エジプトの王名のうち最古のもの] としてカーセケム（「力が現れた」）を採用した。これは予言めいた声明だ。なぜなら彼は以後の1世紀かそれ以上の間で最も有力な君主となるからである。彼は、エジプト君主制の初期の中心地のひとつである都市ヒエラコンポリス（古代のネケン、現在のコム・エル＝アハマル）と、王権の神ホルスに捧げられたその地方神殿に格別の関心を示していた。カーセケムはここに一連の奉納物を捧げており、そのなかには石灰華や花崗岩で作られたいくつかの容器や、石灰岩とシルト岩でそれぞれ作られた彼自身の二つの座像が含まれている。これらすべての品々には銘文が刻まれており、奉献者である王の名だけでなく、北方の敵に対する軍事活動への言及もみられる。容器はそれぞれ、「叛徒」を意味する語を囲む輪の上に上エジプトの守護神である禿鷲の女神ネクベトが立つ姿で装飾され、それに伴う銘文はこの場面について「北方の敵と戦った年」と記述している。カーセケムの座像の台座には、打ち負かされた敵の姿がねじ曲がった姿勢で示され、「北方の敵47209人」という説明が銘文で刻まれているが、これも同様の趣旨のものであろう。下エジプトに対す

16　第Ⅰ部　建国：初期王朝時代

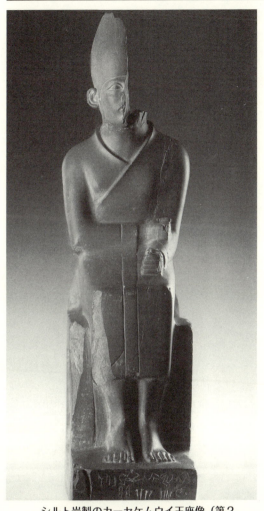

シルト岩製のカーセケムウイ王座像（第2王朝後期）。王は、セド祭（記念祭）のぴったりとしたローブを着用した姿である。台座には、殺害された「北方の敵」の数として大きな数字を記す謎めいた銘文が刻まれているが、これは歴史上の事件かあるいは王権儀礼に言及したものかもしれない。

る軍事行動があったことをほのめかすこれらの言及は、儀礼行為を表わしているのかもしれないが、実際に起こった歴史上の事件をさしている可能性のほうが大きいように思われる。すなわちカーセケムが全土の支配権を回復するため北部に対しておこなった内戦である。

　覇権を求めるカーセケムの戦いは、北方の敵との対決に限られたものではなかった。ヒエラコンポリス出土の石碑断片には、「異国を屈服させる」という説明がついた勝利の場面の一部として、打ち負かされた敵であるヌビア人の姿が示されている。王は、二方向から王座を狙う敵と争わねばならなかったらしい。下エジプトとの闘争は、結局はカーセケムの優位のうちに決着がつき、彼はその王名を、双数形を含むカーセケムウイ（「二つの力が現れた」）に改めることで、自らの勝利を示した。この新たな王名は第2王

4. カーセケムウイ：「ピラミッド時代」の先駆者　17

朝の始祖ヘテプセケムウイの王名に意識的にならったものであり、それによって国家再生の事業を告知したものである。カーセケムウイは、自らの名に「二柱の主 ［訳注：王権の神ホルス とその敵であるセト神］ が彼のなかで和解しておられる」という形容辞を付け加えることで、このメッセージを補強した。これは彼の治世初期に生じた混乱が収拾されたことを明白に示している。国土はいまや、平和と繁栄の回復を期待できるようになったのである。

　国内の安定が回復されたことによる直接の結果のひとつは、エジプトと周辺地域の交流の急増だった。おそらく造船のための杉材供給を確保するため、レバノン沿岸のビュブロスとの交易が再開された。航海用の船舶は、エジプトが地中海の隣人たちとの交易に従事するばかりでなく、その地域に対する政治的影響力を増大させることも可能にした。ヒエラコンポリスの神殿から出土した石材ブロックには異国名が列挙してあるが、これはおそらく貢納か戦死した敵の記録であろう。一方、「諸々の異国の監督官」という称号の最古の例が記された封泥が残されている。これらはともに、カーセケムウイ治下のエジプトが国境の彼方の地域を征服・併合する政策を開始したことを暗示している。

　王の宝庫に流入する収益は増加し、国家の増大しつつある建築事業費をまかなった。カーセケムウイは、エルカブ（古代のネケブ）からジェベレイン（古代のイネルティ）までの上エジプトにおける神殿造営の主な後援者となる。ヒエラコンポリスでは、神殿の拡張にくわえて、王は町の近くに、巨大な祭祀用の（現在は「砦」として知られる）周壁を建設させた。この厚さ数メートルに及ぶ周壁は泥煉瓦で作られており、入口を囲む赤色花崗岩の浮彫装飾は、王権儀礼に参列する王の姿を示している。周辺地域からよく見えるこの建造物は、王権の祭祀を挙行するための中心的な場として機能していたのである。

　カーセケムウイは、自らの墓の準備を計画するにあたり、アビュドス（古代のアブジュウ）に設けられていた伝統的かつ神聖な王家の墓地を選ぶことに決したが、これは新たな慣例 ［訳注：第2王朝のいくつかの王 墓はサッカラに造営されている］ にはそむくことだった。この王の巨大な墓は、仕上げを施した石灰岩の石材を——玄室の壁の羽目板として——以前の記念建造物よりも多く用いており、彼の後継者の治世にみられる石材の大規

18　第I部　建国：初期王朝時代

模利用への道筋を示すものと言える。副葬品も墓に劣らずみごとなものであり、ドロマイト質石灰岩で作られ金箔の覆いがついたいくつかの壺、黄金と貴石の紅玉髄で作られた王笏、青銅製の水差しと水盤など、王室工房の技術と洗練の証となるものである。これらのうち水差しと水盤は、エジプトにおいて知られる最古の青銅製品である。その製造に必要な錫はアナトリアからもたらされたに違いなく、それが入手できたということは、カーセケムウイの治世に回復された地中海東部との交易が成果を上げていたことを示している。

　第1王朝の先王たちと同じくカーセケムウイも、自らの（安全のために作られた）墓を、アビュドスの町に面した低位砂漠に位置する（宣布のための）「葬祭周壁」で補う方法を選んだ。今日ではアラビア語のシュネト・エル＝ゼビブ（アラビア語で「干し葡萄の倉庫」。この建物が近代になって、そうした目的で使われたことから）という名で知られるこの周壁は、じつに印象的な建造物である。建てられてから4500年以上の時を経ているのに、それは今なお、周囲の景観を圧してそびえているのである。町に最も近い東壁は、交互に連なる扶壁と凹所で装飾されているが、これはメンフィス（古代のイネブ・ヘジ「白い壁」）にあった王家の複合体のファサードに似ており、それによって、王との結びつきをはっきりと示す目的があったのだろう。これを含むいくつかの点で、カーセケムウイの周壁は、後継者のジョセル(5)が造営した葬祭記念建造物への道を開いたと言える。

5. ジョセル：「階段ピラミッド」を造営した王

　ピラミッドは、古代エジプトの真髄を示す伝統的な記念建造物である。その洗練された建築や、それが示す非凡な組織と計画・実行の業績によって、ピラミッドは、それが作られた時代がエジプト文明最初の偉大な時代だったことを強調している。その当時は、国土の資源が、かつてないほど国家による建築事業のために活用され、振り向けられていたのである。それゆえ、古代エジプトの年代記には、自らの治世にこの石造記念建造物の伝統が創始されることとなった王のため、特等席が用意されている。同時代の記念物ではホルス名のネチェリケト、すなわち「（ホルスは神々の）団体の最も神々しい（一員）」のみが確認できるこの王は、後代の資料にみられるジョセル（「神聖な」）という名のほうで良く知られている。

　ジョセルは前王のカーセケムウイ（4）と同じ王家の一員だった。カーセケムウイの妃であり、その子供たちの母だったニマアトハプは、ジョセルの治世には「王の母」として知られていた。ジョセルがカーセケムウイの息子であるとはっきり述べた銘文は存在しないが、状況証拠からすると、それはかなりありそうなことである。ジョセルが以前の王家の伝統と決別した点は、彼が活動の中心とした場所——現存するジョセルの建築は、国土の南部よりもむしろ北部に集中している——であり、自らの葬祭複合体の位置とデザインだった。「階段ピラミッド」は、それが建てられたサッカラ台地にそびえているばかりでなく、ジョセルの治世に関する現代の記述の上にもそびえている。それは転換点をなしていた。それは、建築の面では、仕上げがほどこされた石灰岩ブロックのみを用いて完成されたエジプト最初の記念建造物であり、建設技術の面では、建材としての石材のもつ潜在的な可能性をはじめて十二分に開発する機会を技術者たちに与え、組織の

面では、地方行政システムと職業的官僚制度の発展をいやおうなく促進したのである。

　大型の彫像によって示される官僚階級の勃興は、ジョセルの治世の主要な特徴のひとつだった。この王の宮廷を主導した人びとは、名前が知られる高官たちの最初のグループである。王の総理大臣イムホテプ(7)のほか、地方行政官であるアンクとセパがおり、彼らはまた、共同で数多くの重要な神官職も持っていた。「王の舟(御座船)の管理者」であるアンクウァ、主任歯科医のヘスィラー(6)

第3王朝のネチェリケト(ジョセル)王の石灰岩製座像の細部。この彫像は本来、この王がサッカラに造営した「階段ピラミッド」のセルダブ(彫像室)に位置していた。ジョセルは王のネメス頭巾の初期のタイプと、神性を示す長い顎髭をつけている。象眼されていた目は、古代の盗人によってえぐりとられている。

5. ジョセル:「階段ピラミッド」を造営した王　21

がおり、これらの人びとすべての彫像が作られた王室工房の管理者であるカーバウソカルがいた。彼の配下の職人たちはまた、ジョセルの親族である夫人たちの像も作り出している。王妃の（そして前王カーセケムウイの娘でもあったかもしれない）ヘテプヘルネブティは、「ホルス（すなわち王）を見る者」という渾名で知られる。その娘にはイントカエスがいたが、もうひとりの王女で「王の身体の娘［訳注：王の実の娘］」レジイは、浮彫に表現されたジョセルと顔が明らかに似ている。玄武岩で作られた美しいレジイの座像は、エジプトの女性王族として名前が記された人物を表現した彫像としては、現存する最古の例である。

ジョセル王自身の三次元彫刻として現存する唯一の作品は、この王のピラミッドのセルダブ（彫像室）から発見された等身大の座像である。この座像は、王が自分を記憶にとどめてもらいたいと願った姿を示している。王は、セド祭に関連のあるぴったりとした丈の長いローブに身を包んでおり、重い鬘をつけた上に王のネメス頭巾をかぶっている。王の顔を特徴づけているのは、いかなることも聞き逃さないかのような突き出た耳だ。高い頬骨、厚い唇、左右に伸ばされた口元は、王を断固とした信念を持つ人物のように表現している。

ジョセルの治世は、創造性の高まりが王の図像体系に及んだことを示す。「階段ピラミッド複合体」から出土した彫像台座には、エジプトの古くからの敵であるアジア人とリビア人の頭部が表わされている。自らが外敵を踏みしめて立つ姿を表現させることによって、ジョセルは、国土を守るというエジプト王第一の義務を自分が果たしていることを示し、王座を狙う対抗勢力になりうる者たちへの

ジョセルの「階段ピラミッド」（サッカラ、第3王朝）地下墓室の石灰岩羽目板の浮彫細部。芸術家は、広がった鼻、厚くて肉付きの良い唇というこの王特有の人相を表現しようと苦心している。

効果的な主張をおこなったのである。「階段ピラミッド複合体」の革新的な建築は、重要な王権儀礼のための永遠の舞台となることで、王権のイデオロギーをとりわけ強調するものとなった。ピラミッド正面の広大な中庭は、王の公式の出御の背景をなし、「野を囲む」儀式のためのアリーナとなっていた。王はここでエジプトに対する支配権を重ねて主張するため、象徴的な二つの境界示標を巡って歩いたのである。ピラミッドの南には別の中庭が、セド祭（王の祝祭）のための永遠の舞台セットとなるべく設計されていた。王はそこで民や神々から敬意を表されたのち、治世の更新を示すためふたたび戴冠するのである。ジョセルのセド祭はおそらく、ヘリオポリス（古代のイウヌ）で、九柱神 [訳注：ヘリオポリスの創世説話における創造神（太陽神）と、その子孫で世界の構成要素となった神々] に捧げられた祠堂の造営を進める機会となったことだろう。王によるヘリオポリスの保護は、その地方信仰である太陽神ラーの崇拝、そしてそれと結びついた神官団の重要性が増していたことを反映するものだった。

　サッカラとヘリオポリスにおける建築事業にくわえ、ジョセルはまた、王室工房のために貴重なトルコ石と、おそらくは銅とを持ち帰るため、シナイ半島南西部にあるワディ・マガラへ採鉱遠征隊を派遣した。上エジプトのベイト・カラフでは、これまでに見られたうちで最大の私人墓がいくつか、この王の治世に造営された。そのうちのひとつは、王の母であるニマアトハプの葬祭記念建造物だったかもしれない。このように、時おりちらりと姿を現す事柄のほかに、ジョセルの治世の出来事といえば、プトレマイオス5世の治世に刻まれた「飢饉碑」のようなずっと後代の資料からしか知られていない。2500年もの時を隔てたこの碑文は、信頼できる情報源としてはほとんど使い物にならないが、ジョセルについての記憶が長きにわたって保たれていたことを示すものではある。

　ジョセルの死後1000年以上を経て、ラメセス朝の宮廷は、「トリノ・カノン」（トリノ王名表）として知られる王名一覧を編纂し、エジプトの歴代統治者をいくつかの主要な歴史上のグループに分けた。その作業を担当した書記は、ジョセルの名のところまで来るとペンにつけるインクを代えて、通常の黒色ではなく、赤色を用いて筆記した。彼は、ジョセルの即位が新時代、すなわち「ピラミッド時代」の開始を示すことに、疑いを抱いていなかったのである。

5.　ジョセル：「階段ピラミッド」を造営した王　23

6. ヘスィラー：ジョセルの宮廷の主任歯科医

　古代エジプトにおける健康管理、少なくとも支配階級のエリートの健康管理は驚くほどに進んでおり、そのような早い時期にしては発達していた。非常に多様な症状を扱った治療マニュアルは古王国時代にまでさかのぼると考えられており、第1王朝末期の高官メルカの数多くの称号のなかには「蠍（さそり）の医師」が含まれる。医術の知識は、より一般的な学問の課程で修得されたように思われ、健康管理の専門家が狭い意味での専門家であることは稀だった。彼らはむしろ自分たちの技術を、幅広い基礎を持つ古代エジプト権力の性格に応じて、諸々の活

ヘスィラーの木製浮彫パネルの細部（サッカラのヘスィラーの墓、第3王朝）。ヘスィラーは、きつい巻き毛からなる短い鬘をつけ、官職を示す杖と書記のパレットを携えており、彼の堂々とした表情は、有力な廷臣の持つ自信をうかがわせる。

24　第Ⅰ部　建国：初期王朝時代

ヘスィラーの木製浮彫パネル（第3王朝）。ヘスィラーは、若く筋肉質の身体と、自信に満ちた表情をした人生の絶頂期の姿で表現されている。彼の頭上のヒエログリフはその官職のいくつかを示しており、右手に握られた笏は、彼が権力者の地位にあることを示している。

動に関する総合的情報の一部として実践していた。ジョセル王の宮廷に仕えた官吏であり、記録に残る限りでは史上最初の歯科医であるヘスィラーは、その好例と言える。

　ヘスィラー——短くした名前ヘスィでも知られる人物——は、単なる歯科医ではなかった。彼は「歯科医の長」であり、このことは歯科医がすでに確立された職業だったことを暗示している。彼は王の側近グループの一員であって、彼の高い地位は、歯科医術の知識よりもむしろ、読み書きができたことによるものだった。（そこから官僚が登用される）書記階級がまだ小さなグループだったその当時、ヘスィラーは「王の書記長」であり、それゆえに主要な行政官僚のひとりだったのである。書記となることは、権力を握るための手がかりを得ることだった。したがって、ヘスィラーがいつも、自分の官職を示す書記の用具、つまりインク・パレットや筆入れ、顔料を入れる袋を持つ姿で自らを表現させたのは、不思議ではない。行政機構の内部では、国家的な建築事業のための賦役労働力の徴集を、「上エジプ

6. ヘスィラー：ジョセルの宮廷の主任歯科医　25

トの10人のうち最も大いなる者」の権限で監督することが、彼の主な職務のひとつだった。

　古代エジプトがその歴史を通じて持っていたひとつの特徴は、行政職と宗教職がひとりの人物の称号として結びついていたことであり、それはヘスィラーも例外ではなかった。本質的には世俗の学識者だったものの、彼は初期に重要だった三つの崇拝——豊穣神ミン、ライオンの女神メヒト、そして「ペ」（ブト、現在のテル・エル＝ファラィーン）の隼神である「銛打ちの」ホルス——にたずさわる神官団に地位を得ていたのである。なかでも最後の神官職について彼はさらに、「『ペ』の大いなる者」という栄誉を与えられていた。

　地位と富を得たヘスィラーはもちろん、似たような地位にあるエジプト人なら誰でもおこなったはずのことをした。彼は自らの豊かさを永遠に保障するため、大きく壮麗な墓を作らせたのである。このヘスィラーの墓は、彼の主君の「階段ピラミッド複合体」の北に造営され、いくつもの壺や箱、盤上遊戯用具などの副葬品を描いた壁画、11の壁龕により飾られていた。この壁龕には本来、細かく彫刻がほどこされた木製の羽目板（パネル）が付けられており、そのうち現存する6点は、古代エジプトのあらゆる素材の浮彫のうち最良のものに数えられる。とりわけ解剖学的な細部の造形は注目に値すると言えよう。羽目板の浮彫には、称号や形容辞を記す銘文に囲まれて、ヘスィラーが彼の生涯のさまざまな段階を示す姿で表現されている。それによれば彼は、若い頃も、目が細く、口元をへの字に結んだ、どちらかといえばむっつりした表情をしている。年老いた彼の顔も、皺が刻まれるとはいえ、やはり同じ気むずかしそうな表情を保っている。ヘスィラーは明らかに、宮廷における最新の流行を追っている。薄い口髭をひけらかし、まっすぐな髪房を垂らした短くて丸い鬘を身につけているのは、その流行のうちである。とりわけエジプトの支配階級に特有と言えるのは、彼の大きな鷲鼻である。最後に、ヘスィラーははっきりと突き出た顎を持っているが、これはある種の傲慢さを暗示している。4500年以上前に生きていたとはいえ、ジョセルの主任歯科医、王の書記長は、上級官僚がいつの時代にもとる態度を示していたように思われる。

26　第Ⅰ部　建国：初期王朝時代

7. イムホテプ：建築家、賢者、ついには神に

　第1、第2王朝の一段の王墓を、その上に徐々に小さくなる段を重ねていくことにより、はるかに堂々とした建造物へと変容させるという革新的な思いつき──つまりピラミッドの概念──は、ファラオの文明の長い道筋において特徴的な節目となった。伝承によれば、この注目すべき革新をなしとげたのは、「初期王朝時代の最高の知識人」と呼ばれ、実際的なものにせよ、あるいは呪術的なものにせよ、知識そのものと同義とされるようになる人物だった。彼の名前は、彼の生み出した建造物がサッカラの台地上にはじめて形をなしてから46世紀の時をこえて響きわたっている。古代エジプトそのもののポップ・カルチャーにさえ登場するようになっているその名こそ、イムホテプである。

　イムホテプが生きて活躍していたのが遥かな過去であることを考えれば、この人物に関する同時代資料がかなり乏しいことは驚くにあたらない。実際、第3王朝当時の資料に彼の名がみられる例は、「階段ピラミッド複合体」出土のジョセル王彫像台座と、ジョセルの後継者セケムケトのピラミッド複合体周壁に記されたグラフィト（落書）の、二つだけである。しかしながらこれら二つの証拠は、イムホテプの宮廷における立場と彼の経歴についてかなり多くのことを伝えてくれる。イムホテプの名を示すジョセルの彫像台座は本来、「階段ピラミッド複合体」の「大中庭」に通じる入口通廊南側の小部屋に設置されていた。したがってこの記念建造物に出入りする数多くの人びとが、その前を通り過ぎたはずである。このようにかなり公的な位置に置かれていたことは、王族でもない私人の名が王像の台座に刻まれていることと相まって、イムホテプがジョセルの宮廷で卓越した地位を占めていたことの証拠となる。この彫像台座には、彼の称号として

神格化されたイムホテプの青銅製奉献像（末期王朝時代）。ジョセル王の「階段ピラミッド」を設計したとされるイムホテプの評価は、彼の死後には、賢者であり治療者であるというものに変わった。プトレマイオス朝時代になると、イムホテプはギリシアの医術の神アスクレピオスと関連づけられ、サッカラに造営された彼の祠堂は、巡礼が訪れる場所となった。

第3王朝のジョセル王がサッカラに造営した「階段ピラミッド」。この世界史上最初の巨大石造建築は伝統的に、ジョセル王の宮廷の高官であり王の行政における中心的存在だったイムホテプの才能によるものとされている。

「王の印章保持者」、「王のもとで第一の者」、「大所領の支配者」、「エリートの一員」、「見る者たちのうち最も大いなる者」、「彫刻師と絵師の監督官」が記されているが、おそらく最後の称号を例外として、そこには王の葬祭記念建造物の設計あるいは建設とイムホテプを明白に結びつけるものは何もない。しかし「階段ピラミッド」の背後にいる建築家、この建造物の着想を得た人物をおいて他に誰が、その最終的な仕上げの段階でこれほど卓越した位置を割り当ててもらえただろうか？ 次の王の治世の主要な記念建造物に、イムホテプの名を含むグラフィトが残されていることは、建築家としての彼の技術が、ジョセルの後継者にも評価されていたことを暗示している。そしてこの偉大な人物が、人生の後半に、エジプトで二つ目となるピラミッドの設計にかかわり、彼自身が創始した伝統をさらに押し進めていたことも。

　ずっと後の資料によると、イムホテプの妻はレンペトネフレトと呼ばれ、彼女

の母親はケレドゥアンク、父親はカァネフェルであった。この情報については、さらなる第3王朝の文献資料が存在しないため、検証するすべがないが、カァネフェルが「王のための労働管理者」だったとされていることは道理にかなっている。イムホテプのような人物がどうやって、大がかりな建設事業の建築・技術・組織的な側面に精通するようになり得たのかは、それによって説明できるからだ。これらの技術は、ジョセルのためまったく斬新な記念建造物を創造するなかで、限界まで引き上げられたのである。とりわけ世界最初の大規模石造建築には、ほぼ100万トンに及ぶ石灰岩を切り出し、輸送し、積み上げ、仕上げと装飾をおこなう作業が含まれていた。まさに、工学技術と事業の計画・実行としては空前の偉業と言えるだろう。

　それゆえ、イムホテプが第3王朝末期に世を去ったのちも、この偉大な人物をめぐって数多くの神話や伝承が生じたことは不思議ではない。知恵文学は彼の作とされた。「竪琴弾きの歌」のひとつは「私はイムホテプの言葉を聞いたことがある……我らがあれほど多くことわざに引いたその言葉を」というくだりを含んでいる。第18王朝時代までには、イムホテプは民衆の崇敬の対象となっており、彼のために灌奠（かんてん）が捧げられ、彼は書記の後援者とみなされていた。末期王朝時代になって、以前よりも多くの旅行者が「階段ピラミッド」を訪問するようになると、イムホテプの評判は高まり、彼はプタハ神の息子として認められた。事実、

ジョセル王の石灰岩製彫像台座（ジョセルがサッカラに造営した「階段ピラミッド複合体」より出土、第3王朝）。この台座には、王の印章保持者であり補佐官であるイムホテプの称号と名が刻まれており、この人物が宮廷で比類のない卓越した地位にあったことが示されている。

彼自身も、文字と建築、知恵と医術の神として神格化されたのである。第30王朝時代には、イムホテプの崇拝はメンフィス地域で最も重要なもののひとつとなり、王家による後援を受けるようになっていた。エジプト生まれの最後の統治者となったナクトホルヘブ（**95**）は、自らを「プタハの息子であるイムホテプの最愛の者」と呼び、王の臣下たちはイムホテプを、「民に生命を授けてくださる尊い神」として崇拝していた。民間信仰で崇拝された他の神々と同じくイムホテプも治療の神とされ、そのような脈絡のなかで、やがてギリシアの医術の神であるアスクレピオスと同一視されるようになった。

　プトレマイオス朝のもとで、イムホテプ崇拝は頂点に達した。その崇拝と巡礼の主な中心地は、メンフィスのプタハ神殿とサッカラの（イムホテプの埋葬地と信じられた）アスクレピオンだったが、それ以外の祠堂も、たとえばテーベ西岸のデル・エル＝メディーナ、ヘリオポリス、そして北部デルタの中央に位置するクソイスなど、全国各地に作られた。第一急湍のセヘル島には、ジョセル王治世にさかのぼると称されるプトレマイオス朝時代の碑が刻まれ、その碑文には、7年に及ぶ飢饉を終息させる最善の方法について王がイムホテプの助言を求めた経緯が語られている。ほど近いフィラエ島には、プトレマイオス5世がイムホテプに捧げた小神殿を造営し、そこからこの人物の崇拝は南のヌビアへと広まって、はるかメロエにまで達した。エドフでは、イムホテプが神殿建築の原理を考案したとする銘文が残され、彼の名声の起源がそのような形で記憶されている。信者たちは、イムホテプに捧げられたさまざまな祠堂に奉納供物として寄進するためこの賢人の像を購った。多くはメンフィスとサッカラから、ほぼ400体に及ぶそのような青銅像が知られている。それらはイムホテプを、パピルスの巻物を広げた書記、丈の長いエプロンをつけた神官、あるいはスカルキャップをかぶったプタハ神の息子として描いている。

　イムホテプは、治療と医術の神として、ローマ時代に入ってからも引き続き崇拝された。デンデラの神殿では、彼は天文学と占星術の神秘な知識の主とされた。こうして、第3王朝の官吏の死後の人生における最後の奇妙な一章の幕が開く。イムホテプは民間の伝奇物語の登場人物となり、紀元後10世紀のアラビア

7.　イムホテプ：建築家、賢者、ついには神に　**31**

語の文献では、錬金術師として言及されているのだ。呪術師、治療者、賢者、書記といった、イムホテプがそのように崇拝された数多くの「生まれ変わり」はすべて、エジプトと古代エジプト人を永遠に変えることとなった「階段ピラミッド複合体」という不滅の偉業を反映したものである。エジプト文明を特徴づける象徴を創造した人物の評判が、同国人の誰よりも長きにわたって生き延びたというのは、実にふさわしいことと言えるだろう。

8. メチェン：キャリア官僚

　第3王朝時代には、おそらく初めてのことだったろうが、低い家柄の者にも、自らの才能によって行政機構の階層をいくつも越え、政治の最高位にのぼることができるようになっていた。王族以外の出自の者に官僚への道が開かれたというのはおそらく、ピラミッド造営のために、以前よりも高度の専門化が要求されるようになったことの、必然的な結果だったのだろう。それにはまた当然ながら、王が重要な責務を割り当てる際に利用できる才能のプールを拡張するという効果もあった。メチェンは、第3王朝の事実上すべての期間に及ぶ生涯をおくったキャリア官僚であり、こうした新しい実力主義の好例だった。

　サッカラに造営されたメチェンの墓には、古代エジプトの長大な自伝銘文としては最初のものが刻まれている。それは彼の経歴を、平凡な始まりから印象的な結末までたどっている。メチェンの経歴が下エジプトを主な舞台としていたことから、彼がデルタのどこかで生まれたというのはありそうなことのように思われる。父親のインプウエムアンクは判事であり書記だったので、メチェンは、官僚となるための必須条件である読み書きができるようにしつけられたことだろう。彼の最初の仕事も、食料倉庫とその在庫に責任を持つ書記だった。言い換えれば、エジプトの再分配経済の巨大な機械のなかの、小さな歯車というわけである。

　会計業務に関するメチェンの才能は、中央行政における彼の上役たちの注意を引いたに違いない。なぜなら彼は、しかるべき時に、「下級耕地判事」——耕地の境界決定に責任を負う職で、これは農業経済においては重要な役割だった——と、北部デルタの中央にある町クソイス（メチェンの生まれ故郷だったのかもしれない）の知事に昇進したからである。メチェンはさらに続けて「すべての土地争

いの判事」へと昇進する。これはメチェンにとって初めての行政レベルの役職であり、そこから彼は自らの才能によって新たな、そしてさらに重要な職務へと迅速に導かれていった。そのなかには、リンネルの製造に欠かせない主要作物である亜麻の国内における収穫を監督するというものが含まれていた。

　キャリアの頂点に達したメチェンは、デルタにある数多くのノモス（州）で、王の代理の地方行政官となり、自らの前歴である地方行政へと戻っている。彼は、下エジプトの第2（レトポリス）、第5（サイス）、第6（クソイス）、第7（「銛」）、第16（メンデス）の各州を、北部デルタの広大な帯状地帯もふくめて、交互に管理した。彼はさらに二つの町の「王宮の統治者」（王の任命による行政官）であり、要塞司令官だった。デルタの外では、メチェンは、おそらく西部砂漠のオアシスのひとつ「雌牛砦」を管理し、相互に関連する「砂漠長官」と「狩猟長」の地位を持っていた。東部ファイユームでは、彼は地域行政官であり、「南の湖の王宮都市」、言い換えれば、ファイユーム湖岸にエジプト王が建設した娯楽用の宮殿の「統治者」だった。彼のそれ以外の責務が下エジプトに重点を置いていたことからすればわずかな例外と言えるのは、上エジプト第17ノモス（ジャッカル州）における行政官、州知事、「任務監督官」であった。

4つの角度から見たメチェンの赤色花崗岩製座像（サッカラのメチェンの墓より出土、第4王朝初期）。メチェンは短い巻き毛の鬘とキルトをつけている。彼がすわる四角い腰掛けには、その称号のいくつかが刻まれている。

母親のネブセネトから、その遺言の条項に従って相続した50アルーラ（13.5ヘクタール）の土地にくわえ、メチェンは忠実な奉仕の代償として、国家からかなりの広さの土地と多くの食糧を寛大にも与えられていた。そのうえ、彼の葬祭のため永遠に収益を捧げる広大な領地も用意されていた。しかし、メチェンが国家からの贈物のなかでも最も誇りにしたのは、おそらく彼の家だったろう。この家についてメチェンが残した次のような記述は、富と地位を手にした人間が望んだはずのあらゆる特徴を備えた、理想の住居のイメージを彷彿とさせる。「200キュービット（105メートル）の長さ、200キュービットの幅があり、壁を備え、良い林が配され、そのなかには非常に大きな池が作られており、イチジクとブドウが植えられている。」デルタは少なくとも第1王朝以来、エジプトにおけるワイン醸造の中心地だった。メチェンは、家の周囲に植えられたブドウにくわえ、それとは別に、壁に囲まれたブドウ園も持っており、このことから、熱心なブドウ栽培者だったことは疑いない。このようにメチェンは、自らの余生を、家柄ではなく優秀さに対する潤沢な褒賞の数々に囲まれ、かなり快適に過ごしたのである。

メチェンの墓（サッカラ、第4王朝初期）の一部である石灰岩ブロックの浮彫。メチェン（右）は、従者からガゼルの子を捧げられている。

8. メチェン：キャリア官僚

第Ⅱ部 ピラミッド時代：古王国時代

　ピラミッドは、古代エジプト文明の典型的な象徴である。その古さ、記念建造物としての様式、完璧さと神秘性は、18世紀末のナポレオンによる遠征以来、西洋の人びとの心を魅了してきたファラオの時代の文化に関するすべてを集約している。なかでも、ギザに造営されたクフ(10)の「大ピラミッド」とその二つの伴侶は最も良く知られており、それらはともに古代世界の「七不思議」のうち唯一の生き残りとなっている。しかし古代エジプトの伝統的な都であるメンフィスの広大な墓地には、北はアブ・ラワシュから南はダハシュールまで、33キロにわたってピラミッドが散在しているのだ。これら並外れた建造物が作られることとなった時代は、エジプト学者には、古王国として知られている。それは強固な中央集権的統治がなされた最初の偉大な時期であり、国家がその絶対的な政治および経済の統制と、それと相前後して新たに見出された富とを、その卓越した力をさらに高めるため利用した時期だった。政府がピラミッドを造営する動機が十分に明らかだとしても、そのような事業から一般大衆が得たものは何だったのだろうか。

　この問いの答えはエジプト人の世界観の核心、支配する者とされる側の間の契約にかかわるものとなる。この契約のもとでは、国民は彼らの収穫のうち何割かを租税として納めることが期待されていた。国家はその一部を自らの費用に、そして大規模事業の費用として使い、余剰分は不作の年の飢饉の被害を軽減する「緩衝在庫」として、穀倉に貯蔵した。国民は国家による事業のため季節ごとに

クフ王の象牙製小像細部（第4王朝）。このちっぽけな小像が、「大ピラミッド」を造営した王の表現として確実な唯一のものである。この像はクフ王を、殻竿を持って玉座にすわり、下エジプトと結びつけられる赤冠をかぶった姿で表わしている。この像の小ささにもかかわらず、容赦のない断固たる決意を示す王の表情は明白に見てとれる。

労働力を提供し、その代わりに、1年の残りの時期には彼らの農地——理論的には王のものである農地——を耕作する許可を与えられ、そして政府のための労働に従事している間は、国家から配給される糧食を受け取っていた。これら互恵的な取り決めによって、エジプト人はピラミッドのような巨大記念建造物を建設することができたのである。それと同時に、ピラミッドがエジプトを作ったのだと言うこともできるだろう。すなわち構造化され組織化された、高度に効率的な計画経済を作り上げたと言えるのである。しかし、真に巨大なピラミッドのために必要とされる行政上の努力や資源の消費は、長期にわたって維持できるようなものではなかった。第4王朝の後は、王のための葬祭記念建造物は、ウナス (15) やペピ2世 (20) のピラミッドによって示されるように、より控えめな規模のものへと戻ったのである。

　王墓が古王国における文化表現を支配していたとすれば、王家は当時の権力政治において、同じく中心的な位置を占めていた。クフ王が母親のヘテプヘレス (9) に捧げた豪華な副葬品は、エジプトでこれまでに発見された副葬品のコレクションのなかでも、依然として最良のもののひとつであり、君主の身近にいた人びとがおこなっていた芸術に対する保護を示している。行政の専門化が徐々に進んでウェニ (18) のような才能ある人材が階層組織のなかで昇進できるようになったとはいえ、権力を持つ真に上位の立場の大部分は、依然として男性王族に占められていた。第4王朝のヘムイウヌ (11)、第5王朝のプタハシェプセス (13)、第6王朝のメレルカ (17) のような人びとの持っていた影響力はすべて、王家とのつながりによるものだったのである。王による寵愛は権力と富をもたらしたばかりでなく、サッカラ（首都メンフィスの埋葬地）の宮廷墓地に墓を造営するという特権をも与えてくれた。葬祭の準備が地位と同じ程度に関心の的となっていた社会では、墓の造営が成功の主要な指標とみなされていたとしてもほとんど驚くにあたらなかった。メチェチ (16) のような高官たちは、彼らの高貴な地位と地上の富を、入念に装飾された大きな墓の供養室によって誇示したし、小人のペルニアンクウ (12) のように、廷臣のなかでもそれほど地位が高くない人びとさえ、彼らの主君その人の葬祭記念建造物から近いところに墓所を確保できた。

第Ⅱ部　ピラミッド時代：古王国時代　39

彼らは、こうした方法で、王の寵愛を永遠に受け続けることを望んでいたのである。

　古王国の私人墓のなかに表わされたさまざまな場面や銘文は、工芸から農作業、行政の仕組みからエリートの生活様式まで、当時の文化の数多くの側面についての貴重な洞察を与えてくれる。墓の位置もまた、古代エジプト社会における重要な発展を示している。「ピラミッド時代」が進行するにつれ、ますます多くの高官たちが、メンフィスの広大な宮廷墓地ではなく、彼らの故郷に埋葬されるほうを選ぶようになるのである。とりわけ第6王朝時代に、中央政府が以前よりも大きな権限を地方に譲り渡すようになると、地方自治の高まりとあいまって地方の独自性が生じた。ペピアンク(14)のような高官にとって自分の地位は、たとえそれがいつものきわめて数多い廷臣の形容辞や称号で表わされるにしても、彼が故郷の町で占めていた高い地位に由来することには疑う余地はなかった。そうした独自性がとりわけ強く意識されていた場所のひとつがエレファンティネ（古代のアブウ）である。その理由は、ひとつには地理的なものだが——この町はメンフィスの都と王宮から川伝いに800キロも離れていた——ひとつには文化的なも

メチェチの墓（サッカラ、第5王朝後期）の浮彫。ヒエログリフ銘文と図像が完璧に統合されており、最も自信に満ちた時代の古代エジプト美術が示されている。

のでもある。第一急湍地域の住民はエジプトに対するのと同じ程度にヌビアにも目を向ける傾向があったのである。事実、アブウの地方官吏たちは、黒檀から豹の毛皮まで一連の珍しく高級な産物を宮廷にもたらす国、ヌビアについての知識と理解を持っていたので、中央政府にとって貴重な存在だった。第6王朝時代には、ハルクフ(19)やヘカイブ(21)のような人びとが、エジプト南部国境のかなたにある異国で卓越した活動を政府のためにおこない、それによって富と名声を獲得した。

　中央集権が第4王朝時代のピラミッド建設の絶頂を特徴づけているように、分権化のプロセスは、古王国末期頃の王権の衰退を示している。ついにはエジプト社会に内在する分権化の力は抑制できないことが明らかとなり、ペピ2世の異例なほど長期に及ぶ治世のあと、王位継承をめぐる王朝内部の争いと対立によって、それは悪化した。地方自治が力を増すにつれて王権は弱まり、エジプトの社会とエジプト人の精神に根深く永続的な影響を及ぼすことになる政治的分裂の時代の先がけとなるのである。

第Ⅱ部　ピラミッド時代：古王国時代　41

9. ヘテプヘレス：クフ王の母

　ヘテプヘレスの墓から発見された副葬品は、カイロ・エジプト博物館の宝のひとつである。純粋で洗練された意匠、称賛に値する技巧、豪華な素材という点で、それは「ピラミッド時代」の自信と節度ある豊かさを要約している。しかし、これらがそのため作られた女性についてはどうだろうか。ヘテプヘレスとは何者であり、彼女の人生はどのようなものだったのだろうか。

　彼女の生い立ちについての基本的な事実は十分に明らかである。彼女は王（スネフェル）の妃であり、王（クフ）の母であって、おそらく王（フニ）の娘でもある可能性が高い。事実、彼女の地位は、もっぱら一族の男性との関係に由来するものだった。エジプト語には「クイーン（女王）」にあたる単語はなく、「王の

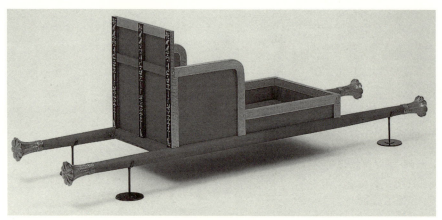

ヘテプヘレスの墓（ギザ、第4王朝）から発見された部品をもとに復元された輿。優雅でシンプルな意匠は、クフの治世における宮廷美術のほどよく洗練された一例を示している。

ヘテプヘレスの副葬品の一部をなす金箔装飾の細部（第4王朝）。ヒエログリフの銘文帯に、ヘテプヘレスの亡夫スネフェル王の名と称号が記されている。

妻（王妃）」あるいは「王の母」を意味する語があるだけなのである。しかし全能の王の有力な母として、ヘテプヘレスはクフの宮廷で明らかに最も影響力のある女性だったはずであり、性別にかかわりなく、おそらくは最も有力な人びとのひとりだっただろう。彼女の輿に残された称号は黒檀のパネルに金のヒエログリフを象眼したもので、そのような彼女の地位をうかがわせる。それらは「二重王の母」、「ホルスの従者」、「支配者の指導者」、「慈悲深いお方」、「すべての発言がそのためになされるようなお方」である。これらの形容辞のうち第三のものはとりわけ印象的だ。それはクフが、歴史上きわめて数多くの専制的な支配者がそうだったように、ただひとりの人間、すなわち自分の母親からしか命令を受けなかったことを暗示しているのである。

　ヘテプヘレスは、古代エジプト文明の最も偉大な時期のひとつに生きており——父と夫の時代のメイドゥムとダハシュールのピラミッドから、息子の時代のギザの「大ピラミッド」まで——最初の真正ピラミッド群の建設をまのあたりに目撃した人物だが、彼女の人生については驚くほどわずかしか知られていない。しかし、その注目すべき副葬品のおかげで、彼女の生活様式、ひいては古王国の貴族一般の生活様式について比較的多くのことが言える。彼女の輿についてはすでに触れたが、これは当時の高位にある人びとを運ぶ手段として好まれていたように思われる。印象的ではあったろうが、おそらくとりたてて快適な乗り物ではなかっただろう。輿に乗る者は両膝を抱えて（おそらく痛くないようにクッションをのせた）木製の座板にすわったはずである。ヘテプヘレスの場合、そのような光景は、彼女の輿にふんだんに使われた黄金によって、さらに目もくらむほどの見物となったことだろう。

ヘテプヘレスの副葬品に含まれていた銀製の腕輪（ブレスレット）（第4王朝）。エジプト史のこの時期には、銀は黄金よりも貴重だった。それゆえ、紅玉髄とトルコ石、ラピス・ラズリを用いて蝶の意匠の象眼をほどこしたこれらの腕輪は、きわめて稀で高価な品だったはずであり、ヘテプヘレスの王族としての地位をうかがわせる。

　ある王宮から別の王宮へと巡幸がなされていたという印象は、ヘテプヘレスの副葬品のなかのそれ以外の品物によって強められる。これらには天蓋と一組になったベッド、二脚の低い椅子、そしていくつかの宝石箱が含まれている。家具類は、ライオンの足をかたどった脚で飾られ象眼と金箔で装飾されてはいるが、どちらかと言えばシンプルであり、軽量でとても持ち運びがしやすい。ヘテプヘレスと彼女の随員が国中を旅する時は、分解と組立が簡単にできたことだろう。移動することが多いそうした生活様式に適合して、この婦人は自分の財産をおおむね身につけるか、あるいは持ち歩いていた。椅子を飾っていたヘテプヘレスの図像は、右腕に 14 個をくだらない腕輪（ブレスレット）をはめた姿を示している。彼女はこれらの腕輪を、内も外も金箔で覆われた特製の宝石箱に納めており、この箱には、計 20 個の腕輪を 10 個ずつ 2 列に分けて入れられるようになっていた。腕輪それ自体もひときわ優れた質の作品で、意匠と素材のいずれの点でも、彼女の同時代の人びとが身につけたいかなるものより光彩を放っていただろう。それらは銀製だったが、その当時、銀は黄金よりもはるかに貴重だった（エジプトは黄金を豊富に持っていたものの、銀は国外から輸入しなければならなかったので

ある)。それぞれの腕輪には、トルコ石とラピス・ラズリ、紅玉髄が象眼され様式化された四つの蝶と、紅玉髄の小さな円盤とを交互に配した装飾がほどこされた。同じような動物と植物の装飾要素は家具の装飾にも用いられており、ベッドの足板は、ファイアンスの羽根文様で飾られている。

　これらヘテプヘレスの所有物が見る者に与える全般的な印象は、王の母にふさわしい贅沢と気品のそれである。ロータスの花を鼻先に掲げたヘテプヘレスが輿に乗って旅するとき、彼女がいくつもつけた銀の腕輪が陽光にきらめき、それはたとえ郊外であっても、そしてギザ台地に世界がそれまで目にした最大の記念建造物が徐々にそびえつつあった時でさえ、目もくらむばかりの眺めだっただろう。

10. クフ：「大ピラミッド」の主

　「人は時を恐れるが、時はピラミッドを恐れる」——この有名なアラブのこと
わざは、ギザのピラミッド群、そしてそれら3基のなかでもとりわけ最も壮大な
クフの「大ピラミッド」を見上げるときに、数えきれないほど何世代もの訪問者
たちが経験してきた畏怖と感嘆の感覚を要約している。古代エジプト文明のアイ
コンである「大ピラミッド」は、長い時を経ているとともに、時を超越してもい
る。その驚くべき大きさと並外れた正確さには当惑させられるばかりだ。その建
設についての統計データはなじみのものではあるが、ここで繰り返すだけの価値
はあるだろう。この記念建造物はおよそ230万個の石灰岩ブロックを含んでいる
が、これはつまり、建設労働者たちがクフの治世の続く間、1日10時間労働で
毎週7日、1年あたり52週間働き、その間は2分か3分ごとに1個のブロック
を据えなければならなかったことを意味している。「大回廊」は息をのむような
建築上の偉業であり、その持送り積み天井は8.74メートルの高さがある。玄室
と第二の（おそらく王のカァ［訳注 生命力］が宿る像を納めるための）部屋から伸びる
斜坑は、一直線に石積みを抜けてピラミッドの外面まで通じており、オリオン座
と周極星の方位に完全に合致している。ピラミッド本体は底辺の長さが230.33
メートルであり、本来はおそらく146.59メートルの高さまでそびえていたこと
だろう。それでいてその底辺の方位は、真北からわずか1/20度（厳密には3分
6秒）しかずれていないのである。建築としても驚異的な偉業であるとすれば、
事業の計画と遂行についても同じことが言えるだろう。そのような途方もない建
築事業を実現するのに必要な行政上・組織上の努力は、エジプト国家がかつて経
験したことのない試練だったに違いない。事実、エジプト人がピラミッドを作っ

46　第Ⅱ部　ピラミッド時代：古王国時代

クフの「大ピラミッド」(ギザ、第4王朝)。ファラオ時代のエジプトのアイコンと言える記念建造物であり、古代世界の「七不思議」の唯一の生き残りであるこの建造物は、建築と工学ばかりでなく組織の力が達成した壮大な業績である。皮肉なことに、それを造営した王については、比較的わずかしか知られていない。

10. クフ:「大ピラミッド」の主

たとき、ピラミッドもまたエジプトを作ったと言われているのである。

　「大ピラミッド」については多くのことが書かれてきたが、この建造物がその
ために作られた人物、クフ王については、驚くほどわずかのことしか知られてい
ない。彼の名は、完全な形ではクヌム・クフウイ（「クヌム、このお方が私を守っ
てくださる」）であり、エジプトの宗教思想によれば陶工の轆轤（ろくろ）の上で自ら人間を
形作ったとされる創造神クヌムとの特別な関係をうかがわせる。クフが、自らの
地位は神から与えられたことを意識して成長したことは、確かなように思われる。
しかし巨大建造物を好むクフの傾向は、無から生じたわけではない。すでに彼の
父スネフェル（スネフェルウ）が巨大ピラミッド造営の時代を創始しており、ク
フは、ダハシュールの砂上に２基の巨大ピラミッドがそびえるのを目にしつつ成
長したことだろう。クフはどちらかといえば若年のうちに父の王位を継承したと
思われる。なぜなら彼は少なくとも24年間、おそらくは30年近くも統治したこ
とが知られているからである。クフの正妃（「笏の大いなる者」）はメリトイテス
だったが、彼は少なくとももうひとりの配偶者を持っていた。後継者とされたの
は長子のカウアブだったが、彼はどうやら父王よりも先に世を去ったようで、次
の王位は彼の代わりに他の王子ジェデフラー、次いで弟のカフラーへと受け継が
れた。クフの他の息子たちには、クフカフ、ミンカフ、ホルジェデフ、バウエフ
ラー、そしてババエフが含まれる。王の母のヘテプヘレス（9）という卓越した人
物を例外とすれば、これはかなりの程度まで男性が支配的な王家だったようだ。
クフの親族の多くは、「大ピラミッド」に隣接して配置された広大な東墓地のマ
スタバ（ベンチのような長方形の上部構造を持つ墓）に埋葬された。王は生前と同
じく死後も、身近な人びとに囲まれて過ごすつもりだったのである。

　ギザ台地で形をとりつつあった巨大建築事業に建材を供給するため、付近に大
規模な石灰岩採石場が開かれ、それよりも少量だがより高価な石材をエジプト
全土から入手するため、クフ王は遠征隊を派遣した。リビア砂漠南部のトシュ
カ付近からは閃緑岩、中部エジプトのハトヌブからは方解石、シナイ南西部のワ
ディ・マガラからはトルコ石が、それぞれ求められたのである。ふり返ってみる
と、国家の経済と官僚機構のすべてが、王権のモニュメント、すなわちこれまで

48　第Ⅱ部　ピラミッド時代：古王国時代

にない規模の「再生装置」の建設というただひとつの目的に向けられていたかのようである。クフの時代のエジプト人や、その後の世代にとっても、そう思えたに違いない。「大ピラミッド」は、それを造営した王に、誇大妄想の暴君という、おそらくは十分にふさわしい死後の評価をもたらすこととなった。数世紀後の中王国末期に作られた一連の物語はクフ王を、とりわけ父王のスネフェルと比較することで不利な立場に描いている。これらいわゆる「不思議物語」のうち、クフの時代を舞台とする一編では、切断された頭部をふたたびつなぎ合わすことができるという評判の呪術師が、宮廷を訪ねる。クフは興味をそそられ、囚人を使って力試しをするよう命じるが、呪術師は、「神の家畜」のひとりにそのようなことがなされるのをとがめて、その代わりに鵞鳥を使うように王を説き伏せようとするのである。

　紀元前4世紀までには、クフの評価はかつてないほどに下落していた。ギリシアの歴史家ヘロドトスが書き記すところでは「ケオプス（クフ）は、国土をあらゆる種類の悲惨な状態へとおとしいれた。彼は神殿を閉鎖し、臣民が犠牲を捧げることを禁じ、彼らが例外なく王のための労働に従事するよう強制した……エジプト人が……ケオプス……についてすすんで言及することはほとんどありえない。

クフ王の象牙製小像（アビュドスの初期の神殿より出土、第4王朝）（38ページも参照）。玉座の正面には王名が刻まれており、この小さな王像が誰のものか知ることができる。

10. クフ：「大ピラミッド」の主　49

それほど彼らの憎しみは大きいのである。」王のための大規模な建築事業に慣れた——実際、それを基礎に据えた——文明では、すべてのうちで最大の記念建造物は、感嘆よりも反感を呼んだように思われる。いずれにせよそれは、品位と慎みの通常の基準を踏み越えているように思われたのだろう。

　もうひとりの、より新しい時代の独裁者であるナポレオン・ボナパルトは、ギザ台地に野営した兵士たちに、「フランスの兵士らよ、40世紀が諸君を見下ろしているぞ」という言葉で呼びかけたとされている。エジプト最大の記念建造物を造営した人物、クフ王の立体的な像として知られる唯一のものが、高さわずか7.6センチ、親指よりかろうじて大きい程度の、ちっぽけな象牙製小像であるというのは、愉快な皮肉だ。「大ピラミッド」そのものは、たぶんもう4000年は残るように思えるが、その本来の所有者については、考古遺物として何が残るかを決める偶然の力が、相応の評価をくだすのは確かだろう。

50　第Ⅱ部　ピラミッド時代：古王国時代

11. ヘムイウヌ

:「大ピラミッド」を建設した労働監督官

クフ王のためギザに建てられた「大ピラミッド」は、世界がそれまでに目にしたなかで（あるいはさらに4400年間、目にすることとなったもののうち）最も高い建造物だったが、それだけではない。それは、大規模な記念建造物とすべてを網羅する官僚機構とを特徴とする文明、古代エジプトで企てられた最大の建築事業であり、当時の行政がなしとげた最も複雑な偉業だった。この事業の支援部門——専用の「ピラミッドの町」に収容された労働者たちの組織、彼らへの食糧供給、採石と石材輸送、工事用傾斜路の建設と維持、測量士と建築家、監督たちの配置—— だけでも、ピラミッドそのものと同じ程度にみごとな偉業である。しかも建設現場全体を管理していたのはただ一人の人物であった。彼の名はヘムイウヌである。

第4王朝初期には、ほとんどすべての上級官吏が王族であり、ヘムイウヌも例外ではなかった。彼はおそらくネフェルマアト王子の息子であり、それゆえスネフェルの孫、クフの甥にあたる人物だった。宮廷における彼の立場がすみやかな昇進の機会につながったことは確かだろうが、行政機構の階層をいくつも越える彼の出世はめざましく、ヘムイウヌは生まれながらの才能も備えていたに違いない。彼の昇進はその墓にも反映されている。この墓は「大ピラミッド」に隣接したまずまず大きな建造物として着工されたが、ヘムイウヌの地位と足並みを揃えるように、かなりの程度拡張されているのである。その浮彫のひとつは、人生の絶頂にあるヘムイウヌの姿を示している。鷲鼻や丸い顎先、頑丈な下顎といった彼の容貌の特徴は、自信と決意が組み合わされた性格をうかがわせる。

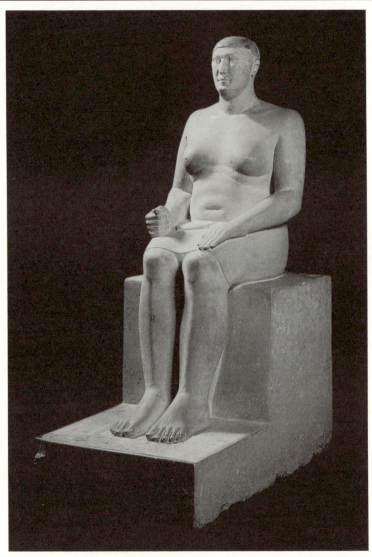

ヘムイウヌの等身大彫像（石灰岩に彩色、ギザのヘムイウヌの墓のセルダブ（彫像室）より、第4王朝）。高位の廷臣としてクフに仕えたこの人物は（極端に肥満した姿で示されるように）成功し裕福で、自らの能力に自信を持ち、高い地位に安んじている姿で表わされている。

ヘムイウヌの数多くの称号も同じ印象、自分が国中で最も重要な人物のひとりであることを承知している人間という印象を与える。廷臣や「宮廷の年長者」の役割にくわえ、彼はさらに宗教上の重要な役職を数多く持っており、そのなかにはバステト（猫の女神）の神官やシェスメテト（ライオンの女神）の神官、豹の女神の神官、「メンデスの牡羊」の神官、「アピス（メンフィスの聖なる雄牛）の番人」、「白い雄牛の番人」、トトの大司祭が含まれる。この最後の称号は、トトがエジプトの官僚にとって絶対に欠かせない知恵と文字の神だったことからすれば、とりわけふさわしいものであった。ヘムイウヌの珍しい称号「南部と北部の音楽の指導者」には、彼の私的な関心事のひとつをおそらくいま見ることができるのかもしれないが、彼の主要な官職については疑いの余地はない。それらは「王の書記の監督官（言い換えれば、文官の長）」と「王のためのすべての建設事業監督官」であり、彼の例外的とも言える卓越した地位の理由となるものだった。

　「大ピラミッド」の建設と、引き続いておこなわれた斜路など作業用基幹施設の撤去は、20年以内に完了したと考えられている。したがって、ヘムイウヌがこの事業の開始から完了までを見届けた可能性はあるだろう。この生涯をかけた大事業が彼にもたらしたに違いない栄誉と個人的な満足は、彼が制作を指揮したもうひとつの注目すべき作品、彼の墓の彫像室で発見された非凡な出来映えの彫像に見てとれる。本来は彩色されており、黄金と水晶で作られ象眼された目を持ち、台座には顔料ペーストを用いたヒエログリフ銘文が記されていたこの彫像は、帯留めで腰に結んだ短いキルトをつけ、腰掛けたヘムイウヌを表わしている。この座像の最も目を引く特徴は、ヘムイウヌの肥満体である。彼の乳と胸は重みで垂れており、大きな腹は臍を押しつぶすほどである。この太りすぎの体格とくらべると、彼の頭部は奇妙なほどに小さく見える。人口の大部分が生存のために必要な最低限の食料で生きている国では、肥満は富と特権の指標だった。なぜならそれは、好きなだけ食べることができ、絶対に必要である以上に食べることができて、きつい肉体労働を避けられることを示していたからである。ヘムイウヌが歴史上最大の建築事業をみごとに指揮したことが、それにふさわしく豊かな個人的報酬を、彼にもたらしたのである。

11．ヘムイウヌ：「大ピラミッド」を建設した労働監督官　**53**

12. ペルニアンクウ：宮廷専属の小人

　歴史を通じて、王の宮廷には専属の道化師、つまり王やその一族を楽しませるのを仕事とする人びとがいた。古代エジプトにおいては、こうした芸人たちの候補者として好まれたのは「小さな人びと」、すなわちサハラ以南のアフリカから来たピグミーか、小人症をわずらったエジプト人であった。ペルニアンクウは、第4王朝時代に生きていたそのような宮廷専属小人のひとりである。

　エジプト人は、成長が抑えられた人びとに対してあからさまな偏見を示すことはなかった。事実、宮廷専属小人の役割には国王その人にとりわけ親密かつ私的に接する機会が含まれていたので、そのような者たちは——中世ヨーロッパにおける宮廷道化師のように——しばしば王の側近のなかでも、君主の親しい腹心の友とは言わないまでも、かなり尊敬され讃えられる存在となった。おそらくペルニアンクウの親族だったセネブは、「（君主の）着付けを担当する小人の指導者」であるとともにクフとジェデフラーの神官でもあり、王子の教師に任命されていた。これは王家が彼に寄せていた信頼を反映したものである。「主人を毎日楽しませる王の小人」ペルニアンクウも同じく威信と富を得ており、それらはギザの高貴な西墓地に彼が埋葬されたという事実と、彼の墓に納められた彫像に示されている。

　ペルニアンクウの玄武岩製彫像は、古王国の美術の小さな傑作である。それはこの人物を、短い白のキルトを黒い帯で止め、第4王朝時代に流行した肩に届く短い巻き毛の鬘をつけた姿で示している。ペルニアンクウの上半身はがっちりとした筋肉質だが、下半身には奇形を示す明らかな兆候が見てとれる。彼の両足は短く、曲がっていて、足首は非常に太く、足首から先は平らである。左膝も右膝

とは違っており、障碍か先天的な奇形を示している。しかしペルニアンクウは、まぎれもない権威の象徴をふたつ、笏を右手に、長い杖を左手に持つ姿で表現されている。これらの表章は高位の官僚のものであり、彼がその経歴のなかで成功を収めたに違いなく、宮廷専属小人の長く続く伝統を示す初期の一例だったことをうかがわせる。

ペルニアンクウの彫像（玄武岩に彩色、ギザのペルニアンクウの墓に作られたセルダブ［彫像室］より、第4王朝）。1990年に発見されたこの注目すべき遺物は、短くかすかに曲がった足、太い足首と平たい足先を持つ宮廷付き小人を、生きているような真に迫った表現で描き出している。

13. プタハシェプセス：王の義理の息子

　古代エジプトでは、すべての権力は王に由来するものだった。ファラオ時代の歴史を通じて、理論的にはそうだったことは確かである。「ピラミッド時代」のさなかにあっては、実際にもそのとおりだった。行政の最高位は、第4王朝時代には王族以外の出自の人間にも開かれていたとはいえ、国家の最も有力な官職については、疑いなく国王その人によって任命がなされていた。それゆえ君主の身近にいる人びとと近づきになることが、はるかに大きな昇進の機会をもたらすこととなった。これは、プタハシェプセスの生涯と経歴によってとりわけ良く示される。アブシールにある彼の墓は、古王国時代の私人の葬祭記念建造物としては最大のものである。

　プタハシェプセスの出自についてはほとんど知られていないが、廷臣としての彼の経歴は、第5王朝の王家の墓地に自分の墓を、どちらかと言えば早い時期に作らせるほどの成功を収めたものだったことは明らかである。この墓は石灰岩製の上部構造のなかに、装飾のある部屋をいくつか備えていたが、当時の水準から言えばそれでもなお比較的控えめなものだった。プタハシェプセスは、王のための建築事業にすでにたずさわっていたかもしれない。彼がやがて任命される官職のひとつは「王のためのすべての労働監督官」なのである。そして彼が、王のピラミッドとその関連建造物に用いる建築技術の知識を、すでに持っていたことは明らかだ。なぜなら彼はそのいくつかを、自らの葬祭建築に活用しているからである。したがって、プタハシェプセスの墓の玄室天井は王のピラミッドの玄室をふさぐのに使われたものと同じ4対の巨大な石板で作られた。これは私人墓建築における革新であり、プタハシェプセスの葬祭記念建造物は、古王国の墓の発展

56　第Ⅱ部　ピラミッド時代：古王国時代

における転換点をなしていたと言える。

　プタハシェプセス自身の人生における主要な転換点はといえば、それは彼がカーメルネブティという婦人と結婚したときに生じた。彼女は「シカモアの女主、ハトホル」の女性神官であり、「(王の) 唯一の飾り」であって、最も重要なことに、在世中の王ニウセルラーの娘だった。君主の義理の息子となったプタハシェプセスは、いまや宮廷でも王の側近のあいだに身を置くこととなり、権力の究極の源と親しく交わる間柄となった。これは彼のいくつかの称号に反映されており、そのなかには「主君の寵臣」、「玉座の従者」、「王宮の指導者」、「王冠の番人」、そして互いに関連する三つの称号である「朝の家の秘密に関与する者」、「神の言葉の秘密に関与する者」、「主人の秘密にそのすべての場において関与する者」が含まれる。プタハシェプセスの新たな地位は、彼の葬祭記念建造物の大規模な拡張をうながすこととなり、いくつかの彫像を納める壁龕を備えた供養室が追加され、その正面には、ロータスの束をかたどった石

プタハシェプセスの浮彫が刻まれた角柱（アブシールのプタハシェプセスの墓、第5王朝）。プタハシェプセスの葬祭記念建造物は、その当時の私人墓のなかでは最大のものであり、装飾が施された一連の中庭と部屋を含んでいる。

13. プタハシェプセス：王の義理の息子　　57

灰岩の円柱2本が立つ堂々たる入口が作られた。

　同時に、墓の内部装飾に加えられた変更は、ほかでは隠されたままのプタハシェプセスの私生活の一側面について手がかりを与えてくれるかもしれない。彼の長子の図像と名が墓のいたるところで注意深く削りとられているのは、その廃嫡を示す意図的な行為であるように思われる。これはその長子が以前の結婚で生まれた子供で、プタハシェプセスと王女との結婚のあと、この新しい王族の妻から生まれた子供たちに優先権が与えられたためだったのかもしれない。確かなのはプタハシェプセスが自らを、少なくとも7人の息子と2人の娘に囲まれた家庭的な男性として描かせていることである。

　プタハシェプセスの影響力と権威が高まるにつれ、彼は自らの周囲を、自分自身のミニチュア「宮廷」で取り巻きはじめた。これには「友人」たち、書記たち、理髪師たち、家令、そして髪結いが含まれていた。とくにお気に入りだった従者は、彼の侍医である。丈の長いスカート、ビーズを幅広く連ねた襟飾りをつけ、官職を示す杖を握ったプタハシェプセスは、堂々たる人物という印象を与えたに違いない。16人の担ぎ手が支える日除けつきの輿にのり、他の従者たちを後に従えて、あちこちに運ばれてゆく時にはなおさらそうだっただろう。彼の妻カーメレルネブティは、首や手首、足首のまわりにずらりと並ぶきらびやかな装身具で身を飾っており、彼女の地位は、背中の中程まで届く長くて重い鬘によって強調されていた。

　プタハシェプセスのキャリアの頂点は、最高裁判所長官と総理大臣の職務をあわせたような官職である「宰相」に任命されるとともに訪れた。このエジプト行政の長への昇進は、アブシールに造営された彼の墓の2度目の、さらに大規模な拡張計画によって示される。最終的に完成した彼の記念建造物は、80 × 107メートルという驚くべき大きさで、高さ6メートルに達するロータス柱2本が立つ前廊という新しい入口がもうひとつ必要になっていた。白く輝く石灰岩の壁を持つプタハシェプセスの記念建造物は、アブシールの埋葬地を圧してそびえていたに違いなく、それは今日でも変わらない。最上位の貴族にふさわしい永遠の記念物と言えるだろう。

58　第Ⅱ部　ピラミッド時代：古王国時代

14. ペピアンク：長生きの官吏

　医学が発達していて豊かな現代の西欧社会でさえ、生きて100回目の誕生日を迎えられる人びとは、多くはない。平均余命がおそらく30歳から36歳の間だった古代エジプトでは、60歳まで生きるというのはきわめて珍しいことだった。ペピ2世 (**20**) とラメセス2世 (**70**) という二人の王だけは、80代まで生きたことが知られている。しかし「中間にいる者」ペピアンクというひとりの人物は、彼らのどちらをもしのいでいた。なぜなら、その自伝銘文を信じるなら、彼は、記録されている限りでは古代エジプトでただひとり、100歳以上まで生きたからである。

　ペピアンクは第6王朝初期、中部エジプトのクサエ（古代のクス、現代のエル＝クシヤ）で、地方の有力者一族のもとに生まれたとみられる。彼の記録破りの長命は、彼が持っていた有り余るほどの称号と形容辞に見合っていたように思える。なぜならペピアンクは、その経歴が終わるまでに、高い地位や身分に執着するその当時の大げさな基準から見てさえ、実に驚くほどの肩書きコレクションを作り上げていたからである。彼は「エリートの一員」、「高官」、「助言者」、「ネケンの番人」にして「ネケブの首長」（これらはすべて階級を示す純然たる名誉職である）だった。彼の行政上の官職には「主席裁判官」や「宰相」、「王の書字板の書記長」、「王の印章保持者」、「アピスの従者」、「『ペ』のあらゆる居住者の代弁者」、「二つの穀倉の監督官」、「二つの清めの部屋の監督官」、「倉庫の監督官」、「主任行政官」、「宮廷における王の書字板の書記」、「神の印章保持者」、そして奇妙なことに「下絵師」が含まれていた。宗教上の領域では、彼は「クスの女主であるハトホルの神官長」、「主任朗唱神官」（神聖な文書の作成・管理に責任を持つ神官）、

ペピアンクの墓（メイル、第6王朝）の浮彫の線画。どちらかといえば熟年の官吏が好んだ丈の長いキルトをつけたペピアンクが、2人の従者に穏やかに導かれ支えられているが、これはおそらく彼が高齢であることを示すためである。ペピアンクの頭上の2行のヒエログリフ銘文は、彼の名と主要な称号を示している。

そして「セム神官」(葬祭を主宰する神官) だった。宮廷では、彼は「(王の) 唯一の友」、「朗唱神官」、「中部の諸州における上エジプト監督官」、「王の侍従」、「庶民の杖」、「ケンムトの柱」、「マアトの神官」、「王のあらゆる命令の秘密に関与する者」、そして「そのあらゆる場における王の寵臣」の地位を誇っていた。

　これらの称号がすべて実際の役割に翻訳できるわけではないことは明らかであり、ペピアンクの主な官職がどれなのかは、彼自身が示している。「私は行政官の役割に費やすすべての時を過ごし、神のもとで好評が得られるように、良いことをなし、望まれることを語った。」古代エジプトで成功を収めたすべての人物と同じように、ペピアンクも誰に取り入るべきかを十分に承知していた。なぜなら出世は、能力次第であるのと同じ程度に、有力者たちとの縁故にもかかっていたからである。司法行政を担当する場合、訴訟当事者たちをいずれも満足させる

ペピアンクの墓に描かれた田園生活の場面 (第6王朝)。画面の水平区画 (段) は下から上へと見ていくようになっているので、驢馬が下段では脱穀場で追い立てられ、上段では脱穀済みの穀物を入れた籠を運んでいる。

14. ペピアンク：長生きの官吏　61

ことが、明らかにペピアンクの主な関心事だった——「私は二つの側を、彼らを満足させるように裁いた。それこそ神が望んでおられることであるのを承知していたからである。」——しかし同じく重要だったのは彼自身の評判を守ることだった。「判事たちの前で私に対して語られたどんなことについても、私はそこから無事に逃れ出て、それは告発した側のほうに降りかかった。私は判事たちの前でそれを晴らした。なぜなら彼らが私に対して語ったことは中傷だったからである。」ここで、ペピアンクのようなほどほどに影響力のある地位についている人びとの、真の動機が見てとれる。それはすなわち自分たちの権力を保ち、取って代わろうとする者たちから自らの特権を守ることである。

　その当時の地方官吏の大部分がそうだったように、ペピアンクは行政上の職務と地方神殿における奉仕とを結びつけていた。「私はこの時期のかなりの部分を、『クスの女主であるハトホルの神官長』として過ごし、『クスの女主であるハトホル』を目にしてその儀式を我が手でおこなうため、このお方のおられるところに入った。」長生きができたのは自分が信仰する女神の慈悲の賜物だと、彼が思っていたのは明らかである。「私のもとではあらゆる事柄が成功した。これは私が『クスの女主であるハトホル』の神官だったからであり、私が女神を、女神に満足いただけるようお守りしたからである。」

　成功したエジプト人にとっては、埋葬のためしかるべき準備をすることは重要であった。なぜなら、人生で得られた報酬が来世でも継続して得られる見込みは常にあったからである。したがってペピアンクは、自らの葬祭の手配については注意深く考慮し、墓を処女地に、「清らかな場所、良い場所、［かつて］何の作業もおこなわれたことがないところに」建てさせた。階級と地位に対する執着、郷土の地方神への敬虔な信仰、来世への関心、ペピアンクが体現していたのは、これら古代エジプト人の典型的な関心事だったのだが、彼はそれらをまったく型破りの長い人生をおくるなかで体現していたのである。

15. ウナス：謎めいた王

ウナスは人間を喰らい、神々を糧とする者なり……
ウナスは彼らの呪力を喰らい、彼らの霊魂を呑み込む
彼らのうち大きなものたちは、彼の朝食に
彼らのうち中位のものたちは、彼の夕食に
彼らのうち小さなものたちは、彼の夜食に
そして最も年老いた男女は、彼の燃料に

　身の毛のよだつようなこれらのくだりは、サッカラにあるウナスのピラミッド内部の部屋の壁面に何百と刻まれたものの一部である。それら全体は「ピラミッド・テキスト」として知られ、古代エジプトの宗教文学のうち現存する最古のものである。いくつかの呪文の言語とイメージは、それらが何世紀も前、おそらくはエジプト史の黎明期にさえさかのぼることを示している。一方、呪文のなかには第5王朝末になって新たに作られたことが確かなものもある。すべての王の葬儀と葬祭には、呪文とその朗唱、祈祷が一役買っていたのだろうと仮定できるが、それらが永遠に役立つように、恒久的な形として王墓の壁面に刻むという着想は、ウナスの治世の新機軸であった。

　はじめに引用したいわゆる「食人讃歌」の根底にある意味と同じく、ウナスは謎と逆説のままである。彼は自らのピラミッドを「ウナスの諸々の場は完全なり」と呼んだが、それは後になってあまりに荒廃したため、第19王朝の王子カーエムウァセト（72）の注意を引き、彼により修復されることとなった。ウナスは死後も長きにわたって崇敬されたが、生前の彼は自らの家系が不確かであ

飢えた遊牧民を表わす石灰岩製浮彫（サッカラにあるウナスのピラミッド参道より、第5王朝後期）。これらの謎めいた、そして悲惨なイメージは、エジプト王の支配の外で生活する人びとにふりかかる運命について、露骨なメッセージを伝えようとしたものなのかもしれない。

るのを気にしていたようで、最も輝かしい先祖の何人かと自分を関連づけようと骨を折っていた。そのためウナスは自分のピラミッドを、第2王朝の始祖ヘテプセケムウイの墓の真上、そしてジョセル（第3王朝の始祖）とウセルカフ（第5王朝の始祖）のピラミッドを結ぶ斜線の延長線上に建設したのである。

そのうえウナスの治世に関する資料は乏しく、その長さすら不確かである。この王のもとでは少なくとも3人の宰相が在職していて、ウナスが君主として長く在位したことがうかがえる。後代の歴史家たちはウナスに30年から33年の治世を割り当てており、この王はセド祭（祝祭）を挙行するのに十分なほど長く在位していたように思われる。ウナスのピラミッド神殿の装飾プログラムには、戴冠したウナスが、エジプト各地のノモス（州）を人格化した存在や神々から贈物を受け取る場面が含まれているが、これはセド祭の本質的な要素を表わしたものなのである。次に掲げるウナスの「ピラミッド・テキスト」からの抜粋には、そのような重要な機会に王がいかなる姿で現れたのかが、生き生きと記述されている。

かのお方はその豹の毛皮を御
　身にまとい、
かのお方の杖はその腕に、か
　のお方の笏はその御手に

ウナスの治世については史
料となる銘文が欠けていると
はいえ、この王のピラミッド
参道の装飾にはさまざまな場
面が豊富に含まれている。そ
のなかには実際の事件に関係
するものが、少なくともいく
つかはあるに違いないのだが、
ここでも幻想と現実のもつれ
をほどくのはむずかしい。打
ち負かしたリビア人首長をウ

ウナスのピラミッド神殿（サッカラ、第5王朝後期）
の石灰岩製浮彫。この注目すべき場面は、名前がわか
らない女神が若き王を抱擁し授乳する様子を示してい
る。このような浮彫は、ウナスが神によって養育され
たとするイデオロギーを表現するためのものだった。

ナスが殺害する場面は、第5王朝のより古い時期の記念建造物から、細部に至る
まで写しとられたものであることが判明している。それはおそらく規格化された
場面であり、王権儀礼の一部を表わしているのだろう。これとは対照的に、孤立
したブロックに示されているエジプトの兵士たちとアジア人の軍隊との戦いを示
す場面は、はじめて見られるもので、実際に起きた遭遇戦を記録している可能性
がある。ウナスの参道の他の場所に見られる髭面のアジア人の孤立した図像は、
それを裏づけているのかもしれない。そしてこの王の名を刻んだ二つの石製容器
断片が、レバノンの地中海沿岸にあってエジプトにとってはレヴァントの天然資
源への門戸となっていたビュブロスの港で発見されている。
　もっと直接的なものは人びとの活動や自然界を描いた場面であり、客と商人で
にぎわう市場、金属細工師、無花果や蜂蜜をあつめ、あるいは穀物を収穫する農

15. ウナス：謎めいた王

場労働者たち、そして砂漠での狩猟のような場面がある。参道からの場面のうちおそらく最も有名なものは、ウナスとその治世にふさわしく、最も謎めいた場面でもある。それらは飢饉の悲惨なイメージだ。死の淵に立たされている男がやせ細った妻に抱えられ、友人の男が彼の手を握っている。食物を必死に探す女が自分の頭からとった虱（シラミ）を口にし、飢餓で腹が膨張した幼い少年が女に食物をせがんでいる。これらが飢饉の犠牲者たちの精神的・身体的な苦痛を記録しているのはほぼ疑いないが、飢えに苦しむ人びとが何者かを示す銘文は見当たらない。彼らがエジプト土着の人びとであるとはほとんど考えられない。なぜなら葬祭の脈絡における美術の持つ全般的な目的は、望ましい状況を不朽のものとすることだからだ。彼らはおそらく砂漠の遊牧民であり、エジプト王の支配の外で生きる人びとの悲惨な状況を強調するため、彼ら遊牧民の危うい状態が示されているのだろう。これら忘れがたい場面に秘められた謎はいまだ解かれないままである。

ウナスが自らのピラミッドの建設地に選んだところは、より古い王朝の創始者たちの記念建造物と象徴的な意味で同一線上にあっただけではなく、そこでは既存の地形の特徴も利用されていた。参道は長いワディ（涸れ谷）の流路に沿っており、河岸神殿は断崖の下にあった湖の岸に配置されたのである。参道の壁面装飾が新たな分野を開拓するものだったことは確かだが、ピラミッドの地下墓室の処理についてもそれは同じだった。このピラミッドの墓室は、ジョセルの治世以来、装飾がほどこされた最初の例となったのである。石棺を囲む玄室の壁は、白色アラバスターが張られ、木枠と葦の筵（むしろ）で作られた周壁に似せて溝が刻まれ彩色されており、古代エジプト宗教思想における祠堂の原型が表現されている。

大地を象徴するため黒く塗られた棺、夜空を模倣するため暗青色の背景に金色の星がちりばめられた天井によって、ウナスは、自分が最後の眠りにつく場所を小宇宙として思い描いていた。彼の周囲では、壁に刻まれ青く——青は水に覆われた冥界の深淵の色だ——彩色された銘文が、王の地下からの再生と、「不滅の霊」として永遠に生きるため天空へと向かう安全な旅とを助けることになっていた。

呪文を石に刻むという行為は結局のところ、葬祭神官に頼らなくても良いよう

にするためのものだったのだが、ウナスの葬祭は優に中王国時代まで続けられた。諸王のうちで最も謎めいたこの人物の、人生最後の矛盾である。こうした逆説すべてが意図的なものであり、出自が謎の人物が身を隠すことのできるヴェールであったというのもありうることだろう。ウナスの「ピラミッド・テキスト」の一節が簡潔に述べているように「ウナスは狡猾さの達人」なのである。

ウナスのピラミッド（サッカラ、第5王朝後期）の内部に作られた玄室の光景。星が描かれた天井は夜空を表わし、壁面に刻まれた「ピラミッド・テキスト」——現存する古代エジプト宗教文学のうち最古の作品——は、王の再生を助けるためのものだった。

16. メチェチ：廷臣、パトロン、審美家

　サッカラに造営された古王国の私人墓群は、現存する古代エジプトの記念建造物のなかで最も美しいもののうちに数えられる。それらの細部にわたり生き生きとした装飾は、エジプトの芸術家たちの技術と洗練、そして首都メンフィスの墓地に埋葬される特権を与えられた高官たちの眼識と芸術に対する保護奨励を示す証拠となっている。そのような官吏のひとりが、第5王朝末の宮廷に仕えていたメチェチである。彼の経歴は非凡なものではなく、とりたてて注目すべきものでもなかったが、彼の墓の装飾の質はひときわ優れており、そのためにこの人物は、「ピラミッド時代」の絶頂期におけるパトロン官僚の代表例として役に立つ。

　メチェチは家庭的な人物で、4人の息子——プタハホテプ、クウエンソベク、サブプタハ、イヒ——と、イレトソベクという名の娘がいた。彼らのうち二人の名前が、メチェチが生活し働いていた都市であるメンフィスの守護神、プタハに敬意を表したものであるのはとくに意外なことではない。しかし、彼がファイユームの鰐神ソベクに敬意を表した名前を息子のひとりと娘につけたことは、一家とこの地域の間につながりがあることを暗示している。メチェチは立派な父親であるとともに、両親に対して忠実な息子でもあった。エジプトの習慣に従って、彼は両親の埋葬を監督し、彼らのための棺が王室工房から与えられるよう懇願している。このメチェチの願いは聞き届けられた。これは彼が「王宮小作人の役所の監督官」の地位に昇進した宮廷において、その立場を認められていた証と言える。彼はまた「王の臣下」、「エリートの一員」、「高官」、「地区行政官」の地位を持っていた。より簡潔に言えば、彼は当時の王である「彼の主君、ウナスによって栄誉を与えられた者」だったのである。

彩色をほどこしたメチェチの3体の木製彫像（サッカラのメチェチの墓より出土、第5王朝）。大きな2体の像は、流行の短いキルトをつけてまっすぐに立つたくましい若者の姿のメチェチを示す。それに対して中央の小さな像は、長いキルトをつけ、かすかに前屈みになっている年老いた彼を示している。

16. メチェチ：廷臣、パトロン、審美家

財力のある人物だったメチェチは自分の領地をいくつか持っており、それらの産物を受け取るため、サンダルを履き、キルトやエプロンとそれらを半ば覆う豹の毛皮を身につけてしばしば出歩いていた。事実、宮廷における彼の付加的な職務のひとつは「織物の番人長」であり、彼は良質の衣類に対する嗜好をいくらか持っていたように思われる。メチェチの墓には、襞をつけたエプロン付きのキルト、いくつかの腕輪（ブレスレット）、ビーズを連ねた幅広の襟飾り、そして両耳を半ば覆う細かな髪房のある長い鬘をつけた彼の姿が描かれている。メチェチは流行の短い顎鬚を生やしており、まったく立派な身なりの貴族の典型だったに違いない。彼がファッション以外で気に入っていた余暇の楽しみには、彼のような階級と地位を持つ人物にふさわしく、盤上遊戯をすることや音楽コンサートの鑑賞が含まれていた。彼はまたペットとして、斑のあるグレイハウンドを飼っており、メチェチが公務に従事している間は、息子のイヒがこの犬の世話をしていた。

　丹念に仕上げられた装飾のある優雅な墓は、高官にとって必須の財産であり、彼の生前の地位を公然と示すものであるだけでなく、なお重要なことに、その地位が来世へと続くのを保障するものでもあった。メチェチの墓は浮彫だけでなく壁画でも飾られており、それは高価なものだったに違いない。しかしメチェチは、自分が労働者に対して誠実で気前のいい雇い主であり、自らの財産から支払いをしたことを銘文でわざわざ念押ししている。「私のためにこの墓を建設したすべての者たちについては、彼らがここでの仕事を終えた後、私は彼らに、私の個人財産からの分与である銅 ［訳注：物々交換経済で／銅を基準とした代価］ で支払った。私は彼らに衣服を与え、私の個人財産からのパンとビールで彼らに食事をとらせた。そして彼らはそれゆえに、私のため神を讃えた ［訳注：私に／感謝した］。」

　謙虚さは、古代エジプトの官界ではあまり評価されない性質だった。メチェチは自分の墓の偽扉——この前で神官や訪問者が葬祭の供物を捧げた——に、自らの姿を８度も刻ませたが、それらはたいてい権威の印である長い杖を持っている。偽扉に列挙された供物には、普通に見られるパンとビール、肉、鳥肉、アラバスター、亜麻だけでなく、緑と黒のアイライン用顔料も含まれる。ここでふたたび、審美家としてのメチェチがかいま見える。彼が洗練を高く評価していたことは、

70　第Ⅱ部　ピラミッド時代：古王国時代

来世に対する彼の願望「西方の美しい諸道を歩き、墓地における完璧な埋葬を享受すること」のなかに要約されている。彼がこのうちあとのほうの願いを実現したことは確かだ。はじめの願いについても同様だと期待してよいかもしれない。

サッカラにあるメチェチの墓（第5王朝後期）の石灰岩製偽扉の細部。右側には官職を示す長い杖を持って立つメチェチが示され、左側には、ライオンの足をかたどった脚付きの凝った椅子に腰掛け、供物卓を前にしているメチェチが表わされている。添えられている銘文は、メチェチに、飲食物や衣服などの必需品が永遠に与えられることを保障するものである。

16. メチェチ：廷臣、パトロン、審美家

17. メレルカ：大宰相

「私は王の大いなる者だった」と、高官メレルカは、自らの自伝銘文の冒頭で述べている。彼の特権的な立場についてのこれ以上の要約はありえないだろう。なぜならメレルカはその富と地位を、まったく彼の主君であるテティ王に負うており、王の長女で、セシュセシェトの名でも知られるワーテトケトホルと結婚していたからである。テティのもうひとりの義理の息子、カゲムニが宰相職から引退したとき、エジプト行政の頂点に位置するこの最も重要な官職に就任したのがメレルカだった。宰相の職は、行政と司法の機能を、宮廷風に、ひとりの人間にまとめて担当させたものである。しかもこの官職は、重要な地方の名目上の長官職から王のピラミッド複合体や葬祭領地に関する責務まで、他にも数多くの責務や顕職をともなっていた。こうしてメレルカは、エジプト人の生活のほとんどあらゆる領域で中心的な役割を演じる立場となっていたのである。宗教上の事柄においては、彼は礼拝の折りに呪文を唱える責任を負う朗唱神官であった。行政面では、彼は宰相としてすべての部門を指揮していたほか、「王のためのすべての労働監督官」という職務上の地位も持っていた。彼はまた「六つの大いなる館の監督官（最高裁判所長官）」であり、聖地としてかなりの重要性を持つデルタ北西部の古い町、デプ（ブト、現在のテル・エル＝ファライーン）の名目上の行政官でもあった。国王テティが最も信頼する官僚として、メレルカは王によるすべての事業のうち最も重要なもの、王の葬祭複合体をも担当していた。これには、「テティは諸々の場の永続する者なり」と呼ばれたピラミッドそのものの造営とともに、テティの葬祭に必要なものを永遠に供給する領地を管理し、「ピラミッドの町」に住む神官や小作人を監督することも含まれていた。

サッカラにあるメレルカの墓（第6王朝）の浮彫に表わされた畜産の場面。最上段では、従者たちが長角牛を屠殺用に肥育するため餌を与えている。中段では、飼いならされたアンテロープが飼い葉桶から餌を食べており、最下段では、ハイエナが強制的に餌を与えられている。

　このように数多くの責任を負わされていたとはいえ、高級官僚としての生活には、それなりの見返りがなくはなかった。大勢の従者たちがメレルカのどんな要求にも応じていたのである。彼は歩く必要さえなく、従者が彼のペット（2頭の犬と1匹の猿）の世話をしている間、輿で運ばれた。余暇には、メレルカは盤上遊戯のセネト（「通過」）を楽しみ、絵を描いていた。メレルカの墓のある場面には、彼が画架を前にしてすわり、人間の姿で表現された季節の図像を描いているところが示されている。彼が文化的で洗練された趣味を持つ人物だったことは明らかだ。それは彼の墓の装飾だけでなく、その建築そのものにも示されている。それは国中で最も有力な一般人の墓にふさわしく、当時の私人墓としては最大の建造物であり、事実、サッカラの墓地では最大の墓であり続けることとなった。32の部屋を持つこの墓は、メレルカの妻と、（メリ・テティ、つまり「テティの

最愛の者」という忠誠心あふれる名を与えられた）長子のためにそれぞれ作られた専用の付属室を備えていた。墓の中央には6本の柱が立つ壮麗な広間があり、供物卓の前にメレルカの葬祭彫像が立っている。

　働く職人たちを表わす通例の場面には、ほかにも第6王朝時代のエジプトにおける人びとの生活に関わる珍しい場面がくわえられた。墓の装飾に畜産の描写を含めるのはまったく普通のことだった。なぜなら副葬品とともに捧げられる実際の供物が失われた場合、そのような場面が、来世で食肉が供給されるのを呪術によって保障したからである。しかしメレルカの墓では、第6王朝の農夫たちが珍しい動物を家畜化しようとしたものの、短命に終わった試みについて思いがけずかいま見ることができる。いくつかの場面には、従者たちがハイエナを食用に肥育しようと強制的に餌を与えている様子が示されており、そのかたわらでは、半ば飼いならされたアンテロープが飼い葉桶から餌を食べている。テティの宮廷料理はどうやらかなり珍奇なものだったらしい。

　こうしたすべての洗練から離れたところでは、メレルカは立派な息子、夫、兄弟であり父親だった。身近な親族や友人たちには単に「メリ」として知られていた彼にとって、自分の一族が大家族なのは自慢だった。つまり母親のネジェムペト、妻である王女、9人の兄弟と少なくとも4人の息子である。メレルカのみごとな永遠の記念建造物、すなわち彼が、義父であり主君である王のピラミッドのすぐ横に造営した墓では、浮彫装飾のなかに彼らすべてが登場している。高官となったメレルカは、永遠に王の身近な側近としてとどまることが決定づけられた。彼は、庶民の生まれだったかもしれないが、良い相手と結婚することで、彼自身と一族全員のため輝かしい来世を確保していたのである。

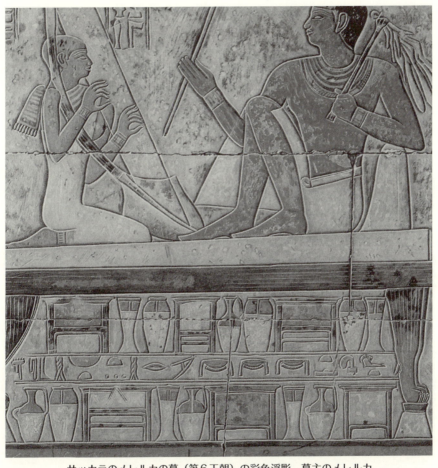

サッカラのメレルカの墓（第6王朝）の彩色浮彫。墓主のメレルカが、音楽で彼を楽しませる妻のかたわらでくつろいでいる。古王国の貴族の生活における優雅なリラクセーションの一場面である。

17. メレルカ：大宰相

18. ウェニ：国王の便利屋

　権力の行使は、古代エジプトにおいてはかなり柔軟な事柄だった。権威が「職務」という現代的な意味において規定された単一の官職によって行使されるようなことは、たとえあったにしても稀であった。むしろ、ひとりの人間が単一の経歴のなかで、広範囲に及ぶ責務を果たすのを期待される可能性があった。代行すべき王の権威が重要だったのであり、特定の分野にかかわる経験の有無は問題ではなかったのである。こうした柔軟性の例証として、ウェニほどふさわしい人物はほとんどいないだろう。彼の長い、そして卓越した経歴は、アビュドスに造営された墓の自伝銘文に詳細にわたって記録されており、第6王朝の最初の3代の王の治世に及んでいる。

　テティ王のもとでウェニは、彼自身の言葉によれば、「鉢巻きを締めた若者」だった。彼の両親や生い立ちは知られていないが［訳注：実際には彼の父親はイウウという名の宰相だったことが近年の調査で明らかになっており、ウェニは地方有力者一族の出身だった可能性が高い］、彼はすでに行政官僚の経歴を歩むことを運命づけられており、倉庫の管理人という下級官職についた。次いで彼は、これも経済にかかわる官職である「王宮小作人の監査官」へと、最初の昇進をする。この新たな任命によって、ウェニが王宮の日々の管理運営にいっそう深くかかわるようになったことは意義深い。彼は王個人に奉仕するための訓練を受けていたのである。

　テティが世を去り、ペピ1世が即位すると、ウェニは自分のキャリアが終わってしまうのではと恐れたかもしれない。しかし結果はまったく逆だった。彼はふたたび昇進して、今度は「（王の）着付けの部屋の監督官」の職につき、王にいつも身近に接することができる立場となったのである。宮廷におけるウェニの地位が高まったことは、「（王の）友」という階級によって承認されていた。彼は

またペピ1世の「ピラミッドの町」の「神官査察官」にも任じられた。主君に対する彼の忠実な奉仕は、まもなく、司法上デリケートな性質をもつ職務によって報いられることとなった。「あらゆる種類の秘密について、最高裁判所長官にして宰相である方のみとともに」事件の聴取をおこなうというものである。とりわけウェニは、後宮に関する件で王の代理に任命され、これは彼の後の経歴に役立つことになる。

ウェニが行政機構の階層をいくつも越えて急速に出世したことは、かなりの物質的利益をもたらした。キャリアのなかばで成功を収めたすべてのエジプト人がそうだったように、彼は自らの埋葬と葬祭をすでに手配していた。王に近づける特別な立場を利用して彼は、普通は王族のためのも

アビュドスにあるウェニの葬祭記念建造物（第6王朝）に刻まれたウェニの浮彫。ウェニは（すでに高級官職を持っていたが）若い男の姿で表わされており、彼の父親イウウに香を捧げている。

18. ウェニ：国王の便利屋　**77**

のである石棺を、特別に入手できるようにうまく請願していた。そしてそれは「蓋と戸口、楣(まぐさ)、二つの脇柱、灌奠(かんてん)用の卓とともに、王の艀で、王の印章保持者が指揮する水夫の一団によって」運ばれた。このような王の寵愛の誇示は、著しい名誉だったに違いない。

昇進のあとにはまた昇進が続き、ウェニは「王宮小作人」の単なる「監査官」ではなく「監督官」に任命され、「(王の)唯一の友」の位にのぼった。彼の主な任務は王の儀礼にかかわるもので、謁見や訪問の折りの王の警護や護衛、随行を含むものだった。どの時代の君主も同じだが、エジプト王も陰謀や宮廷内部のクーデターの犠牲になる恐れがあり、それらは王族の女たちや子供たちが暮らす後宮で企てられることが非常に多かった。事実、ペピ1世の妃のひとりが王に対して陰謀をめぐらしたところは、この後宮だったのである。陰謀が明るみ

子供の姿のウェニの小像(アビュドス出土、第6王朝)。この像のイメージは、ウェニが自らの自伝銘文において、自分がテティ王の宮廷では「鉢巻きを締めた若者」だったと記していることを思い起こさせる。

に出た時、ウェニは王妃に対する告発の尋問と審理を、ただひとり秘密裡にゆだねられた。王が彼に絶大な信頼を置いていたことを示す有力な証拠である。

ウェニの次の任務は、これとはまったく異なっていた。西アジアの「砂上に住む者たち」——シナイの遊牧部族——がエジプト王の権威に対して反乱を起こし、北東部国境の安全を脅かしていた。そこで反乱鎮圧のため、ヌビアや周辺砂漠地域の傭兵で増強されたエジプト人徴集兵の軍団を指揮するウェニが派遣されたのである。彼は、「砂上に住む者たち」の本拠である砂漠で彼らと交戦す

ひざまずく姿のペピ1世の彫像細部（第6王朝）。緑色片岩（シルト岩）を彫刻した像に、方解石と黒曜石で象眼し銅の枠にはめ込んだ目をいれてある。出土地は不明だが、台座に名が刻まれているデンデラのハトホル女神の神殿に由来するものかもしれない。

るため、デルタを抜けて軍勢を率いていった。古典的な挟撃戦法により、エジプト軍の半数は舟で運ばれて敵の後方に上陸、他の半数は正面攻撃のため陸路をとった。ウェニの戦略家としての技量が名高い勝利をもたらしたものの、その成果は長続きしなかった。彼は「砂上に住む者たち」がさらに反乱を起こすたび、彼らを攻撃するため4度も派遣されたことを——いくぶん浅はかにも——誇っている。

骨の折れる一連の軍務のあとでウェニは、自分の経歴の最後をもっと静かに迎えるのをおそらく楽しみにしていたことだろう。しかしペピ1世の死が

すべてを変えてしまった。頼りがいがあって信頼できる廷臣として、ウェニは新王メルエンラーの「宮廷の侍従」、「サンダル保持者」に任命されたのである。彼はまた「上エジプト長官（上エジプト監督官）」にも任命され、この地位についた最初の庶民となった［訳注：さきに触れたように彼の父親は宰相であり、彼を『庶民』とするのは適切でない］。

「砂上に住む者たち」との戦いで磨きをかけられたウェニの戦略的才能は、メルエンラーのピラミッド用の巨大な石材ブロックを、（下ヌビアの）イブハトとエレファンティネ（古代のアブウ）の採石場から輸送するため、今度は行政の場で発揮されることとなる。1回の遠征でこれら二つの採石場を一度に利用するというのは前例がなかったが、ウェニは6隻の艀と3隻の引き船を用いて首尾よく任務を果たした。彼が得た報酬は、もうひとつの同じような任務に派遣されることだった。すなわちハトヌブの採石場から王のピラミッドのためのアラバスター製の祭壇を、アカシア材で特別に作られた長さ60キュービット（31.4メートル）、幅30キュービット（15.7メートル）の艀で輸送するという任務である。この企て

18. ウェニ：国王の便利屋　79

をさらにむずかしくしていたのは、それが川の水位の低い夏期におこなわれたことだったが、ウェニはこの事業全体をおよそ 17 日で完了させたと誇っている。

　経歴の最後を飾る任務のため、彼はそれ以前の軍事と砕石・輸送の役割のいくつかで得た技術を動員することができた。彼に課せられた仕事は二つの部分からなっていた。第一には、王のピラミッドに必要なもっと多くの花崗岩をエレファンティネから運ぶため、3 隻の艀と 4 隻の引き船の建造を指揮しなければならなかった。第二に彼は、おそらくはそれら重荷を積んだ大船の航行を容易にするため、上エジプトに 5 つの運河を掘削する工事を担当することとなったのである。この仕事も首尾よく終えることができたウェニは、さらにこう付け加えている。「事実、私はこれら 5 つの運河すべてによって、王宮のため節約をしたのである。」

　このウェニのコメントはじつに多くを物語っており、半世紀に及ぶ彼の長い経歴に関するそれまでの記述よりもずっと、彼の内面を明らかにしてくれる。なぜなら、司法・軍事・行政の要職に次々と任命された輝かしい経歴にもかかわらず、倉庫の若き管理人だった頃のなにものかが、このまるで会計士のような言葉から生き生きと現れてくるからである。

80　第Ⅱ部　ピラミッド時代：古王国時代

19. ハルクフ：はるかな国々を旅した探検家

　アスワンのナイルを見下ろす崖の上、岩窟墓の正面に、異国への旅についての
エジプト最古の記述が刻まれている。この墓の主であるハルクフは、古代世界で
最も偉大な探検家のひとりに数えられる。

　古王国の高官の大部分がそうだったように、彼も宮廷における地位を示す一
連の称号を持っており、そのうえ「上エジプト長官（上エジプト監督官）」であり
「南の地域に属するあらゆる山地の長官」でもあった。しかし彼の実質的な職務
は「斥候の長」のそれだった。この役職によって彼は、エジプト南部国境の治安
を維持し、ヌビア以南の住民による——交易によるものだろうと貢物としてであ
ろうと——異国の産物の、王の宝庫への安定供給を確保するという責任を負って
いた。ハルクフ自身の言葉によれば、彼は「すべての異国の産物を主君のもとに
もたらす」者だったのである。

　ハルクフがはるかなイアムの国への最初の遠征を企てたのは、交易路を確保し
て珍重された品々を持ち帰るためのそうした任務の折りだった。エジプトの影響
力が及ぶところにあったとはいえ、エジプトによる支配の外にあったイアムは現
在のスーダン、おそらくはナイル上流のシェンディ地域にあったとみられる。国
王メルエンラーの命令により、ハルクフと彼の父は1600キロに及ぶ帰路につき、
しかもわずか7ヵ月後に、主君のための珍奇な品々をたずさえて帰国したのであ
る。

　この試みが成功したため、ハルクフはふたたびイアムに、今度はひとりで遠征
隊長として派遣された。彼はエレファンティネ（古代のアブウ）から出発し、真
南に向かう道をとった。この旅で興味深い点は、ハルクフが遠征の帰路について

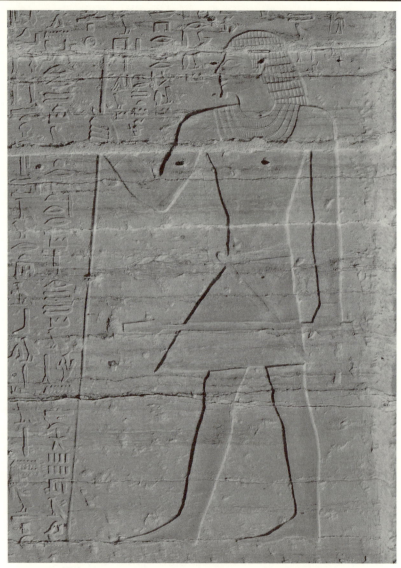

アスワン付近のクッベト・エル=ハウアにあるハルクフの岩窟墓正面に刻まれたハルクフの浮彫(第6王朝)。ハルクフの像を囲むヒエログリフ銘文は、彼が君主のためにはるかな南の国々へとおこなった4度の遠征について記している。

次のように述べている下ヌビアの政治地理である。「私はサチュウとイルチェト
の首長の家の地域を抜けて下りてきた。私はそれらの異国を探検した。かつてイ
アムにおもむいたどの「（王の）友人」や「斥候の長」によっても、そのような
ことがなされたのを、私は見いだしたことがない。」イルチェトの領域内に複数
の地域が列挙されていることは、我々にとって特に、この時期の下ヌビアの政治
情勢に関する最良の証拠となる。事実、この第二次遠征では、表向きは産物を持
ち帰るためのイアムへの旅が、実は口実だった可能性がある。真の目的は、下ヌ
ビアの情勢に関する情報収集だったのかもしれない。ナイル河谷上流の民は何世
紀もの間、エジプトの支配に従属してきたが、今や彼らが自分たちの政治的自治
をふたたび主張したがっていることを示す兆候が見られていた。いくつかの地域
がより大きな領域単位へとまとまっているなら、それはエジプトが見逃すことの
できない警報であって、どの程度の脅威なのかについての正確な情報が不可欠
だったのである。ハルクフが任務を終えてエジプトに戻ったのは、8ヵ月が過ぎ
た後のことだった。

　おそらく下ヌビアにおける新たな政治的現実に対応して、ハルクフの第三次イ
アム遠征は異なるコースをとった。彼はティス（古代のチェニ、現在のギルガ付
近）地域でナイル河谷から出て、カールガ・オアシス経由でサハラ東部を通り、
スーダンのダルフール地域まで通じるオアシス・ロード（オアシス間をつなぐ道）
を用いたのである。このルートは今日でもまだ駱駝の隊商によって使われており、
アラビア語でダルブ・エル＝アルバイーン（「40（日）の道」）と呼ばれている。イ
アムに到達するため、ハルクフはこの道をどこかではずれ、ナイルに向かって東
に戻らなければならなかっただろう。しかし目的地に着くとハルクフは、またも
や政治情勢の変化がもたらした思いもよらない展開に遭遇した。ハルクフが交易
をしようと望んでいたイアムの支配者が、リビア南東部のチェメフ [訳注：リビア人
の部族のひとつ]
に対する軍事遠征に出かけ、自国を留守にしていたのである。明らかにイアムも
また、敵となりうる者たちに対して自らを防衛することに関心を払っていたのだ。
この面倒な事態にも躊躇することなくハルクフは直ちに出発、イアムの支配者を
追跡してチェメフの地まで赴いた。彼ら二人はそこで会い、互いに満足のいくよ

19. ハルクフ：はるかな国々を旅した探検家　**83**

うに交渉を済ませたのである。ハルクフはと言えば、300頭の驢馬にアフリカの最も貴重なあらゆる産物、すなわち香料、黒檀、貴重な油、投げ棒、豹の毛皮、象牙を積んだ隊商とともに、誇らしくエジプトへの帰路についた。

　下ヌビアの首長たちがエジプトの主権を今や公然と軽蔑しているなかで、ハルクフは帰路が困難な旅になることを予期していたかもしれない。彼は間違ってはいなかった。以前のようにナイル河谷に沿って旅していたハルクフは、サチュウとイルチェトの首長が、その拡大しつつある領土に、すでにワワト（第二急湍以北のヌビア）全域を加えているのを見出したのである。この拡大をとげた国家は自らをエジプトと対等の存在とみなしており、その首長は、ハルクフの隊商のように豪勢な獲物が自らの領土を無事に通過するのを許すつもりなどなかった。ハルクフがなんとか救われたのは、なによりも、武装した護衛をイアムの支配者がつけてくれたおかげだった。交渉によって通行の安全をとりつけると、彼は急いでエジプトに戻った。メンフィスの王宮に近づいて、補給品の飲食物──主食のパンやビールだけでなくケーキやワインまで──を積んだ船団に迎えられたとき、彼がどれほどほっとしたか想像できる。

　メルエンラーの命令による3度のイアム遠征の後、ハルクフは、今度は少年王ペピ2世という新たな主君に対して責任を負う立場となった。この幼い君主の即位1年目に、ハルクフはイアムへの4度目の、そして最後の旅に出発する。どのルートを通ったのかについて彼は記録を残していないが、下ヌビアの反抗的な小国群を通過するのは注意深く避け、かわりに安全なオアシス・ロードを選んだものと推測できる。イアムに到着すると、彼はペピ2世に急いで書簡を送り、「あらゆる種類の数多く美しい贈物」を持って戻ることを伝えている。それらのなかでも群を抜いているのは「『地平線に住む者たち』の国」、言い換えれば地の果てから来た「神の踊りのピグミー」だった。ハルクフは、彼が手に入れたこの「逸品」を、第5王朝のイセスィ王の治世にプントから連れてこられたピグミーと比較して、イアムからエジプトへピグミーが持ち帰られたことはかつてなかったと記している。王はその返事として、興奮と期待に満ちた書簡をハルクフに送り、「すぐに王宮まで北に参れ！　急いでこのピグミーを連れて参れ……国王ネフェ

84　第Ⅱ部　ピラミッド時代：古王国時代

ルカラー ［訳注：ペピ2
世の即位名］ の心を喜ばせるために」と促した。

　王からこのような私信を受けとったことは、ハルクフのキャリアにおける頂点
だった。彼は王の書簡の全文を自分の墓の正面、つまり叙事詩的な4度に及ぶ遠
征の記述に隣接する「特等席」に刻ませている。年老いた探検家にとって、6歳
の主君の熱意の前には、アフリカのどんな驚異も影が薄くなったのだろう。

20. ペピ2世：エジプト最長の治世を持つ王

　今はニューヨークのブルックリン美術館に所蔵されているアラバスター製の崇高な彫像は、王権を示すネメス頭巾をつけた小さな王の像が母親の膝にのった姿を表現している。この配置は印象的だ。子は君主制の作法にあわせて大人のミニチュアのように表現されているのに、その大きさや姿勢が、彼が子供であり傷つきやすい存在であることを強調しているのだ。この少年王は第6王朝第4代の統治者であるネフェルカラー・ペピ2世である。後代の歴史家たち、とりわけマネトによれば、ペピ2世は6歳で王座につき100歳まで生きたので、エジプト史における他のどの王よりも長く統治したとされる。

　この異常なほど長い治世については、王の生涯の最初の時期を除けば、驚くほどわずかしか知られていない。ペピは、意外に早く世を去ったように思われる兄、メルエンラーの後をついで即位した。しかし新王はまだ子供にすぎなかったので、彼の代わりに実権を握ったのは母親のアンケネスメリラー（彼女が王とのかかわりを強調するため、さきに触れた彫像を作らせたのかもしれない）であり、ペピ1世によって南部の宰相に任命されていた彼女の兄弟ジャウが、その手助けをした。子供の王という概念を表現することに、エジプトの芸術家たちがどちらかというと慣れていなかったことは明らかである。ペピ2世のために生み出されたその成果は、王の図像表現体系において前例のない実験となった。たとえば、ペピ2世のピラミッド複合体から発見された彫像は、この王を、膝の上に両手をのせてしゃがむ裸の子供の姿で表現しているのだが、その額には王の印であるウラエウス（聖蛇、コブラ）がつけられているのである。

　ペピの治世の最初の10年間で最も有名な出来事は、ハルクフ（19）がおこなっ

86　第Ⅱ部　ピラミッド時代：古王国時代

たイアムへの旅であり、幼い王のための記念品として「踊るピグミー」が持ち帰られた。このピグミーについて耳にするや、王は興奮を抑えることができずに、ハルクフに書簡を送り、この貴重な積荷をよく世話するように促している。「この者がそなたとともに船にのる時は、この者が水に落ちぬように、甲板では役立つ者たちがまわりを囲むようにせよ！　夜にこの者が寝る時は、テントのなかでは役立つ者たちがまわりで寝るようにせよ！　夜には10回、見回るように！

余　［訳注：王が自分自身をさす表現は、原著では資料原文に忠実に「私の身体」（My Person）となっている。この「身体」とは神性を持つとされた王の「人間」の部分をさす。本訳書では煩雑さを避けるため便宜的に「余」と訳すこととする］

は、シナイやプントの贈物よりもずっと、このピグミーを見てみたい！」子供らしい熱意と王の威厳が結びついたこれらのくだりは、古代エジプトの文字記録の抜粋のうちで最も忘れがたいもののひとつとなっている。

　長い治世にもかかわらず、ペピ2世は南サッカラに自らのピラミッド複合体造営を計画するにあたり、第6王朝の標準的なモデルから逸脱するようなことはなかった。主要な建造物となるピラミッドは底面が1辺150キュービット（78.6メートル）、高さが100キュービット（52.4メートル）だった。並はずれた長生きだったため、同時代の多くの人びとにとって不死身のように見えたに違いない王にふさわしく、このピラミッドは「ネフェルカラーは確かなものとされ、生きている」と名づけられた。その内部には「ピラミッド・テキスト」の抜粋が刻まれており、ピラミッド神殿の装飾の多くは、第5王朝のサフラー王がアブシールに造営した複合体から故意に写しとられたものだった。それはあたかも芸術上の創造性が行き詰まってしまったかのようであり、国土全体に広まった無気力の顕われ、ペピの死後における王権と権威ある宮廷文化の失墜につながるものだった。ナイル河谷の外でも状況は悪化していた。ヌビアでは、ハルクフが報告していた国家連合がさらに有力となって、エジプトの支配を脅かしていた。ペピの高官のひとりである「印章保持者」メクウがヌビアへの遠征の折りに、敵意を持つ住民に殺害されたのである。彼の遺体は息子のサブニが困難な任務を遂行して回収しなければならなかった。

　しかしながら都では、ペピは増えつつある家族に囲まれて、どちらかと言えば平穏な治世を楽しんでいたように思われる。王には少なくとも4人の妃がおり、

2 人の異腹の姉妹であるネイトとイプト、姪のアンケスエンペピ、そしてもうひとりの、おそらく遠縁のいとこにあたるウェジェブテンがそのなかにいた。彼女たちはすべて王のピラミッドの周囲に墓所を与えられており、ネイトのピラミッドの玄室は「ピラミッド・テキスト」で装飾されていたが、これは王以外では初めてのことである。王とそれ以外の人びとの埋葬慣行や葬祭思想の区別はすでに曖昧になりはじめており、つづく第一中間期の全面的な「来世の民主化」の前兆となっていたのである。

　ペピが高齢で世を去ったことは——王はそれまでに 10 人の宰相が現れては去るのを目にしていた——王位の継承にとって大きな問題を引き起こしていた。あまりに多くの王位継承者が王より早く死んでしまったために、広く支持を集められるようなただひとりの国王候補をなんとか見つけ出そうと、王家はひどく骨を折ることになったのである。ネイトのピラミッド複合体で発見された石碑に皇太子として言及されているネムティエムサフ（2 世）という名の王子が次の王として姿を現すが、それも長くは続かなかった。彼のあとには、同じように短命な一連の統治者たちが続き、エジプトは政治的分裂へと向かっていく。ペピの死後の評価はどうかと言えば、歴史は明らかに好意的ではなかった。おそらく中王国後期に作られて何世紀も人気を保っていた民話は、国王ネフェルカラーとその将軍サァセネトとの同性愛関係について語っている。物語は王の行動を好色で好ましくないものとして描き出している。

　　それから彼は「二重王」ネフェルカラー陛下 [訳注：前述のように王の「人間」の部分を示す表現として、原文と原著ではこの部分は「『二重王』ネフェルカラーの『身体』」(the Person of the Dual King Neferkara) となっているが、ここでは便宜的な訳を用いる] が夜になると外出されるのに気づいた……それからかのお方が煉瓦を投げ、[壁を] 蹴られたので、かのお方のため梯子が下ろされた。そこでかのお方はお上りになった……さて陛下 [訳注：原著では原文に忠実に「かのお方」の『身体』」(His Person) となっている] が彼（サァセネト）とともに望まれていたことをなされた後、かのお方は王宮へと戻られた……

　これが、「ピラミッド時代」の重要な最後の統治者を待ち受けていた恥ずべき

運命だったのである。

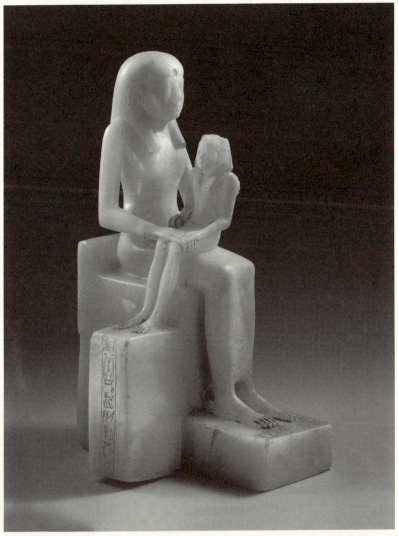

母親のアンケネスメリラー2世の膝にすわる幼王ペピ2世を表わした方解石製彫像（第6王朝後期）。ペピ2世は、乳児とはいえ王の標章をつけた縮小版の成人男性として表現されているが、これは彼が完全な王の地位を持つことを強調するためである。

20. ペピ2世：エジプト最長の治世を持つ王　89

21. ペピナクト・ヘカイブ: 地方の英雄

　ペピ2世の治世後半に「斥候の長」だったペピナクトは、先任者のハルクフ
(19) のように、やはり異国への骨の折れる遠征を引き受けていた。しかし仕え
る君主に敬意を表した名前をもつペピナクト（「ペピは勝った」）にとって、名声
はアスワンの崖の上の単なる岩窟墓以上のものをもたらすこととなる。

　エジプト最南端の州の州侯（州知事）として、下ヌビアへの遠征とエジプト・
ヌビア国境の治安維持とを担当するペピナクトが王権に尽くした忠誠は、彼の
キャリアのさなかに、ヘカイブ（「心臓の支配者」）という渾名を与えられ、ペピ
2世および二人の先王の葬祭職へ任命されたことで報いられた。しかしペピナク
トの真の技量は対外政策の二つの分野、つまり交易と戦争にあった。彼自身の言
葉によれば、「諸外国の産物をその主君にもたらす者」は彼であり、「諸外国にホ
ルスの恐怖を与える者」も彼だったのである。

　ペピ2世の治世初め以来、下ヌビアでは政治的合同が進み、それはいまやエジ
プトに対する真の脅威となっていた。それゆえペピナクトが王から命じられた最
初の任務は、エジプトの支配をふたたび主張する軍事的打撃を加える――「ワワ
トとイルチェトを切り刻む」ことであった。彼自身の記述は、血なまぐさい遭遇
戦の核心を、飾り気のない断固とした筆致で伝えている。

　　私は、我が主君にご満足いただけるように行動した。私は彼らの多くを殺し
　　た……私は彼らの多くを捕虜として王宮に連行し、多数の強く大胆な兵士た
　　ちの先頭に立っていた。我が主君は、私を派遣されたあらゆる任務において
　　私を十分に信頼くださった。

90　第Ⅱ部　ピラミッド時代：古王国時代

クッベト・エル=ハウアにある墓の浮彫。ペピナクトの息子のサブニ（2世）が供犠を受ける姿が表わされている。

　ペピナクトは自らの能力に自信を持っていたが、それにもかかわらず、ワワト、イルチェト、サチュウの——いわゆる「Cグループ」として後に繁栄する文化となる——連合をそうたやすく打ち破ることはできなかった。数年後には「これらの国々を平定するための」第二の任務が必要となり、ペピナクトは今回、将来の反乱に備えた保障政策をとった。戦利品として王宮に運ぶ長角牛や短角牛にくわえ、彼は人間の獲物も携えてきたのだ。すなわち反乱を起こした支配者たちの息子たちである。これはエジプトが広く用いた慣行であり、二つの重要な目的を一挙に達成するものだった。彼ら幼い王子たちは、エジプト宮廷においては、ヌビアに残っている彼らの親族たちの忠誠を保障する人質だったが、彼らがエジプトの幼い王子たちと一緒に宮廷で成長することにより、文化的にエジプト化するだろうとも期待されていたし、そのような意図もあった。そこで彼らが結局ヌビアの地を相続する頃には、彼らはその父親たちよりもエジプト王に忠実な存在と

エレファンティネにあるヘカイブの聖域から出土した奉献碑（第12王朝）。その当時の州知事であるサレンプウト（31）が、彼の崇敬する先任者ペピナクト・ヘカイブの彫像に供物を捧げる姿が表わされている。

なっている可能性があったのである。ペピナクトは自分の業績について無遠慮にもこう述べている。

> 私は、我が主君のお望みを実行することにおいて、私の優れた用心深さによって「南の首長」の職務を達成した。

困難な状況下で優れた技量と不屈の精神を示したペピナクトは、当然ながら、はるかに危険で複雑な任務に派遣された。そのシナリオはスパイ小説に使えるほどで、古王国末期におけるエジプトの対外政策の不快な現実に魅力的な光をあててくれる。それより数年前に、もうひとりの斥候監督官（「斥候の長」）でアンアンケトという名の船長が、伝説的なプントの国（現在のスーダンかエリトリア）への航海用の船を造るため、レバノン沿岸へ旅していた。この仕事に従事していた彼と彼に随行していた兵士の一隊が、「砂上に住む者たち」——第6王朝初期に少なくとも5回の遠征の標的となっていた者たち（ウェニ(18)を参照）、エジプト北東部国境で絶えず面倒を起こすあの連中だ——の一団に待ち伏せされ殺害されたのである。エジプト人にとって、故国でしかるべき埋葬を受けられないというのは、完全に忘れ去られるという結果をもたらすものであり、それゆえ考えるだけでも恐ろしいことだった。エジプト当局にとっては、反乱分子のために重要な官吏を失い、しかもその遺体を回収できないとなれば、国家の威信を傷つける耐え難い失態だった。そこで異国の紛争地域にかけては老練な策略

家であるペピナクトが、アンアンケトの遺体を回収し持ち帰るため、王によって派遣されたのである。ペピナクトは反乱者たちを追い散らし、何人かを殺害して、この任務を首尾よく達成したが、このことは彼の個人的資質について多くを語っており、彼が後に地方の英雄として評価された理由を説明する助けにもなっている。

　ペピナクトの斥候監督官（「斥候の長」）の職を受け継いだのは息子のサブニ（2世）であり、このサブニがワワトで果たした任務は、ヘリオポリスのラー神殿のための一対のオベリスクを持ち帰ることだった。しかしこれは、下ヌビアばかりでなくエジプト本土においても、王権の最後の喘ぎのひとつとなる。なぜならペピ2世の死後に続いたのは一連の短命な諸王の治世であって、それが王の権威を弱め、ついには古王国の国家を崩壊させたからである。しかしペピナクトにとっての未来は、おおむねもっと明るいものだった。彼はその非凡な経歴のために地元の共同体で有名となり、死後も彼の事績は長きにわたって崇敬の対象となり続けたのである。エレファンティネ（古代のアブウ）の島には「ヘカイブ」に捧げられた祠堂が建立され、そこには礼拝者たちが訪れて、神の力をもって自分たちのためにとりなしてくれるようにと、彼らの英雄に祈りを捧げたのである。ヘカイブ崇拝の人気は高まり、聖域を訪れる人びとは何世代にもわたって、ヘカイブの超自然の力に対する彼らの信仰の証として、奉献物や奉献彫像を残していった。第一中間期と中王国初期には、この崇拝は何人かの王による後援さえ受けた。エジプト宗教の通常のパターンが逆転した驚くべき一例である。

　彼の人生と死から 4000 年以上も後の今日、ヘカイブの祠堂は発掘され、この場所とそれが建てられるもととなった人物に敬意を表すためひっきりなしに訪れる訪問者たちを、ふたたび迎え入れている。

第Ⅲ部 内戦と復興
：第一中間期と中王国時代

　古王国末に中央権力が崩壊すると、それに続いてエジプトは、伝統的な各地域の境界線にしたがって分裂した。ペピ2世の最後の後継者となった諸王は、自分たちの権威の及ぶ範囲がデルタとナイル河谷北部にまで縮小しているのを目にし、一方でその他の地方有力者たちは、上エジプトで自分たちの出身地域を支配していた。この有力者たちのなかでも傑出していたのは、最南端の三つの州を支配したアンクティフィ（**23**）であり、彼の強力なライヴァルだったテーベの統治者だった。さまざまな国王候補者たちが覇権を求めて争ううち、いくつかの地域や交通路、とりわけテーベの背後の砂漠路が戦略的に重要となった。チャウティ（**22**）という名の地方官吏がそこに刻み、最近になって発見された銘文は、古王国に続くいわゆる第一中間期の地政学的関係について、我々が描いているイメージを大きくふくらませるものとなった。

　しかしそれから数世代を経ずして、インテフという名のテーベの支配者が、上エジプトで最も有力な人物、軍事力で全土を再統一する戦略の背後に控える有力者として姿を現す。このインテフ1世が王の称号を採用したことは、中部エジプトの都市ヘラクレオポリス（古代のフネス）に本拠を置く第9〜10王朝の王に対して真っ向から挑戦することになり、全面的な内戦がそれに続いた。インテフ2世（**25**）による大規模な進撃がおこなわれ、その2番目の後継者メンチュホテプ2世（**27**）が最終的な勝利をおさめて、中王国として知られる時代、強力な中央

政権の支配する新たな時代の幕を開ける。

　しかしエジプトは、以前とは違う国となっていた。第一中間期における王権の弱体化は、それに比例する地方自治の勃興を伴っただけではなかった。それは多くの領域、とりわけ宗教において、かつては明確であった王と私人の区別を曖昧にしていたのである。古王国時代には、神々の一員となる形での来世は王のためのものだった。ところが、ひとたび君主が社会の頂点に位置を占めなくなると、再生や永遠の存在へと向けられる希望は、それ以外の階層にの人びとにも徐々に濾過されていったのだ。この「来世の民主化」は、エジプトの哲学と宗教に深刻な影響を及ぼし、それはチェチ (26) のような国家官僚の人生や、女性神官ヘミラー (24) のようにどちらかといえば低い身分の人びとの人生に反映されている。信仰に生じた変化は葬祭慣行にも影響をもたらした。さまざまな模型の副葬は中王国における私人の埋葬の特徴であり——最も有名な例はメケトラー (28) によるものである——生活に必要なものがすべて永遠に準備されるのを確実にするためのものだった。そのような模型は、細かな表現がされているおかげで、当時の技術について多くの証拠を与えてくれている。

　ほかにも当時の日常生活について洞察を与えてくれるのは、書かれた言葉である。文字記録が以前よりも広範に用いられたことが、考古遺物の気まぐれな残存と結びついた結果、パピルスなどの媒体に記された文字資料は、以前の時代よりも中王国時代のもののほうがはるかに多く証拠として残されることになった。それらはヘカナクト (30) という名の農夫の私信からハピジェファ (32) の契約、そして国王アメンエムハト 1 世 (29) のために編まれた文学作品にまで及ぶ。このアメンエムハト王が創始した第 12 王朝は文学が大いに花開いた時代だが、それとともに工芸品の制作において新たな洗練がみられる時代でもあった。王室工房は、古王国以来かつて目にされたことのない制作技術や芸術的創造性の域に達しており、職人たちに最良の素材を供給するため、貴石を求めてはるか遠隔の地まで遠征隊が送られた。そうした遠征につきものの困難については、ある遠征の指揮官だったホルウェルラー (36) が残した碑文が雄弁に物語っている。

　政治的な点からみると、中王国は扱いにくい問題だ。一方では、第 12 王朝は

96　第Ⅲ部　内戦と復興：第一中間期と中王国時代

かつてエジプトを支配した王統のなかで、おそらく最も安定したものと言えるだろう。センウスレト3世(35)の彫像に強く表現されている無慈悲さと陰険さを組み合わせて、国王たちは国内の不和には蓋をしておき、華やかな宮廷に君臨していた。重要な祭礼に用いる神像を新しくするというような——イケルノフレト(34)の碑文に述べられているような——王権の伝統的な責務は、几帳面に遵守されていた。共同統治の制度が王位の円滑な継承を確実にして君主制を守り、デルタと下ヌビアの大規模な防御要塞群が国土を異国の侵略から守っていた。しかしその一方で、こうした全体主義的な支配のイメージとは反対に、地方レベルでは、エジプト各州の指導者たちによって、かなりの権力が行使されていた。

第12王朝は「州侯の時代」だったのであり、エレファンティネのサレンプウト(31)やベニ・ハサンのクヌムホテプ(33)のような人びとは、自らの州を領主のように支配し、自分たちのために、ひとしく壮大で豪華に飾られた墓を造営したのである。彼ら州侯たちの力はセンウスレト3世のもとで弱められたように思われるが、もう「精霊は瓶の中から出てしまった」のであり、高度の自治を味わった地方勢力が、中央集権国家へとたやすく再吸収される

センウスレト3世の花崗岩製彫像頭部（第12王朝）。この王の表現は、突き出た目や不機嫌そうな口元など、きわめて特異なものである。それらは絶対的な権力の容赦ないイメージを伝えており、支配者がなにものも聞き逃さないことを示す大きな耳がそれを強めている。

第Ⅲ部　内戦と復興：第一中間期と中王国時代

ことはないのである。

　中王国の末年には、王朝存続の危機と国内の窮境が重なって、ふたたび王権の弱体化が生じる。父から息子へと官職を世襲する高官一族によってある程度の安定がもたらされたが、それとは対照的に、玉座は党派から党派へと渡り、ひとりの王ソベクホテプ3世(37)にいたっては、自分が王族の出身ではないのを利用することさえ厭わないほどだった。しかし結局は、国内の分裂ではなくてむしろ外部の力が、中王国の国家を屈服させる。第12王朝の諸王が下ヌビア全土に建設した大規模な要塞群は、クシュ王国からの想定内の脅威に対する回答だった。デルタの北東辺境に沿って建設された「支配者の壁」は、アジア人の侵入に対してエジプトを守るはずだった。しかし、中央の断固とした指導力がなければ、どちらも効果はなかったのである。シリア・パレスチナからの移民がデルタに定住して徐々にその数を増していったばかりか、自分たちの小国家さえいくつも樹立して、ついにはエジプトそのものの王権を要求するにいたる。南からはクシュ人がナイル河谷に侵入していくつもの町を荒廃させ、その財宝を持ち去った。エジプトはふたたび分裂した国となった。歴史が一巡したのである。

副葬品とされた彩色木製模型(第12王朝)。供物を運ぶ人びとが死者の食糧を運搬する姿を示している。中王国時代の私人墓ではしばしば三次元的な模型が、それ以前の二次元的な浮彫の代わりに用いられていた。それらはいずれも同じ目的を持っていた。墓主が来世において永遠に生きられるよう保障することである。

22. チャウティ：砂漠交通路の支配者

　古代においてもそうだったし現在でもそうだが、エジプトはナイルの谷とデルタのみに限られてはいない。東西に拡がる砂漠は人が住めず、現在のエジプトを訪れる人びとにも概して知られてはいないが、経済的・戦略的な重要性を常に持っていた。エジプトが内戦に苦しんでいた第一中間期は、砂漠がそのような意味で最も重要だった時期である。一方の側には、ヘラクレオポリス（古代のフネス）に本拠を置く第9〜10王朝の諸王がおり、自分たちを古王国の君主たちの合法的な後継者とみなしていた。彼らの敵となったのはテーベの諸侯であり、全土の王権を目指してさらに支配を拡大しようとしていた。この争いの前線はウァセト（テーベ州）とネチェルウイ（コプトス州）の境界に位置しており、後者はヘラクレオポリス朝に忠実な州侯（州知事）によって支配されていた。彼の名はチャウティであり、西部砂漠におけるいくつかの発見により、最近になって明るみに出された彼の偉業は、内戦の経過とそれがおこなわれた方法を明らかにしてくれる。

　コプトス州の知事であるとともに、チャウティは「神の父」、「神の最愛の者」、「エリートの一員」、「上エジプト監督官」でもあった。最初の称号は、彼がヘラクレオポリス王家とかかわりがあったことを示しているのかもしれない。少なくとも彼が王家の忠実なしもべだったことは確かである。おそらく彼の最も重要な役割は「上エジプトの砂漠の門戸における王の腹心」、言い換えれば、ナイル河谷の両側の不毛の地を縦横に走る砂漠路の維持と警備に責任を持つ者のそれであった。これらの交通路は隊商や使者によって盛んに用いられており、ヘラクレオポリス朝の領域とさらに南の地域とを結ぶきわめて重要な交通網をなしていた。

とりわけ、ナイル流域の長大なケナ屈曲部を縦断するいくつかのルートは、上エジプトの北部と南部を結ぶ旅程を数日間も短縮するので、これらを支配することは重要な戦略目標となった。なぜならこのルートが敵の手に落ちれば、テーベの軍勢は側面に回って、コプトスのノモス（州）をその北に隣接する二つの州から孤立させることができるからである。そうなればテーベは、ヘラクレオポリスの王冠を飾る宝石とも言うべき神聖かつ象徴的なアビュドス（古代のアブジュウ）の町へと、妨げられることなく軍を進めるであろう。

　チャウティは、先任者たちと同じく、砂漠路──その重要性についてはさきに述べた通りである──がナイルの谷に合流する地点のちょうど対岸にあるコザムの町から、自らの州を治めていた。このため、テーベの軍が砂漠路のひとつを閉鎖することに成功したとき、それは彼にとって、そしてヘラクレオポリスの大義全体にとっても、深刻な敗北となったのである。チャウティは反撃に出て敵軍と交戦し、ヘラクレオポリス朝によるケナ屈曲部の支配が続くのを保障するため、新たなルートを建設した。彼は、この道のかたわらで露出した岩に銘文を刻み、そのなかで自らの努力をこう要約している。「私は、他のノモスの支配者が閉じた山を横切るためにこれを作った。私は彼のノモスと戦った。」

　皮肉なことに、チャウティの偉大な業績は、彼が結局は破滅することにもつながった。彼が新たに開いた道は、西部砂漠では最良の道のひとつだったが、はからずもテーベによるコプトス州征服を早め、彼らがやがてアビュドスを攻撃してその聖地を冒瀆し、そうすることでヘラクレオポリス朝の支配を致命的なほど弱体化させるのを可能にした。テーベ勢力の領土拡大を食い止めてきた砂漠路は結局のところ、テーベが彼らのめざすエジプト再統一と「二つの国土」の支配権を手中にするのを確実にしたのである。

23. アンクティフィ：内戦で活躍した地方豪族

　テーベが勢力を北へと伸ばしてコプトス州（古代のネチェルウイ）を征服し、その拡大しつつある領土に加えていた頃、エジプトのはるか南部では、ひとりの男が、テーベに対抗できる勢力基盤を築きあげていた。この人物アンクティフィは、地方の指導者につきものの一般的な名誉称号――「エリートの一員」、「高官」、「王の印章保持者」、「（王の）唯一の友」、朗唱神官――を持っていたが、それらを軍事称号――「将軍」、「斥候の長」、「砂漠地域の長」――と結びつけており、そこには当時の好戦的な風潮が反映されている。彼の家族生活については、妻の名がネビであることと、4人の息子がいて、長子がイディと呼ばれていたという事実以外は、ほとんど知られていない。

　アンクティフィの故郷であり行政上の首都だったのはモアッラ（古代のヘファト）の町であり、彼はそこからネケンのノモス（州）を支配した。優れた政治戦略と賢明な行政を結びつけることで、彼はさらに二つの州を事実上の支配下に置くことに成功し、上エジプトの覇権をかけてテーベに挑戦できる立場に身を置いた。最初の決定的な行動は、隣接するエドフ州（古代のウチェス・ホル）の管理失敗への対応として実行された。アンクティフィ自身が述べているように、「私はクウ[訳注：エドフの支配者]の領地が氾濫し……管理にあたる者によって無視され……荒廃しているのを見出した」のである。彼は時を移さずこのノモスを自らの領土に編入し、その統治組織を再編して、ふたたび秩序を確立した。いまや二つの州を指揮下にいれたアンクティフィは、次にエレファンティネのノモス（古代のタ・セティ）と同盟を結び、こうしてエジプト最南端の三つのノモスからなる政治的連合を作り上げた。北にいたテーベの諸侯はコプトス征服を終えたばかりであり、

恐怖と憎悪が入り交じった感情を抱きながら南を見やったに違いない。南への戸口であるこの場所に、全土を統一して支配しようとする彼らの大きな野望をくじきかねない強敵が現れたのである。

　避けようのない戦争が目前に近づいていた。テーベ・コプトス連合は、アルマントの西に位置するアンクティフィの要塞をいくつか強襲し占領した。明らかにそれらをヒエラコンポリス（古代のネケン）に対する総攻撃の橋頭堡に使おうとしたのだろう。アンクティフィは報復をおこない、奪われた拠点を取り返し、敵の領土まで軍を進めたが、テーベ側は他日を期して戦力を温存することに決めており、戦闘を避けた。アンクティフィはこれを卑怯ととったが、不安を覚えさせられたに違いない。彼にとってテーベと戦うこと

アンクティフィの沈め浮彫（エル゠モアッラのアンクティフィの墓、第9〜10王朝）。この像の様式と寸法は、古王国の規範が第一中間期の地方美術に引き続き影響を及ぼしていたことを示している。

は、内戦ではなくてむしろ自己の利益のためだった。彼は配下の三つのノモスの連合がテーベ側の頭痛の種であること、そして状況からすれば攻撃こそ最大の防御であることを承知していたのだ。しかしテーベの領土拡大は、結局は止めようがないことが判明する。敵であったアンクティフィの連合は、彼が世を去ると生き残ることができず、後継者たちはテーベの支配に屈服せざるを得なくなったのである。

　戦場での活躍のほか、アンクティフィはとりわけ自らの行政能力を誇りにしていた。彼はこう自慢した。「私は人びとの前衛であり、人びとの後衛である……果敢な行動により国土を導く者であり、言葉において強く、思考において沈着な者である。」大規模な飢饉が全域を襲った時、彼の指導力は極限まで試された。「上エジプトは飢餓のため死につつあった。誰もが自分の子供たちを食らってい

上エジプトのエル=モアッラに作られたアンクティフィの荒廃した墓の遺構（第9～10王朝）。領土拡張の野心を抱いた有力な地方豪族アンクティフィは、自らの墓の場所としてピラミッド型の丘を選んだ。これはおそらく彼が故郷の地方に及ぼしていた王のような権威を強調するためだろう。

た。」アンクティフィは事態に対処するためただちに行動を起こし、緊急時のための備蓄食糧を放出した。自らのノモスが十分な量を確保している——「このノモスでは飢えて死んだ者はひとりもいなかった」——ことを確かめると、彼はエレファンティネや他の主要都市に援助食糧を送ったが、そのなかにはテーベの領域内にあるナガダ（古代のヌブト）やデンデラも含まれていた。戦争のさなかにあって、注目すべき博愛主義の行為と言えるだろう。彼のこうした活動のおかげで、上エジプト南部では、深刻な人命の損失は避けられたのである。

　アンクティフィのじつに劇的な経歴の最後を飾ったのは、彼が永遠の眠りにつく場所の造営だった。モアッラのはずれに作られた彼の墓は、第5王朝のころに確立された地方の伝統に従って岩窟の構造をとっていたが、特別な地点が選ばれていることで、ある重要性が付け加えられている。それは丘に掘削されたのだが、その丘が……ピラミッドによく似ているのだ。生前には単なる地方の支配者にすぎなかったアンクティフィは、自分のために王としての来世を確保していたのである。

24. ヘミラー：デルタ出身の女性神官

　我々は古代エジプトを、ほとんど常に男性の目を通して眺めている。国家の最高位の官職はすべて男性のためのものであり、墓や神殿も、男性が男性のために建設し、装飾し、捧げたものである。女性が王位につくという稀な場合でさえ、彼女はイデオロギーと伝統に従い、文字や図像で男性として表現されなければならなかった。なにがしかのことが知られている女性はたいてい王族であり、その立場は——「王の母」、「王の妃」、「王の娘」というように——男性との関係によって定義されているのである。このような決まりごとの稀な例外が女性神官のヘミラーであり、彼女はエジプト女性の世界を束の間だがかいま見せてくれる。

　ヘミラーの現存する唯一の記念物は、彼女の墓の偽扉である。この偽扉の少々ぎこちない装飾には、それが地方——デルタ中央部のブシリス（古代のジェドゥ）の町——で作られたことにくわえて、その年代が示されている。ヘミラーの生きていた第一中間期初期は、王権が崩壊し、国内各地の芸術家が宮廷の強固な伝統の制約から解放されて、彼ら独自の様式、地方独自の特徴を示した地域様式によって制作をおこなった時代だったのである。ヘミラーの偽扉に刻まれた銘文は乏しく、おおむね死後の食物の準備に関するものである。しかしそこには、この女性その人に光をあてるような細部がわずかながら透けて見える。

　誕生名はヘミラーだったが、彼女は、友人たちには「良き名前」（渾名）のヘミで知られていた。夫や子供たち、あるいは両親については言及されていない。ヘミラーは自立した女性だったように思われる。おそらくは独身で、社会における自分の立場に自信を持っていたのは確かだろう。彼女の職業は、「ジェドゥの女主、ハトホル」の祭祀をおこなう女性神官だった。ブシリスの主神殿は（冥界

ヘミラーの石灰岩製偽扉の細部（ブシリスのヘミラーの墓、第一中間期初期）。ここにはヘミラーの姿が3つ表わされている。右側にすわったヘミラーは、端が円盤になったお下げ髪の若い女性の姿をしており、左側に立つ彼女の2つの姿は、乳房が垂れた年老いた女性のそれである。このようにこの記念物は、彼女の人生の長さを記録しているのである。

の神である）オシリス神に捧げられており、古代エジプトにおける重要な巡礼地のひとつだった。しかしヘミラーは明らかに、女神に捧げられていて、おそらく主に女性が勤務するより小さな副神殿で奉仕していたのである。

その地域における彼女の生い立ちによるのか、それとも彼女の性格のためなのかはともかく、ヘミラーはどちらかというと昔風の趣味の持ち主だったように思われる。その記念物のある場面では、ヘミラーは先端が円盤になっている長いお下げ髪の少女として描かれているが、このスタイルは第一中間期初期にはすでに時代遅れになっていたのだ。しかし、このイメージを装飾に含めたことからは、熟年に達したヘミラーが屈託のない少女時代に対して抱いていた郷愁がうかがえる。この偽扉の他の場面では、彼女は晩年を迎えて乳房の垂れ下がった老婆として描かれている。ヘミラーの記念物はこのように彼女の生涯を反映したものとなっており、中央には供物卓の前に腰かける中年の彼女の姿が表わされている。彼女は来世を楽しみにしていたので、墓を訪れて彼女が永遠に食物を得られるよう祈ってくれるかもしれない人びとにこう呼びかけている。「『ヘミのため、この彼女の墓でパンを！』と言ってくださるすべての人びとについては、私は有力な霊となって、彼らに悪いことが起こらないようにしてあげます。」

25. インテフ2世：テーベの戦士王

　ホルス名のワフアンクで知られるインテフ2世は闘争の世界に生まれた。ヘラクレオポリスの第9〜10王朝とテーベの第11王朝の間で国土再統一をめざしておこなわれた内戦が、彼の人生のすべてを支配することとなる。彼は若くして王座につき、前王インテフ1世が開始していた戦いを、時を移さず押し進めた。テーベの権威はすでに上エジプト南部の7つのノモス（州）を支配下に収めていたが、これでは十分ではなかった。第一の目標は、テーベの領土のすぐ北に位置する聖地アビュドス（古代のアブジュウ）だった。ここには、冥界に通じる入口のひとつと信じられていた神聖な場所に、エジプト第1王朝の諸王が埋葬されていた。エジプト全土の王になろうとする者にとって、アビュドスとそれを取り巻く州、ティス（古代のチェニ）のノモスを支配することはきわめて重要だったのである。しかしティスは、それ以外のナイル河谷北部と同じく、依然としてヘラクレオポリスの王に忠実であり、それゆえ、対立する両勢力の直接対決は避けられないものとなっていた。インテフの忠実な支持者のひとりであるジャリのために刻まれた碑文には、闘争の始まりが記録されている。テーベがついにその南の中核地域から出て、エジプトの残余の地域を得るための戦いを本格的に開始したのである。

　ティスに対するテーベの最初の攻撃は部分的に成功しただけであり、敵の猛烈な反撃を受けた。この州の占領が困難であることを理解したインテフは、そこで敵軍を側面から包囲することに決めた。めざましい軍略を発揮した彼は、砂漠路を利用してティスを迂回し、北の地域を占領したのである。中部エジプトのワディ・ヘスィに新たな境界を設定することで、インテフはティスを、ヘラクレオ

ポリスの直接の支援からうまく切り離した。これによってティスの命運は尽きた。インテフはヘラクレオポリス朝の王ケティに伝言を送り、新たな情勢について詳しく述べたが、結論については疑問の余地はなかった。「私は聖なる谷に入り、チェニを完全に占領し、そのすべての要塞を開けさせた。私はそれを『北の門』としたのだ。」インテフ自身の言葉には熱情と決断力が満ちている。彼はティスの征服を解放として示し、ヘラクレオポリス朝の支配者たちがかつてアビュドス

インテフ2世の墓(テーベのエル=タリフ、第11王朝)の石碑。左下隅に、供物を捧げる王の姿が表わされ、碑文にはラーとハトホルへの讃歌が記されている。このようにインテフは後世の人びとに、自らが神々をあがめる敬虔な支配者であるのを示すことに気を配っていた。

の墓地を冒瀆したことをほのめかしている。これはおそらく戦時のプロパガンダであり、インテフが戦術だけでなく心理的な策略にも優れていたことを示している。

　内戦の影響はエジプト全土に及びはじめており、飢饉が国土に蔓延した。いまやあまりに多くの男たちがいずれか一方の側に徴兵され、灌漑水路を維持して作物を栽培するというきわめて重大な仕事がなおざりにされていたように思われる。しかしインテフがその究極の目標から目をそらすことはなかった。彼はヘラクレオポリス朝の領土を、北はデルタの頂点まで荒廃させたと誇っている。これは実際の状況を誇張しているのかもしれないが、彼がテーベの勢力圏を著しく拡大したことは疑いないだろう。

　インテフの治世後期を特徴づけたのは休戦だったかもしれない。そのおかげでテーベは北部や南部と交易ができ、建築事業もおこなうことができた。なんといっても、王の重要な責務のひとつは神々の神殿を美しくすることなのだ。インテフの最も重要な建築事業は、テーベ東岸のイペト・スウト（「いくつもの場のうち最も選ばれたるもの」）、すなわちカルナクでおこなわれた。彼はここに「彼の父」アムン・ラーに捧げる神殿を創設する。テーベ地域の卓越した神は好戦的なモンチュ神（インテフの祖父メンチュホテプが崇拝していた神）だったが、カルナクの神官たちは彼らの地方神アムンを、より卓越した地位に引き上げはじめていたのである。古くからの創造神だったこの神は、いまや太陽神と同一視され、それゆえ二重の名のアムン・ラーを与えられていた。インテフの神殿のうち現存するものとしては、どちらかといえば粗く刻まれた縦書きのヒエログリフ銘文がひとつの面にみられる小さな八角柱がすべてである。しかし彼によるアムン・ラー信仰の後援は、エジプトで最も壮麗な、ついには世界最大の宗教建築となる神殿がたどる長い歴史の始まりとなったのである。

　ナイル西岸の、カルナクからは対岸にあたる位置に、前王の墓に隣接して、インテフは自らの葬祭記念建造物を造営しはじめた。その正面には広い前庭があって、インテフの最も忠実な臣下の墓の供養室がまわりを囲む。インテフが王個人の供養室に建立した石碑には、太陽神ラーと、テーベの丘陵に鎮座する守護女神

25. インテフ2世：テーベの戦士王　109

ハトホルに捧げる感動的な讃歌が刻まれた。この讃歌の数節は、偉大な征服者の
顔の背後に隠れた人間の脆さをほのめかしている。

　　我を早き夜明けにゆだねたまえ
　　かのお方が私の周囲をお守りくださるように
　　我は早き夜明けの乳飲み子なり
　　我は夜の早き時間の乳飲み子なり

　自ら達成した超人的業績すべてがあってもなおインテフは、恐れとおののきの
入り交じった感情で死と来世を眺めていたのである。彼の人間性を示すもうひと
つの感動的な例は、二つ目のどちらかといえば形式ばらない石碑に永続的な形で
残されている。そこにはこの王の姿が、最愛のペットだった犬たちとともに刻ま
れているのだ。記されている犬たちの名（ベフカイ、アブアケル、ペフテス、テ
クル）はベルベル語で——輸入された純血種の犬だったことがうかがえる——
それぞれエジプト語の翻訳（「ガゼル」、「猟犬」、「黒いもの」、「鍋」）が添えられ
ている。50年も統治し、テーベを全土支配の道筋にのせた王は、人生をごく普
通に楽しむためのひとときを、なおも見出していたのだろう。

110　　第Ⅲ部　内戦と復興：第一中間期と中王国時代

26. チェチ：2代の王に仕えた高官

　インテフ2世が戦場で収めたいくつかの勝利はその勢力圏を大いに広げ、内戦における転換点となった。それらは、テーベの支配者は地位と勢力を争う単なる地方の指導者ではなく、むしろ真の意味で次の王なのだという印象を、おそらくはじめて作り出したのである。このような傾向と考え方の変化を示すのは、役人や芸術家、職人がそろった申し分のない宮廷がテーベに作られたという事実である。まだ萌芽の段階にある中王国の国家の出現は、インテフ2世とその後継者のインテフ3世のもとで「侍従」と「宝庫管理官」をつとめたチェチの経歴によって示されている。

　チェチの葬祭碑は、美しく仕上げられたヒエログリフ銘文と浮彫を石灰岩にほどこした長方形の石板であり、インテフ諸王のもとで新たな宮廷様式が生まれ、それ以前の数十年間における地方工房の低水準の作品に取って代わったことを示している。そこに表わされたチェチ自身は優雅に飾り立てた姿であり、糊の利いたエプロン付きでふくらはぎに届くキルトをまとい、首のまわりにはビーズを連ねた幅広襟飾りをつけている。古代エジプトの行政ではいたって典型的な階層制度のもとで、二人のより低い身分の官吏、すなわちチェチの印章保持者で寵臣のマゲギと従者のチェルウがチェチに随行しており、彼らは、チェチよりも小さく表現されている。

　王の侍従として、君主と個人的に接することができただけでなく、チェチはテーベの領域内のすべての経済問題に責任を持つ「大蔵大臣」という重要ポストについていた。彼はインテフが「アブウからチェニまで」エジプトの南の8つの州を含む地域を支配していたと語っている。全土の4分の1に満たないとはい

チェチの石灰岩製浮彫（テーベのチェチの墓、第11王朝）。チェチは彼の部下のうち2人、「印章保持者」と「従者」を伴っている。ヒエログリフ銘文には、宮廷におけるチェチの長い経歴が記されており、そのなかにはインテフ2世の死去とインテフ3世の即位も含まれている。

え、この領土にはエジプト最高の聖地であるアビュドス（古代のアブジュウ）とともに、エジプトで最も肥沃な農業地域がいくつか含まれていた。したがって、王の宝庫の蔵入・蔵出のすべてに責任を負うのは重要な責務だったが、チェチは自らの職務を模範的なやり方で果たしたことを誇っている。

> 富は我が手中にあり、我が印章のもとにあり、上エジプトと下エジプトから我が主君である陛下 [訳注：原著では「我が主君の身体」(The Person of my lord)] のもとにもたらされたあらゆる良きもの……そして「赤い地」[訳注：砂漠] を支配する首長たちが丘陵地帯すべてに及ぶかのお方に対する恐れから、我が主君である陛下 [訳注：「我が主君の身体」] のもとにもたらしたもののうち、最上のものである……私はそれらについてかのお方に報告申し上げたが、我が能力が卓越していたために、罰せられるような失態はかつて起こることはなかった……私はかくしてかのお方の真の腹心となった。

　経済の中核となっていたのは租税の査定と徴集であった。チェチは、宝庫の官吏たちが任務を果たせるように、彼らをナイルの上流や下流へ運ぶ新たな船の建造を手配している。

　古代エジプトの行政官に特有の性格といえば、正しい手順に対する執着ほどにあてはまるものはない。チェチは、自分の管理下で各部局の実績を向上させた記録を誇りにしていた。彼はまた、自分が自らの業績でトップに上りつめた「叩きあげ」であることにも満足していた。「私は裕福である。私は偉大である。私は、我が主君である陛下 [訳注：「我が主君の身体」] が、私に対する大いなるご寵愛のゆえに私へと賜った我が財産から、自分のため（必要なものを）整えた。」この満足の思いは、丸々とした胸、脂肪が段をなす腹といったチェチの肥満した姿に反映されている。

　チェチの碑文で歴史的に興味深く重要な点は、インテフ２世の死──「かのお方はつつがなくご自身の地平線へと赴かれた」──とその息子で後継者のインテフ３世の即位について言及されていることである。このような移行の時期は、とりわけ終わろうとする体制の構成員たちにとって、危険で不確かなものだった。

しかしチェチの資質は、新王にとってもそれなしで済ますにはあまりに貴重であり、そこでインテフ 3 世は「父君の時代に私のものだったあらゆる職務を、私に与えてくださった。」長く成功に満ちたキャリアの果てに、チェチは自らの死を予期していた。彼の石碑には、幸福な来世を願う感動的な祈りが記されている。

　　ここなる者が天空を横切り、空を渡り、大神のもとにのぼり、良き西方へとつつがなく達することができますように……ここなる者が地平線まで、オシリスが住んでおられるところまでまったくつつがなく歩めますように。

　これは、死後の生に関する約束がすでに王やその身近な一族を越えて、他の階層へと拡がっていたことを雄弁に物語っている。第一中間期の激動の年月はエジプト社会を永遠に変えてしまった。チェチはその変動の只中にいたのだ。地上での生活様式においてそうだったように、永世への希望においても、彼は新たな秩序への道筋を指し示していたのである。

27. メンチュホテプ2世

：エジプトを再統一した王

　インテフ3世の治世は短く、せいぜい数年しか続かなかった。後を継いで王座についたのは彼の息子である。新王は3人の先王と同じ名ではなく、そのかわりに第11王朝の始祖メンチュホテプ（「モンチュは満足しておられる」）にちなんだ名をつけられていた。これは新たな支配者が、名高い先祖に傾倒していただけでなく、テーベの軍神モンチュにも帰依していたことを表わしている。事実、若き王は、自分が偉大な戦争指導者であることを証明し、エジプト全土をテーベの支配のもと再統一することで王朝のなすべき仕事を完遂するという二つの約束をともに果たすこととなったのだ。メンチュホテプ2世は、後代の年代記では、第1王朝初代国王の伝説的なメネス（ナルメル）とならぶエジプトの偉大な王朝創始者のひとり、「二つの国土」を再統一し、恥ずべき政治的分裂に終止符を打った人物として、常に名を挙げられている。

　メンチュホテプは、王位を継承したとき、十代をようやく過ぎた年頃だったはずである。テーベの軍神との結びつきに鼓舞されて、若き王は祖父のインテフ2世が収めた軍事的成功をも敏感に意識していたに違いない。偉大な王の血筋を（ともにインテフ2世の子だった）父と母から二重に受け継いだメンチュホテプは、祖父が苦心のすえに得た勝利の成果を守り、さらに拡大するという特別な責任を自覚していたに違いない。この王の治世の最初の10年間については、それに関する証拠はほとんどないが、王はおそらく、戦略家として、また人の上に立つ者としての技術を学び鍛えることで日々を過ごしていたのだろう。彼がこれ

らを実地に応用する機会は、治世14年に訪れた。この年にアビュドス（古代のアブジュウ）の聖地を含むティスのノモスが、テーベの支配に対して反乱を起こしたのである。ヘラクレオポリス朝（第9〜10王朝）の王にとって、そのような象徴的意味を持つ地域の支配を取り戻せれば、内戦の形勢は彼らの有利へと転じるかもしれない。ティスのノモスがテーベ連合を脱退して敵に合流するのを許せば生じる長期的な影響を、メンチュホテプが見過ごすはずはなかった。ティスをめぐる戦いは、国土再統一をめざす数十年の長きにわたった闘争全体のなかで、決定的な会戦となる。

　ティスの反乱は、メンチュホテプの軍隊による迅速かつ圧倒的な反撃を呼ぶこととなり、王はさらにこの勝利の勢いが確実に保たれるよう注意を払った。叛徒を罰した後、テーベ軍は着実に北進して、ヘラクレオポリス朝の重要拠点であるアシュート（古代のサウティ）を占領、そして遂に敵の都である要塞都市ヘラクレオポリス（古代のフネス）そのものを占領するのである。これで戦略家としての手腕が証明されたとするなら、メンチュホテプは彼の臣民の心に愛国的感情をかきたてる心理的策略にもひとしく熟達していることを示したと言える。戦死したテーベの兵士60人を、テーベ西岸デル・エル＝バハリの集団墓に王が公式埋葬させたのは、国民神話創作の注目すべき一例である。それは世

メンチュホテプ2世の彫像（砂岩に彩色、テーベ西岸デル・エル＝バハリのメンチュホテプ2世の葬祭複合体より出土、第11王朝）。王は赤冠をつけた姿で示されており、皮膚は黒く塗られているが、これは再生を象徴し、王を死者の神オシリスと結びつけるためである。ことさら大きく表現された足は、第11王朝の王像彫刻に特有のものである。

ケムスィトの浮彫（石灰岩に彩色、テーベ西岸デル・エル=バハリのメンチュホテプ2世の葬祭複合体に作られたケムスィトの墓の供養室より、第11王朝）。7人の王妃のひとりであるケムスィトは、精巧な羽根柄のドレスを身につけ、芳香のある軟膏の容器を鼻先に掲げている。

27. メンチュホテプ2世：エジプトを再統一した王

界最初の「戦没者共同墓地」のひとつで、彼らがこぞって国土再統一の大義に命を捧げたことを、テーベの人びとに思い出させるものだった。そのうえ、かつての敵に対する決定的な勝利を示すために、メンチュホテプは新たな即位名を採用し、王としての自らの称号にホルス名を追加した。誰もが認めるエジプト全土の王として、彼は今や、至高の天空神の化身として真にふさわしい存在となったのである。

　エジプトの伝統的な型にはめられた王権は、それを投影する用語体系以上のものを必要とした。それは大規模建築をも必要としたのである。50年という並はずれて長い——祖父インテフ2世のそれに等しい——治世に、メンチュホテプは、ジェベレインやエル＝トゥード、デル・エル＝バラースといったテーベ中核地域のいたるところ、そしてやや離れたエルカブやデンデラ、アビュドスで建築事業をおこなわせた。しかし彼の企てのうちでもはるかに野心的だったのは、デル・エル＝バハリの崖下の壮大な谷間に作られた彼自身の葬祭神殿（葬祭殿）だった。この場所は建築の壮大な自然背景となるばかりでなく、インテフ2世がテーベの地方神アムンの神殿を着工していたカルナクのちょうど真向かいに——そしてカルナクから見えるところに——位置していた。しかしメンチュホテプにとっておそらく最も重要だったのは、デル・エル＝バハリが、母なる女神であり王の守護女神であるハトホルと長きにわたってかかわりを持っていたことだったろう。この女神はテーベ西岸の山地のなかに雌牛の姿で住んでいると信じられていたのだ。自らの墓と永遠のための神殿とをデル・エル＝バハリに造営することを選択したメンチュホテプは、象徴的に言えば、ハトホル女神の腕に抱きかかえられることとなったのである。

　メンチュホテプの葬祭神殿が、特徴的な第11王朝テーベ様式のいくつかの側面に、古王国のメンフィスにおける典型的な建築要素を結合しているのは、国土を統一した王の記念建造物として、じつにふさわしいものだった。この建造物は斜路で結ばれた広いテラスが、地上から崖の方向へと高く連なる構造になっている。下段のテラスのファサードには角柱がずらりと並び、このテーマは上段では、塊のような構造物を囲む前廊によって繰り返された。背後にはさらに多くの角柱

118　第Ⅲ部　内戦と復興：第一中間期と中王国時代

メンチュホテプ2世とその妃ケムスィトを表わした浮彫（石灰岩に彩色、テーベ西岸デル・エル=バハリの同王の葬祭複合体より、第11王朝）。細長く表わされた手足と魚の尾のように伸びたアイラインは、第一中間期に発展したテーベの表現様式に特有のものである。

が、多柱室（列柱室）の形に配置された。全般的な印象は、それ以前に建てられたいかなるものとも驚くほど異なっていたはずだが、その規模や装飾、力強い調和において、言うまでもなく王にふさわしいものだったろう。王墓そのものは、断崖の奥深く、岩盤に掘りこんだ長さ 150 メートルの通路の末端にあるアラバスター製の祠に設けられた。これと釣り合う形で、神殿の入口にはもうひとつの長いトンネルが、（神王オシリスの黒い皮膚を持つ姿で表わされた）王のカァ彫像のための部屋に通じていた。

　メンチュホテプの重臣のなかには、彼らの主君の傑作とも言えるこの建造物の聖域内に埋葬されるのを選んだ者たちがいた。すなわち「大家令」ヘネヌ、「大蔵大臣」ケティ、そして二人の「宰相」、イピとダギである。このうち最後に名を挙げた人物の石灰岩製石棺には、内側に「コフィン・テキスト」[訳注：中王国に出現した葬祭文書で、「ピラミッド・テキスト」に起源を持つ呪文を含む] がすべて記されており、かつてはもっぱら王のためのものだった宗教概念が、社会のそれ以外の階層まで十分に浸透していたことがうかがえる。ケティはさらに、エジプト再統一に続くメンチュホテプのいくつかの軍事遠征でも重要な役割を果たしたように思われる。これらの遠征はヌビアを標的としていた。王の治世 39 年に、おそらくエジプトによる交易路支配を回復するため、第一急湍より南のアビスコに遠征がおこなわれた。この軍事行動の成功はメンチュホテプが形容辞として「二つの国土の統一者」を採用したことにより示されている。2 年後には、ケティは下ヌビアからアスワンまで大規模な船隊を率いて航行することができた。メンチュホテプのヌビア政策は、比較的小規模に実行されたとはいえ、続く第 12 王朝の、より攻撃的な軍事作戦のための基礎を築いたのである。

　メンチュホテプによる「征服」は戦場に限られていたわけでもなかった。彼は少なくとも 7 人の妃を持っていたのである。事実、中王国の統治者には稀なことに、家庭生活についての証拠はきわめて良く残されている。彼の正妃ネフェルウは同腹の姉妹でもあった。第二の妃であるテムは、メンチュホテプの知られている限りでは唯一の子、メンチュホテプ 3 世として王位を継ぐこととなる王子を生んだ。他の 3 人の女性、アシャイエト、（産褥で死んだ）ヘンヘネト、サデフは、

120　　第Ⅲ部　内戦と復興：第一中間期と中王国時代

銘文ではすべて「王妃」とされており、さらに二人の側室であるカウイトとケムスィトが、デル・エル=バハリの王の葬祭神殿境内に埋葬されている。彼女たちの美しい石灰岩製石棺や玄室壁面に表わされた場面——アシャイエトはかぐわしいロータスの花、ケムスィトは香りの良い軟膏の壺の香りをそれぞれ楽しみ、カウイトは髪を編ませている——は、くつろぎと洗練のイメージ、過酷な内戦のすえに訪れた平和の果実を楽しむ宮廷の情景を彷彿とさせる。これがメンチュホテプ2世の成しとげた永続的な業績だった。王はエジプトにかつての栄光を取り戻し、過去の不和を氷解させ、高度な文化が栄える新たな黄金時代の先がけをなしたのである。

28. メケトラー：メンチュホテプ2世の大蔵大臣

　国土再統一戦争が終わるとともに、メンチュホテプ2世治下のエジプト行政は、経済の管理という主要業務に戻った。すなわち国富の記録、租税の徴収、政府に雇われている者たちへの支払いのための二次産品の製造管理、そして宮廷による建設事業のための出資である。数々の事業の中心にいて宝庫を管理するのが、国内で最も重要な官吏のひとりである大蔵大臣だった。しかしメンチュホテプの大蔵大臣が有名なのは、彼の経歴のためではなくてむしろ、テーベに作られた彼の墓の中身のためである。

　この大蔵大臣はその名をメケトラーといい、デル・エル＝バハリ付近の山腹に掘削された荘厳な墓所に埋葬された。当時の最新様式で作られたこの墓は、崖の

畜牛頭数調査の様子を表わした木製模型（テーベ西岸のメケトラーの墓より出土、第11王朝）。調査を担当する官吏としてメケトラーは、書記たちを左右に従えて日除けの下の壇上にすわり、畜牛が追い立てられていくのを眺めている。

テーベ西岸のメケトラーの墓から発見された木製の模型船(第11王朝)。このような模型は人生の楽しみを来世へと永続させるためばかりでなく、死者がオシリス神の聖なる崇拝中心地アビュドスへの死後の巡礼をおこなうのを助けるためのものだった。

表面を急傾斜の進入路がのぼり、玄室に通じる通路には広い前庭から入るようになっている。この墓とそこに納められていたものの大部分は古代において盗難にあったものの、盗人たちは入口近くの小さな隠し部屋を見逃した。1930年代に考古学者たちがこの部屋を開いたとき、彼らはあわせて25個の木製模型からなる比類のないコレクションを発見したのである。これらの模型の大きさや質、細部への配慮は注目に値する。それらは全体として、エジプト第11王朝の高級官僚の生活を示す魅力的な「スナップ写真」となっているのである。

　最も複雑な模型は、畜牛の頭数調査を描写したものである。国家が国内の家畜総数を記録できるようにするという意味で現実に必要なだけでなく、これは高度に象徴的な行為でもあった。なぜなら「畜牛」は、一般的な意味で農業資源を意味していたからである。追い立てられた畜牛の群れが通り過ぎていく間、メケトラーは書記や他の官吏たちに伴われ、日除けの下で腰かけにすわっている。これ以外の彼の職務では、エジプト全土に及ぶ頻繁な旅行が必要となったことだろう。

28. メケトラー:メンチュホテプ2世の大蔵大臣　　123

メケトラーの13隻の模型船からなる船隊は、彼が日常的に使用していた普通サイズの船舶を再現したものと想定しても無理はなかろう。そのなかには河川航行用の4隻の船、2隻の給仕船、4隻の快速ヨット、軽量のスポーツ用ボート1隻、そして2隻の漁船が含まれている。

すべてのエジプト人と同様に、メケトラーは自らの死後に必要な品々が永遠に供給されるのを確実にしようと願っていた。そのため、彼の墓に納められた模型には供物を運ぶ二人の女性のほか、食物や工芸品の製造を示す縮小模型が含まれ、それぞれの活動が壁に囲まれた室内に収まる形で表現されている。それらは中王国時代の技術について我々が利用できる最良の情報源となっており、糸紡ぎと織物、大工仕事、屠殺、パン焼きとビール醸造、そして穀物の貯蔵が含まれる。このような諸々の活動は、テーベにあったメケトラーの邸宅を囲む作業場で、日常的におこなわれていたのかもしれない。

その邸宅を表わした二つの模型は、メンチュホテプ2世のもとで政府高官が楽しんだ洗練された快適な暮らしの一端を伝えてくれる。メケトラーの邸宅の、通りに面したファサードは、漆喰を塗られた高い壁になっていた。その中央には表玄関があり、両開きの扉の上に、透かし彫りか成型による装飾パネルがつけられていた。右側の片開き扉は、従者や配達人の入口だったのかもしれない。反対側にある縦長の格子窓は、街路から入りこむ埃や塵を最小限に抑えながら、屋内への風通しを良くするものだったのだろう。メケトラーの模型では、住居の奥にあった部屋は1本の太い材木で代用されているが、これは邸宅の最も美しい特徴を強調するためである。それは壁に囲まれた庭園で、シカモアイチジクの並木が四角い池を囲んでいた。この庭園はメケトラーとその家族に一日中、日陰を提供したことだろうし、水が常に得られるということは、暑く乾燥したエジプトの町ではとりわけ望ましいことだったろう。邸宅の庭に面した正面には、円柱の並ぶ前廊が日陰をなしており、屋外と屋内の間の穏やかな移行の場となっていた。第11王朝のテーベにおける生活でこれより勝るものはさほどなかっただろう。メケトラーにとって、高級官職の報酬として与えられた富は、かなりのものだったのだ。

124　第Ⅲ部　内戦と復興：第一中間期と中王国時代

29. アメンエムハト1世
: 宮廷の陰謀の犠牲になった王

アメンエムハト1世の浮彫細部（石灰岩に彩色、リシュトのアメンエムハト1世の葬祭神殿より、第12王朝初期）。王は緊密な巻き毛になっている短い鬘に王の印のウラエウス（聖蛇）をつけ、幅広襟飾りと儀礼用の神聖な顎髭をつけている。王は殻竿を持っているが、これは王の最古の標章のひとつである。

　メンチュホテプ2世はエジプト史の進路を変え、第一中間期の分裂に終止符を打ち、強力な中央政権が支配する新たな時代、中王国の創始者となった。しかしこの王の子孫は国土再統一の成果をそれほど長く楽しむことはできなかった。メンチュホテプ2世の二人の後継者の治世はいずれも短かった。二人目の後継者メンチュホテプ4世の死とともに、第11王朝の王統は終わった。古王国が滅びつつあった日々からずっとテーベを支配してきた一族には、男子の後継者がいなくなっていたのだ。では王座は誰のものに？

　エジプトの宮廷には常に何人かの実力者がおり、メンチュホテプ4世の短い治世において最も影響力があったのは、「エリートの一員」で「市長」、「宰相」、「王のための労働監督官」で王の寵臣でもあるアメンエムハトだった。彼の初期の経歴について知らせてくれるのは、主として東部砂漠の奥深く、ワディ・ハンママートのシルト岩採石場の岩壁に刻まれた四つの銘文である。メンチュホテプ

4世の治世2年、アメンエムハトは遠征隊を率いて、王の石棺のための貴重な黒緑色の石材ブロックを切り出して持ち帰った。アメンエムハトはこの企てすべてについて、異常なほど詳細にわたる記録を採石場に確実に残すようにし、この任務の成功がもっぱら彼自身の力によることを示したのである。

　アメンエムハトと呼ばれるこの実力者と次に出会うときには、彼はメンチュホテプ4世の後を継いでエジプト王となっている。宮廷の文書はこの二人のアメンエムハトが同一人物であるとはいっさい述べていないが、王の寵臣だった宰相が宮廷における自らの地位を利用して、空席となった王座を手にしたことにはほとんど疑いの余地はない。しかしそれは、権力への道に立ちふさがる最初のハードルにすぎなかった。王位簒奪に伴って生じる問題は、通常は王の職務を守っている神性と神秘のヴェールがそれによって引き裂かれてしまい、実体があらわにされてしまうことである。それはつまり比類のない権威と富の源泉であり、しかもしばしば思いもよらない状況で、野心を抱く者たちの手に入ってしまいかねない

リシュトにあるアメンエムハト1世のピラミッド（第12王朝初期）。これは古王国末以来、王のため最初に造営された大規模ピラミッドであり、クフの「大ピラミッド」複合体の石材ブロックがことさら再利用されている。これはおそらくこのピラミッドに、王の記念建造物としての力と正当性を追加するためだろう。

ものというわけだ。アメンエムハトが行動にうつるための野心と決意をともに持っていたのは明らかである。しかし権力を掌握した彼は、自分個人の権威をエジプトに押しつけ、その新しい王朝を正当化するために、迅速かつ決然たる行動をとらなければならなかったのである。

アメンエムハトがこのためにおこなった最も明白な声明と言えるのは、彼の政府のため新しいアメンエムハト・イチ・タウイ（「アメンエムハトは二つの国土をつかむ」）という——要点を示す——名前の首都を建設したことだった。おそらく現在のリシュトの集落付近にあったこの都は、続く4世紀のあいだ、主要な王都であり続ける。行政の中心をテーベから——古王国時代にも行政の中心があった——デルタの頂点へと移すことにより、新王は「ピラミッド時代」の輝かしい先祖たちと自分自身を意図的に結びつけていたのである。エジプトに過去の栄光を取り戻そうとする「ルネサンス君主」がここにいる。このメッセージを強めるため、王は自らの葬祭記念建造物の着工を命じた。エジプトで300年ぶりに王のため建設される本格的なピラミッドである。しかもアメンエムハトは自分のピラミッド複合体に正統性と活力を与えるため、異例の処置をとった。すべてのピラミッド造営者のなかで最も偉大なクフ（10）がギザに作った記念建造物からいくつかの建材ブロックをとって、自分の建造物の構造のなかに埋めこんだのである。

アメンエムハトの治世におけるこれ以外の大規模建築事業は、内政ではなく対外政策における決定的な転換を示すものだった。古王国後期以来、エジプトは北東部国境で、「砂上に住む者たち」という形の厄介な問題に絶えず悩まされてきた。シナイ半島とパレスチナ南部に住む彼ら半遊牧部族民はエジプトの隊商を定期的に襲撃しており、木材や油、ワインのような威信を示す品々の宮廷への供給を保つ経済活動は、それによって中断していた。第6王朝のウェニ（18）が率いた遠征のように、ときおりおこなわれる軍事遠征は、エジプトの支配を重ねて主張するには役立っていたが、今では脅威の性格が変わっていた。ナイル・デルタの肥沃な農地は、より過酷な環境のレヴァントからあの同じ部族民を引きつけ、絶え間なく流入させていたのである。もし今後も歯止めがかからなければ、異民族の大規模なエジプト移住によって、国内の安定が脅かされることになる。そこ

でアメンエムハトは、「支配者の壁」として知られる大規模な防御要塞線を、エジプト北東部国境の全域に建設するよう命じた。この防衛線は 200 年間にわたってその目的を果たし、「二つの国土」が異国の過度の影響から比較的安全でいられるよう守り続けることとなる。

このような―― 内外の脅威に対する不安感、そしてそれと対をなす新時代への確信の――組み合わせは、アメンエムハトとその治世の中心に位置するパラドックスである。彼は古代エジプトの長い歴史において、文学が最も華やかに開花した時代の創始者となった。これは真の「ルネサンス君主」である印だ。しかし新たに書かれた作品はおおむねプロパガンダの性格を持ち、とりわけ王朝を正当化するためのものだった。自分を正当な王として認めさせようというアメンエムハトの願望は、歴史を書きかえるところまで広げられた。そこで彼の治世の最も偉大な作品のひとつ、「ネフェルティの予言」は、社会の変動と広範囲に及ぶ無秩序がアメニ――王その人の名前の短縮形だ――と呼ばれる「救世主」によって取り除かれるという神話的作品となったのである。アメンエムハトを祖国の再統一者に昇格させることで、この物語はメンチュホテプ 2 世とその二人の後継者を都合良く省略しているのだ。

第 12 王朝の文学は、社会のしかるべき仕組みが混乱し、あるいは逆転した「国家的な災難」の主題に集中していることで有名である。これは第一中間期と南北間の内戦の長く続く記憶を反映しているのではなく、むしろアメンエムハトとその後継者たちの宮廷内部にあった根強い不安の反映であった。文献や記念物で詳しく語られている虚構とは裏腹に、エジプトは古王国の滅亡以来、後戻りできないほどに変わってしまったのである。かつて存在していた確かな事柄の数々は、永遠に消え失せてしまった。王の権威は今や、神性の概念に頼るのと同じ程度に、強制や政治的策略にも依存するようになっていた。自らの新たな王統が王座にとどまる機会を補強するために、アメンエムハトは即位 20 周年を特徴づける革新的な新政策を創始する。王は、息子であり後継者のセンウスレトを、ともに統治する 2 人目の王として即位させたのである。

しかし治世の 30 年間が過ぎた後、アメンエムハトが即位した疑わしいやり方

が、今度は彼を苦しめに戻ってくる。王に最も近い者たち、つまりアメンエムハトが王家との血縁ではなくむしろ露骨な野心によって権力を得るのを見てきた者たちが、自分たちも似たようなことをしてよいだろうと考えたのである。アメンエムハトが王の居室で眠りについていたとき、暗殺者の一団が彼を襲った。王は目覚め、何本もの剣が自分に向かって振りかざされるのを目にする。王宮の衛兵がおらず無力だった彼は、暗殺者たちに屈したのである。

　しかし彼の抜け目ない共同統治政策は期待通りにうまく作用し、息子のセンウスレト１世が比較的支障なく単独統治者となるのを確実にした。アメンエムハトの残した最も偉大な遺産は、こうして彼の子孫に王位の保証を与えたのである。それは彼自身が手中にしようとあれほど強く願ったのに、結局は彼の手の中からすり抜けていったものだった。

30. ヘカナクト：書簡を残した農夫

　ときおり、ほんのときたまだが、我々は——古代エジプトの文字記録を支配する圧倒的な数の公的プロパガンダや宗教文書の間隙をとおして——飾りのない現実、そして人間関係に見られるむき出しの感情や複雑さをかいま見ることができる。そうした「日常生活からの」文献のうちおそらく最も有名な例は、中王国の初期にひとりの農夫ヘカナクトが家族に書き送った数通の書簡であろう。

　書簡を記したとき、ヘカナクトはおそらく三十代の半ばから後半にさしかかっており、古代エジプト人の見地からすれば明らかに中年の域に達していた。彼はすでに再婚しており（それについては後述する）、複数の親族と使用人からなる大家族の主人だった。彼は当時の基準から言えばかなり教養のある人物だったに違いない。自分の書簡のうち数通かあるいはすべてを書けるほど読み書きを知っていたのは確かである。彼は何か改まった書式が必要なときだけ、専門の書記を雇うことにしていた。

　ヘカナクトが主な職業としていたもの、そして熱中していたものは農業だったが、彼はメンチュホテプ2世の宰相だったイピの供養をするカァ神官（葬祭神官）という重要な役割も持っていた。イピの墓はテーベにあったので、そこで葬祭の義務を果たすヘカナクトは、ファイユーム地域やメンフィスに近いネブスィト（「シダー（キリストノイバラ）の木立」）の集落にある自分の家から遠く離れたこの「南の町」で、長い期間を過ごさなければならなかった。ヘカナクトの末息子の名前（メル・）スネフェルから判断して、彼の家族はダハシュールにある第4王朝の王のピラミッド付近に住んでいたのかもしれない。

　ヘカナクトが家族にあてた書簡の多くを書いたのは、彼が治世5年（アメンエ

130　第Ⅲ部　内戦と復興：第一中間期と中王国時代

ムハト1世の治世か)の秋から治世7年の夏までテーベに滞在した折りである。それらの内容は主に経済上の事柄であって、負債の取り立てから穀物の分配にまで及び、自分が関心を持つ農業経営を他人の手に任せることにヘカナクトが不安を抱いていたことを示している。彼の語調は心配そうではあるが、せっかちで横柄でもある。「よくよく気をつけてくれ! 私の種籾を守りなさい! 私の財産すべてに注意を払いなさい! 見るがいい、私はお前に責任があると思っている。私の財産すべてによくよく気をつけるのだ!」

ヘカナクトは鋭い実務感覚を持った人物であり、とりわけ彼の家令であるメルイスウが次の農耕年のために必要で時宜にかなった準備をするよう願っていた。すなわち予備にとってある穀物は農地の地代支払いにはいっさい流用しないこと、余っている土地を貸せるかどうか状況が許せば検討すること等々である。古代エジプトの社会階層においてはどちらかといえば低い地位にいたにもかかわらず、ヘカナクトは明らかに農民としてかなり成功した人物だった。事実、彼は少なくとも28人のさまざまな人物と取引きをしてい

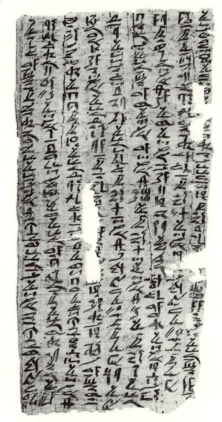

農夫ヘカナクトが家族にあててパピルスに書き記した書簡(第12王朝)。書体はヒエログリフ(聖刻文字)の草書体、すなわち、ペンとインクで筆記するのに適したヒエラティック(神官文字)である。ヘカナクトの書状は、中王国時代のエジプトにおける小規模地主の日々の関心事について、生き生きとした洞察を与えて

30. ヘカナクト:書簡を残した農夫 131

たのである。彼らのうち16人は、ペルハアと呼ばれる同じ地域で農地を耕作して
おり、そのうちのひとりヘルウネフェルは、政府に雇われていてまずまず高位
にあり、ヘカナクトの知人のなかでも抜きん出て身分の高い人物だった。

　職務上の同僚や隣人との交流を別にすると、ヘカナクトの人間関係はその大家
族を構成する人びととのかかわりが主だった。名前の記されていない3人の召使
いにくわえ、彼の親族と従者は18人を数える。彼らのなかには使用人頭のナク
ト、家令のメルイスウ、一族の書記スィハトホル、一家の畜牛を管理するスィネ
ブニウト、ヘカナクトの母親イピ、年長の女性親族ヘテペト、弟インプ、先妻の
子スネフェル、妹かあるいは先妻の娘スィトイヌウト、ヘカナクトの再婚した新
妻の2人の娘であるネフレトとスィトウェルウト、そしてその新妻でありヘテペ
トとしても知られるイウトエンハブが含まれていた。ヘカナクトは、母親に対す
る恭しさというエジプト人男性に特有の態度を示しており、自分の母には格別の
挨拶を書き送って彼女を安心させている。「私については心配いりません。ご覧
ください、私は元気であり、生きています。」彼はまた、息子のスネフェルに対
しては、ちょっとした偏愛などではすまない感情をあらわにしており、他の親族
にこう命じている。「あの子が望むことなら何でも、あの子を望みどおり満足さ
せるように。」

　一族を構成する人びとのほとんどはおそらく十代か二十代であり、互いに競い
合う熱気にあふれる雰囲気だったように思われる。一つ屋根の下にそれほど多く
の人びとが住んでいれば、さまざまな緊張がときには表面化したとしても驚くに
はあたらない。それらの主な原因は、ヘカナクトのまだ二十代の新妻に対する他
の親族の態度だった。彼は、自分が不在の間に他の者たちが「新入り」をよって
たかっていじめているとはっきり感じていた。新妻イウトエンハブに仕える小間
使いのひとり、セネンが特にひどい仕打ちをしたと信じたヘカナクトは、不運な
少女をただちに解雇させた。それから彼はこの件で家族に矛先を向け、彼らが新
妻を「あばずれ」や成り上がりとみており、それで小間使いの悪意から彼女を守
らなかったのだと非難している。「お前たちは私の新たな妻に敬意を払わないつ
もりなのか？」と、彼は憤懣やるかたない調子で書いている。

ヘカナクトが家庭のために手配したものが目に映るものだけではなかったことは、家族にあてた彼の書簡の行間を読んでさえ明らかである。彼の新妻と小間使いの少女、そして他の家族の関係があまりに興味をそそるものだったので、アガサ・クリスティはそれを彼女のミステリー小説『死が最後にやってくる』の基礎に用いている。紀元前20世紀、ネブスィトの小さな農場で爆発寸前となっていた敵意が尊属殺人につながったのかどうかは、決して明らかになることはないだろう。しかしそれが古代エジプトにおける普通の家族の生活に、魅惑的で奇妙なほどなじみ深い光を投げかけてくれるのは確かである。

31. サレンプウト：エレファンティネの支配者

　新たな王朝の出現は、低い家柄でも高い官職を得るだけの才能と野心がある人びとに機会を与えた。とりわけセンウスレト 1 世が、父王の暗殺という劇的な状況のなかで単独統治者に即位したことは、局外に立つ者たちが昇進するための刺激となった。なぜなら王が自分の官吏たちの忠誠を確保する最良の方法は、彼にすべてを負う者たちを取り巻きにすることだったからである。センウスレト 1 世の治世初期にエレファンティネ（古代のアブウ）の州侯（州知事）と貴族に任命されたサレンプウト（1 世）は、そのような者のひとりだった。

　サレンプウトの父親については何も知られていないが、母と妻が同じサト・チェニ ［訳注：「チ ェニの娘」］ という名前を持っていたことは、彼女たちのどちらかあるいは両方が上エジプト北部のティス（古代のチェニ）の町の出身だった可能性を示している。当時の夫婦がたいていそうだったように、サレンプウトと妻のサト・チェニにも子供が多く、すべてヘカイブと名づけられた 3 人の息子のほかに、2 人の娘がいた。娘のひとりはエレファンティネの地方女神に敬意を表した名前、サテトヘテプ ［訳注：「サテトは満 足しておられる」］ を持ち、妹のほうは母と祖母にちなんでサト・チェニと名づけられていた。自分の生涯に関する記述のなかでサレンプウトは、初期の経歴については何も語っていないが、センウスレト 1 世から授けられた栄誉の数々については、そんな遠慮は示していない。彼の昇進は突然だっただけでなく、際立っていた。彼は無名の状態からただちに「エリートの一員」、「高官」、「王の印章保持者」、「（王の）唯一の友」、そして「エレファンティネの女主サテトの神官監督官」となったのである。彼はさらに第一急湍の主神クヌムの神官監督官の職も持っており、重要な祭日には神殿で祭祀をとりおこなったことを誇り

エレファンティネの知事サレンプウトを表わした浮彫 (アスワン付近のクッベト・エル゠ハウアにあるサレンプウトの墓、第 12 王朝)。彼の墓は、その地で最も壮麗なもののひとつであり、彼の官職がもたらした富と権力をうかがわせる。

31. サレンプウト：エレファンティネの支配者　135

にしていた。

　エジプト最南端の州であるタ・セティの州知事として、サレンプウトは重要な経済上の職務を帯びていた。彼はエジプト支配下にある下ヌビアの居住地と租税徴収を監督する責任を負っており、彼自身の言葉によれば「メジャイの産物、すなわち砂漠の君主たちの貢物が報告される者」だったのである。サレンプウトはまた、エジプトからヌビアへと派遣されるいかなる軍事遠征にも深く関与していた。なぜならエレファンティネはそのような遠征の出発点だったからである。それゆえサレンプウトは、誇張ではなく「軍中における王の秘密の所有者、聞かれることを聞く者、王の居室で異国のあらゆる事柄についてその（名前）が印章付き指輪の上にある者」であった。エレファンティネ侯だった彼はまた、「王宮における船団の大いなる監督官」の立場で、第一急湍を通過するあらゆる船舶に特別の責任を負っていた。「航行する者と上陸する者は彼の管理下におかれる」と言ってもおそらく言い過ぎではなかっただろう。ヌビアからエジプト、そしてその逆方向の交通の多くは交易にかかわるものであり、サレンプウトは「タ・セティの諸都市によって宝庫を富ませている」と誇っていた。

　王に対する忠誠がサレンプウトの人生における指導原理だった。「私は王の御前において誠実な者であり、虚偽とは無縁だった……私はかのお方の御心に近いしもべであり、主君の望まれることをなした。」このように献身的な──「神をあらゆる良きものへとご案内する」──奉仕に対しては、王宮からの贈物が雨のように降り注いだ。「陛下 ［訳注：原著では「かのお方の身体」］ が汚らわしいクシュを征服なさるためお進みになられたとき、陛下 ［訳注：「かのお方の身体」］ は、調理されていない雄牛を 1 頭、私のもとに運ばせてくださった。エレファンティネでなされたあらゆることについて、陛下 ［訳注：「かのお方の身体」］ は、雄牛の側面あるいは後部の半身、あらゆる種類の良いもので満たされた皿、そのうえに未調理の 5 羽の鷲鳥を、私のもとに運ばせてくださった。それは私のもとに 4 人がかりで運ばれた。」エジプト宮廷の標準から言えばわずかな贈物だったかもしれないが、サレンプウトがこの王の寵愛のしるしをえらく仰々しく自慢しているのは明らかだ。高級官職に昇進したばかりの人間にしかできないことだろう。

136　第Ⅲ部　内戦と復興：第一中間期と中王国時代

これよりずっと重要な王からの賜物は、ナイルの川面とエレファンティネ島を見下ろす崖の中腹を掘削した豪壮な墓だった。サレンプウトが説明しているように、「陛下 [訳注：「かの お方の身体」] は国土において私を高めてくださった。私は（他の）州の諸侯よりも引き立てていただいた。私はいにしえの習わしを（逆転させた）。私が瞬時にして天に達するようなことが引き起こされたのだ。」くだんの墓は、この地域で今日までに造営されたうちで最も壮麗なものとなる定めだった。「私は職人たちを私の墓における仕事に任命した。そして陛下 [訳注：「かの お方の身体」] は、それゆえに私を、廷臣たちの前で、そして国土の女主 [訳注： 王妃] の御前で、大いに、そしていくたびも賞賛してくださった。」

　この墓の中へは、岩盤を掘りこんだ広い前庭から白色大理石の戸口を通って入るようになっていた。埋葬それ自体には、忠義に対するさらなる報酬として、王室工房からの「必要なあらゆるもの」が備えられた。墓の壁面は美しい浮彫で飾られ、なかでもサレンプウトが名もない身分から流星のような出世をとげたことを子孫が忘れることのないように、彼の自伝銘文が――同じ内容の銘文が一言半句たがえずに２度繰り返されている――すべてを圧している。死後については、サレンプウトは天上の領域に永遠の来世があることを確信し、楽しみにしていた。「私の頭は天空を貫き、私は星の身体をかすめて通った。私は惑星のように踊った。」自力で出世した人物にとって、これは悪くない幕切れだ。

31. サレンプウト：エレファンティネの支配者　137

32. ハピジェファ：法を重んじる州知事

古代エジプト人は、永遠に続く彼らの来世で基本的な生活必需品がとどこおりなく供給されるようにするためなら、いかなる苦労もいとわなかった。供物を運ぶ人びとを描き、あるいはもっと根本的に、仕事中のパン職人やビール職人を描いた墓壁画は、このような目的に役立ったし、副葬品とするため三次元的に表現された模型もそうだった。偽扉あるいは墓碑に刻まれた供養文も同じであり、墓に納められた実際の品々が枯渇するか破壊された場合に備えて、死者の霊にパンやビールなどが与えられることを約束している。エジプトの葬祭慣行の構造そのものに、これら何重もの保険契約が組みこまれていたのは、あらゆるもののなかで最悪の運命が「もう一度死ぬ」ことだったからである。しかるべき準備を欠いたために死後の生存ができなくなれば、それは完全な抹殺につながったのである。

センウスレト1世の治世にアシュート

高位の官僚の姿を銅と銀で表わした像（おそらくファイユームで出土、第12王朝）。これは古代エジプトで発見された中空鋳造の像としては最も初期の例のひとつであり、中王国の芸術家の洗練をうかがわせる。腰よりかなり高い位置でとめられているキルトは、この人物のでっぷりした体格をある程度まで覆い隠している。

（古代のサウティ）の州侯（州知事）だったハピジェファは、自分の来世のための準備を新たな極限にまで押し進めた。アシュートにある彼の岩窟墓大広間の（日の出の方角の）東壁という最高の位置に、一連の10の契約が刻まれている。馬鹿丁寧なほど法に忠実なやり方で、それらはハピジェファの死後の葬祭のため（彼はそう望んだのだが）定期的に供物が供給されるように諸々の準備を規定していた。相互にかかわりがあって複雑に入り組んだいくつもの処置を列挙しているそれらはまた、当時の政治・社会情勢や、第12王朝初期のエジプトで州侯の地位にあるということがいかなるものかについて、魅惑的な光をあててくれる。

　ヘラクレオポリスの第9～10王朝とテーベの第11王朝の間でおこなわれた内戦で、アシュートは北の側についていた。テーベ側は勝利者となるやただちに、敵側に忠実だった地域について新たな知事の任命に着手している。ハピジェファは第一中間期の末にアシュートを治めるべく就任した「親テーベ」州侯の直系の後継者、おそらくは子孫だっただろう。彼が王の行政のなかで、「エリートの一員」、「高官」、「王の印章保持者」、そして「（王の）唯一の友」という、いつもながらの称号をもつ高位の人びとのひとりだったことは確かである。彼はさらに「二つの穀倉の監督官」として経済的な責務も負っており、エジプト特有のやり方で、行政職と地元の神殿における宗教上の責務とを結びつけていた。彼は「サウティの主であるウェプワウェトの神官監督官」であるとともにホル・アヌビスの神官でもあったのである。彼は2度、それぞれセヌ、ウェパという名の女性と結婚しており、自分の母にちなんでイドニと名づけた娘をもうけていた。

　ハピジェファは州侯として、二つのタイプの財産を所有し、三つの収入源を持っていた。まず彼が私的な資格で父親から——父方の遺産として——相続した土地（とその収益）があった。彼はこれを好きなように使え、自分でも遺贈することができた。彼がその官職のおかげで所有している土地、すなわち彼の「州侯所領」もあった。この土地は彼の個人財産ではなかったから、彼はそれを処分することができず、彼がこの土地とその収益に関しておこなったどんな取り決めも、彼の後継者たちがそれを認めることにした場合に限り有効だった。最後に、地方神の祭祀で上位の神官だったハピジェファは、神殿の歳入と供物のうち、年ごと

の日数として計算された一定の割合のものに対する権利を与えられていた。彼の葬祭契約には、これら二つのタイプの土地と三つの収入源のすべて、そしてエジプト社会のはっきり区別された四つの部分、つまり州侯自身、その配下の官吏たち、市民、そして畑で精を出して働く農奴が包含されている。

　最初の契約は、地元の神官たちが神殿から雄牛1頭の分け前をもらうかわりに、白いパンを提供すべきことを規定している。第2の契約では、パンを供給する神官への返礼は州侯の領地からの穀物である。第3の契約は、神殿そのものが、ハピジェファが神殿から受け取る歳入の一部と引き換えに、パンとビールを提供するというもので、「帳消し」になるような取り決めであり奇妙である。第4の契約は、神官たちが燃料とビール、彼ら自身のパンと引き換えに、白いパンをもうひとつ供給することを義務づけている。それからさらに、神殿の歳入や土地、穀物と交換で、パンやビール、肉、そして灯心の供給を保障するため、神殿の官吏や神官と結んだ取り決めが続く。第9、第10の契約では、ハピジェファは自分の葬祭のための食糧ばかりでなく、それらが墓の供養室まで配達されることも確実にしようとしている。墓地の監督官たちやもうひとりの墓地の官吏が、州侯の自由にできる最も貴重なものの二つ、土地および肉と交換に、これら二つを保障することとなった。

　エジプト人が自分の来世のためにこれほど入念な準備をさせられるケースは稀であるが、それは結局のところ、役には立たなかった。1880年代にハピジェファの墓が発掘されたとき、彼ほどの強迫観念には取りつかれていなかった同時代人たちの墓と同じく、この墓もまた略奪を受けていたことが判明したのである。興味を引いたものはその（役に立たなかった）契約だけだった。

33. クヌムホテプ（2世）：世襲の貴族

　第一中間期は、中王国初期まで強く存続する地方の独自性と文化伝統とが姿を
あらわした時代となった。政治的にも、第11王朝と第12王朝初期は強力な州知
事、州侯によって特徴づけられる。彼らはミニチュアの宮廷とも言うべきものに
取り巻かれており、しばしば自分たちの地方を王権にことさら言及することなく
支配していた。「州侯の時代」を最も華々しく示すものは、ナイル河谷中央部の
ベニ・ハサンに見られる。そこにはオリックス・ノモス（上エジプト第16州）の
知事たちが、川を見晴らす壮大な場所に、彼らの豪勢な岩窟墓を造営していた。
これらの墓の所有者のひとりであるクヌムホテプ（2世）は、第12王朝前半の四
世代にわたる中央の王権と州侯の関係について、とりわけ詳細な叙述を我々に残
している。

　クヌムホテプはアメンエムハト2世とセンウスレト2世の治世に成人に達して
キャリアの頂点を極めたが、彼の一族の地方行政へのかかわりはずっと以前の、
王朝の初めにまでさかのぼる。彼の祖父クヌムホテプ1世は、エジプト全土で王
権を強化しようとする新王朝の計画の一環として、アメンエムハト1世によりオ
リックス・ノモスの知事に任命されていた。この州侯の権威はナイルの両岸に拡
がっており、地域の重要拠点であるメナト・クフを含んでいた。クヌムホテプ1
世は、宰相であり王都イチ・タウイの知事でもあるネヘリに娘を嫁がせることで、
一族の影響力をさらに強めることができた。クヌムホテプの2人の息子はそれぞ
れ順当に父の領地の一部を相続し、兄のアメンエムハトは州侯となり、弟のナク
トはメナト・クフの町の長官職を受け継いだ。アメンエムハト2世の治世19年、
ナクトが子を残さずに世を去ると、メナト・クフの長官の地位は当然ながら、彼

クヌムホテプ（2世）の墓壁画（ベニ・ハサン、第12王朝）をうつした線画。クヌムホテプはパピルス草を束ねたボートにのって湿地で漁をしており、魚を銛で突いているが、これは、豊穣とそれゆえに再生を（語呂合わせで）象徴する行為である。下段では、州侯の手に負えない従者たちが互いのボートを転覆させようとしている。

の妹の息子であるクヌムホテプ（2世）の手へと渡ることとなったのである。

クヌムホテプ2世は自分の家系が、母方も父方も重要なものであることを認めていた。「私のこの第一の高貴な身分は、私の生まれにある。」彼は自らも政略結婚をおこない、隣接する州を支配する州侯の長女をめとることで、一族の立場を安泰にした。これによってクヌムホテプ自身の息子たち、ナクトとクヌムホテプ3世は、それぞれジャッカル・ノモスとオリックス・ノモスの州知事職を相続する立場となったのである。

クヌムホテプにとって、メナト・クフの長官、隣接する東部山地の長官としての20年におよぶ経歴のハイライトは、センウスレト2世の治世6年に（現在のイスラエル／パレスチナにある）モアブの地からのアジア人隊商の訪問を受けたことであった。彼らの首長アビシャに率いられた訪問者たちには、男性だけでなく女性と子供も含まれていた。彼らが物々交換のためナイル河谷に持ってきた主な商品は方鉛鉱、すなわち古代エジプト人がメスデメト（アイラインに用いる黒色顔料）の主な材料として珍重した硫化鉛の鉱石だった。彼らがそれと引き換えに故国へ持ち帰ったのが何だったのかは記録されていないが、彼らがメナト・クフで平和的に迎えられていることは、対等の当事者同士のあいだの交易の取り決めがあったことを示している。

クヌムホテプによるこれ以外の注目すべき業績は——そしてエジプト学者がとりわけ感謝すべきことは——豪華な建築遺産を後世に残したことである。彼はメナト・クフでいくつかの建築事業を実行している。

> 私は私の町の只中に記念建造物を造った。私は荒廃しているのを見出した列柱室を建てた。私はそれを私自身の名が刻まれた円柱で新たに建立した。私はそれらの上で私の父の名を永遠のものとした。私はあらゆる記念物の上に私のおこないを記録した。

彼は「自らの名を永遠に不朽のものとするために、自らの役人たち、家族のうちで優れた者たちの名を不朽のものとするために」自分自身の岩窟墓をベニ・ハ

サンに造営した。使用人に対するクヌムホテプの寛大さは、墓を作った建築家がその名を（銘文という形で）残すのを許すところまでいっている。こうしてこの墓は、古代エジプトの記念建造物のなかで、作者の名前が知られている非常に数少ない例のひとつとなった。クヌムホテプはまた、それ以前の州侯たちの墓を修復するために骨を折った。「私は戸口で読めなくなっているのを見出した先祖たちの名前を生かし、形が読み取れるように、正しく読めるようにした。……見るがいい、祖先の名を修復するのは優れた息子である。」もちろん、クヌムホテプの動機がまったく利他的なものだったというわけではない。彼のすべての経歴と社会的地位は、彼が「ネヘリの息子、州侯の娘の生んだ者」として相続した遺産によるものだった。そして子孫から見た彼の評価が変わらずに続くかどうかは、彼自身の業績にかかっていたのと同じ程度に、先祖の記念建造物を保存することにもかかっていたのだ。古代エジプトにおいては、地位を相続すると利益を受けるだけでなく、物入りにもなったのである。

クヌムホテプ（2世）の墓壁画の一場面（ベニ・ハサン、第12王朝）。遊牧民のベドゥインのグループが、ナイル河谷で交易をしようと方鉛鉱（アイライン用の黒色顔料に用いる鉱物）をたずさえて到着したところが描かれている。彼らの頭上に記されたヒエログリフによれば、彼らは「アジア人」の一行とされている。

34. イケルノフレト：オシリスの秘儀の証人

　中王国時代には、アビュドス（古代のアブジュウ）はエジプトで最も重要な聖地であり、何千という崇拝者の巡礼地だった。彼らは冥界の神オシリスに敬意を表するためここを訪れた。オシリスの復活は、この神に従う人びとに再生の希望を与えたのである。アブジュウにはオシリスの重要な神殿（ここでオシリスはジャッカルの姿の地方神ケンティアメンティウと結びつけられた）と、この神の埋葬地と信じられた墓があった。アブジュウの神聖な空間と建築はこのように、オシリス神話の中心的な要素、すなわちオシリスの地上の王権、この神の死と永遠の生への再生を反映していたのだ。

　一年に一度、アブジュウはこれら神話上の出来事を再現した豪華な祭礼、「オシリスの密儀」の舞台となったが、オシリスの物語はあまりに影響力があり、その毎年の催しは象徴性を帯びていたので、密儀が記述されるのは稀なことだった。しかし幸いなことに、曖昧なものとはいえひとつの記述が現存している。そしてその筆者イケルノフレトが、そのような記述をするうえでおそらく最適の人物だったことは、二重の幸運と言えるだろう。

　イケルノフレトは、センウスレト3世の治世にメンフィス地域で生活していた。他の貴族の子弟と同じく、彼も王（おそらくはセンウスレト2世）の「預かり子」として王宮で育ち、王位を継ぐ王子と同じ授業に出席した。王家との密接な関係は、彼が早い時期に昇進を果たしたことに反映されている。彼は早くも26歳で、宮廷の高位である「（王の）友」の地位を与えられたのである。子供の頃の友人であり遊び相手だった人物がセンウスレト3世として王となったとき、イケルノフレトは、主君の最も信頼する官吏のひとりとなった。彼は称号や責務を次々と

抱え、またたくまに「エリートの一員」、「高官」、「王の印章保持者」、「(王の)唯一の友」、「二つの黄金の家の監督官」、「二つの銀の家の監督官」、そして「王の主任印章保持者」へと昇進した。彼の経歴は主として王の宝庫に基礎をおいたもので、宮廷とその事業を支える収益を管理し、王のための経済上の事柄を運営するというものだったが、彼のこの仕事についてはほとんど知られていない。

それとは対照的に、イケルノフレトの自伝銘文において中心的な位置を占めていたのは、彼の生涯におけるある短いエピソードだった。センウスレト3世の信任が厚かった彼は、エジプト人の宗教生活の核心に触れる特異な任務を与えられる。王は勝利に終わったヌビア遠征から帰還したばかりであり、戦利品としてかなりの量の黄金を持ち帰った。神々と結び続けている契約の一環として、センウスレト3世はこの宝物のいくらかをオシリスの祭祀に割り振ることにし、特にアビュドスの神殿に安置されているオシリスの聖なる神像を黄金で新たに飾るよう命じた。この特別な任務を果たすのをまかされたのがイケルノフレトだったのである。王の言葉ははっきりしたものだった。「さて、余［訳注：「私」の身体］はこのことをなすためにそなたを派遣するが、それはそなたをおいて他には誰もそれをできるものがいないのを知っておるからだ。」

イケルノフレトの石碑（第12王朝）。長い自伝銘文（自伝碑文）は、中王国時代にアビュドスで毎年おこなわれ、全国的に重要な祭礼だった「オシリスの秘儀」についての現存する最良の資料である。イケルノフレトは左下隅に、供物が山積みになったテーブルの前にすわる姿で示されている。

そこでイケルノフレトは、「かのお方 [訳注：オシリスをさす] の最愛の息子」として王の代理をつとめるため、イチ・タウイの王宮からアビュドスに向けて出帆した。聖地に到着すると、彼は熱心に仕事に取りかかった。年ごとのオシリスの秘儀はまもなく始まろうとしており、なすべきことは山ほどあったのだ。彼はまず第一に、船の形をした神の祠、つまり神像を運ぶ舟形の神輿（みこし）の制作と装飾を指揮した。素材には入手できる最も高価なものが使われた。すなわち黄金、銀、ラピス・ラズリ、青銅、杉材と、セセネジェムとして知られるもうひとつの高価な香木である。第二にイケルノフレトは、祭礼のあいだオシリス・ケンティアメンティウに付き添うさまざまな神々の祠を新しくし改装する仕事を引き受けた。第三に彼は――ここで財務官僚の几帳面なところが出てくるのだが――神官たちの徹底的な査定と再教育を指導している。「私は『時の神官』たちを職務熱心にした……私は彼らをして、日々の儀式と季節初めの祭の儀式とを知らしめた。」第四に彼は、来たるべき儀式で中心的な役割を演じる舟、ネシュメトの装飾を監督した。これであとは、オシリスの崇拝に用いる神像の準備が、残る仕事のすべてである。イケルノフレトが注意深く見守るうち、神像はラピス・ラズリ、トルコ石、琥珀金、そして「あらゆる貴石」で飾り立てられた。最後に彼は、礼装神官と「秘儀の長」（言い換えれば、神の御前に近づくのを許された者）としての職務上、オシリスの神像にこの神の王権の標章をまとわせた。

これで儀式を始めるための準備はすべて整った。オシリス神話の三つの要素（王権、死、再生）を反映するために秘儀は三つの別々の行列を含んでおり、それらの行列では戦闘場面が演じられるなかオシリスの像が神殿と墓の間を運ばれた。第一幕では、神は生きた支配者として姿を現わす。イケルノフレトは儀式の長となり、オシリスの先触れとしてその前を行くジャッカルの神、ウェプワウェト（「諸々の道を開く者」）の役割を引き受けた。この演劇の中核をなすのは、オシリスの死と再生、葬儀の再現だった。「大行列」がペケルと呼ばれる神聖な場所まで、特別な舟型の祠に納められたオシリスの神像に随行する。このペケルは「オシリスの墓」（実際には第1王朝のジェル王の墓所）があるところだった。最後に演じられたのは神殿へと戻る行列であり、再生した神はそれによって自らの

34. イケルノフレト：オシリスの秘儀の証人　**147**

「家」に帰った。イケルノフレトは内陣まで戻る神像に従い、それを清めた。こうしてオシリスの秘儀は、さらなる1年間のため成功裡に終わったのである。

　イケルノフレトは当然ながらこの業績を誇りに思い——当時の敬虔なエジプト人なら皆そうであるように——オシリスから永遠の恩寵を得ようと決心した。そこで彼は、神殿からペケルまでの主要行列路側面の土手、「大神のテラス」の上に小さな祠を建てた。祠がそこにあれば、それは彼が神聖な儀式にどの年にも参加する代わりとなるのである。この祠のなかにイケルノフレトは、家族とともに供物卓の前にすわる自分の姿を刻んだ石碑を建立した。それに伴う碑文が、オシリスの密儀への彼の関与をのべた長い記述となっていたのである。しかし彼の敬虔の念はそこにとどまらなかった。イケルノフレトはさらに連帯の意思表示として、彼の祠のなかに近しい友人や同僚が自分たちの石碑を建立することも許したのである。オシリスが与えた復活の約束は皆のものとなったのだ。

35. センウスレト3世：ヌビアの征服者

　ファラオたちが姿を消した後の古典世界では、壮大な記念建造物を建設し、戦場では決定的な勝利をいくつもおさめ、国に新たな法を与えた英雄的なエジプト王の典型、「大セソストリス」についての民間伝承が語られていた。ひとつのレベルでは、それは単に、エジプト王権の理想をひとりの統治者に投影したものを示すにすぎない。しかしこの神話の背後には実在の人物もいた。第12王朝の第5代国王センウスレト（ギリシア語ではセソストリス）3世である。事実、彼は多くのエジプト王よりも効果的に、自らの意志を国家に押し付けた支配者だった。

　紀元前4世紀の歴史家マネトは、センウスレト3世が印象的なほど並外れて背が高かった——厳密には「4キュービット（腕尺）、3掌尺、2指幅」（1.98メートル）と記している。事実なら、この王は、権力者にふさわしい自然の雰囲気を自らに与えたであろう堂々たる容姿を備えていたことになる。実際の身長はどうであれ、センウスレトが堂々とした人格を示していたことは確かだろう。治世のはじめに、彼はエジプトの行政改革を開始し、その結果、王と王の側近助言者たちの手中に権力をふたたび集中させることになった。センウスレトは自らの領土を、それぞれ宰相直属の長老会議に支配される三つの大きな行政区画（デルタ、南はヒエラコンポリスまでの上エジプト、エレファンティネと下ヌビア）へと再編成した。これは第12王朝初期を特徴づけていた地方自治を、事実上終わらせたのである。

　州侯の没落とそれに対応する王権の伸長は、おそらくセンウスレト3世の彫像の前で歌われるため作られた一連の讃歌のなかに、雄弁に表現されている。

　あなた様に万歳を、カカウラー、

我らがホルス、お姿の神々しきお方！
国境を広げし国土の守護者よ、
自らの王冠で諸々の異国を打ちのめすお方、
自らの腕で二つの国土を抱きかかえるお方よ。

　この同じ君主にふさわしい権威は、ダハシュールに作られたセンウスレト3世のピラミッド複合体に反映されることになる。この複合体は広大な宮廷墓地に囲まれており、王の側近官僚たちが生前と同じく、死後も王に付き従えるようになっていた。

センウスレト3世の彫像（第12王朝）。この王の表現に見られる独特の様式は、とりわけこの彫刻で際立っている。大きすぎる耳と不機嫌そうな表情は、王権に特有の印象を伝えるためにことさら誇張されたものである。

　センウスレト3世の内政計画が野心的なものだったとしても、ヌビアにおけるこの王の軍事的業績や領土拡張にくらべれば、それはすっかり影が薄くなってしまうだろう。王は治世初期に、もともと第6王朝のペピ1世とメルエンラーがアスワン第一急湍周辺に掘削した運河を再開し、それによってエジプトの南方属領に対する自らの意図を明らかにした。センウスレトは、数世紀ものあいだ堆積した沈泥を取り除くため運河を浚渫して深く掘り下げ、その幅も広げた。これらはすべて彼の軍船が何者にも妨げられず迅速にヌビアへ進出できるようにするためだった。この王の即位8年目になってさらにおこなわれた運河の修復は破壊的な軍事遠征の手始めであり、この遠征は、王がその後10年間におこなう4度の遠征の最初のものとなる。それらは軍事的な厳密さをもって計画された。センウス

レトと彼の指揮官たちのための一時的な遠征用宮殿が、第二急湍地域のよく防御された拠点、コルとウロナルティに建設された。エジプトから連なる軍の補給路は、要塞化された一連の穀倉で補強されており、そのうちアスクトにあった最大のものは、ナイルの流れの中ほどにあるほぼ難攻不落の島に位置していた。

遠征それ自体は容赦のない残忍さで遂行された。センウスレトは敵対する者たちに慈悲は示さなかった。「私は彼らの女どもを連れ去り、彼らの臣下を連れ去り、彼らの井戸に進軍し、彼らの雄牛を殺した。私は彼らの穀物を刈り取り、それに火を放った。」このような圧倒的な兵力を前にして、抵抗は無益だった。これらの遠征の根底にある目的は、交易路とヌビア砂漠の貴重な鉱物資源

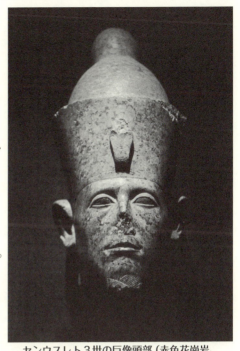

センウスレト３世の巨像頭部（赤色花崗岩、ルクソール出土）。これはセンウスレトの治世、あるいは実際のところ、どの王の治世の彫像のなかでも最も力強い作品のひとつであり、権力に対する第12王朝の専制主義的なアプローチが要約されている。

をエジプトが安全に利用できるようにすることだった。このために征服事業は、第二急湍地域の一連の諸要塞による包括的な軍事占領計画に支えられていた。センウスレト３世の要塞は、国境警備と税関という現実的な目的を果たしており、エジプトの新たな南部国境を示し、人びとと物資の移動を管理した。要塞は同時に、心理的な目的も持っていた。それらは意図的な力の誇示、エジプトの軍事力と政治力の誇示であって、第二急湍のかなたに位置する国、クシュ王国に向けられていた。このナイル上流域の新興勢力はエジプトとそのヌビアにおける権益にとって、増大しつつある脅威だった。エジプトの公式文書ではクシュに対して見

くびるような調子が向けられるとはいえ、脅威が切実なものとして感じられていたことは明らかである。大規模な要塞線はセンウスレト3世の断固たる回答であり、集団的防衛手段として計画されていた。

エジプト全土に自らの王権を強要したときにもそうだったように、下ヌビアの統治においても、センウスレトは自らの人格を、人びとを鼓舞し気力を奮い起こさせるものとして引き合いに出していた。彼の治世16年になってセムナに建立された石碑では、王はエジプトの南部国境を——国のためではなく、彼のため——守るようにと子孫に訓戒している。

「余［訳注の身体［私］］が定めたこの国境を維持する我がいかなる息子も、彼こそ我が息子、余［訳注の身体［私］］より生まれたる者、父親を守る息子の似姿、自分を生んだ者の国境を維持する者である。しかし、それを放棄する者、そのために戦うことのない者は誰であろうと、その者は私の息子ではなく、私のもとに生まれたのでもない。」センウスレトはさらに一歩進んで、適切な行為がなされるよう奨励するため、自分がセムナに永遠に存在することを確実にした。「余［訳注の身体［私］］は余の彫像を、余が定めたこの国境に建立させた。そなたたちがそれによって鼓舞され、そのために戦えるように。」

事実、彫像はセンウスレト3世が取りつかれていた強迫観念のようなものだった。王の彫像は、王権がいたるところに存在することを象徴するため、エジプト全土に建立された。しかも、これらの作品は、いつもながらの理想化された表現ではなく、きわめて特徴的な「肖像」だった。その顔の特徴はそれ以前の慣用表現からあまりに逸脱しており、王自身が指示したものに違いない。センウスレトの顔の表現は、重たげな瞼の下に突き出た目、皺のよった額、くぼんだ頬、への字に結ばれた口元を示している。この陰気で不機嫌そうな表情が何を意味しているのかについては熱心な議論がなされている。それは何を強調するために選ばれたのか？　王権の重荷か、それとも無慈悲な専制君主の容赦ない決意だろうか？

王の身体の表現は常に活力に満ちた若者のそれであること、そして君主がなにものも聞き逃さないことを示すために両耳がことさら誇張されていることは注目に値するかもしれない。

センウスレトが自らの権威を主張するため、文字と図像を利用する術に熟達していたことは疑いない。断固とした改革をおこなったにもかかわらず、彼は自らを、古王国の最も偉大な統治者たちにさかのぼる王権の外被の継承者とみていた。それゆえ彼は、第3王朝のジョセルの「階段ピラミッド複合体」を模範として、ダハシュールに自らの葬祭記念建造物を造営している。彼はまた、格別の崇敬を示していた場所であるアビュドスにも王墓複合体を建設した。

　これらのうちどちらで永遠の眠りについたにせよ、センウスレトは自分が自らの業績によって不滅の存在となったことを確信していただろう。自分の権威をヌビアに押しつけた王は、その地で後に神格化された。エジプトでも、地方自治を終わらせ、絶えざるプロパガンダの連続により王権を強化して、国王の権威を新たな高みへと引き上げた支配者の記憶は長きにわたって生き続けることとなる。自らの人格の力を通して、センウスレトは単に理想的なエジプト王として行動しただけでなく、自らを統治者の新たな模範、来たるべき世代のための手本としたのだ。「大セソストリス」伝説の誕生である。

36. ホルウェルラー：遠征指揮官

　中王国の装身具は、古代世界が生みだした最も美しく最も洗練されたもののなかに数えられる。第12王朝の王室工房は有線七宝の装飾技術を新たな高みに引き上げ、黄金の複雑な意匠に三種の半貴石（赤い紅玉髄、暗青色のラピス・ラズリ、淡青色のトルコ石）を特徴的に組み合わせた象眼がほどこされている。装身具職人に素材を絶えず供給するため、エジプトでも最も遠隔の地のいくつかに定期的に採鉱遠征隊が送りこまれた。とりわけ第12王朝後期は、そのような活動が熱狂的におこなわれた時期となり、その多くが集中したのは、山がちなシナイ半島の南西に位置する「トルコ石のテラス」（現在のセラビト・エル゠カディム）と呼ばれる地域だった。採鉱遠征に従事した人びとの体験を最も鮮やかに描いているのは、ホルウェルラーが残してくれた注目すべき銘文である。

　ホルウェルラーは「労働者たちの指導者」であり、「トルコ石のテラス」を明らかにしばしば訪れていた。彼は成功を収めたため、宮廷内で「神の印章保持者」、「（謁見の）間の監督官」、「王の知人」、「大いなる家の友」の官職と地位を得るまでに昇進していた。おそらくその経験と信頼性を買われて、彼はアメンエムハト3世の治世6年、トルコ石鉱山への再度の遠征を指揮している。しかしこれは尋常の企てではなかった。それは「この鉱山地帯に来るのに適した季節ではない」夏の初めに、シナイに到達する計画になっていたのである。

　遠征隊は、23人という十分な人数をそろえてエジプトを出発した。そのなかにはホルウェルラーのほか、「部屋の番人」3人と「宝庫の番人」、「石工の監督官」と配下の採石工11人、作業場に水を運ぶ「酌人」3人、イプ（「数える者」）といういかにもふさわしい名の宝庫付き家僕、遠征隊の精神的な福利を世話する

154　第Ⅲ部　内戦と復興：第一中間期と中王国時代

神官が含まれ、そして最後にとりわけ重要なメンバーとして、蠍に刺された際の治療をする医師がいた。人びとの安全に対する脅威は、日光や暑熱、埃、落石と同じ程度に、毒をもつ生物に噛まれたり刺されたりすることからも生じたのである。

　ホルウェルラーはまもなく、隊員たちからの反発に直面した。彼の部下たちは、1年のうちでもまずい時期を選んで鉱山に行くというのは賢明なのかという疑念をぶちまけたのである。耐えられないほど暑いというだけではない。彼らの考えでは、この暑さはトルコ石そのものの質に悪影響を及ぼすはずだ。「鉱石はこの時期にも産出します。でもこの不快な夏の時期には、その色が欠けています。」ホルウェルラーは同意するよりほかになく、「丘陵地帯が夏に暑く、山々が焼かれ、人びとの皮膚も荒れるようなとき、その色を見つけるのは私にも難しいように思われた」と認める。リーダーシップを示さなければと悟った彼は、夜明けに部下を呼び集めた。そして王の力が自分を鼓舞しており、不利な状況にあっても遠征隊は前進するべきだと告げた

浮彫に示されたホルウェルラーの像（シナイのセラビト・エル゠カディムにあるハトホル神殿より、第12王朝）。ホルウェルラーが宮廷のため採鉱遠征隊を率いてきた「トルコ石のテラス」の過酷な環境が、遠征隊長その人の像が刻まれた彼の記念碑の表面を風化させている。

36. ホルウェルラー：遠征指揮官　155

のである。

　ホルウェルラーの労働者たちは何週間も、層をなすトルコ石を周囲の岩盤から取り出そうと、暑く不利な条件のなかで懸命に働いた。作業は埃っぽく危険だったが、そのペースが衰えることはなく、とうとうシェムウ（夏季）の最初の日に、彼は作業停止を命じた。彼らはそれまでに十分な量の貴重なトルコ石を採掘しおえ、帰国が可能になっていたのである。ホルウェルラーの指揮下では1人の損失もなく、彼は後にこう誇ることができた。「私は実に良く我が遠征をやりとげた。私の仕事に対しては（不平の）声があげられることはなく、私のなしたことは成功だった。」

　緑なすナイルの谷へと戻る前にホルウェルラーは、「トルコ石のテラス」における自分の仕事の永続的な記録を残して後に続く遠征隊を鼓舞し、彼自身の業績を永遠に残そうと決心する。彼はそのために格好の場所を選んだ。ハトホル女神の聖域に通じる参道に砂岩製の細長い石碑を建立したのである。石碑の正面には、女神を礼拝する王と、王を礼拝するホルウェルラーが浮彫で表わされている。序列的なエジプトのしかるべき世界観を完璧に反映したものだ。しかし神殿に入る巡礼たちから見える石碑の裏面に、ホルウェルラーは自分の碑文を刻んだ。シナイの砂漠で彼が示した意志と決断力の証である。

156　第Ⅲ部　内戦と復興：第一中間期と中王国時代

37. ソベクホテプ3世：王になった平民

　第12王朝時代の200年間には、共同統治制度に助けられて王位継承は円滑におこなわれ、世代から世代への移行にも中断はなかった。エジプトは、国内では安定、ヌビアでは強力であり、繁栄し自信に満ちていた。このため、アメンエムハト3世の死後数年を経ずして王宮の内外からの圧力により、エジプトの安定に深刻な打撃が加えられることを予見できた者はほとんどいなかっただろう。争いの種はまず王家にあった。女王ソベクネフェル（ソベクネフェルウ）の即位は、王統それ自体が絶えてしまい、そのため王位継承に危機が生じていたことを強く暗示している。さらなる重圧はレヴァントから東部デルタへの移民の流入だった。これはかなり早くから始まっていたが、中王国時代が過ぎていくにつれ、はじめは小さな流れだったものが、洪水となっていったのである。王権の弱体化に乗じて、カナンに起源を持つ競争相手の王朝がこの地域で権力を手中にした。

　その結果は王権のさらなる弱体化と統治者の頻繁な交替であり、いくつもの有力者一族が次々と都合のいい候補者を王座に据えようとした。はじめのうちは、王位についていた者たちは依然として偉大な第12王朝諸王の直系の子孫だったように思われる。セケムラー・セウァジタウイ・ソベクホテプ、すなわちソベクホテプ3世の即位がすべてを変えてしまった。彼はいかなる王家の血も引いてはいなかったのである。事実、彼は一連のスカラベや、祭壇、岩壁銘文、石碑で、自分が王族の出ではないことを公然と誇示していた。彼の父親は「エリートの一員」と「高官」の位を持っていたとはいえ一般人であり、軍人で士官だったのかもしれない。ソベクホテプ自身が初期の軍歴をでっち上げていたことは確かであり、彼は結局、「支配者の一団」、つまり王のボディガードのひとりとして奉仕す

るよう任命された人物だった。これは、宮廷についての詳細な知識を彼に与える
ことになったに違いない——そして王の警護に関する詳細な知識も。クーデター
を起こすには理想的な踏み台だ。彼は自分の親族（父親のメンチュホテプ、母親の
イウヘトイブ、2人の兄弟カカウとセネブ、姉妹のレニセネブ、そして2人の娘イウヘ
トイブ・フェンディとデデトアヌク）が一般人であることを、自信をもって公表し
ている。これは彼の先王たちが、王家の血筋にもかかわらず、臣下から見てあま
り信用に値しなくなっていたことを暗示するものと言えよう。ソベクホテプが人
びとを引きつけたのはまさに、彼がこれまでとは違う何かを与えてくれたという
事実だったのかもしれない。第13王朝初期の諸王の悪行に染まっていない、生
まれながらにして人の上に立つ者というわけである。

　彼は支援者たちを失望させなかった。エジプトの政治における新時代、すなわ
ち行政に適度の安定を取り戻し、国土に繁栄をもたらす時代を切り開いたのであ
る。その即位1年目および2年目の日付けのある1通のパピルス文書は、上エジ
プトの労働者たちの日々の活動についての洞察を与えてくれる。それはさまざま
な変更があらゆるレベルで開始されつつあったことをうかがわせる。要職につく
政府官僚の数が増やされ、王による建築事業が、ふたたび国家による活動の中心
に置かれた。その結果、ソベクホテプ3世は、わずか4年の短い治世だったにも
かかわらず、第13王朝の諸王のなかでは最も多くの証拠が残されている王のひ
とりとなった。

　子供としては娘たちしかいなかったため、ソベクホテプは新たな王朝の創始者
にはならなかった。彼の死後、その一族は権力を、得た時と同じくらい急速に失
う。しかしこの王位簒奪者、評判の悪い王座を奪って何より不足していた活力を
それに注入した究極の立身出世主義者に対して、その後の世代は悪意を示してい
ない。ソベクホテプの後継者は、低い家柄出身のもうひとりの人物、ネフェルホ
テプ1世だった。国家の威信が傷つけられたとき、その再建を担うのが王族以外
の血統であるのは有利なことだと、エジプトの支配階層が判断したのは明らかで
ある。

ソベクホテプ3世の浮彫（アスワン付近のセヘル島より、第13王朝）。この二重の場面には、第一急湍地域の守護神である二柱の女神、サテトとアンケトに供物を捧げる王の姿が表現されている。

第Ⅳ部　黄金時代：第18王朝初期

　中王国時代末における中央政権の瓦解はエジプト人の自負心にとって、5世紀前に起きた同じ現象よりもはるかに深刻な打撃だった。今回の違いは、それが単なる分裂ではなく、隷属をもたらしたことにあった。ヒクソスの第15王朝による支配、その最も傑出した王アペピ（38）により体現されるその支配は、エジプトのイデオロギーにとってはなはだしい恥辱となった。なぜなら「二つの国土」は創世の中心でありモデルでもあるということになっており、他のすべての国々より本質的に優れているはずだったからである。したがってヒクソスを放逐する動機は、単に国家を再統一することにあるのではなく、創造された秩序の再建にあった。国土再統一に向かう動きは今度もまた上エジプトから、とりわけテーベの支配者たちから生じ、最前線で指揮をとった第17王朝の諸王はひるむことなく敵と戦った。彼らのひとりであるタア2世（39）は戦死をとげたように思われる。戦いのさなかにあった二人の兵士（41, 42）が物語る数十年間の戦争の後、ついにヒクソスは放逐され、エジプトの自治は回復されたのだ。

　新王国の性格は、その成立をめぐるさまざまな出来事に大いに影響されている。第二中間期におけるヒクソスとクシュの侵入は、エジプトをして国際関係の新たな現実に目覚めさせた。固い決意をもち十分に武装した嫉妬深い隣人に対しては、強固な自然国境や愛国的優越感だけでは、防御としてもはや有効ではなくなったのだ。エジプトが独立を保とうとするなら、それは武力によってなされなければならず、来たるべき攻撃に備えて武装緩衝地帯を生み出すために、近隣地域を征

テーベのキネブの墓(第20王朝)の壁画断片に、黒い皮膚を持つ姿で描かれたアハモセ・ネフェルトアリ。第18王朝初期に生きていたこの王妃は、後の数世代にわたって崇敬され、彼女の信仰はテーベの墓地で働く職人たちの民間信仰の中心となった。彼女の持つ黒い皮膚とロータスの花は、ともに再生を象徴している。

王に授乳するシカモアの女神(「王家の谷」のトゥトモセ3世王墓壁画の一場面、第18王朝)。図像やヒエログリフの図式的で筆記体のような表現はこの墓の装飾の特徴であり、壁面に長いパピルス文書を広げた様子を模倣しようとしたものである。

服し併合することが必要になったのである。

第18王朝初期の諸王は、この挑戦に喜んで応じた。彼らは職業的常備軍を創設し、近東に帝国を作り出すためエジプトの国境を押し進める政策を開始した。それは戦士ファラオたちのなかでも最も偉大なトゥトモセ3世（45）治下の、並外れた一連の遠征で頂点に達する。これより後は、王権を象徴する表現において軍事的な図像体系が重要な要素となり、一方、エジプト社会内部においては軍隊が有力な団体となった。

この武断政策とは対照的に、女性王族が何世代も続けて卓越した役割を演じたことも、第18王朝のもうひとつの際立った特徴だった。ヒクソスからの解放戦争の頃に王妃たちがふるった影響力は、ヒクソスの放逐からかなり時が経った後も、国家政策のもっと広い舞台においてなお続けて発揮されていた。アハモセ・ネフェルトアリ（40）やティイ（53）のような婦人たちは、王家の公務がなされるあいだ夫のかたわらにつつましく立っていたりはしなかった。彼女たちは政府の業務に積極的に参画し、独自の資産を持ち、重要な決定にも影響を及ぼしていたのである。王女であり、別の王の妃でもあったハトシェプスト（43）はさらに一歩進んで、自らを君主と宣言した。彼女の治世は栄光に満ちたものだったが、ハトシェプストが女性であるという事実は王権のイデオロギーに反するものであり、それゆえ彼女の死後、その記念建造物や事績は冒瀆を受けることとなった。彼女の寵臣であり「便利屋」でもあったセネンムト（44）も同じ運命をともにしたように思われる。

エジプトの「黄金時代」の壮麗さを示すものは、主要な国家神アムン・ラーの総本山であり、行政上の都メンフィスに比肩する宗教上の都、テーベに最も多く残されている。第18王朝の統治者たちはテーベの諸神殿への配慮を惜しむことなく、テーベ西岸に彼らの葬祭記念建造物を造営した。彼らは死後に遥かな「王家の谷」の中腹を掘り抜いた壮大な岩窟墓に埋葬されたが、支配階層もまた、テーベの墓地に自分たちの墓を建設した。これらの墓は建築として、さらに美術作品としても珠玉の存在と言えるが、それらはまた——官僚機構の梯子段の頂点に立つ宰相（47）から、最も下の段に位置する無名の書記（54）まで——エジプト

164　第Ⅳ部　黄金時代：第18王朝初期

を動かしていた人びと（46〜51, 54, 55）の生活や経歴に関する情報の宝庫でもある。新王国の国際的かつ多様な社会においては、ささやかな財力しか持たない人物でも、自分の能力次第でかなり高い地位にのぼることがまったく可能になっていた。「ハプの息子」アメンホテプ（55）はまさにこれを成しとげて、生前には王の格別の寵愛を勝ち取り、死後には神格化されている。

　彼のキャリアはアメンホテプ3世（52）の治世に絶頂を迎えたが、この王の時代はまた、第18王朝の威光と富の頂点をなすものでもあった。王の入念な祝祭の挙行は王権の制度を新たなレベルまで引き上げるために企画されたもので、最初の祝祭については「ハプの息子」アメンホテプが舞台監督をつとめた。ヌビアにおける王の建築事業はいっそうあからさまなもので、ソレブの神殿は神格化された王自身に捧げられている。エジプト君主制のある意味で神的な性格は、第1王朝の初めからずっと宗教と政治の根本的な信条だったが、アメンホテプ3世の政策は新たな進路へと舵を切ったものであり、生前の王自身の全面的な神格化をめざしていた。それは大胆な動きであり、その当時の栄華に応じたものではあったが、アメンホテプの息子で後継者となる人物が、さらに激しい熱意でこの政策を採用したとき、それはエジプトに災厄をもたらすこととなるのである。

第Ⅳ部　黄金時代：第18王朝初期　165

38. アペピ：エジプト王となったアジア人

エジプトを支配したすべての王朝のなかで、最も謎めいているのはおそらく第15王朝であろう。この王朝は、後世の人びとにはヒクソス（エジプト語のヘカウ・カスウト「諸々の異国の支配者たち」がギリシア語に入って転訛したもの）として知られるアジア出身の6人の王の家系からなっている。彼らが厳密にはどの地域の出身なのかについては不確かだが、おそらくビュブロス周辺のレバノン沿岸平野だったのだろう。確かなのは、彼らや彼らの同族がまったく異質の文化をエジプトにもたらしたということである。しかも三世代のうちにこれら異民族の支配者たちは、エジプト王の完全な称号を採用するほど十分な適応をとげていたのだ。彼ら「アジア人の諸王」のうちで最も良く知られているのが、5代目のヒクソス王アペピであり、彼は古代エジプト史におけるこの異例の一時期を体現する存在となっている。この王の40年の長きにわたる治世には、新王国の創設につながるきわめて重要な出来事の多くが起こった。

アペピは、前王のキアンが息子のイアナススィを後継者に任じたとき、クーデターによって、若くして権力の座についた。この王位簒奪者が王族の家柄ではなかったことは確かだが、彼の家族については、2人の姉妹の名前（タニ、ズィワイ）と娘の名前（ハリト）をのぞくと、他にはほとんど何も知られていない。アペピは息子（もうひとりのアペピ）ももうけていたかもしれないが、彼についてはほとんど証拠が残されていない。ヒクソスの都であり拠点であったのは、デルタ北東部のアヴァリス（古代のフット・ワレト、現在のテル・エル＝ダバア）だったが、アペピは、南はテーベから北はメンフィス地域までのエジプト全土、さらに東はパレスチナ南部にいたるまで建築事業をおこなわせ、他にも王としてのさ

166　第Ⅳ部　黄金時代：第18王朝初期

まざまな活動をおこなった。彼は上エジプトのジェベレイン（古代のイネルティ）周辺地域に格別の関心を寄せていたように思われ、付近の「セムヌウの主、ソベク」の祭祀のために手斧を奉納し、ジェベレインには祠を建てているが、この祠のうち現存するのは、アペピの王名と称号が刻まれた石灰岩製のアーキトレーヴだけである。

しかし、アペピの治世の比較的早い時期に、上エジプト——常にエジプト民族主義の拠点となった場所だ——に対するヒクソスの支配は弱まりはじめた。領土が自らの手中からすり抜けていくのをおそらくは感じとって、アペピは焦土作戦や、テーベの神殿と王墓の多くを略奪し破壊することを命じたかもしれない。彼がかなりの数の王像を略奪してアヴァリスに持ち帰り、自らの王名を刻み直したことは確かである。アペピの王宮や神殿に建立されたそれらの像は、北方への戦術的退却がまったく違う実情を物語っていたとしても、彼の王としての権威を宣布するのには役立っただろう。しかしながらアペピは、クサエ（古代のクス）に正式の国境を設けるため、敵対者たちとの間で正式に条約を締結することで、自分が置かれた状況をできる限り活用した。彼の治世の続く20年間は平穏だったように思われ、二つの国家はナイル河谷を分け合い、比較的平和な状況のもとで互いに交易をおこなっていた。

活力と決断力に満ちた若い支配者タア2世（39）がテーベで即位したことが、

銘文が刻まれたスカラベ印章。第15王朝（ヒクソス王朝）の2人の支配者、シェシ（左）とアペピ（右）の王名が記されている。アペピはヒクソスの王のなかで、東部デルタにおける王朝の中核地域だけでなく、上エジプトからも最も多くの資料が確認されている王である。

そのすべてを変えてしまった。タアはヒクソス支配下の領土に攻撃を仕掛けるため、迅速に行動を起こしたのである。彼は主要な戦果を挙げられる前に戦死したが、これはアペピにとって高くついた勝利だった。次のテーベ王カモセは執拗な進撃を続け、3年も経たないうちにアペピの軍を、ファイユームの入口のすぐ北に位置するアトフィフまで押し戻した。この破滅的な敗北に直面したアペピは、新たな称号と形容辞「その力が勝利の国境をもたらす者、彼に貢物を納めるのを免れる国はない」と「戦いの日に不屈である者、他のいかなる王よりも名高い者、彼を認めない異国のなんと惨めなことか」を採用することで自らの王としての威信を保とうとした。彼の即位名アアウセルラーも「ラー（すなわち王）の力は偉大である」と宣言している。しかしそれらはみな希望的観測であった。

　政府機構は機能し続けていたものの——たとえばアペピの治世33年に、書記たちは長くて重要な数学パピルス文書の写本作成を命じられている——ヒクソス国家は恒久的な臨戦態勢にあった。社会がかなりの程度まで軍事化されていたことは、アペピに仕えた兵士のひとりであるアベドのものだった短剣によって示される。この短剣は、投げ槍と短弓、短剣で武装した彼の従者ネヘメンの図像で飾られているのである。アペピの治世の最後の10年間は戦争に支配されていた。おそらく60代後半で世を去ったとき、アペピはエジプトにおけるヒクソス支配の終わりが近いことを知っていたに違いない。これもまた王位簒奪者だった彼の後継者は、アハモセのテーベ軍がアジア人をデルタからとうとう追い出して第18王朝を開始するまで、1年ほどかろうじて生きながらえたに過ぎなかった。

　アペピの記憶は、後の何世代もの古代エジプト人によってあしざまに語られ続けた。これはとりわけエジプト神話で混沌を体現する大蛇と同じ名前を共有するという不運によるものだ。この結びつきにそむかず、アペピは邪悪の典型とみなされるようになり、エジプトが異民族の支配に屈した時期に関して悪いことや恥ずべきことをすべて代表するものとなった。しかし異民族に生まれたとはいえ、彼は多くの点で模範的な君主として統治しようと努めていたのである。英雄かそれとも悪人かはともかく、この「アジア人の王」は依然として魅力的な存在である。

39. タア2世：ヒクソスと戦って戦死した王

　数世代におよぶ政治的分裂と異民族支配の後に、エジプト人は解放を求めてふたたびテーベに目を向けた。そこではある戦士の一族が、ヒクソス支配の暗黒の日々にあって、かつてインテフ諸王とメンチュホテプ2世（**27**）が第一中間期の終わりに成しとげたのと同じ国家再生の希望をもたらすのではと思えるほど、有力となっていたのである。アペピがそのデルタの拠点から統治していたとき、タアと呼ばれる勇敢なテーベ人が、地方の支配者として父親の後を継いだ。彼の領土は広くはなかったが、異民族支配に対する唯一の抵抗勢力であり、それゆえに広範な国土解放の動きへの踏み台となり得た。そこでタアは国民の希望と期待を双肩に担うことになったのである。

　幸運にも、彼はそのような時代のそうした場所に、まさにうってつけの人物だった。彼は古代エジプト人としては背丈が 1.7 メートルとかなり高く、健康で活動的な男性にふさわしい筋肉質の身体を持ち、その大きな頭部には太くて黒く、巻き毛になった髪が生えていた。彼はあらゆる点で、やがて英雄となるべき成長途上の人物だったのである。タアは、もうひとりのタア（1世）とテティシェリという名の注目に値する母親との間に生まれた息子だった。このテティシェリは第18王朝諸王の偉大な祖先として崇敬されることとなる。後代の記録から判断すると、彼女は本来的に力強く影響力のある女性で、困難で危険な状況を切り抜けられるような決断力を、息子に植え付けたように思われる。若きタア（2世）は正妃として同腹の姉妹アハホテプをめとった。このアハホテプは母親と同じように意欲満々で意志が強い女性で、来たるべき戦争への夫の決意をけしかけるのもためらわなかった。タアはさらに、他の姉妹のうち少なくとも二人と結婚し

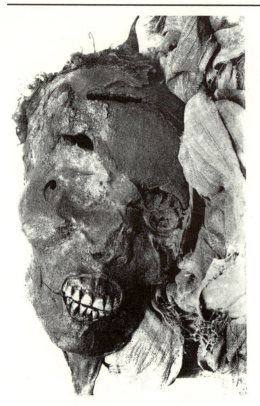

タア２世のミイラの頭部（第17王朝）。王の頭部に見られる傷はおそらく幅の狭い斧の刃によるものであり、彼が戦場で、たぶんヒクソスに対する戦いの際に戦死したことを示している。

ており、これらさまざまな妃によって、4人の息子と7人もの娘を含む大家族をもうけていた。子供たちの多くは月神に敬意を表してアハモセと名づけられたが、なかでもアハモセ・ネフェルトアリ（40）は、影響力の点で母親や祖母と肩を並べる存在となる。

王家は、側近の顧問や将軍たちとともに、テーベの北のデル・エル゠バラスの町で多くの時を過ごした。河川交通と砂漠を渡る隊商路を支配するため格好の戦略的位置を占めるこの町は、要塞化された二つの王宮を持ち、今や皆が開始を待ち望んでいる対ヒクソス戦争の確実な前進拠点となっていた。即位後まもなく、タアは——まだ二十代後半か三十代前半だったが——エジプト再征服の時が来たと判断して、ヒクソスへの攻撃開始を命じた。いよいよ敵との交戦状態に入った時には、テーベの野営地における人びとの期待と興奮はかなりのものだったに違いない。しかし、解放者たち（彼らは今やそう自任していたのだ）は、遠征のはじめに手ひどい打撃をこうむる。彼らの指導者であるタアその人が戦死したのだ。彼は自分の戦車に乗っていたとき——不意を打たれて——背後から攻撃を受けたのかもしれない。最初の打撃で倒れたタアは襲撃者たちに襲われ、彼らは短剣や

斧、槍でさらに致命傷を与えた。

　戦いの最中では、王の遺体埋葬のための適切な準備をする時間も設備もなかった。そこで遺体はあわただしく、おそらくは戦場で防腐処置がなされた。断末魔の苦しみを伝える手足をまっすぐに直すことさえおこなわれていない。王墓に納めるため急いでテーベに持ち帰られた王の遺体は、豊富に金箔がほどこされた棺に安置されたが、その棺は、王のかぶりものをつけ、額には守護のコブラのある彼の像によって飾られていた。銘文には棺の主の名が、来たるべき世代がそのように崇めることとなる「勇者タア」と記された。彼の死から300年後、ヒクソスに対するその英雄的な戦いは文学作品［訳注：「アペピとセケ ンエンラーの争い」］の形で不朽のものとなり、その作品によって今日まで伝わっている。祖国の解放のために命を捧げた若き戦士王の英雄譚である。

40. アハモセ・ネフェルトアリ

：王女、王妃、そして王の母

　第17王朝の末から第18王朝のはじめにかけての三世代は、古代エジプト史において多くの点で注目すべき時期であり、とりわけ女性王族が国事において他に例のない重要性を持ったという点で注目に値する。タア2世（39）は、有力な母親テティシェリと姉妹であり妃でもあるアハホテプから、支援と励ましを受けていた。彼の息子アハモセも、同じように影響力を持つ女性、この場合は彼の姉妹であり妃でもあるアハモセ・ネフェルトアリの支援を得ており、彼女の影響力は息子のアメンホテプ1世の治世にもなお続いていた。

　アハモセ・ネフェルトアリは父王タア2世の治世に、テーベ王家の子として生まれた。彼女はヒクソスとの戦いにおける父王の死、兄弟でもある夫の即位、そしてアジア人の侵略者に対して夫が収めた最終的勝利をまのあたりにしてきた。彼女は、エジプトが戦争から平和へと移行し、彼女の一族がテーベの王家からエジプト国家の王朝へと上昇していくのを差配するうえで中心的な役割を演じたのである。

　古代エジプトにおいては、宗教と政治を切り離すことはできなかった。アハモセ・ネフェルトアリはこのことを承知しており、母親が亡くなるか引退した折りに、夫が自分を「アムンの神妻」という非常に重要な役職へと確実に任命するよう取りはからった。事実、アハモセは彼女と彼女の後継者たちに領地と財産を永続的に与え、その地位の政治的・宗教的影響力に見合う経済基盤をもうけている。アムン神官団は国内で最も有力な神官団へと急速に成長し、アハモセ・ネフェル

172　第Ⅳ部　黄金時代：第18王朝初期

トアリは「神妻」として、神官団の業務の中心的役割を演じることができた。彼女の新たな地位が持っていた重要性は、彼女が「大王妃[訳注：王の正妃]」よりもむしろ、この称号を単独で用いるほうをしばしば選んでいたという事実によって示されている。

　アハモセ・ネフェルトアリの役割は、儀礼用供物の奉献、重要な祭礼への参加、そして宗教建造物の建設あるいは修復への参画のように、祭祀活動全般に及んでいた。アハモセ王は、祖母テティシェリのための記念碑をアビュドスに建立することを決める前に、アハモセ・ネフェルトアリの承認を求めている。彼女の名前は、トゥーラの石灰岩採石場再開を記した銘文に記録されている。新たな施設の造営に対する彼女の関心と関与は、息子であるアメンホテプ1世の治世において頂点に達する。彼女は「王家の谷」の王墓建設に従

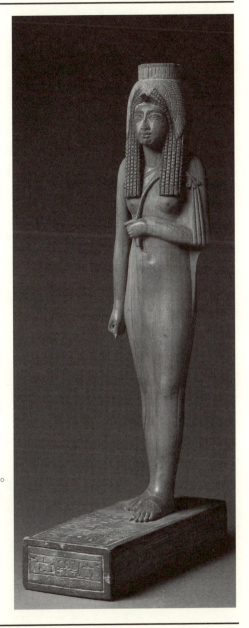

アハモセ・ネフェルトアリの木製小像（テーベ西岸出土、第19王朝）。この奉献小像はデル・エル=メディーナの職人村で発見された。この村の住民は、アハモセ・ネフェルトアリと息子のアメンホテプ1世を、自分たちの共同体の創設者として崇敬していた。

事する墓地職人の新たな村のため、息子とともに後援者となったのである。この
いわゆる「真理の場」の共同体は、それが存続している間ずっと、アハモセ・ネ
フェルトアリとその息子を、ともに守護神として崇めていた。

　アハモセ・ネフェルトアリは夫と息子よりも長生きし、義理の息子にあたる
トゥトモセ1世の治世まで生き延びた。彼女の非凡な生涯はそれゆえ5人、ある
いはおそらく6人の王の治世にまたがっている。彼女が遂に世を去った時、それ
は国全体が喪に服す機会となった。ある私人の石碑がそれについてこう述べて
いる。「神妻アハモセ・ネフェルトアリ、大神であり西方の主である神の御前で
正しいとされたお方が、天空へと飛翔された。」去りはしたが、忘れられはしな
かった。アハモセ・ネフェルトアリは、うたがいなく彼女が始祖である王朝にお
いて重大な局面が訪れるたび、一連の女性有力者たちを鼓舞する存在となるので
ある。

41. アハモセ（「アバナの息子」）：戦う水軍士官

　エジプトを解放し、ヒクソスを放逐して、エジプトを強固な独立国家に鍛え直したことは、第18王朝初期の諸王の永続的な業績であった。これらきわめて重要な出来事についての最も詳細で生気あふれた記述は、当時の重要なすべての戦いで重要な役割を果たした水軍士官、「アバナの息子」アハモセによるものである。

　アハモセはエジプトのかなり南部に栄えた町、エルカブ（古代のネケブ）で生まれ育った。父親のババはタア2世（39）の軍に兵士として加わっていた。息子は戦場での大胆不敵な手柄話を聞いて育ったはずで、そのような戦いが、憎むべき「諸々の異国の支配者たち」からエジプトを解放するためのより大がかりな闘争の一環であることを理解していたに違いない。若きアハモセは父にならって軍に入ったが、陸軍ではなく水軍を選んだ。彼の最初の任務は王の御座船〈供物〉に乗り組むことだった。これは水軍勤務ののどかな手始めだったが、長くは続かなかった。結婚して家庭生活をはじめた後、彼は北部の艦隊へと移され、敵のヒクソスと激しく戦う。新たな舟〈メンフィスで輝く〉に乗り組んだアハモセは、ヒクソスの拠点アヴァリス（古代のフット・ワレト、現在のテル・エル＝ダバア）の攻囲に参加した。エジプト艦隊はこの都市の主要運河で敵軍と交戦し、アハモセも白兵戦に巻きこまれる。しかし彼は武勇によって頭角を現し、初陣の記念として、どちらかといえば身の毛のよだつようなもの——倒した敵兵の手首——を持ち帰った。王は彼の勇気に対して、栄誉を称える黄金を褒美に与え、今後も勇気あるふるまいをするよう激励した。

　アヴァリス攻囲のさなかに、不満を抱く官吏に率いられた反乱が上エジプトで

起こったという知らせが、王の軍隊にもたらされる。もし反乱勢力が結集するままにしておけば、そうした内紛は、より広範囲におよぶ軍事遠征にとって災厄になりかねない。そこで「アバナの息子」アハモセが反乱鎮圧のため直ちに派遣されて成功を収めた。感謝した王は「倍量の黄金」で報いる。北部戦線に戻ったアハモセは、エジプト軍の包囲攻撃でアヴァリスが陥落するのを目撃するのに間に合った。彼も自ら4人の捕虜を捕え、彼らを奴隷として手元に置くのを許され

「アバナの息子」アハモセの彩色浮彫（エルカブにあるアハモセの墓、第18王朝初期）。アハモセは妻と並んですわっており、椅子の下にはペットの猿がいる。頭上のヒエログリフ銘文には、アハモセの際立った軍歴が詳しく語られている。

ている。ヒクソスを単にエジプトから追い出すだけでなく、完全に滅ぼそうと心に決めていた王は、レヴァントにあった彼らの要塞シャルヘンまでヒクソスを追撃した。エジプト軍はこの要塞の攻囲に6年も骨を折ったが、決断と忍耐を組み合わせることでエジプト軍は勝利し、アハモセにはさらに多くの黄金と、奴隷となる戦争捕虜が褒賞として与えられた。

次に大規模な軍事遠征が送られたのはエジプト北部ではなく、南のヌビアだった。ナイル河谷とデルタのいたるところで国土の支配権をふたたび確立したアハモセ王は、今度は南方地域にエジプトの帝国を再建したいと望んだのである。王と同じ名前の水軍士官はすでに歴戦の勇士となっ

「アバナの息子」アハモセの墓を飾る彩色浮彫の細部（エルカブ、第18王朝）。アハモセは3代の国王に仕え、テーベの第18王朝がその権威をエジプト全土に押し付け、近東とヌビアに帝国を確立するのを助けた。

ており、あいかわらず武勇を発揮し続けた。ところが国内では、万事順調とはいかなかった。テーベの新たな第18王朝に対する政治的反発は、公式記録が認めさせようとしていたよりも根強かったことは明らかで、数年前の蜂起は結局のところ、その場限りの事件などではなかった。二度目の良く組織された反乱が、「南からの敵」に率いられて起こったのである。「アバナの息子」アハモセも加

41. アハモセ（「アバナの息子」）：戦う水軍士官　177

わった王朝に忠実な分遣隊が叛徒を阻止するため派遣され、ティネト・タ・アムウと呼ばれる場所で敵と遭遇した。反乱の指導者は配下とともに捕虜となり、アハモセも敵船の一隻に乗っていた2人の弓兵を捕え、同僚の水兵とともに、忠義の褒賞として奴隷と土地を与えられた。しかし戦塵が収まりさえしないうちに、テティアンという名の人物が率いる三度目の反乱が起きる。彼もまた結局は打ち破られたものの、アハモセ王の治世末頃の雰囲気は不穏であり、内乱の噂で満ちていたに違いない。テーベ王朝に対する揺るぎない忠誠を示すことにより、「アバナの息子」アハモセが相応の見返りを得たことは確かである。

アハモセ1世の王位は息子のアメンホテプ1世に受け継がれ、「エジプトの国境を押し進める」努力が継続された。「アバナの息子」アハモセは、新王とともにクシュ（第二急湍以南のヌビア）まで南へ航行して「信じがたいほどに戦い」、ヌビアの首長を捕え、わずか2日の船旅で、主君をエジプトに帰還させた。この時までに「我が軍」について愛国的な調子で語るようになっていたアハモセは、自らの努力に対する報酬として黄金と2人の女奴隷、そしていったん王に差し出した捕虜を与えられている。そのうえ彼は大変な栄誉の印として「支配者の戦士」に任命された。

「いったん兵隊になれば、ずっと兵隊」というわけで、熟年になってもアハモセの軍事遠征への関与はやむことがなかった。トゥトモセ1世の治世には、彼は「高地における暴力を一掃するため、丘陵地域の侵略を鎮圧するため」王をケントヘンネフェルと呼ばれるヌビアの地域へと運んでいる。水上という困難な状況にあってアハモセは勇気と冷静さを示し、そのため、エジプト水軍を指揮する「水夫の長」へと昇進した。二度目のヌビア反乱は、トゥトモセ1世の容赦ない反撃を招くことになった。猛攻撃の末、王はアハモセの監督下にカルナクへと帰航したが、王の舟の舳先には、敗れたヌビア首長の死体が逆さ吊りにされていた。反乱を起こしかねない他の者たちへの恐ろしい警告である。

アハモセの長く際立った軍歴は、それが始まったところで終わりを告げた。エジプト北部国境における戦いである。しかし今度の敵は、ミタンニ王国（古代のナハリン）だった。ミタンニはレヴァント全域に影響力を拡大しようとしてお

り、それがこの地域に帝国を築こうとするエジプトの野心を脅かしていたのである。提督となったアハモセはエジプト軍の先頭に立ち、「諸々の異国の間で、かのお方の御心を洗う（満足させる）ため」シリア・パレスチナ（古代のレチェヌ）まで王に随行した。陸上で戦ったアハモセは、1両の戦車を馬と御者ごと捕獲して主君に捧げ、「倍量の黄金」で十分な褒賞を与えられている。

　老年に達したアハモセは、多くの栄誉に浴した。「私は全土を前にして7度も黄金を贈られた。同じく男女の奴隷もだ。私はとても多くの農地を与えられた。」彼は故郷の町ネケブに岩窟墓を作らせ、自らの功績を永遠に記録するため、壁面に長い銘文を刻ませた。彼は3人の王のもとで主要な10回の遠征に参加した。彼はその活躍によって、第18王朝をエジプトの玉座にしっかりと据え、守り抜いたのである。もしも不死に値した古代エジプト人をひとり挙げるとすれば、「アバナの息子」アハモセこそ確かにそうだったろう。彼自身の言葉によれば、「自らの業績において勇敢だった者の名声は、この国では永遠に朽ちることはない」のである。

42. アハモセ・ペンネクベト

：4代の王に仕えた軍人

　「アバナの息子」アハモセ（41）がかくも興味深く詳細に語った第18王朝初期の軍事的偉業の物語はさらに、彼とほぼ同時代に生き、同じ名前を持ち、同じくエルカブ（古代のネケブ）に住んでいた（ペンネクベトと呼ばれる）アハモセの自伝銘文のなかで続けられていく。彼もまた、数代の王に仕え、武勇のゆえに十分な褒賞を受け、かなり長命だったのである。

　アハモセ・ペンネクベトは歩兵であり、国王アハモセの治世22年に初陣を飾ることとなった。シャルヘンの攻囲を成功させた後、王はエジプトの支配に対する抵抗勢力を残らず掃討するため、レヴァントの沿岸地域（古代のジャヒ）へとさらに奥深く進撃した。アハモセ・ペンネクベトは、これから何年もそうであるように、戦いのさなかにいた。「私は勝利のネブペフティラー（アハモセ王）に随行した。私はジャヒで、彼のために一人の捕虜と一つの手首を得た。勝利のネブペフティラー（の時代）から勝利のアアケペルエンラー（トゥトモセ2世）（の時代）まで、私は戦場で王から隔てられたことはなかった。」

　アメンホテプ1世のもとでアハモセ・ペンネクベトは、ヌビアとそしてケクと呼ばれるどこか特定できない地域で戦った。彼が与えられた褒賞には、黄金のブレスレット二つ、ネックレス二つ、アームレット、短剣、頭飾り、そして扇が含まれていた。トゥトモセ1世の遠征では、彼はふたたびヌビアで戦い、そして西アジアのミタンニ王国と戦った。この忠実な奉仕はさらに大きく認められ、それを表わす褒美として黄金のブレスレット二つ、ネックレス四つ、アームレット、黄金の斧二つ、栄誉を称える勲章として黄金の蠅六つとライオン三つが贈られた。

アハモセ・ペンネクベトの最後の奉仕は、トゥトモセ 2 世のもとでおこなわれた
パレスチナ南部のシャス（ベドウィン）に対する戦いである。この戦いで王から
贈られた褒賞はこれまでで最も貴重なものだった。すなわち黄金のブレスレット
三つ、ネックレス六つ、アームレット三つ、そして銀の斧――第 18 王朝時代に
は、銀は黄金よりも貴重だった――である。アハモセ・ペンネクベトは自らの軍
歴をうまく要約してこう述べている。「私は『二重王』、すなわち神々に随行した。
私は何人もの陛下 [訳注：「彼らの身体」] が南へ北へと赴かれる時、この方々が赴かれるいか
なるところでも、近くでお仕えした。王のご寵愛により生命を頂戴し、何人もの
陛下 [訳注：「彼らの身体」] のもとで栄誉を頂戴し、私に対する寵愛が宮廷にあって、私は良
き老年に達した。」

　彼が王朝の忠実なしもべとして最後に受け取った褒賞は、「神妻、大王妃、マ
アトカラー（ハトシェプスト）」の長女である王女ネフェルウラーの養育係に任
命されたことだった。彼はハトシェプストに、宝庫管理官としても仕えることと
なる。アハモセは幼い王女のため「この方が乳房にすがる幼子でいらした時に」
世話をした。長く、きわめて波瀾万丈の人生をおくった彼は、ハトシェプストと
若きトゥトモセ 3 世の共同統治の時代に世を去った。前者がさらに大きな野望を
持っていたことなど彼の念頭にはなく、自分が 4 代の王のもとであれほど忠実に
仕えてきたその君主制に、最後に仕えた王が大変革をもたらそうとしているなど
とは、彼にとって思いもよらぬことだったろう。

43. ハトシェプスト：ファラオとなった王妃

　第18王朝第3代国王トゥトモセ1世と正妃アハモセは娘に恵まれ、この王女をハトシェプスト（「貴婦人のうち第一の者」）と名づけた。これは予言めいた選択となった。なぜなら、強い性格の王妃や王女には慣れていた王家のなかでも、この若き王女は先輩たちをしのぎ、彼女たちの誰よりも大きな権力を勝ちとることになったからである。

　父王が在位していた頃の、ハトシェプストの人生における最初の日々についてはほとんど知られていない。彼女は「後宮」のひとつで、王家の婦人たちに囲まれて成長したのだろうが、偉大な征服者という父王の声望が増していくのを意識していたに違いない。父王の不屈の精神と決断力、勇気を彼女は確かに受け継いでいたように思われる。若い頃、おそらくまだ十代のうちに、彼女は慣例の命じるまま、近縁の王族と結婚した。夫となったのは異腹の兄弟（トゥトモセ1世と側室の間に生まれた息子）トゥトモセ（2世）だった。夫婦となったふたりはネフェルウラーという名の娘をもうける。この娘と母はその生涯を通じて近い関係にあり、彼女たちの運命は分かちがたく絡み合うこととなる。

　トゥトモセ1世の死はハトシェプストにとって大打撃だったに違いない。彼女はすでに自分自身を、父王とかなりの程度まで重ねあわせていたのである。しかも彼女は今や新王トゥトモセ2世の妃だった。たとえ、夫の愛情を側室のイセトと分けあわなくてはならないとしても。このイセトは王のために、後継者となる息子をすでに生んでいたのだ。しかしそれでもなお、トゥトモセ2世の公式銘文では、「王女、王の姉妹、神妻、大王妃」としての重要性がハトシェプストに与えられていた。この年若い女性のなかに、自分が王朝にとって重要な存在だと

182　第Ⅳ部　黄金時代：第18王朝初期

ハトシェプストの石像頭部（石灰岩に彩色、テーベ西岸デル・エル=バハリのハトシェプスト葬祭殿より、第18王朝）。彼女の性別は繊細な容貌により暗示されているが、伝統的な王権の付け髭をつけた姿である。

いう意識が高まっていくのが感じられる。だとすれば、夫が2年という短い治世の後に世を去った時、ハトシェプストが機会を捉えたことはほとんど驚くにあたらない。ある銘文は、新たな状況についてこう記している。「かのお方のご子息（トゥトモセ3世）が二つの国土の王として王座にのぼり、ご自身をもうけられた

お方の玉座に君臨された。かのお方の姉妹であられる神妻ハトシェプストが国土の用務を管理された。」

　これはひとつには現実的な政治上の問題だった。なぜなら後継者に指名されているトゥトモセ3世も、その異腹の姉妹であるネフェルウラーにしても、ともに子供であって、摂政政治がどうしても必要だったからである。はじめのうち、ハトシェプストは自らを「大王妃」[訳注：王の正妃] あるいは「神妻」と呼び続けており、摂政としての自分の地位が亡夫に由来するものであることを認めていた。ところがまもなく、「二つの国土の女主」——王の伝統的な別名のひとつを巧みに女性版にしたものだ——のような、明らかに王の称号であるものを採用しはじめる。彼女の地位を高めるために計算された称号の使用には、伝統的に王の特権と結びつけられていたいくつかの行為が伴った。それはたとえばカルナクにおける一対のオベリスク建立や、彼女が神々にじかに供物を捧げる場面を示す神殿浮彫などである。摂政となってから7年後のある時期に、ハトシェプストは究極の権力獲得をめざして摂政の仮面を脱ぎ捨て、正式の王位についた。彼女は五つの要素からなるエジプト王の伝統的な称号を採用し、王の（男性の）衣装を身につけた自身の姿を浮彫に表現させたのである。

　女性の摂政というのは普通のことだった。しかし女性のファラオとなるとまったく話は別である（国民国家としてのエジプトの長い歴史のなかで先例はひとつしかなかった）。ハトシェプストは500年の歴史を持つ共同統治の制度を利用して、トゥトモセ3世の放逐を必要とせず、内戦の危険を冒すこともなく、自らを王に即位させた。後継者に指名されていたトゥトモセには、とりわけ軍隊に強力な後ろ盾があったであろう。ハトシェプストが自らの人格に備わった力で勝利を得たことは疑いない。しかし彼女が単独で行動できたはずはなく、権力の座につこうとする彼女の前例のない試みをすすんで支援しようとする官僚たちが彼女を取り巻き、支えていたに違いない。彼らのなかで最も傑出していた人物は彼女の家令だったセネンムト（44）であり、他には大蔵大臣ネヘスィと王領地の行政官アメンホテプなどがいた。彼らにはひとつの共通点があった。彼らはすべて低い身分の出身であり、今の地位が保てるかどうかはハトシェプスト次第だったのである。

それゆえ彼らの命運はハトシェプストのそれと結びついており、彼女への支持を惜しまないことは彼ら自身のためでもあったはずである。

　王の職務は本来、男性のものであり、それゆえハトシェプストの称号や図像は、女性の形容辞や象徴だけでなく男性のそれらも用いて、彼女の性別の問題を曖昧にしたものでなければならなかった。そしてハトシェプストとその顧問たちは、彼女の立場を正当化するために歴史を書き換えるという、いつもながら極端なプロパガンダ・キャンペーンに乗り出した。ハトシェプストはまずトゥトモセ3世のものと同じ治世年を用いることにし、それによってトゥトモセ2世の死とトゥトモセ3世の戴冠の時点に、自らの「治世」の始まりをうまく合わせた。次に彼女はトゥトモセ2世の存在をまったく無視し、自分こそ父王トゥトモセ1世によって正式に指名された後継者であると公然と表明した。デル・エル＝バハリにある女王の葬祭殿の浮彫には、彼女が新年祭という幸先の良い機会に、トゥトモセ1世と神々を前にして、宮廷で戴冠する場面が示されている。次の段階は、神の子の誕生の神話を引き合いに出して、彼女が最高神アムンを父として生まれ、この神によってエジプト王となるべく選ばれたのだという考え方を押し進めることだった。このような神話創作のためのあらゆる試みのなかでもおそらく最も大胆なものは、ベニ・ハサンの南の孤立したワディ（涸れ谷）に位置するエジプト最初の岩窟神殿、スペオス・アルテミドスの楣（まぐさ）の上に彼女が刻ませた銘文だったろう。表向きは猫の女神パ

ハトシェプストの胸像断片（褐色花崗岩、第18王朝）。ハトシェプストを表現した作品は数多く、とりわけ彼女が東西両岸で大規模な建築事業を行なわせたテーベから多数発見されている。それらの彫像のなかには、彼女の伝統的な王の属性を強調したものもあるが、この像のように、より穏やかで女性的な容貌を示すものもある。ハトシェプストの性別と王としての役割との緊張関係は、彼女の治世の顕著な特徴である。

43．ハトシェプスト：ファラオとなった王妃

カルナク神殿にハトシェプストが造営した「赤い祠堂」の砂岩石材の浮彫（第18王朝）。ハトシェプストは伝統的な王の衣装をつけ、最も古い王権儀礼のひとつで、聖牛アピスとともに走っている。男性のような外見で表現されているものの、添えられた銘文には、ハトシェプストが女性であることが明示されている。

ケトに捧げられていたとはいえ、この祠は、実際にはハトシェプストに国土の解放者の役を割り当てるためのもので、楣の銘文は彼女がヒクソスを放逐した支配者であるとしている（そうすることで第18王朝の最初の3人の王を都合よく無視している）のである。

　王座についた自らの立場を確かなものとすると、ハトシェプストは王権の伝統的な役割、とりわけ建築事業に関心を向けた。彼女が王位にあった15年間、彼女の建築家や芸術家たちは創造力の新たな高まりを示し、ヌビアのブヘンからシナイのセラビト・エル゠カディムまで、女王の領土のいたるところで、彼らの主君のための記念建造物を造り続けたのである。パトロンとなるべき王として、彼女はカルナクのアムン大神殿に配慮を示し、新しい二つの部屋、第八塔門、カルナクから南のルクソール神殿までの行列路といくつかの聖舟祠堂、そして赤色

珪岩製の革新的な聖堂（「赤い祠堂」としても知られる「マアトの場」）を増築した。しかし、全土で最も大規模なこの宗教複合体に彼女が付け加えたなかで最も野心的かつ有名なものは、父王が建設した第四塔門と第五塔門の間に建立された一対のオベリスクである。これら花崗岩の巨大な針（もとの位置に残っているほうは、エジプトにまだ立っているオベリスクのうち最も高さがある）の台座に刻まれた銘文ではハトシェプストの敬虔さと正統性が強調されており、彼女の性格について印象的な洞察が得られる。

「これを聞く者には、私が語ったことを虚偽と言わせてはならぬ。まさしく彼女の父の目前で『それはなんと彼女に似ていることか』と言わせるのだ。」

カルナク神殿に増設された建築さえしのいで、ハトシェプストの最も良く知られた建造物となっているのは、テーベ西岸デル・エル＝バハリにある彼女の葬祭殿である。ジェセル・ジェセルウ（「至聖所」）と名づけられたこの建造物は、隣接する国王メンチュホテプ2世 (27) の葬祭神殿を模範としているが、規模と壮麗さでそれに勝っている。ハトシェプスト葬祭殿は「我が父なるアムンのための庭園」として設計されており、テラスからテラスへと上っていく斜路の両側には樹木が植えられていた。それぞれのテラスでファサードをなす列柱廊の背後には、ハトシェプストの治世における最も重要な出来事、すなわちカルナクのオベリスクの切り出しと輸送、建立、そしてはるかなプントの国への航海を描いた彩色浮彫が配された。ジェセル・ジェセルウがハトシェプストの葬祭の公的な側面となったのに対して、彼女のための秘密の墓は、ファラオたちの伝統的な埋葬地である「王家の谷」に用意された。彼女はトゥトモセ2世の「大王妃」だった頃に、最初の墓をテーベに作りはじめていたが、彼女の王墓は全体としていっそう印象的なものだった。この墓はおそらく、崖の反対側にある彼女の葬祭殿の下に玄室を配置できるようにと、岩山の真下に掘削されたが、質の良くない岩が層をなしていたためにこの野心的な計画は頓挫した。しかしそれにもかかわらず、ハトシェプスト王墓は「王家の谷」で最も長く、最も深い墓である。ハトシェプストは父王の棺をこの墓の玄室に運び入れ、自分の棺と並ぶようにした。彼女が自分自身とその傑出した父親を結びつけ、ともに永遠の眠りにつこうとしていたこ

とは明らかである。

　しかしハトシェプストが結局どのような運命をたどったのかについては謎のままである。彼女が文献に最後に姿を現したのは、彼女の「治世」20年（共同統治の13年目）である。おそらく彼女は単に天寿を全うしたのであろう（彼女は五十代半ばだったはずだ）[訳注：近年の調査により、「王家の谷」60号墓に埋葬されていた2体の女性ミイラのうち1体がハトシェプストのものとされている]。なぜならトゥトモセ3世は、彼女が着工した神殿の多くを完成させ、拡張し装飾を施す仕事を続けているからだ。彼は治世後期になってからはじめて、彼女の事績に対する迫害を命じた。ハトシェプストの彫像は砕かれ、図像は削りとられ、彼女がカルナクに建立したオベリスクは仕切り壁に囲まれて人びとの目から隠された。とはいえ、破壊行為は選択的であり、ハトシェプストを王として示しているものだけが標的にされ、「大王妃」としてのハトシェプストの図像や記念物は破壊を受けていない。それゆえトゥトモセ3世は、彼を王座から遠ざけていた婦人に対する個人的な復讐心からではなくて、記録を訂正し、神聖な王権の職務を女性が保持したことを示すどんな痕跡も抹消するという願望から、こうした破壊行為をおこなう気になったのだろう。こうしてハトシェプストの名は後代の王名表から省かれたが、女王の記念物と名声は今日まで続いている。それらはひとりの非凡な女性が生きていたことをいつまでも示す証である。

188　第Ⅳ部　黄金時代：第18王朝初期

44. セネンムト：ハトシェプストの寵臣

ハトシェプストが王の未亡人から王へと出世をとげたことは、有力官僚の一団の後ろ盾がなければ起こりえないことだった。彼らの筆頭であり、新王国全体においても最も傑出した高官のひとりが、彼女の家令セネンムトである。彼の生い立ちはハトシェプストの側近としては珍しくもなかったが、彼のたどる運命は他に例を見ないものだった。

セネンムトはテーベの南に位置するアルマント（古代のイウニ）の出身だった。彼の両親は、おそらくはささやかな識字

セネンムトを表わした素描（テーベ西岸のセネンムトの墓、第18王朝）。自らの墓所に浮彫を残しただけでなく、セネンムトはハトシェプストの宮廷において影響力を持つ立場を利用し、女王の葬祭殿内部の聖所に自分の姿を刻ませて不朽のものとした。

階級の一員だったろうが、何の称号も持っていない。セネンムトは3人の兄弟、2人の姉妹とともに育った。彼が成年に達したばかりの頃に軍務に服したことを示す手がかりがいくつかあるものの、彼が選んだキャリアは行政であり、とりわけ、その地域では最大の土地所有者、カルナクのアムン神殿が支配する広大な領地の管理だった。これは堅実な仕事ではあったが、大きな富を得るためのパスポートではなかったのは確かである。セネンムトの父親が世を去った時は、いたって簡単な埋葬がなされただけで副葬品は何もなかった。これに対して、数年後に母親が亡くなった時には、副葬品のうち彼女自身の持ち物にいずれも銀製の水差し二つと鉢一つが含まれていたほか、息子の提供した副葬品も最高級品で、

金箔貼りのミイラ・マスクと、黄金の枠に蛇紋石をはめた「心臓スカラベ」[訳注：「死者の審判」の際に、死者の心臓が不利な証言をしないよう防ぐスカラベ形の護符]を含んでいた。セネンムトはさらに、亡き父親をもっと贅沢な状態で埋葬し直すためにも、新しく見つけた富を利用することができたのだ。

　セネンムトが突然かつ著しく富裕になったのはなぜかを説明するものは、ハトシェプストの摂政政治である。彼をかなり実入りの良い役職に任命したのは彼女であり、セネンムトは彼女の最も影響力ある廷臣へと出世したのである。ハトシェプストが彼を高く評価したのは、単に彼の行政能力を買ったためだったのか、それとももっと深く心を引かれるような何かがあったのかは断定できない。彼女とその右腕となったこの人物との関係がどういう性格のものかについて、宮廷内部でとかくの噂があったことは確かだが、それは並ぶもののないセネンムトの影響力に対する妬みによるものだった可能性がある。明らかなのは、セネンムトがハトシェプストとその娘のネフェルウラーに、王女の養育係という資格で近づけるという特権を享受していたことである。ネフェルウラーの教育のほかにも、セネンムトの管轄下には王の宝庫（それゆえ事実上の国家財政）、王の謁見の間の監督（ハト

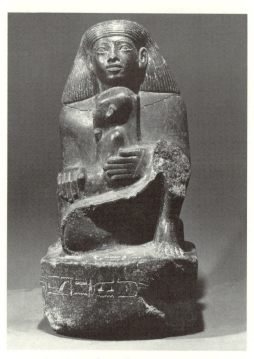

セネンムトの方形彫像（テーベ出土、第18王朝）。彼はハトシェプストの幼い娘ネフェルウラーを注意深く抱きかかえる姿で表現されている。王女の養育係という彼の立場は、宮廷での大きな影響力を彼に与えたので、彼の彫像はしばしばこの役職に関連したものとなっている。

シェプストが誰に会い、誰に会わないかを管理する権限を彼に与えるもの）、そしてハトシェプストと王女の個人財産の管理が含まれていた。セネンムトの記念物には、彼がその経歴のさまざまな段階で持っていた90以上のさまざまな称号が記録されている。政務においては、彼と対等の存在は宰相だけだった。

　新しく見出した富を彼が楽しんでいたことは明らかだ。なにしろセネンムトの25体の彫像やその断片が現存しているのである。新王国の官僚で、自分の彫像をこれほど数多く残している者は他にはいない。彫像の全部ではないとしても、その多くはおそらくハトシェプストその人からの贈物だったのだろう。いくつかは革新的な形をしており、新しい形式の初出の作品となっている。セネンムトがそれらのうちいくつかを自ら考案した可能性もある。

　芸術と創造に対する彼の関心はまもなくハトシェプストの認めるところとなり、彼女は彼を「王のためのすべての労働の監督官」と「主任建築家」へと昇進させた。この資格においてセネンムトは、ハトシェプストの巨大な2基のオベリスクの切り出しと輸送、カルナクにおけるその建立を監督した。アスワンからテーベへオベリスクを運ぶ艀は長さ90メートル以上、幅は30メートルあったに違いない。セネンムトは王による建築事業の増加にそなえて、ジェベル・エル＝シルシラの砂岩採石場を再開し、彼の主君の命じる最も目覚ましい任務のいくつかを自ら指揮した。「カルナク、アルマント、デル・エル＝バハリにおいて王のためのすべての労働を、そしてムト神殿、イシュリ、ルクソール神殿……においてアムンのためのすべての労働を指揮したのは、大家令セネンムトであった。」

　なかでも群を抜いて最も重要な記念建造物は、ジェセル・ジェセルウ（「至聖所」）、すなわちテーベ西岸のハトシェプスト葬祭殿だった。この建造物の設計と建設にセネンムトが果たした役割は明らかでないが、彼はその装飾の構成のなかに自分の姿を残すことを特別に許されていた。この神殿の上方テラスの壁龕に彼の図像が表わされており、プント遠征の浮彫にも彼は姿を現している。しかしセネンムトの性格についてもっと良い洞察を与えてくれるのは、上方の内陣にある小さな祠の、扉を開ければ陰になって隠されていたところにある彼の三番目の姿である。ここにセネンムトは、ひざまずき礼拝する自分の姿を刻ませた。神殿の

最も聖なる区画、祭祀のための神像にそれほど近い位置に、一般人が自分の姿を表現させるなどというのは、およそ考えられないほどに不敬な行為だった。しかしセネンムトは明らかに、このようなやり方で自らの不死をあがなえる機会に抵抗できなかったのだろう。ジェセル・ジェセルウを管理下に置くという特別な立場にあったため、彼は、そして彼だけは、これほど大胆な儀礼違反を犯しても処罰を免れることになったのである。

　ハトシェプストが王位についたことは皮肉にも、宮廷におけるセネンムトの地位に凋落というべきものをもたらしたように思われる。おそらく、国土で最高位の官職についた今となっては、彼女は彼をもはやそれほど必要としなくなっていたのだろう。セネンムトはネフェルウラーの養育係の任を解かれたが、「アムンの大家令」としての富と地位をあいかわらず享受し、カルナクの神官団が支配する広大な領地、穀倉、家畜、庭園や職人たちを管轄下においていた。ハトシェプスト葬祭殿に人生の多くの年月を捧げた彼は、今や自分自身の葬祭の準備に注意を向けた。彼は主君と同じように主な埋葬地を二つ選んでいた。表向きの礼拝用の墓は、テーベ西岸の人目につく墓地に作られたが、彼はさらにもっと控えめな墓所をデル・エル＝バハリに準備していた。その入口は葬祭殿の聖域の外にあったが、奥

セネンムトとネフェルウラーの
立像（テーベ出土、第18王朝）。

192　第Ⅳ部　黄金時代：第18王朝初期

深い入口階段は、葬祭殿前庭の真下に位置する玄室へと通じていた。彼は、可能な限り最も縁起の良い環境で永遠の時を過ごそうと思っていたのだろう。

　セネンムトの終焉がどのようなものだったかは、彼が権力の座にのぼりつめた経緯と同じくはっきりしない。彼はハトシェプストの治世16年にはまだ健在だったが、まもなく公式記録から姿を消す。ハトシェプストの寵を永久に失ったのか、公的生活から引退したのか、それとも単に自然死をとげたのかは知られていない。確かなのは、彼がその二つの葬祭記念建造物のいずれにも埋葬されなかったこと、そしていくらか後になって、彼の事績が迫害をこうむったことである。おそらく彼の敵対者たちが――彼には大勢いたに違いない――機会を捉えて報復したのだろう。なぜならセネンムトの遺産に注意を払う子孫がいなかったからだ。彼は子孫を残さず世を去り、おそらくは結婚もしていなかった。

それは、意志が強く嫉妬深い女王のもとでその寵愛を勝ち取り、それを保ち続けたことの代償だったように思われる。

45. トゥトモセ3世：エジプト帝国の創設者

　ハトシェプスト (43) がそうだったように、トゥトモセ3世もまた、名高い先祖トゥトモセ1世を意識し手本としている。女王にとっては、父王は正統王権の模範であり、その名前や声望を彼女は自らの政治目的に利用した。しかし彼女の「後継者」にとっては、祖父にあたるこの王の軍事的業績こそが、最も大きな霊感を与えてくれるものだった。西アジアとヌビアにおけるトゥトモセ1世の征服事業は、ファラオによる支配領域をかつてないほどに拡大し、事実上のエジプト帝国を造りあげた。ハトシェプストの死後に単独統治者となったトゥトモセ3世は、これらの勝利に肩を並べようとし、それをしのごうとさえ決意していたのである。ホルスの王座にすわった者たちのなかで最大の成功を収めることとなる戦争指導者の治世がこうして始まる。

　トゥトモセは時を移さず自らの目標を追い求め、単独統治を開始してから早くも2年目に最初の外征を開始した。この遠征のあとには、次の18年間に毎年おこなわれた一連の軍事遠征が続くこととなる。カルナク神殿の壁面には、これら叙事詩的な戦いを記述した「年代記」が刻まれ、古代エジプトから現代に伝わる最長の歴史記述となっている。それらはおそらく軍司令官チャネニがつけていたような実際の従軍日誌をもとにしていたのだろう。「私はかのお方（国王）があらゆる国で得た数々の勝利を記録し、事実に従ってそれらを書き留めた。」

　最初の遠征は、最大限の戦略上の衝撃を与えるよう注意深く計画された。エジプトは近東で、競争相手となる三つの権力拠点と対峙していた。ユーフラテス川のかなたに中核地域を持つミタンニ王国（古代のナハリン）、オロンテス河谷下流域のトゥニプ、そしてオロンテス河谷中流域のカデシュ要塞周辺をよりどころ

194　第IV部　黄金時代：第18王朝初期

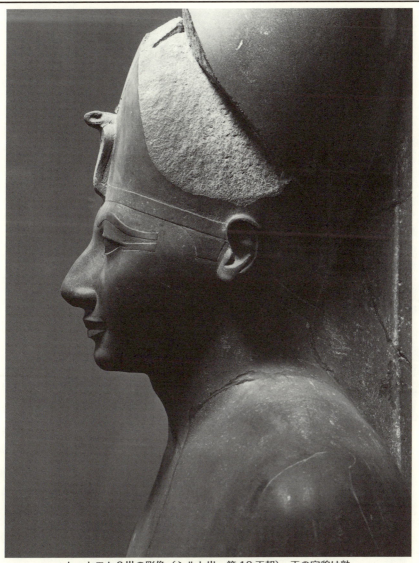

トゥトモセ3世の彫像（シルト岩、第18王朝）。王の容貌は熟年男性を暗示しているが、鷲鼻はトゥトモセ王家特有の特徴であった。トゥトモセ3世の彫像のなかでは特異なことに、この像は王の真の容貌をそれとなく示しているように思われる。

45. トゥトモセ3世：エジプト帝国の創設者

トゥトモセ３世の立像（シルト岩、カルナク神殿出土、第18王朝）。均整と調和、そして王の頭巾と付け髭、キルトの美しく仕上げた細部によって、この像は、現存する古代エジプトの王像彫刻作品のうち最良のもののひとつとなっている。

とする都市国家同盟である。カデシュ同盟のうちで最も重要な存在はエスドラエロン平原（イスラエル北部のエズレル渓谷）にあるメギドの町だった。メギドはそれ自体が戦略上の重要地点だっただけではない。エジプトの情報機関は、この町がカデシュ同盟指導者たちによる重要な会合のホスト役を務めているという知らせももたらしていた。王自身が述べているように「メギドの占領は1000の町の占領」となるのだ。もはや一刻の猶予もなかった。

　トゥトモセはわずか10日でガザに兵を進め、この町を将来の前進基地として利用できるように占領し、それから約130キロ北のメギドへと進撃した。少し離れた地点で停止した王は、利用できる三つのルートのうちいずれを選ぶべきか司令官たちに助言を求めた。二つのルートは単純なもので、そこを通れば軍を町の北に進めることができる。三つめの南ルートは狭い隘路を経由するもので、それゆえずっと危険だった。トゥトモセは士官たちの助言を無視してこの最後の道を選び、指揮下の軍の先頭に立つ。これはこの王の戦術的才能を示す数多くの例のう

ち、最初のものにすぎない。敵側はエジプト軍がもっと容易なルートのひとつをとるだろうと予想しており、それゆえエジプト軍が姿を現すと完全に不意をつかれてしまった。エジプト兵の間に規律が欠けていたことだけが——彼らは突撃を完了するよりもむしろ戦利品を略奪するほうに注意を向けたのだ——カデシュ同盟を完全な壊滅から救った。同盟諸侯は要塞化されたメギドの町に逃げ帰ることができたのである。もっともそのうち何人かは、衣服をロープ代わりにして城壁の上へ引っ張り上げられる始末だったが。しかし完全な勝利以外の何物もトゥトモセを満足させることはなかった。彼の軍はメギドを7ヵ月間も攻囲し、ついにこの町は抵抗をやめてエジプトの力に屈する。このように決定的かつ精神的な勝利を収めた王の軍隊はその地方すべてを掃討し、さらに119の町をまたたく間に次々と占領するのである。

　そこまで大規模な軍事的勝利は稀なことであり、若き王の勝利の知らせは、は

トゥトモセ3世「祝祭殿」の「植物園」の浮彫（第18王朝）。「祝祭殿」の小部屋のひとつに刻まれた一連の場面には、王がシリア・パレスチナ遠征の際に出会った珍奇な動植物が描かれている。

45. トゥトモセ3世：エジプト帝国の創設者

るかティグリス河畔のアッシュールまで届いた。翌年、アッシリアの支配者はこのレヴァントにおける新興勢力と良好な関係を維持しようと決意し、トゥトモセ3世に貢物を送った。その後何年も遠征に次ぐ遠征がおこなわれたが、そのうち14をくだらない遠征はただひとつの目標に向けられていた。カデシュの町である。この都市はエジプトの攻勢に対して執拗に抵抗することができたのだが、他の都市はそれほど幸運ではなかった。ヨッパ（現在のヤッファ）の攻囲、そして巧妙な策略を用いた占領のいきさつは民間伝承に取り入れられているが、それは治世33年におけるトゥトモセの業績も同じだった。そのとき、彼は偉大な先祖の王にならってユーフラテス川を渡り、トゥトモセ1世その人の記念碑の横に境界碑を建立したのである。この業績を達成するため、エジプトの軍船が地中海沿岸からユーフラテスまで400キロの距離を、雄牛の引く荷車で陸上輸送されなければならなかったのだ。しかしこの並外れた企てにも満足しなかった王は、その同じ年に、はるかなプントへの交易遠征隊も派遣する。エジプトの力がこれほど広範な地域で感じられたことはかつてなかった。

　トゥトモセの最後の遠征は、彼が即位してから42年目におこなわれており、その時までに彼は四十代後半か五十代前半になっていたに違いない。そうであったにせよ、王は遠征軍の陣頭指揮をとった。ほぼ20年に及ぶ戦いのすえに、彼はとうとう究極の目標を手中にする。カデシュを打ち破って占領し、それとともにトゥニプに侵攻して屈服させたのである。シリア北西部でエジプトに敵対していた勢力はすべて打ち破られた。しかし王が獲得したのは領土だけではない。トゥトモセはシリア生まれの3人の女性（メヌウイ、メルティ、メンヘト）を妃とし、エジプト人の王妃3人の仲間に加えたのである。

　レヴァントにおけるこれら並外れた勝利と並行して、トゥトモセの軍隊はヌビアにも定期的な出兵をおこない、エジプト勢力圏を第四急湍まで南へと広げていた。このように広範囲に及ぶ征服事業によって流入する戦利品や貢物は、帝国全土の野心的な建築計画の費用となった。トゥトモセは、輝かしい戦士だった先王たち——センウスレト1世やセンウスレト3世、アメンホテプ1世やトゥトモセ1世——の記念物を修復することに、とりわけ注意を払った。彼自身の最も大規

模な建築事業は、彼の新たな王国の宗教上の中心地であるカルナクでおこなわれた。トゥトモセ1世の多柱室を再建した王はそれを新たな天井で覆い、ハトシェプストの「赤い祠堂」を取り壊して、新たな第六塔門と赤色花崗岩製の聖舟祠堂に代えた。さらに一対の特異な「紋章柱」が支える広間、カルナクの中心部を囲む巨大な周壁とそれに付属して列をなす祠と工房を建設した。彼の増築したなかで最も特徴的なものは、神殿東側にあり、単独統治が始まってまもなく着工した巨大な「祝祭殿」だった。この建物の柱はテントの支柱に似せてデザインされており、王が遠征で用いた仮の王宮を思い起こさせたことだろう。ひとつの部屋の壁面は61人の先王たちの王名表で覆われており、トゥトモセ3世の王位が、何世代にも及ぶ諸王の後継者にふさわしいことが強調されている。別の部屋は「陛下［訳注：「かの」お方の身体］がレチェヌ（シリア・パレスチナ）の丘陵地帯で見出された」珍奇な動植物を描いた場面で飾られている。

　このように、トゥトモセの治世と記念物の数々を支配していたのは、近東における彼の軍事遠征であった。即位してから53年目の末までには、エジプトはユーフラテスの両岸からナイル上流のはるかな直線流域に至る広大な帯状の領土を支配するようになっていたのである。ファラオがこれほどの帝国を支配することは二度とないだろう。しかもこの帝国は、おおむねひとりの人間の活力と信念によって作り上げられたものなのである。トゥトモセ3世の崇拝がプトレマイオス朝の末までさらに1500年もおこなわれ、あるいは彼の王名がスカラベや護符に刻まれ、お守りのご利益があると信じられたことにはほとんど何の不思議もない。なぜなら彼は、すべての軍人ファラオのなかで疑いなく最も偉大な存在だったからである。

46. メンケペルラーセネブ

：国家神アムンの大司祭

　第18王朝中期までに、カルナクのアムン・ラー大神殿は、エジプトで最も重要な宗教財団となっていた。王がとりわけ好んで後援したこの神殿は、国土のいたるところに領地をもち、莫大な富を保有する団体だった。カルナクのすべてを管轄していた人物、「アムンの第一預言者（アムン大司祭）」はそれゆえ、国内で最も大きな影響力を持つ人びとのひとりだった。トゥトモセ3世の治世にこの地位についていたのはメンケペルラーセネブである。この人物の豪華に飾られたテーベの墓は、「上下エジプト神官長、神の二つの玉座の管理者、高級官職の監督官、金と銀の二つの宝庫の監督官、チェス・カウ・アムン（神殿）における労働監督官、二柱の女神の秘儀を監督する者、アムンの第一預言者」であるということが何を意味していたのかをある程度理解させてくれる。

　メンケペルラーセネブというその名前「メンケペルラー（トゥトモセ3世）は健やかなり」は、王家に忠誠を尽くすという彼の一族の伝統を示している。母親のタイウネトは王の乳母であり、祖母は王（おそらく若きトゥトモセ1世）の乳姉妹として王宮で育った。メンケペルラーセネブ一族の婦人たちはこのように王家との強いつながりがあり、権力の究極の源とこれほど近かったことがメンケペルラーセネブの出世に重要な役割を演じたことは疑いない。「第二預言者（第二司祭）」の役職に昇進すると、メンケペルラーセネブは自分の社会的地位を記念するため、墓の準備を始めた。テーベの聖職位階の責任者の地位にのぼると、彼はもっと豪華な墓所をさらに立派な位置に造営するため、この記念建造物を放棄している。

メンケペルラーセネブの墓の彩色浮彫（テーベ、第18王朝）。カラフルな房飾りのある衣服に身を包んでクレタから来たミノア人の使節が、雄牛の頭の形のリュトン（酒杯）を含む珍稀な品々を差し出している。エジプトとクレタの関係は、トゥトモセ3世の治世において頂点に達したように思われる。

カルナクの神官団の長である「アムンの第一預言者」は、神殿の円滑な経営とその儀礼の正しい執行を確実なものとする最終的な責任を負っていた。儀礼のうちとりわけ重要だったのは、暦のなかで縁起の良い日取りにおこなわれるものであり、なかでも新年祭ほどに重要なものはなかった。メンケペルラーセネブにとって人生で最も誇らしい瞬間のひとつは、「年のはじめのかのお方の船旅で……かのお方が出御されるジェセルアケトの祭礼で、アムン・ラーの満足される儀礼を執りおこなった後に」王から花束を贈られることだった。メンケペルラーは当然ながらカルナクの増築にもかかわっており、王の建築事業に強い関心を抱いていた。

私は陛下［訳注：「かのお方の身体」］が父君であるアムンのため、いかに多くのオベリスクと旗竿を建立されたかをまのあたりにしてきた。私はかのお方の記念物の作

業を指揮することで王に満足いただいた者である。私は卑しい心根を持たずにこれをおこない、そのために称賛をいただいた。

　しかし、「第一預言者」の時間の多くを占めていたように思われるのはカルナクの経済運営だった。メンケペルラーの職務にはアムンの家畜や家禽の群れの検分、エジプト全土の神殿領から納められるべき農産物の納入管理、管轄下にある下位の諸神殿からの貢物の受領、そして収穫時におけるカルナクの穀倉の補充を監督する仕事が含まれていたのである。彼はさらに、もっと貴重な原料、とりわけ「コプトスの砂漠の黄金、毎年の租税である『汚らわしいクシュ』の黄金」の受領も監督していた。貴金属や貴石の供給は、コプトスの黄金（を埋蔵する）砂漠の監督官もおこなっており、彼はエジプトで最高位にある官僚のひとりに敬意を示す行為として、メンケペルラーセネブの前に平伏していた。

　これら貴重な原料は、最終的にはアムン・ラー神殿に付属する工房に行くことになっていた。そこでは国中で最良の職人たちが雇われて、神殿や王家のために珍しく美しい品々を作り出していたのである。メンケペルラーセネブは「第一預言者」として工房を管理し、戦車や神殿の家具類、そして同様に貴重な製品の製造を監督していた。このような「自家製」の贅沢品にくわえ、メンケペルラーセネブは近東におけるエジプト帝国の、征服されたばかりの領土からも貢物を受け取っていた。彼の最も記憶に残る職務のひとつは、諸外国から珍稀な品々を携えて訪れた大がかりな代表使節団を案内することだった。すなわち鮮やかな色彩の房飾りがついた衣服をまとい、動物の頭部をかたどった精巧なリュトン（酒杯）を運ぶクレタのミノア人、熊を連れたシリア人、アナトリアのヒッタイト人、武器や貴金属を携えてくるトゥニプやカデシュの首長たちである。トゥトモセ３世の宮廷は色彩に富み国際的であり、メンケペルラーセネブはその地位のおかげで、政務だけでなく国家的なページェントでも中心的な位置を占めていたのである。

202　第Ⅳ部　黄金時代：第18王朝初期

47. レクミラー：上エジプトの「総理大臣」

　新王国時代のエジプトは高度に中央集権化された国家であり、行政全体の中心にいたのはひとりの人間、宰相であった。宰相という官職は第3王朝時代かそれ以前に、王による大規模建築事業、とりわけピラミッド造営のため、全土の民と資源を動員する必要が生じたことに対する回答としてもうけられた。慣習的に「宰相」と訳されている三部構成の称号、タイティ・ザブ・チャティは、この官職が統合している宮廷、司法、行政にかかわる役割を強調したものである。しかし第18王朝中期のただひとつの資料なしには、この官職の厳密な性格を再構成するのは困難だろう。その資料とは、「南の宰相」レクミラー（レクミラ）がテーベに作った墓である。彼の詳細な銘文は宰相職と、実際のところ、帝国の最盛期におけるエジプト行政全体の機能について、最も完全で重要な証拠を提供してくれる。

　レクミラーが全土で最高位の官職についたのは偶然ではなかった。彼は位の高い一族の出であり、祖父のアアメチュと叔父（伯父）のウセルの後を継いで「南の宰相」となったのである。これは彼に、南は第一急湍から北はアシュートに及ぶ上エジプトに対する責務を与えることとなった。この地域においては、彼の権力は絶対だった。彼自身の言葉によれば「私は貴族であり、王に次ぐ者だった。」レクミラーの任命は、あらゆる高官のそれと同じく、国王自身によって王宮で追認がなされた。しかしその折りのトゥトモセ3世のスピーチは、いつもながらの仰々しい言い回しに限られたものではなかった。その中心となっていたのは、マアト［訳注：真理や正義、秩序、調和などを包含する概念］の原理に従って賢明かつ公正にふるまうようにというレクミラーへの訓戒だったのである。

47. レクミラー：上エジプトの「総理大臣」　203

宰相の広間のため留意せよ。そこでなされることすべてに対して注意深くあれ……不公平を示すは神の嫌悪されるところである。これは教訓である。そなたはそなたが知っている者と知らぬ者、そなたに近い者と遠い者とを同じように扱うべし。

エジプト文明は真理と正義、正しい行動に基礎を置いており、宰相はそれらを実際に保障する存在だったのである。

レクミラーの職務の中心をなしていたのは日々の謁見だった。誰でも社会的地位にかかわりなく、宰相その人に救済や正義を求めることができるというのが、エジプト政府の長年の根本方針だったのだ。それゆえ毎日、嘆願者たちが宰相の広間の外に行列を作って、嘆願の順番を待つのが常だった。順番が回ってくると、彼らはレクミラーの前へと導き入れられる。嘆願者の前には、「宰相様」が彼の高官たちと一緒に腰掛けている。右にいるのが「私室の長」で、左が「収益の管理人」だ。そしてそれぞれの嘆願の詳細と結果を記録するため、書記たちが近くに控えていた。謁見の厳密な準備については、宰相に関する公式の規定に詳しく

レクミラーの墓壁画（テーベ、第18王朝）。従者たちがアンフォーラを肩にのせたり、棒から下げたネットで吊るして運んでいる。このような場面は、来世における必需品が永遠に供給されるのを確実にするためのものだった。

書かれている。「彼は椅子に座るべし。床には敷物、その上には壇、彼の背の下にはクッション、足の下にクッション……手には杖があり、彼の前には40の革の巻物が開かれるべし。」これらの革製の巻物はおそらく法律文書であり、宰相が決断を下す時に参照できるような法令や判例の記録だったのだろう。

この毎日の謁見を補うため、レクミラーは「人びとの抱える問題を聞き取るため……身分の高い者を低い者より好むことなく……毎朝、大地の上を外に出て」民衆のなかを出歩くことも忘れなかった。書記たちが行ったり来たりして嘆願を受け付け、記録する間、彼はいつも木陰で杖にもたれていた。カルナクのアムン・ラー神殿が上エジプト経済の主な動力源だったから、レクミラーはこの機関にも密接にかかわっていた。彼の視察の対象には、日々の供犠やさまざまな記念物、神殿工房で働く職人たち、新規の建築事業で働く彫刻師や建築職人たちも含まれていたのである。

彼の仕事で同じく重要だったのは政府の長としての責務である。彼は事実上、警察長官と軍務大臣、農務大臣、内務大臣、大蔵大臣、そして総理大臣をすべてひっくるめてひとつにしたような存在だった。レクミラーは毎日、宝庫長をはじめとする国家の重職や各地の守備隊駐屯地から報告を受けていた。「あらゆる部局を最初から最後まで、宰相との協議のため、宰相の広間に進ませよ」というわけである。王宮の出費と収益は彼に報告され、租税は配下の地方官吏から彼のもとに運ばれた。彼の多岐にわたる責務には、すべての財産証書の封印、耕地や区域の境界画定（農耕社会ではきわめて重要だ）、王宮守備隊の兵員配備、巡幸の際に王に随行する兵員の徴用、陸軍評議会の規則作成、水供給の保障、町の評議会の仕事の監督、木材供給の確保、租税の監査、そして毎年のナイル氾濫と1年の開始の決定さえ含まれていた。政府のあらゆる部局、とりわけ大蔵省から情報を受け取ったレクミラーは、これを日々の会議で王に伝えた。王は国家元首だったが、王の命令を政府の政策へと変える仕事を担ったのが宰相だったのである。

エジプトの統治機構の中心には、君主と宰相のきわめて重要な関係があった。それゆえ、レクミラーを任命した王であるトゥトモセ3世が世を去り、息子のアメンホテプ2世が後を継いだとき、レクミラーがどれほど不安にとらわれたかは

47. レクミラー：上エジプトの「総理大臣」　**205**

想像に難くない。知らせを聞くやレクミラーは、新王に拝謁し伝統に従って王の標章を奉呈するため、直ちに出帆して、下エジプトの王宮都市ハトセケムへとナイルを下った。謁見は首尾よく運んだ。留任が認められたレクミラーは意気揚々とテーベへと戻ったのである。

　彼の壮麗な葬祭記念建造物の壁面に刻まれた銘文で経歴が詳しく語られているにもかかわらず、レクミラーの物語の結末は謎のままである。彼の図像は意図的に削り取られており、彼がおそらく王の寵を失ったことをうかがわせる。彼の墓には玄室がなく、その墓所が結局どこにあるのかは知られていない。

48. デディ：西部砂漠の支配者

　テーベの西の砂漠は、上エジプトの政治と安全において非常に重要な役割を演じていた。先王朝時代後期の国土統一と第一中間期の内戦の時代に、ケナ屈曲部を縦断する砂漠ルートは、いくつもの軍事作戦の死命を制することとなった。ヒクソスに対する戦いでも、この地域は重要な役割を果たし、ヒクソスとクシュがエジプト人の鼻先で同盟を作り出すのを可能にした。それゆえ第18王朝の諸王は、砂漠の支配に失敗すれば国家の安全が脅かされかねないことを、苦い経験から学んでいたのである。彼らはそこで、これ以上の危険を防ぐために立案された監視と支配のシステムを導入した。

　トゥトモセ3世の治世後期とその後継者アメンホテプ2世の治世初期に、「西部砂漠の長官」だったのはデディという名の人物であった。彼の主な責務はエジプトの「裏口」の治安であり、彼はヌビア人の徴募兵と土着のエジプト人からなる民兵を自由に使うことができた。彼らは西部砂漠の全域で絶えず活動し、見張り台や検問所を活用して自分たちの監視活動をおこなっていた。旗手に先導された大勢の兵士からなる分遣隊が加わるもっと入念な作戦行動も、時おりおこなわれただろう。その目的は、トラブルを起こしかねない者たちへの警告としてことさらに力を誇示するというものだったように思われる。

　デディのその他の、しかし関連のある役割は、西部砂漠の部族への外交使節だった。サハラの半遊牧民はさらに南のヌビアで最も人口が多く目立つ存在だったが、季節的な移動やオアシスにおける交易活動のために、テーベのような北方にも姿を現していた。彼らのそのような動きを綿密に監視して、エジプトの軍事的支配については疑問の余地を残さず平和的な関係を維持することは、エジプト

の利益にかなうことだった。このきわどい外交上の綱渡りが、デディの双肩にかかっていたのである。彼の在職期間中に重大な衝突が何も起きなかったことは、彼が自分の役割を効果的かつ入念に果たしていたことを暗示している。

49. ケンアムン：大げさな大家令

　古代エジプト社会の構造は、その最も特徴的な記念建造物を映したものだ。ピラミッドの頂点には半ば神である王がいて、底面には人口の大多数がいる。その中間には、身分の低い役人から国土で最高位にある官僚たちまで、さまざまな身分の官吏がいた。このピラミッド社会の内部、とりわけ極端に階層的な上層の人びとの間では、微妙な身分の差異がおそろしく重要だった。それはさまざまな手段、特に個人の称号や顕職によって、注意深く意図的に表現された。第18王朝の宮廷はそうした宣伝にひどくとりつかれていたように思われる。新しい形容辞が、官職ではなくてむしろ純然たる地位を示すためいくつも考案された。官吏たちは、彼らの立身出世や重要性を同僚にみせびらかすため、称号をバッジのように収集していた。アメンホテプ2世の治世に王の家令だったケンアムンはこの慣習を、滑稽ではあるが論理的な極限まで突きつめた人物である。

　彼はその経歴の間に80以上の称号や形容辞を持っていたが、そのうち実際の役職を示すものはほとんどなかった。そのかわり、大部分は彼の美徳や宮廷とのつながりを強調している。「エリートの一員」、「高官」、「王の印章保持者」、「（王の）腹心の友」、「（王に）深く寵愛された友」、「寝室の紳士」、「二つの国土の主の扇を保持する者」、「王の書記」、「王の助手」、「あらゆる場で王に随行する者」、「宝物庫監督官」、「二つの黄金の家の監督官」、「セム神官」、「神父」、「弓兵長」、「厩舎長」、「アムンの畜牛監督官」、「耕地監督官」、「宝庫監督官」、「アムンの倉庫監督官」、「アムンの穀倉番監督官」等々と、挙げていけばほとんどきりがない。ケンアムンの称号のひとつが、これらの称号の一般原則を要約しているように思われる。つまり「あらゆる種類の労働監督官」である。

ケンアムンのシャブティ（テーベ西岸のケンアムンの墓より出土、第18王朝）。シャブティは来世での召集に応じるためのもので、所有者の代わりに肉体労働をするとされた。高官のケンアムンは、生前にはそうした義務を免れていたろうが、来世で万が一にもそのような目に遭いたくなかったのである。

幼少期に受けた教育を考えれば、彼が階級や地位にとりつかれていたことはほとんど驚くにあたらない。ケンアムンの母であるアメンエムオペトは、王宮付きの乳母——「神をお育てした大いなる乳母」——であり、したがって彼は将来の王アメンホテプ2世の乳兄弟として、王家の子供たちと一緒に育てられたのだろう。ケンアムンは幼い頃から王に対する忠誠を教えこまれたはずである。彼にとって、王の最も熱烈な支持者であることは非常な喜びだった。彼は自らを「二つの国土の主によって善をなし」、「自らの恩人に忠実で」、「君主に満足を与え」、「王に完璧な信頼を呼び起こさせ」、そして「ホルス［訳注：王］に心より感謝されて」いるとしている。これらいつもながら念入りな紋切り型の表現を通して見てとれるのは、虚栄心や尊大さ、独善の傾向以上のものである。

ケンアムンの実際の仕事はもう少し単調なものだった。彼は父親の後を継いで領地の家令となったが、彼の場合、この領地は王家の年長者が息抜きに使う田舎の別荘、ペルウネフェルであった。領地経営の仕事の合間にはさまざまな種類の娯楽がおこなわれた。少女たちの一団の踊りや、楽士の演奏、国王への新年の贈物の贈呈である。この最後の催しは1年のハイライトをなす

行事のひとつで、ケンアムンの墓にきわめて詳細に記録されている。

　王の幼なじみで今や王の信任厚い官吏であるケンアムンは、常に主君のかたわらにいた。彼は「汚らわしいシリアを通る」アメンホテプ2世の旅で「群れなす敵を退ける折りに、二つの国土の主を戦いのうちに見捨てることなく」王に随行したと主張している。ペルウネフェルに地位を得ていたケンアムンは、宮廷におけるどんなゴシップも、そしてとりわけ王に対するどんな不平の声も聞きつけるのにうってつけの立場にいた。家令としての彼の役割は、こうして彼の「機密の長」、つまり王の治安機関の長としてのスパイ活動の完璧な隠れ蓑となった。彼は「上エジプト王の両目、下エジプト王の両耳」であることを誇りにしていた。あらゆるものを承知し、それを主人に報告するのがケンアムンの仕事だったのだ。「王がその宮殿にいらっしゃるときは、彼はそのお方の両目となる」のである。

　この「陰の権力」がケンアムンの気質に訴えるものだったことは明らかで、それは彼の自己吹聴癖にますます油を注いだ。テーベの墓地に墓を造営するのを許された彼は、当時の最良の芸術家を雇い、墓の供養室の設計をできる限り広い壁面スペースがとれるものにするよう手配した。ケンアムンは、絵画と言葉を用いて自分の偉業を子孫に吹聴しようと決意したのである。彼の自画自賛は、自らをよりいっそうの大言壮語でほめたたえるとき新たな高みに達した。「廷臣たちの主な友、監督官たちの監督官、指導者たちの指導者、大いなる者たちのうち最も大いなる者、全土の摂政」、そして最後に、しかしとりわけ「夕方、何かに注意を向ければ、それを翌朝早く夜明けには会得しているような者」というわけである。しかし彼の墓には、彼がおこなった秘密裡の監視活動とあいまってこの盛んな自己宣伝が、宮廷では友人よりも敵を数多く作ってしまったことをうかがわせる痕跡が見られる。ケンアムンの図像や名前の多くは、彼の死後、意図的に削り取られているのだ。古代エジプトでは、昇進は極端な忠誠に対する褒賞だったが、自分の立場をわきまえないというのは賢明ではなかったのである。

49. ケンアムン：大げさな大家令　**211**

50. ナクト：美しい墓を持った小市民

　テーベの貴族墓は、古代エジプトの偉大な栄光を物語るもののひとつである。その主となった男性たち（女性の墓主がいないのは注目に値する）の名は、ファラオに支配された新王国の社会の「紳士録」に相当する。しかし、宰相や高級神官、市長の華やかに装飾された墓のなかに、現代の考古学者が52号墓と呼ぶ小さな墓がある。この墓はトゥトモセ4世の治世に、官僚機構のなかでも低い階層に属する男性のために作られたものである。事実、墓主のナクトはあまりに低い身分だったので称号を持っていない。肩書きがすべてだった社会でそれがないというのは、目立った特徴である。

　堂々とした葬祭記念建造物ばかりが作られている地域に、ささやかな墓とはいえ、ナクトがなぜ自分の墓を作らせることができたのかさえ明らかではない。彼はこの墓以外に何の痕跡も残しておらず、より広い意味でのテーベ社会には何の影響も及ぼさなかった。墓の壁面に記されたわずかな銘文では、彼は単に「アムンの奉仕神官」として言及されているにすぎない。言い換えれば、彼はカルナクで、おおむね神官の職務とはかかわりない雑用を輪番制でこなしていた神殿職員のひとりだったのである。そうした仕事には神域の清掃や、奉献が済んだ供物をその最後の受取人たち［訳注：神官］のもとに配達することが含まれていた。ナクトは日中か夜間の決められた時間に働いていたはずであり、彼の神殿勤務はおそらく、彼の（知られていない）「本業」への付け足しだったのだろう。同時代に生きていた人びとの多くがそうだったように、おそらくは彼も、テーベの多くの神殿のうち最も偉大な神殿で奉仕の期間を過ごすため召集されるのを、栄誉とみなしていたのだろう。

ナクトの墓（テーベ、第18王朝）の壁画は、妻を伴ったナクトが沼地で狩猟をする姿を描いている。パピルス製の小舟（葦舟）の上に立つ彼は、水鳥を撃ち落とすのに投げ棒を用いている。

　彼の妻タウイもまた、「女性歌手」としてアムンの祭祀に一役買っていたが、これもまたおそらく、地元の婦人たちが果たしていたパートタイムの役割だったはずである。彼ら夫婦はこのように、テーベの1年を支配する大規模な儀式や祭礼の数々にささやかながら加わっていたのだろう。これらの宗教行事のうちで最も人気のあったもののひとつは、毎年おこなわれた「谷の美しき祭」で、民衆が参加するこの祭礼の折りには、テーベの人びとは亡き親族の墓を訪れて特別な食事を楽しみ、音楽や舞踊がおこなわれることもしばしばだった。ナクトとタウイも、自分たちの死後は息子のアメンエムオペトが同じことをしてくれるのを望んでいただろう。その時まで彼らが少人数の家族生活を楽しんでいたことは明らかだ。タウイの椅子の下に時おりすわって魚を食べていたペットの猫が、それを

50. ナクト：美しい墓を持った小市民　213

補っていたのだろう。

　ナクトが得ている主な名声は、夫や父親、あるいはパートタイムの神官としての業績によるのではなく、彼の墓それ自体によるものである。それは小さいとはいえ、美しく仕上げられ生き生きとした壁画で飾られており、しかもその壁画は、古代エジプトの記念物には稀なことだが、ひとりの芸術家の作品とみられる。いくつかの場面ではほとんど印象主義と言える様式を用いているこの優れた絵師の名は知られていないが、彼がナクトの友人だったというのはありそうなことである。彼のこの作品は 30 世紀以上も生き残り、そうでもなければ無名だったはずの役人、古代エジプトの文明を建設・維持するため称賛されることなく奉仕してきたしがない労働者のひとりに、思いがけない名声をもたらしたのである。

214　第Ⅳ部　黄金時代：第 18 王朝初期

51. センネフェル：テーベ市長

　古代エジプト美術に保たれている理想化されたイメージは魅惑的ではあるが、それと同じ程度に虚構であるのもほぼまちがいない。私的な書簡を記した非公式の文字資料によって、はじめて我々は、ありのままの真実をかいま見ることができるのである。アメンホテプ2世の治世にテーベ市長だったセンネフェルは、そのような一例である。

　彼は出世をとげた官僚の持つ特性をすべて備えていた。彼はまず身内に恵まれていた。父親は「アムンの神妻」の家令であり、兄弟はさらに出世して宰相になっていたのである。そのような有益な縁故があるからには、センネフェルもまた高級官職につくことは容易に予想できた。彼は市長に昇進する前に、「神妻の神官監督官」、アメンホテプ1世神殿の家令、トゥトモセ1世の「祭礼指導者」を勤めている。この市長職は彼に、エジプト最大の都市のひとつのための公共の責務と、アムン崇拝に関する畜牛、二つ一組の穀倉、そして植林地に対する監督という役割を与えることとなった。

　第二に、センネフェルは忠実で情愛深い家族に囲まれていた。彼は2度結婚しており、最初の妻はセナイという名の王の乳母、二度目の妻はメリトという名の「アムンの女性歌手」だった。第三に、彼は「王の御心を満足させる者」として王の寵愛を享受しており、「二つの国土の主の称賛のなかで老年に達した」と誇ることができた。この寵愛は具体的な形となって現れた。センネフェルはテーベに墓を造営する特権を与えられたのである。この墓は玄室の天井に、黒い果実の房のさがる葡萄の蔓が一面に描かれていることで知られている。彼はアムンの葡萄園に責任を負っていたのかもしれないが、あるいはたぶん彼自身、ワイン通

で美食家であり「自分の時間を幸福に過ごす市長」だったのかもしれない。墓の内部には列柱があるが、これは同時期の王墓に見られる特徴であって、これもまた墓主が最上のものを求めていたことをうかがわせる。事実、センネフェルは、「王家の谷」で本来はハトシェプストのために作られた墓を、自分と家族のため横領した可能性さえあるのだ。

　王がセンネフェルを重んじていたことを示すもうひとつの印象的な証拠は、花崗岩で作られた彼と妻のセナイの夫婦像をカルナク神殿に安置する許可が与えられたことである。それによってこの像には、カルナクで礼拝者たちから供物が捧げられることになったのだ。この夫婦像には、幸福の絶頂にいる妻と夫、フォーマルなドレスを着て大きな鬘をつけたセナイと、「栄誉の黄金」で身を飾り、胴回りに段をなす贅肉がその富の大きさを示すセンネフェルが表現されている。センネフェルはさらに、最も大切にしていた所有物もこれ見よがしに身につけている。それは二つの心臓を組み合わせた形の護符で、アメンホテプ2世の即位名が刻まれていた。

　この夫婦像がカルナクを訪問する人びとに良く利用されたことは明らかで、膝の部分が、何度も供物を置かれたためにすり減っている。珍しいことだが、この作品には作者である彫刻師、「アムン神殿の下絵師」アメンメス（アメンモセ）とジェドコンスの署名が刻まれている。このちょっとした細部は、ひとりの高官がかかわる二つの世界を明らかにしている。すなわち公的な名声と私的なつながりである。センネフェルは、自分自身の個人的なプロジェクトのため熟練職人を調達するにあたって、カルナク神殿内部における縁故を利用したように思われるのだ。そうした手配はいつでもおこなわれたに違いないが、文字記録に証拠が残されることは稀なのである。

　センネフェルの人生と性格に関して現存する最後の証拠は、さらに注目に値する。それはフウ（古代のフウト・セケム）の町で働いていたバキという名の小作農民にあてた書簡であり、封がされていて未開封の状態だった。この書簡のなかでセンネフェルは、自分があと3日でフウに到着する予定であることを告げ、補給品を準備しておくようバキに命じている。書簡の語調は横柄であり空威張りで

もある。センネフェルはバキに警告している。「お前の地位に関わることで、お前のあら探しなどさせるな。」そして少し後の文ではふたたび訓戒を垂れている。「いいか、気をつけるんだぞ、だらけるんじゃない。お前が怠け者で、寝転がって食べるのが好きなことくらい承知しているからな。」もちろん、バキはとりわけ怠惰で不器用だったのかもしれないが、センネフェルがどの部下に対してもこんな具合に呼びかけていたというのも同様にあり得ることであり、おそらくそのほうがもっとありそうなことである。エジプトの官僚は、必ずしも彼らの墓の浮彫や彫像が示そうとするほど完璧な人びととは限らなかったのである。

センネフェルとその妻セナイの夫婦像（花崗閃緑岩製、カルナク神殿より、第18王朝）。センネフェルは「栄誉の黄金」（黄金の円盤ビーズを連ねた四連の首飾り）と、2つの心臓をかたどった護符をつけている。これらはともに王からの贈物であり、それゆえ珍重された所有物だった。センネフェルの何段にもなった脂肪太りの腹部や、妻の大きな鬘は、彼らの富と宮廷における地位を強調している。

51. センネフェル：テーベ市長

52. アメンホテプ3世：黄金時代の統治者

　第18王朝初期の征服事業は、近東とヌビアに「南はカロイ（第四急湍付近のエル＝クッル）から北はナハリン（ユーフラテスのかなたのミタンニ王国）まで」拡がるエジプト帝国を作り上げた。エジプトはこの広大な後背地から富を得て栄え、珍稀で貴重な品々が国庫と王の工房に流入した。ヌビア砂漠を支配することでファラオたちは、他に例を見ないほど膨大な量の黄金を入手できるようになり、それが交易を促進し、国富をさらに増大させた。第18王朝後期はそれゆえまったく文字通りに、権力と威信の「黄金時代」であった。その絶頂は、太陽の光輝にたとえられるきらびやかなものでことさら我が身を取り巻かせたひとりの王の治世と重なる。その王こそアメンホテプ3世である。

　彼は祖父のアメンホテプ2世（彼の名はこの王にちなんだものだ）の治世後期、紀元前1403年頃に生まれた。この少年アメンホテプはメル・ケペシュ（「力を愛する者」）という追加の形容辞を与えられたが、彼の治世の強みは軍事的なものではなく、むしろ経済上のものとなった。アメンホテプがまだ2歳そこそこの頃に、父親がトゥトモセ4世として王座につく。幼い王子はおそらく、ファイユームの縁辺部に位置するグローブの後宮内にあった王家の育児室で育ったのだろう。ここで彼は、その人生の残りの時期を通して変わることなく夢中になる贅沢な装飾や服飾品を味わうこととなる。

　まだ少年だった頃、アメンホテプは兄のアメンエムハトを亡くす悲しみを味わった。これは彼にとって打ちひしがれるほどの死別だったに違いないが、それはまたアメンホテプの人生を永遠に変える出来事だった。なぜなら、今や彼は父王の存命の長子となり、後継者となったからである。新たな職務への手ほどき

アメンホテプ3世の浮彫（カーエムハトの墓、テーベ、第18王朝）。王は通常の標章の代わりに、(黄金の円盤を連ねた) シェビウ襟飾りをつけ、ウラエウス（聖蛇）飾りのついた精巧な鬘をかぶる姿で示されているが、これは王と太陽神との結びつきを強調するためである。

52. アメンホテプ3世：黄金時代の統治者　219

漆喰で作られた初老の男性、おそらくはアメンホテプ3世の頭部（アマルナ出土、第18王朝後期）。現存するのは稀と言えるこの作品は、王家の人びとを描写した原型コレクションのひとつで、彫刻師トゥトモセの工房で発見された。

のため、皇太子となったアメンホテプは父王に連れられてヌビア遠征に赴き、軍人としての王の役割を実地に体験している。しかしアメンホテプは軍隊生活に没頭することはなかったように思われる。ただひとつの例外（ヌビアにおける小規模な小競り合い）をのぞけば、37年間におよぶ彼の治世に軍事遠征はおこなわれなかった。先王たちがしばしば戦闘に従事していたこととは著しく対照的である。

即位のための準備期間はまったく短いもので、彼は12歳前後という若さで父の後を継ぎ、王となった。複雑だった彼の思いは、姉妹のテントアムンが同じ年にあまりに早く世を去ったことで強められたに違いない。若きアメンホテプは父と姉妹の葬礼を執りおこなわなければならなかったのである。この後まもなくメンフィス（古代のイネブ・ヘジ）において、彼の戴冠がおこなわれた。きわめて重要な1年を締めくくるため、アメンホテプはティイ（53）との結婚を告げる「記念スカラベ」を発布する。この女性はアメンホテプの治世を通じて変わらぬ伴侶となるのである。

政務ははじめのうち、アメンホテプの母であるムトエムウイアが、摂政の資格で取り仕切っていた。アメンホテプのほうは、思春期に達したらすぐに権力の手綱を握るための準備として、自らの力強さを示そうと企てていた。このため、治世2年に彼はワディ・ナトルンにおいて、あらかじめ仕組まれた雄牛狩りに参加し、王の狩猟隊がわずか1日の狩りで仕留めた計170頭の雄牛のうち、56頭を自ら倒したと主張している。馬たちを4日間休ませた後、彼はふたたび戦車を駆ってさらに40頭を仕留め、これらすべての成果を特別に発行した「記念スカラベ」に刻ませた。王権には、野蛮な力や荒々しい自然の力の統制のみではな

く、民に強い印象を与え、神々をなだめるための具体的な表現も必要とされた。すなわち神殿である。そこでアメンホテプは、配下の建築士や建築職人たちをして、禿鷲の女神ネクベトに捧げたエルカブ（古代のネケブ）の小神殿から、ヘリオポリス（古代のイウヌ）の石灰岩製の祠堂までの一連の建築事業にとりかからせた。作業はまずカルナクのアムン・ラー神殿第10塔門と、「王家の谷」の孤立した西の支脈に位置するアメンホテプ王墓で開始された。

建築のペースは、「ハプの息子」アメンホテプ (55) が労働大臣に任命されるとともに増大したが、王はさらに有力な神官団に対する締めつけを強める処置をとり、義理の兄弟のアネンを、テーベにおける「アムンの第二預言者」、ヘリオポリスにおける「見る者たちの長（ラーの大司祭）」に任命した。こうして大神殿の富を自由に使えるようになったアメンホテプ3世は、その建築事業や壮麗な彫像、そして新たな神像の奉献に、いっそう多くの財源を惜しみなくつぎこんだ。

治世10年に王はふたたび「記念スカラベ」を発行する。それは、彼が即位から10年間に仕留めたライオンの頭数（102頭）を記録するためであり、その一方で、ミタンニ王シュッタルナ2世の娘ギルケパ王女との政略結婚について記すためであった。この婦人は317人の女官からなる従者たちを連れてエジプトに到着した。アメンホテプの異国人妻は彼女だけではない。彼はまた名前が伝わら

橇にのったアメンホテプ3世の祭祀用彫像を表わした赤色珪岩製彫像（「ルクソール神殿の隠し場」より出土、第18王朝）。彫刻として傑作であるだけでなく、この注目すべき彫像には神学的な意義も吹き込まれている。王の示す子供のような特徴は、毎年のオペト祭によって王が若返ることを示し、石材の赤い色は明らかに、王を太陽神と結びつけているのである。

52. アメンホテプ3世：黄金時代の統治者

アメンホテプ3世の珪岩製巨像の頭部（アメンホテプ3世の葬祭殿より、テーベ西岸、第18王朝）。この像は露天の「太陽の中庭」に建立されており、王と太陽神の結びつきが、太陽を強く暗示する珪岩という石材を選択することで強調されている。

ないバビロニアの王女2人、アルザワ王の娘、そしてシュッタルナ2世を継いでミタンニ王となったトゥシュラッタの娘である王女タドゥケパとも結婚していた。

このように多くの配偶者が集まっていたにもかかわらず、アメンホテプ3世の寵妃は依然として明らかに正妃のティイであり、彼女が宮廷で最も勢力のある婦人だった。この正妃の地位は、王がティイのため彼女の町ジャルカ（おそらく生誕地のアクミーム）に儀式用の池を掘削したことを告げるため発行した第五の（最後の）「記念スカラベ」に、反映されている。この池の広さは3700×700キュービット（1938×367メートル）であり、豪華な落成式には、王の御座船〈アテン［訳注：日輪］〉はきらめく〉で水面に漕ぎ出した王と王妃も臨席した。この御座船の名は、アメンホテプ3世の治世に太陽崇拝がますます重視されるようになったことを反映したものだ。テーベにあった彼の王宮は「アテンの光輝」と呼ばれたし、彼が自分につけたお気に入りの形容辞のひとつはアテン・チェヘン（「まばゆいアテン」）だったのである。王権の隠喩として日中の太陽の目に見える日輪に執着する傾向は、アメンホテプ3世の息子の治世には顕著な特徴となる。

王座について 20 年以上も経つとアメンホテプの思考は王位継承に向けられ、彼は長子で皇太子のトゥトモセを首都メンフィスの「プタハ大司祭」に任命した。父子は聖牛アピスの葬祭と埋葬をともに執りおこなっている。テーベでは、王はこれまでのところ最も重要な建築事業のひとつである南のイペト（ルクソール）の神殿造営を開始した。この挑戦的で新しい大建造物は、川ではなくカルナクに向けて配置され、毎年おこなわれるオペト祭の舞台として役立つようデザインされた。この祭において、王は最高神アムン・ラーと密かに親しく交わり、その経験により若返って、「あらゆる生きたカァ［訳注：生命力］の先頭に立つ者」として群衆の歓呼のなか姿を現すのである。まだ生きている王が暗黙のうちに神格化されていることは、神殿の奥深くに設けられた部屋のひとつの装飾でいっそう明確にされている。そこにはアメンホテプの誕生が母親とアムン神の交わりによることが記述されているのである。ルクソールの建築工事が開始されてまもなく、皇太子トゥトモセの死という悲劇が襲い、王位継承者としての彼の立場はその弟に引き継がれる。この人物がアメンホテプの君主制賛美を極限にまで高めることとなるのである。

　王の即位 30 周年の祝祭は、国を挙げての祝賀の機会となった。この祭典は、信任厚い官吏「ハプの息子」アメンホテプの監督下にテーベでおこなわれ、テーベはこのとき以後、宮廷の恒久的な所在地となった。祝典が頂点に達した時、王とその母ムトエムウイア、王妃ティイ、新しく「大王妃」の地位に昇った王女スィトアムンがともに、きらめく黄金の御座船に乗って、人工の波止場から出帆した。ラーの母、妻、娘としてのハトホル女神の役割を象徴する三世代の女性王族が揃ったこの時ほど、太陽神のイメージが明白に示されることは他にあり得なかっただろう。さらに二つの祝祭が、王の即位から 34 年目と 36 年目におこなわれ、そのうち後のほうの祝祭では、アメンホテプは頭から足指の先まで、黄金の装身具で覆われていたように思われた。しかし太陽神との結びつきを形式的にいくら示そうと、それは逃れようのない死の定めを変えることはできなかった。37年の治世の後に、アメンホテプ 3 世は 50 歳ほどで世を去った。エジプトのまばゆく輝く太陽は、ついに没したのである。

52. アメンホテプ 3 世：黄金時代の統治者　　223

53. ティイ：権勢を振るった王妃

公式記録では、エジプトの諸王の治世は王個人によって支配され、他の王族はあまり重要でない端役を演じるだけのワンマンショーに見えることがしばしばである。それに対してアメンホテプ3世の華麗な治世は、まったく掛け合い芝居のようだった。即位の1年目から人生の終焉まで、王妃ティイは彼にとって常に変わらぬ伴侶であり、支えだったのである。国家にかかわる文字記録では、彼女の名は夫の王名と密接に結びついていた。彼女は王からの並外れた寵愛を享受しており、彼女に捧げられた記念建造物は、中部エジプトの船遊び用の池からヌビアに作られた神殿にまで及ぶ。第18王朝初期の世代の女性王族にも共通することだが、ティイは宮廷でかなりの影響力を行使しており、政治においても能動的で公的な役割を演じていた。それゆえ彼女は、義理の娘となるネフェルトイティ (**57**) の比類ないほどめざましい権力獲得のため、はからずも道を開くこととなったのである。

ティイは、中部エジプトにあるアク

ハトホル女神の頭飾りをつけたティイ王妃の頭部（メディネト・エル＝グローブ出土、第18王朝）。イチイとアカシアを用いて優美に形作られたこの頭部は、もともと大きな彫像の一部だったが、古代に作り変えられて、亜麻布製の髪と頭飾りが追加された。

ミーム出身の中級地方官吏の娘だった。父親のイウイアは地方神ミンの神殿で奉仕する神官で、この神殿の畜牛の群れの監督官だった。ティイの母親トゥイウは、アムンとハトホルの祭祀で女性歌手を務め、アムンとミンの祭祀では主任神殿楽師「芸人の長」であった。したがって、両親はいずれも彼らの地元の共同体に密接にかかわっていたわけだが、地方あるいは中央の政府で高級官職を持っていたわけではなかった。新たに即位したアメンホテプ3世が、治世の最初の年にティイを妃に選んだ時、彼はそれゆえ、そのような良く知られていない出自の一般人をめとることで、その当時の王家の伝統から脱することとなったのである。しかしいずれも12歳よりさほど年長ではな

ティイの凍石製彫像頭部（セラビト・エル＝カディムのハトホル神殿より出土、シナイ、第18王朝）。王妃の額の上の2匹のウラエウス（コブラ、聖蛇）は、王妃のなかば神のような高貴な立場を意味している。

かったこの夫婦の絆が、当初から強かったことは明らかである。アメンホテプは義理の両親を昇進させ、イウイアを「主馬頭」、王の戦車隊の副司令官に任命し、トゥイウには「大王妃」の「王母」という高位を与えた。ティイの兄アネンも同じく昇進している。王は妃の一族を王家の身内に迎え入れようと熱望していたのである。

　ティイは明らかに王族の暮らしに夢中であり、アメンホテプ3世の宮廷の贅沢と洗練を享受していた。エジプトの盛んな外交の影響下で、新しいファッションがエジプトで大いに流行し、ティイもかなりの数の衣服を使ったお洒落を楽しんだ。彼女の生み出した最も斬新な衣装のひとつは、腰と腿に巻きつく禿鷲の翼をデザインした羽根柄ドレスで、腰の上のベルトできつく締め、幅広の肩ひもで固

53. ティイ：権勢を振るった王妃

ティイの像（第18王朝）。2本の羽毛飾りのついた王妃の頭飾りは彼女と太陽信仰を結びつけており、禿鷲の翼のドレスは彼女を、神々の王アムン・ラーの妻であるムト女神と関連づけている。このようにティイと彼女の夫は、至高の夫婦神に地上で対応する存在として表現された。

定するようになっていた。しかしティイは単なる好事家だったわけではない。夫のすすめで、彼女は政務にたずさわるようになっていた。彼女は自らの資格で異国の支配者たちと書簡のやり取りをしており、アメンホテプ3世の治世に特徴的と言える外交書簡の増加に一役買っていたのである。

　国内の舞台では、神王の望ましい模範であろうとする夫を補佐するために必要な女性的役割を、ティイは果たした。それゆえ彼女は夫のアムンに対してムト［訳注：アムン神の妻にあたる女神］となった。彼のホルスに対しては、ハトホル女神［訳注：王権の神ホルスの母あるいは妻とされる］の角と日輪を飾りとして採用した。また、彼女は自らをネクベトと結びつけていたが、これは天空を横切って旅する太陽神を助けたこの禿鷲の女神と、夫である王が地上に君臨する間に彼を支える王妃とを、はっきりと比べてみせるためだった。王家の図像表現にたずさわった者たちは、ティイを、王の守護者というもっと恐ろしい役割を演じる存在としても描き出している。ある浮彫では、彼女はファラオの敵を踏みにじるスフィンクスの姿で表現されているが、この場面は、王権のイメージをそのまま改作したものである。この注意深く作り上げられたプロパガンダにティイが密接にかかわっていたことは大いにあり得る。彼女の彫像の表現に見られる突き出た唇、への字に曲げられた口元は、王妃の美しいファサードの背後には鋼のごとく強固な意志が隠されていたことをうかがわせるのである。事実、ティイは彼女の肖像を造らせるため、イウティという名の専属彫刻師を雇っていたが、この人物は、家令ケルエフが取り仕切る王妃の一族郎党のひとりにすぎなかった。

夫の即位直後からその三度目の祝祭まで、ティイは常にアメンホテプ王のかたわらに寄り添っていた。治世の最後の年には、ミタンニ王トゥシュラッタからエジプトに、メソポタミアの愛と豊穣の女神イシュタールの像が送られている。それは国王夫妻の不朽の愛情を象徴するはずだったのかもしれないが、わずか1年後にアメンホテプ3世が世を去ると、ティイは急にひとりになった。彼女はグローブの王宮へと住まいを移し、忠実な女官たち、すなわち家事の長テイ、歌手ミィ、小間使いのネベトイアやタマに囲まれて、未亡人としての余生を送った。息子である新王アメンホテプ4世（後のアクエンアテン）を慰めるため、ティイはさらに彼の新都アケトアテン（アマルナ）にも居を構えており、そこで彼女の家政を管理していたのは家令フイアだった。

　ティイは息子の治世初期には侮りがたい存在だったように思われる。政治改革に乗り出した新王は、彼女の経験と助言なしに行動するわけにはいかなかった。ある時など、トゥシュラッタがアメンホテプ4世（と呼ばれていた頃の王）に書簡を送って、国事については母上に相談されるようにと説いている。彼女こそアメンホテプ3世の政策を詳しく理解しているただひとりの人物だから、というのである。異国の支配者がティイに対してこれほどまでの敬意を示していることは、彼女の影響力の大きさと政治的な才知の証である。

　夫より10年ほど長生きして、ティイは六十代前半で世を去った。彼女は息子の手でアマルナの王墓に葬られたものと一般に考えられている。しかしテーベのアメンホテプ3世王墓からは、王の母としての彼女に言及する銘文を刻んだシャブティ小像2体が発見されており、このことはティイが、実際には夫のかたわらに埋葬されたことを暗示している。それは確かに彼女の望むところだったであろう。女家長としてのティイの影響力は、さらに一世代続いた。孫のトゥトアンクアムンの副葬品には、彼女の頭髪一房をはじめ、ティイの名が記された品々が含まれているのである。献身的な妻であり、賢明な母、愛された祖母、外交書簡の筆者、公式の王妃、芸術の後援者。ティイはこれらすべてであり、それ以上の伝説的な存在だった。彼女は死後33世紀を経てなお、人びとを魅了し続けているのである。

54. ウセルハト：芸術を愛する平凡な書記

　古代エジプトでは、読み書きができるというのは稀少で価値ある技術だった。この国のきわめて数少ない識字階級の仲間入りをすれば、行政官職における出世、権力への道に通じる扉が開かれたのである。したがって「書記」であることは、たとえそれが高官職就任につながらなくても、自慢の種だった。アメンホテプ3世の治世にテーベで生活し働いていたウセルハトは、その良い例である。ウセルハトのさまざまな称号の寄せ集めのなかには「上下エジプトのパンの計算書記」や「アムンの畜牛監督官」、そして「布告官代理」が含まれるが、彼は自分をしばしば単に「書記」とのみ呼んでいる。彼が行政の下の階層に入りこむには、彼が持っていた王家との遠い縁故がおそらく助けになったことだろう。彼は「王家の育児室の子」として育てられたのである。

　とはいえ彼は下級官吏のままであり、テーベの官僚機構の巨大な歯車のなかの小さな歯のままだった。彼は家庭をもうけ、ムトノフレトという名の女性と結婚し、3人の子を持った。そこには特別なものは何もない。ウセルハトの名声が長く続くのを保障したものは彼の経歴ではなく、彼がテーベの自分の墓を装飾するために選んだ芸術家だった。彼がたまたま、その当時の最良の芸術家のひとりを知っていたことは明らかである。この芸術家は、伝統的なモチーフの集まりに新たな活気と活力をもたらすことができたのである。その結果、ウセルハトの墓壁画に描かれた場面の数々は、新王国の私人のための葬祭芸術すべてのなかで最も有名な作品のうちに数えられることとなった。名の知られていないこの芸術家の手で、砂漠の狩猟を描いたありふれた場面は、色彩と動き、哀感が組み合わされたダイナミックな作品へと変えられている。砂漠の野兎とアンテロープは矢の雨

ウセルハトの墓の彩色場面（テーベ、第18王朝）。初期の経歴におけるエピソードのうち、凝った作りのあずまやで玉座にすわるアメンホテプ2世に供物を捧げるウセルハトが描かれている。華やかな装飾はウセルハトの墓の特徴である。

を浴びせられ、パニックを起こして逃げまどい、傷ついて茨の藪に捕えられた狐は血を流しつつゆっくりと息絶えていくのだ。感情を呼び起こすこうした表現や動きの感覚は、墓の美術では実際のところ、稀である。ウセルハトの墓の芸術家が名匠だったのは明らかだ。

　この墓のその他の細部は、ウセルハトが毎年の畜牛頭数調査を監督し、あるいは華やかに彩られたあずまやの下で玉座につく王に花を差し出す場面のように、彼の人生や関心事を反映したものとなっている。公式の宴会の場面には、ムトノフレトの椅子の下にうずくまって、籠から果実を食べるペットの猿という形で、小さく自然主義的な細部表現が含まれている。ウセルハトの葬列を描いた場面では、墓主の戦車と2頭の愛馬が目立って大きく描かれており、余暇に戦車を駆ることは社会の最上層に限られていたわけではなく、もっと広範な社会層の人びともそれを楽しんでいたことをうかがわせる。おそらくウセルハト自身の経験

54. ウセルハト：芸術を愛する平凡な書記　229

ウセルハトの墓の彩色場面（テーベ、第18王朝）。上段ではウセルハトが野獣の狩猟をしている。芸術家は、戦車を駆るウセルハトの調和のとれた構図と、彼の前を逃げまどう動物たちの混沌とした集団との区別を強調している。下段ではウセルハトと妻が供物を受け取っている。

とは直接の関係はなく、ただ生彩を添えるために加えられたとみられる風俗的な場面は、若者たちが軍隊に徴募される様子を描いたものである。彼らは入隊するやただちに、軍専属の床屋に髪を短く切ってもらうため行列を作る。歴史を通じて新兵の入隊にはおなじみの光景だ。そのような細部の鋭い観察を通して、この芸術家はウセルハトの墓の装飾をありきたりの作品よりも高い位置に引き上げ、第18王朝時代におけるテーベ行政の下位に位置する人びとの生活を生き生きと描いているのである。

55. アメンホテプ（「ハプの息子」）：王の右腕

　官職が世襲されることを理想としていた社会でありながら、古代エジプトはそれでもなお、才能ある者たちには彼ら自身の能力によって頂点まで上りつめる機会が与えられることを、誇りにしていた。事実、ファラオ時代の歴史を通じて、低い家柄の出身者が高官職を得ている例がいくつも見られる。しかしそのなかでもひとりの人物は、他のすべての者たちをしのいでいた。「ハプの息子」アメンホテプは、単に「極貧から富豪へと」成り上がっただけではない。彼は汗水流して働く身分から、神の位へと上ったのである。

　紀元前1435年頃、トゥトモセ3世（**45**）の治世にイトゥと妻のハプの息子として生まれたアメンホテプは、下エジプト第10ノモス（州）の州都である小さな地方都市、アトリビス（古代のフゥト・ヘリ・イブ）で育った。まだ少年だった頃、地方神殿に付属する「生命の家」へと奉仕にやられていることからすると、彼の知的才能はすでに認められていたに違いない。この機関には、神聖な文書を所蔵する図書館と、神官たちが新たな宗教文書を作成する写字室が置かれていた。若きアメンホテプは、エジプト語の読み書きについて徹底的な手ほどきを受けたことだろう。彼と同時代に生きた人びとのなかでそうした教育をともにした者はごくわずかだった。「私は神々の書物へと導かれ、トトの言葉（ヒエログリフ）を目にした。私はそれらの秘密を理解し、それらの神秘のすべてを学び、それらのあらゆる側面について助言を求められた。」

　読み書きを学んだ彼は疑いなく地方行政の下層身分へと入りこみ、居心地は良いがぱっとしないキャリアに進むことを運命づけられたように思われ

「ハプの息子」アメンホテプの座像(花崗閃緑岩、カルナク神殿出土、第18王朝)。アメンホテプは昔ながらの書記の姿勢で表現されており、膝の上にはパピルスの巻物が広げられ、肩には書記の用いるパレットが掛けられている。この像は、アメンホテプを知恵の神として崇拝する後の世代にとって、崇敬の対象となった。

た。アメンホテプ3世（52）の即位でそれらすべてが変わる。その時までに「ハプの息子」アメンホテプはすでに四十代半ばになっていた。新たな王の治世は、学識ある者たちに新たな機会をもたらし、アメンホテプは王の書記となり、ホルス・ケンティケティ神をまつる地元の神殿の神官長となった。それでもなお彼の世界は、デルタ中央部にある彼の町の境界を越えて拡がることはなかったが、次の10年間のうちのある時、この地方行政官の能力についての知らせが王の耳に達したに違いない。なぜなら五十代に達していたアメンホテプは南の——650キロ以上も離れた——テーベまで召し出され、王の建築事業のためエジプト全土の人的資源の徴集と配備に責任を持つ徴兵書記の地位についたからである。アメンホテプはこの重要な役割を首尾よく果たしたため、続いて「王のためのすべての労働監督官」に昇進した。彼は今や、ヌビアのソレブ神殿からテーベ西岸の王の葬祭殿と一対の巨像に至るまで、アメンホテプ3世の豪奢な建築事業に関する直接の管理責任を持つこととなったのである。このうち王の巨像は、かつて制作が命じられたなかでも最大の王像のうちに数えられるもので、それらの制作にかかわったことをアメンホテプが誇っているのも無理はない。

　　私は王の似姿をあらゆる硬い石で天空のごとく監督し、かのお方の彫像、大いなる幅をもつものの作業を監督した。私は、かつてなされたことを模倣するようなことはしなかった……そして二つの国土の創設以来、同じことをなした者は誰もいない。

　優れた仕事の報酬として、アメンホテプは注目に値する栄誉を与えられた。王はこのお気に入りの高官の彫像を、カルナクのアムン・ラー大神殿の主要行列路沿いにいくつも建立するよう命じたのである。これは王による格別な評価を示しており、他の人びとの祈りを仲介する役割をアメンホテプに与えるものだった。彼自身の言葉によれば「私はあなた方の嘆願の言葉を聞くため王によって任命された代弁者である。」

　今では七十代に達していたとはいえ、アメンホテプは依然として王の大臣た

55. アメンホテプ（「ハプの息子」）：王の右腕　**233**

「ハプの息子」アメンホテプを年配の男性として表現した座像（花崗岩、カルナク神殿出土、第18王朝）。衣服や身体的特徴、顔の表情は、長い経歴の末頃のアメンホテプの姿を表わしている。

ちのなかでも最も有能な人物であり、それゆえ特別に重要な大仕事をまかされていた。アメンホテプ3世の在位30年記念の豪華な祝祭挙行を調整する仕事である。祝賀行事はテーベでおこなわれ、それには祝祭用王宮の建設、手のこんだ水上行列をはじめとする見世物の上演が含まれていた。「祭礼指導者」、「セド祭の職務におけるエリートの一員」として、「ハプの息子」アメンホテプは、すべてが確実に計画通り運ぶようにしなければならなかった。そのように象徴的な意義がこめられた行事において失態は許されなかったのだ。結局、祝祭は立派におこなわれ、感謝した王はアメンホテプに惜しみなく栄誉を与えた。アメンホテプの褒賞のなかには装飾がほどこされた記念の鉢巻き（古代エジプトでは「祝祭記念メダル」に該当するもの）が含まれており、晩年の彼はそれを誇らしく身につけていた。

　アメンホテプは国家の重職——宰相、大蔵大臣、アムン大司祭、軍司令官——のいずれにもつくことはなかったが、その人格と知性によって、王からの別格の寵愛を享受していた。これらの資質を認められた彼は、王の長女スィトアムンの家令として王家に迎え入れられる。アメンホテプは今や宮廷の長老としてしっかりと認められており、その業績によって敬われ、人びとに愛されていた。もう八十代になっていた彼は、自分でも不死であるように思えたに違いない。「私は80の齢に達した。私は王によって大いに讃えられている。そして私は110の年に達するだろう。」しかしそれは、いくらアメンホテプでもいささか欲張りすぎだった。王の二度目の祝祭がおこなわれた頃に、年老いた彼は世を去る。その

最後の願いは「天空へと入っていき、星々とひとつになり、太陽神の舟にのって歓呼を浴びる」ことだった。テーベ西岸の丘陵の墓に葬られた彼は、自らの葬祭殿を持つという格別の栄誉を与えられた。これは私人には前例のないことである。アメンホテプに対する祭祀は、その死後3世紀を経てもなおこの葬祭殿で続けられていた。

「ハプの息子」アメンホテプの死後の声望は民衆の間に信奉者を得たが、それは彼の大建築事業のうちかなり多くがおこなわれたテーベ地域では特にそうだった。カルナクに残された第22王朝時代の銘文は、偉大な賢者としての彼に呼びかけている。「おお、アメンホテプ、あなたの偉大な名において、先祖の時までさかのぼる過去の言葉に潜む神秘な力を、あなたは知っている。」プトレマイオス2世の治世（前180〜164年）までには、「ハプの息子」アメンホテプは公式に神格化されており、テーベ西岸の2ヵ所（デル・エル＝メディーナ、デル・エル＝バハリ）で、学問と治癒の神として崇拝されるようになっていた。アメンホテプの崇拝はそこからナイル河谷全域に広まり、ローマによる支配の時期まで守られ続けたのである。低い身分に生まれた人物が残した驚くべき遺産と言えるだろう。

55. アメンホテプ（「ハプの息子」）：王の右腕　235

第V部 大いなる異端の時代
：アマルナ時代

　アクエンアテン王の治世とその直後の余波は、古代エジプト史のどの時期よりも多くの関心と論争を引き起こしてきた。「アマルナ時代」として知られる時期はわずか20年間続いたにすぎないが、美術や宗教から政策や政治に至るまで、ファラオの文明のあらゆる側面を変容させたのである。これら革命的な変動を引き起こした張本人が国王アクエンアテン（56）その人であり、それを助け支えたのが王妃ネフェルトイティ（57）だったことには疑いの余地はない。しかしどんな革命も、忠実な支持勢力なくしては成功しない。アマルナ時代の主役として姿を現すのは、アクエンアテンの新宗教の教義促進を担当した大司祭メリラー（58）から、当時の大胆で新しい美術様式について国王自身の手ほどきを受けた彫刻師バク（59）、そして新都アマルナ（古代のアケトアテン）における厳重な治安維持に責任を負った警察長官マフ（60）に至るまで、彼ら自身複雑で魅力的な人びとである。アクエンアテンの治世が、ファラオの昔に属する他の時期よりも生き生きして親しみやすいように思えるのは、おそらくこれら精彩に富む登場人物のおかげだろう。

　革命が最も精力的に推進されたのは当のアマルナであったが、その影響は全土に波及した。神殿は閉鎖され、神官団は解散させられた。アテン以外の神々に捧げられた記念物は意図的に破壊され、テーベやメンフィスを含む旧来の宗教の中

アマルナの私人の邸宅から発見された石板細部(石灰岩、第18王朝後期)。長女メリトアテンをあやすアクエンアテンが、親密な家族の場面に、治世初期の誇張された様式で表わされている。この石板は国王一家を崇める信仰の中心となっていたのだろう。

トゥトアンクアムン王墓から発見された黄金の玉座（第18王朝後期）。この玉座は、アクエンアテンの宗教革命をまだ放棄する前の若き王のために作られたもので、トゥトアンクアムンと妃のアンケセンアムンの姿の上に、アテン（日輪）が光と生命を注いでいる。

心地には、アテンに捧げる新たな祠堂が建設されたのである。アクエンアテンの新しい教義が一般大衆の間で支持を得られなかったことについては、それを示す証拠がある。公的生活のあらゆる側面で起こされていた根本的な変化に対しては、不安感が広まっていたに違いない。おおむね以前通りの生活が営まれていたのは、おそらくエジプト国境のかなたの属領だけだっただろう。ヌビア総督フイ（61）の墓に見られるいくつかの場面は、政治的支配と経済的搾取という伝統的なエジプトの政策が絶えることなく続けられていたことをうかがわせる。

当時の有名人たちと同じ程度に、アマルナ時代を扱う考古学もまた、この時代の名声と人気に貢献している。アクエンアテンの新都が、創設されたのとほぼ同じくらい迅速に放棄され、そして数十年に及ぶ注意深い実地踏査と発掘によって再発見されつつあるという事実は、古代エジプトの他のどの都市でもありえないほどに、アマルナにおける人びとの生活を再構成できることを意味している。我々は、その王宮や神殿、工房や住居を再現することができるし、儀式用の道路を進む王や、「王の家」のバルコニーに国王夫妻が姿を現すのを思い浮かべることができる。心の目によって、テーベやメンフィスではとうていありえない方法で、いにしえのアケトアテンの街路をぶらつくことができるのである。そのうえアマルナ時代の美術は、いくぶん現実離れしているとしても、まぎれもなく魅力的だ。アクエンアテンのいくつかの巨像やネフェルトイティの彩色胸像は、他の古代エジプト彫刻には並ぶものがないほどの力と直接性を持っている。

　しかしアマルナ時代の魅力が絶えることのない理由として最も重要なものは、おそらくその謎めいた終わり方であろう。アクエンアテンの治世の終焉をとりまく出来事や、それに続く出来事については、未解決の問題点があまりにも多く残されている。スメンクカラーとは誰だったのか？　ネフェルトイティは自らの資格により「王」として夫の後を継いだのか？　アクエンアテンはどこに葬られ、彼の遺体は今どこにあるのか〔訳注：「王家の谷」に埋葬されたミイラを対象とした近年のDNA鑑定により、「王家の谷」55号墓（KV55）に埋葬されていた男性ミイラがアクエンアテンのものとほぼ確認された〕？　ヒッタイト王に自暴自棄の書簡を送って、自分とともにエジプトを統治する夫をよこしてくれるよう懇願した未亡人の王妃は誰なのか？　これら好奇心をそそる難問に、アクエンアテンのただひとり生き残った息子である少年王トゥトアンクアムンの生と死、埋葬を加えれば、アマルナ時代がかくも多くの研究と推論に霊感を与え続けているのも、ほとんど驚くにあたらない。トゥトアンクアムン王墓は、エジプトでかつてなされた考古学上の発見のうち、依然として最もめざましい唯一のものである。しかしその途方もない遺宝にもかかわらず、この墓は王自身や王妃（63）、あるいはその後継者（65）については驚くほどわずかな情報しか与えてくれない。ずっと多くの情報を与えてくれるのは、最近になってサッカラの砂の下から発掘されたトゥトアンクアムンの宝庫管理官マイア

(64) の墓のように、彼の高官たちがメンフィスに造営した墓である。それらは第18王朝末の出来事について新たな洞察をもたらす見こみがある。しかしアマルナ時代の魅惑はおそらく消えることはないだろう。なぜなら、バーグクラー男爵夫人がトゥトアンクアムン王墓発見について述べた有名なくだりのように「『アラジンと魔法のランプ』のように始まり、ギリシアのネメシスの神話のように終わる物語は、あらゆる男女の想像力を必ずや虜にする」からである。

56. アクエンアテン：異端のファラオ

黄色い石材で作られたアクエンアテンの彫像（第18王朝後期）。この王像が確かにアクエンアテンを表わしているかどうかはまだはっきりしていない。本来は王妃か王母の座像が右側にあり、その左腕の断片をまだ見ることができる。

敬虔な予言者か、それとも熱烈な狂信者なのか？　啓発された統治者か、それとも専制的な暴君だったのか？　霊感を受けた英雄だったのか、あるいは破壊的な異端者だったのだろうか？　アクエンアテンほど熱烈で矛盾した反応を呼び起こす人物は、古代エジプトには他にいないし、世界史全体を通してみてもほとんどいないだろう。彼は「史上最初の個人」と呼ばれており、彼が自分の国に自らの個人的信仰を、かつてない程度まで強要したことは確かである。彼が過去と——芸術、宗教、そして首都の位置においてさえ——決別したことは、エジプトをまったく変えてしまったが、革命はわずか10年しか続かなかった。それは革命のエピソードすべてとそれを指揮した王が、後から来た者たちによって公式の歴史から抹消されるほどの反動を引き起こした。アクエンアテンは尽きることのない魅惑を持つ人物であり、新たな世代の人びとによってそれぞれのイメージに何度も作

カルナクのアテン神殿から出土したアメンホテプ4世(アクエンアテン)の巨像(頭部と肩の部分、石灰岩、第18王朝後期)。王は、長く引き延ばされた顔や細い腕といった、治世初期の誇張された様式で表現されている。

56. アクエンアテン:異端のファラオ

りかえられてきた。真実を虚構から解きほぐすのが時として困難ではあるものの、彼の生涯の歴史的事実は繰り返し述べる価値がある。なぜならそれは、エジプトで最も革新的なファラオの心のうちに入りこむ助けになるからだ。

アクエンアテンとして統治することとなる若き王子アメンホテプについては、事実上何も知られていない。彼の兄トゥトモセが父王の確実な後継者であった。したがってアメンホテプが、王位を継承することを生涯の早い時期に予期していたはずがない。トゥトモセが早世したことですべては変わった。アメンホテプは新たに皇太子となっただけでなく、それに続き、父王の共同統治者アメンホテプ4世としてカルナクで戴冠したのである。これは年老いた王が死去した時に王位継承を円滑におこなうためだった。若きアメンホテプは、テーベで挙行された父王のきらびやかな祝祭、黄金と琥珀金で覆われた何隻もの舟が特別に作られた人工の波止場を航行する祝祭をまのあたりにし、おそらくはそれに公式に参加さえしていただろう。その影響は唖然とさせられるものだったに違いなく、アメンホテプ4世は単独統治者となった時、父王よりもなお光り輝く王となろうと決意したように思われる。

アメンホテプ4世は単独統治の当初から、長く引き延ばされた手足、膨らんだ腹部、突き出た腰、卵形の頭部のように、とりわけ人体各部の誇張を特徴とする本質的に斬新な表現様式を創始した。比率に関するこの新たな規範はそれ以前のものとはあまりに異なっているので、国王自身が命じたものに違いない。これほど決定的な過去との断絶によってアメンホテプ4世は、自分の治世が新たな始まりであることを世界に告げたのである。それは約束であり、予言でもあった。

新様式の特徴を持つ最初の大規模建築事業は、カルナクのアムン・ラー大神殿東側でおこなわれたアテンの（ゲムパアテンと呼ばれる）祠堂の造営だった。日輪すなわちアテンは、まばゆく光り輝いて臣下に光と生命をもたらすファラオにふさわしい隠喩となっていたが、アメンホテプ4世は、アテンを単なる隠喩ではなく、自らの個人的な神とみなしており、それが彼にとって最優先の強迫観念となるのである。カルナク東側のアテン神殿は、アメンホテプにとって不十分なものと感じられたのは明らかだ。彼の神には、他の神の総本山に追加された副次的な

244　第Ⅴ部　大いなる異端の時代：アマルナ時代

祠堂などではなく、処女地に造営されたもっと大規模な建造物こそふさわしかったのだ。それゆえまもなく、カルナクにおける建築作業はすべて中止された。アメンホテプ（「アムンは満足しておられる」）は、他のすべての神々よりも日輪に帰依することを示すため、その名をアクエンアテン（「アテンのため有効な」）に変えた。アテンが礼拝されるのにふさわしい場所を見つけようと決意した彼が見出したのは、中部エジプトのナイル東岸で、崖に囲まれた湾状の土地だった。

　治世5年の晩春に、アクエンアテンは自ら選んだこの場所を公式に訪問した。琥珀金をかぶせた戦車に乗って姿を現した王は、アテンそのもののように光り輝いていた。参集した廷臣たちの前で、王は彼の新都アケトアテン（「アテンの地平線」、現在のアマルナ）を創建する勅令を発した。彼はまず崖の正面でアテンのための豪華な供犠を指揮し、その場を見下ろす日輪を礼拝した。続いて宮廷の人びとがすべて召集され、官僚たちがアクエンアテンの足下に平伏する。王は、アマルナが「男神にも女神にも属していなかった」ゆえに、そこに都市を築くようにとアテンが自ら自分に指示されたこと、そしてアマルナが「永遠不滅の名を持つ」自身のモニュメントとして、永遠にアテンに属することを、彼らに伝えた。廷臣たちはこれに熱狂して答える。そうする以外、彼らにはほとんど選択の余地などなかったのだ。

　万一疑念を持つ者がいた場合に備え、王は自身の計画をやりとげるという決意とひたむきさを十分に明らかにした。王妃ネフェルトイティでさえ、王を自ら選んだ道からそらすことはできないであろう。「大王妃が私に『ご覧ください、アケトアテンに格好の場所はどこか他にございます』と言うことはないだろうし、私が彼女の言葉に従うこともない。」王はこの都市が一揃いの主要建造物を含むことになると定めている。しかもアマルナは単に新たな王都となるだけではなく、王とその家族が永遠の眠りにつくところにもなるのである。「もし私がこの数百万年のうちに、北や南や西、あるいは東のどの町で死んでも、私がアケトアテンに葬られるよう私を連れ戻せ。」

　これらすべての儀式については、アマルナの北限と南限の崖に刻みこまれた二つの境界碑に記録されている。ちょうど1年後、アクエンアテンは工事の進捗状

況を視察するため、自らの都を再訪し、ふたたび勅令を発して都の境界をより厳密に定めた。この布告の写しも、都の周囲に配された境界碑によって同じように記念されている。アクエンアテンの治世 8 年までには、アマルナの聖域は、そのような 15 の標識によって画定されていた。この都市そのものはナイル東岸に沿って線上に拡張され、アクエンアテンが特に指定した主要な儀式用の建築群は「王の道」によってつながれていた。この道は、王が毎日、王宮から政庁まで戦車を駆る行列道路だった。この王の巡行は、日輪が天空を渡る道筋を映したもので、この都市とその住民のため毎日おこなわれる中心的な儀礼となっていた。

　事実、アクエンアテンの新世界秩序は彼自身と王家を、公的生活と信仰生活の中心に置いていた。王妃や王女たちに対する王の愛情は、アテンの恩寵の印として賛美された。しかし、強固で情愛深い王家のイメージは、より複雑な現実を覆い隠していた。アクエンアテンは王家の婦人たちに対して、息の詰まるような親密さを示している。治世 12 年に母親のティイが世を去ると、王は彼女をアマルナの王墓に埋葬させたが、これはティイの亡夫の（そしておそらく彼女自身の）願いに反することだった。公式のイデオロギーにおいてはネフェルトイティの卓越した地位は先例のないものだったとはいえ、少なくとも治世の最初の 10 年間、アクエンアテンには側室のキアもおり、おそらくはこのキアが、少なくとも 1 人の王子（トゥトアンクアテン、後のトゥトアンクアムン（62））を生んだと思われる
[訳注：「王家の谷」のミイラに関する近年の DNA 鑑定により、トゥトアンクアムンの母親は、アクエンアテンの実の姉妹だったことが示されている]。キアが結局は王の寵を失い、その記念物が意図的に横領されていることは、ネフェルトイティの無慈悲なまでの権力掌握を反映しているのかもしれない。

　アクエンアテンの治世後期は、増大していく狂信的傾向によって特徴づけられている。11 年の在位の後に、王は古い宗教の痕跡をすべて根絶するため、アテンの——王と神による共同統治を象徴するため二つのカルトゥーシュのなかに記されている——名を「清める」ことに決めた。王の命令によりエジプト全土で、他の神々の名、とりわけアムンの名が記念物から意図的に削り取られた。石工たちはオベリスクによじのぼり、神殿の壁を這い上がって、アテン以外の男神や女神に言及しているものすべてを抹消した。アクエンアテンの宇宙には、アテン以

外の神などあり得なかったのだ。エジプトに住む者は誰もが王の「教え」に従うことを求められたが、社会の上層に位置する人びと——彼らの地位は王の寵愛が頼りだ——だけが、新たな宗教を奉じていたように思われる。しかも彼らは真の意味の熱烈な信仰心をおそらくはほとんど持っていなかっただろう。一神教だったのか、それとも単なる利己主義だったのかはともかく、それは正統のエジプト宗教思想とは根本的に異なっており、アクエンアテン自身の精神から生じたものであることは疑いない。

その究極の表現は「アテン大讃歌」だった。この讃歌の作者が誰かははっきりしないが、それはおそらく国王自身によって、その「教え」の中心的原理として書かれたものと思われる。そのメッセージは明白であり妥協の余地はない。「あなたを知る者は、あなたの息子アクエンアテンを措いて他にいない。あなたはあなたの計画と力で彼を賢明にしてくださった。」

アクエンアテンは17年間在位した後に世を去り、アマルナの王墓に埋葬された。彼はエジプトの伝統宗教を激しく嫌悪していたが、それにもかかわらず、彼の赤色花崗岩製の石棺には、カノプス櫃、呪術煉瓦、さらには来世で王に奉仕する従者の小像まで、通常の副葬品がすべて付属している。異端の王がその墓のなかでまだ冷たくなってもいないうちに、どうやら正統信仰がふたたびその正しさを主張していたらしい。革命がおしなべてそうであるように、アクエンアテンの革命も迅速かつ劇的で、無慈悲だった。あまりに多くの革命と同じく、この革命もまた、それを引き起こした人物とともに死んだのである。

56. アクエンアテン：異端のファラオ　247

57. ネフェルトイティ：玉座の背後の権力者

若きネフェルトイティの頭部（珪岩、彫刻師トゥトモセの工房より出土、アマルナ、第18王朝後期）。この胸像は未完成だが、それでもなお王妃の容貌の美しさと繊細さを伝えている。頭部から突き出たほぞには、彼女の特徴的な丈の高い王冠が固定されることになっていたのだろう。

ネフェルトイティは、アケトアテンが作り出した異国風の贅沢な宮廷の同義語となっている。彼女は彼女の夫とほとんど同じくらい数多くの仮説を生じさせたが、その生い立ちについては比較的わずかしか知られておらず、結局はどのような運命をたどったのかについても神秘のヴェールに包まれている。しかしそれでもなお、彼女が流星のように権力の座へとのぼり、夫の革新的な計画のなかで比肩する者のない位置を占めていたことからは、知的で野心に満ちた無慈悲な婦人の肖像を描くことができる。

ネフェルトイティという名は「美しき婦人が来た」を意味している。これはその非常に美しい——彫刻師トゥトモセの工房で発掘され、現在はベルリンのエジプト博物館の至宝のひとつとなっている——彩色胸像が古代の美の象徴として崇敬されている王妃にふさわしい綽名と言える。しかしネフェルトイティが実際どこから「来た」のかについては、決して示されることはなかった。おそらくそれをわざと曖

ネフェルトイティの彩色胸像(彫刻師トゥトモセの工房より出土、アマルナ、第18王朝後期)。彫刻用の雛形として作られ、古代美術の注目すべき遺物であるこの像は、1912年に発見されて以来ずっと、女性の美のアイコンとみなされている。

57. ネフェルトイティ：玉座の背後の権力者　249

昧にしておくことが、彼女の利益になったのだと考えられる。たぶん、俗世の卑しくさえある出自を認めるのは、ある意味で神である王の妃にふさわしくなかったのだろう。異民族の出身だったのではないかとする——アメンホテプ３世の治世にエジプトへ送られたことが知られるミタンニ王女、タドゥケパとネフェルトイティを同一人物とみる——説も示されているが、彼女は、すでにティイ（53）の輿入れという形で王家と姻戚関係を結んでいた同じ地方の有力者一族出身だったというのが、よりありそうなことである。事実、ネフェルトイティはティイの姪、それゆえアクエンアテンの従姉妹だったかもしれない。彼女がまだ赤ん坊だったとき、おそらく中部エジプトのアクミームにあったアイ（65）の家で育てられ、アイの妻のテイがその乳母をしていたことは確かである。ネフェルトイティの親族として唯一知られている人物は姉妹のムトベンレトで、ネフェルトイティはおそらく彼女とともに子供時代を過ごしたのであろう。

　ネフェルトイティが夫と結婚したのは、彼がまだ王子だった頃か、あるいはまだアメンホテプという誕生名で知られていた治世初期だった。彼がその名をアクエンアテンに変えて革命の始まりを告げると、彼女は同じやり方で応え、自分の名に形容辞ネフェルネフェルウアテン（「アテンの美は美しい」）を加えて新たな神への帰依を宣言した。これ以後、国王夫妻は行動をともにし、それまで尊ばれてきた諸々の慣習を一掃する変化をともにもたらし、彼らを民衆の崇拝の中心に置く新秩序の受益者となった。この新たな宗教では、アテンは創造神であり、アクエンアテンとネフェルトイティはその子供たちだった。彼らは一緒になって三柱神——皮肉にもこれはエジプトの伝統的な万神殿の核心をなす単位だった——を構成したが、彼らの場合、それは自分たちだけが神格を持つという主張だった。自分たちの役割を強調するためにアクエンアテンは、創造神の息子で光と大気の神であるシュウと自らを結びつけ、一方、ネフェルトイティはシュウの姉妹で妻でもあるテフヌトの役割を引き受けた。彼女は、頂上部が平らなテフヌト女神の冠を採用し、それを自らの権威の象徴そのものとして、夫の治世４年以降、公の場ではそれ以外の冠り物をほとんど用いなかった。

　アクエンアテンは、新都の境界を示すため岩壁に掘りこまれた石碑で、ネフェ

アマルナから出土したネフェルトイティの彫像（石灰岩、第18王朝後期）。王妃は、皺のよった顔と垂れた乳房を持つ年配の婦人として表現されている。全体的な彫刻の様式は、アクエンアテンの治世初期の表現にくらべるとそれほど極端なものではない。

ルトイティを「王宮における偉大な者、容貌の美しい者、二つの羽毛飾りにおいて美しい者、喜びの女主、人がその声を聞けば歓喜する者、優雅さを備えた者、愛の大いなる者、その手配りが二つの国土の主を喜ばせる者」と賛美している。事実、彼ら夫婦の関係の親密さは新宗教の中心的な原理とされ、皆が目にすることができるように公表された。都で発見された浮彫には、夫のかたわらに常によりそう大王妃の姿が見られる。ある浮彫は、夫アクエンアテンの膝にすわって彼の首周りにビーズの襟飾りを結ぶネフェルトイティが、夫と視線をかわしあう場面を示している。別の浮彫では、彼ら夫婦の3人の長女が両親の膝の上で遊ぶなか、夫に向けて優しく視線を投げているネフェルトイティの姿が示されている。王と王妃の間にこのような協力関係が見られたことはかつてなかった。

供物奉献場面では、ネフェルトイティは夫と同じ大きさで表現されている。事実、カルナクのアテン神殿では、彼女は自分用の祠堂を持っていた。その浮彫には、アテンへ直接に捧げものをする彼女の姿が描かれているが、そこに王の姿はない。これは以前の慣例からの著しい逸脱を表わしていた。アケトアテンから出土した私人の石碑では、夫婦はともに王冠をつけた姿で

表現されている。もうひとつの石材の浮彫はさらに一段階進んでいて、（女性の）捕虜を打ちのめす行為をするネフェルトイティが描かれているが、これは典型的な王権のポーズをそっくりまねたものである。王その人以外の誰かがこの高度に象徴的な行為を執りおこなう姿が表現されるというのは先例のないことであり、ネフェルトイティが夫のかたわらで格別な役割を果たしていたことがはっきりと示されている。

　しかしこれだけでは終わらなかった。アクエンアテンの治世後期に刻まれたメリラー(58)の墓の浮彫では、アクエンアテンとネフェルトイティの姿が重なり合ってほとんどひとつの輪郭になっており、国王夫婦が神としてひとつに結びついていることを暗示している。ネフェルトイティは自分の名にさらにいくつかの形容辞を付け加えており、それには「アテン

ネフェルトイティとアクエンアテンの夫婦像（石灰岩に彩色、アマルナ出土、第18王朝後期）。夫婦は互いの手をことさら親密な身ぶりで握りあっているが、これはアクエンアテンが王の家族を人びとの信仰の中心として強調したことと一致している。ネフェルトイティは、頂点が平らな彼女特有の冠をかぶっている。

の最愛の者」や「支配者」が含まれているが、これは彼女の地位が夫の共同統治者のそれへと着実に引き上げられていたことをほのめかしている。そして権勢の絶頂にあった彼女は、2番目の娘メケトアテンの埋葬の後に、公の場から姿を消す。彼女は死亡したか、寵を失ったのだろうか？　あるいはもっと重大な変容

をとげていたのだろうか？　ネフェルトイティが自らの人生の論理にしたがって、象徴的な図像表現に合致する完全な王の称号を採用し、その過程でそれ以前の人格を捨て去ったのではと推論したくなってくる。

　しかしアクエンアテンが数年後に世を去ると、次の王として姿を現したのはネフェルネフェルウアテンではなくスメンクカラーだった。ネフェルトイティはついに輝きを失ったのだろうか？　それともたぶん、単独統治者となった自分の立場に合致するように、イメージと名をもう一度変えたのだろうか？　彼女が単独で統治したとしても、それは非常に短い期間にすぎなかった。王座はすぐに、ネフェルトイティとはおそらく姻戚関係のつながりしかない王族、少年王トゥトアンクアテンのものとなる。アマルナ時代の終焉を取り巻く権力闘争において、ネフェルトイティの一派は敗者となったのである。彼女が結局どうなったのかについては知られていない。おそらく彼女はアマルナの王墓の、夫のかたわらに葬られたのだろう。確かにそれがアクエンアテンの最後の願いだったはずである。なぜなら、アクエンアテンその人の石棺は、最後の愛情表現として、その四隅が伝統的な守護女神たちの像ではなく、ネフェルトイティの像で飾られているからである。それはおそらく自分のそばに、そして玉座の背後に控えていた非凡な女性がいなければ、自分の革命は決して起きることはなかったと、王が認めていた証であろう。

58. メリラー：新宗教の狂信者

　アクエンアテンの「異端」の中心に位置していたのは、言うまでもなく彼の「教義」だった。そして教義の核心となっていたのはアテンであり、アテン崇拝の中心になっていたのは、アマルナ（古代のアケトアテン）のアテン大神殿だった。それゆえアテン大司祭は、アマルナ革命のまさに中枢に位置していた。アクエンアテンの治世の大部分の時期にこの職にあったのは、メリラーという名の人物である。

　地位を示す通常の肩書きを除いて、メリラーの主要な称号を完全な形で示せば「アケトアテンのアテン神殿におけるアテンの『見る者たちのうち最も大いなる者』」となる。「見る者たちのうち最も大いなる者」は、伝統的にはヘリオポリス（古代のイウヌ）のラー大司祭を指す呼称だった。太陽神のラーがアテンに取って代わられた今となっては、この称号はアテン神官団の長へと譲渡されることとなったのである。アテンが目に見える太陽であることは明らかだったから、それはとりわけふさわしい呼称だった。アテンの神殿でとりわけ目につくのは広大な露天の中庭だが、そこでは妨げられることなく仲介者も必要とせずに、日輪を眺め礼拝することができたのである。

　アテン信仰にはエジプトの伝統的な崇拝とそれを区別する原則がほかにもあった。アクエンアテンの教義を最も純粋な形にしたもの——「教え」——によれば、王はアテンを知る唯一の者であり、神と人びととをつなぐ唯一の連絡手段だった。公式の文字記録は、アクエンアテンとアテンが共同統治者であり、王が地上で統治する一方で、アテンは天空に君臨することをかなり明確にしている。しかもアテン信仰は本質的には王家による崇拝であって、一般人がアテンを礼拝しよ

254　第Ⅴ部　大いなる異端の時代：アマルナ時代

うと思うなら、アクエンアテンとネフェルトイティ、そして彼らの娘たちの像を介してそうすることを奨励されていた。これらすべてによって神官はいくぶん余分な存在となりはしたが、アクエンアテンはそれをそのままにしておいた。これはおそらく、単にそうしたパターンがエジプト人の意識にあまりに深くしみついていたためか、あるいはおそらく実用性の問題だったのだろう。なぜなら王は、アマルナのアテン大神殿における日々の儀礼をすべて自ら執りおこなうよう期待されていたはずがなく、他の場所に作られていた崇拝拠点については言わずもがなだったからである。それゆえ大司祭は、たとえ彼の副次的な称号である「王の右側で扇を保持する者」や「良き支配者に大いに称賛された者」で、王その人に従属する彼の立場がはっきり示されているとしても、依然として必要とされていたのである。

メリラーが「アテン大司祭」の地位に昇るのはアクエンアテンの治世9年頃であり、メリラーはその後の7年間、この職にとどまることとなる。彼は、それまでの自分の経歴や生い立ちが隠されたままであるように注意深く取りはからっていたが、アクエンアテンの側近の多くがそうだったように、おそらくは彼もまた取るに足らない身分の出身で、王の恩寵にすべてを負っていたのだろう。彼の叙

メリラーの浮彫（アマルナのメリラーの墓、第18王朝後期）。メリラーは両手を上げる礼拝の仕草をしているが、これはおそらく王に向けられたものだろう。メリラーはアテン大司祭として、アクエンアテンの宗教革命を推進した主要人物だった。

58. メリラー：新宗教の狂信者

任はアマルナの中心に位置する王宮でおこなわれた。王と王妃が長女のメリトア
テンを伴ってバルコニーに姿を現し、豪華な刺繍をほどこしたクッションに寄り
かかる。メリラーは白く長いガウンと飾り帯を身にまとい、一族の人びとに付き
添われて王家の人びとの前に進み、王の御前にひざまずいた。儀式の進行を公
式に記録するため、近くには書記たちが控えている。日中の暑熱を和らげるた
め、日除けを捧げ持つ4人の従者も付き添っていた。そして背景には、トラブル
が生じた場合に備えて、棍棒をたずさえた4人の警官が待機している。これはつ
まるところ専制的な体制であり、国王一家は警備なしでは決してどこにも出かけ
なかった。

　アクエンアテンはメリラーに話しかけ、彼の任命を公式の談話で確認する。タ
ンバリンを持つ踊り子の一団を含む見物の群衆は喝采を叫び、その喧騒がやんだ
とき、メリラーが答える。この機会にふさわしく、彼の言葉は短く要領を得たも
のだ。「アテンが御心を喜ばせ、授けてくださるすべを承知しておられる褒賞は
ありあまるほどでございます。」それから友人たちが彼を担ぎ上げ、彼は王の側
近のひとりとして王宮を去っていった。

　それからいくらか後に、メリラーの経歴で2度目の画期的な出来事があった。
王に対する非常な忠誠のゆえに彼は、「栄誉の黄金」を授けられたのである。こ
れは一般人が受けることのできた最大限の敬意の印で黄金のビーズを連ねた重い
襟飾りからなっており、授与の儀式においてそれを受け取る者の首にかけられた。
この授与式は、アテン大神殿の富の多くが貯蔵されていた倉庫群とアマルナの川
岸の間でおこなわれた。メリラーは自らのあらゆる装身具で飾り立てられ、イア
リングや祝祭の衣装を身につけていた。従者にはいつものように扇や日除けを捧
げ持つ者たちや書記たちが含まれるほか、配下の神殿職員3人の姿も見える。彼
は穀倉の外庭で、2人の王女と大勢の随員を伴ったアクエンアテンとネフェルト
イティに迎えられた。ファラオを目にするや、メリラーは敬礼と礼拝のため両腕
を挙げ、進み出た王は黄金の襟飾りを彼の首にかけて、集まった人びとに語りか
ける。王の演説は冗長で堅苦しく、むしろ型通りで、決して短くはないが、これ
は歴史を通じてあまりに多くの独裁者の演説にも言えることだろう。メリラーは

256　　第Ⅴ部　大いなる異端の時代：アマルナ時代

返答をしなかったように思われる。おそらく彼はこの格別の機会にただ圧倒されていたのだろう。

　これらのエピソードはすべて、メリラーの墓に詳細に記録されている。アマルナの北の崖に掘削されたこの墓は、墓地全体で最も美しい岩窟墓であり、幅がほぼ30メートルもあるみごとなファサードを備えている。それはメリラーが宮廷で得ていた高い地位を反映したものだった。墓の浮彫には彼の妻テンラの姿が描かれているが、夫婦の子供たちについて触れたものはどこにもない。事実、この記念建造物で特に目立つのは、王とその家族、彼らの随員の場面である。戸口の脇柱にはそれぞれ、アテンとアクエンアテン、ネフェルトイティに対する挨拶の言葉が刻まれている。装飾の大多数は王と王妃の活動に関するものであり、当の墓主はほとんど脇役の位置に追いやられている。アテン信仰の本質——王が臣民すべての生（と死）の中心に位置する——をこれほど強く示すものは他にないだろう。

　奇妙なことに、この豪華な墓にメリラーが埋葬されることはなかった。玄室が未完成だったのである。彼の最後については謎のままだ。来世が存在せず、日輪の恵み深い光のもとで過ごす地上の生活のみがあるとするアクエンアテンの新宗教の大司祭にとって、これはまったくふさわしいと言えるだろう。

58. メリラー：新宗教の狂信者

59. バク：美術革命をリードした彫刻師

ファラオの文明が創始されて以来、エジプトの統治者たちは王の権威を表現し、強化し、不朽のものとする美術の力を高く評価していた。エジプト宮廷の公式の美術は、神々とその地上における代表者であるエジプト王とが君臨する宇宙秩序を象徴しており、この世界観は二次元の浮彫と三次元の彫像で表現された。公式の伝統により——それ以外に選択の余地はほとんどなかった——制作する芸術家たちはそれゆえ、まったくの「公僕」だったと言える。国家の長である王と王を賛美する芸術家たちの密接な関係を示す一例となるのは、アクエンアテンの治世初期に主任彫刻師だったバクの経歴である。

バクは芸術一家に育った。父親のメンはアメンホテプ３世の治世に主任彫刻師であり、リイという名のヘリオポリス（古代のイウヌ）出身の女性と結婚していた。バクもまた家業に従事することとなり、「アケトアテン（アマルナ）のアテンの家における王の巨大で大いなる記念物における主任彫刻師」の地位に昇った。彼ら父子は、最良の彫刻用石材のいくらかを産出するアスワンの花崗岩採石場（「赤い山」）に残した銘文に、自らの姿をともに刻ませている。メンは、主君である王の巨像の前に表わされているが、この像はたぶんテーベ西岸のアメンホテプ３世葬祭殿正面に建立された「メムノンの巨像」のひとつだろう。バクのほうは、自分の主君アクエンアテンの彫像を礼拝する姿で示されている。とりわけ目を引くのは、二つの場面の間に見られる様式の違いである。メンとアメンホテプ３世がエジプト宮廷美術の伝統的かつ神聖な規範に従って表現されているのに対し、バクとアクエンアテンは、王が過去との決定的な断絶の一環として導入した革命的な様式で表わされているのだ。父子はそれゆえ、こうした相違について

よく承知していたに違いない。

　アマルナ時代の美術、とりわけアクエンアテン治世初期の美術は、まったく独特のものである。王の表現に見られる長くのばされた頭部、身体のゆがめられた寸法、両性具有的特徴——これらは、かつて受け入れられていた規範からの大胆な逸脱であり、最も高度のレベルで承認されたに違いない。アスワン採石場の浮彫場面に添えられた銘文で、バクは、自らを「陛下［訳注：「かのお方の身体」］が自らお教えくださった弟子」と呼び、この新たな美術様式の源がどこにあるのかを確認している。したがって我々は、アクエンアテンが治世初期に自らの美術革命のガイドラインを、主導的立場にある絵師や彫刻師たちに述べたのだろうと推察しなく

バクと妻のタヘリの石碑（珪岩、第18王朝後期）。バクの肥満体を誇張した表現は、彼が生前に収めた成功を示している。周囲に刻まれた銘文で、バクは、アマルナ時代の新しく革新的な美術様式について、王自身から教えを受けたと主張している。

59．バク：美術革命をリードした彫刻師　　259

てはならない。王の言葉は法だったから、王宮から明白な指示がない限り、伝統的な規範に逆戻りすることはあり得なかっただろう。

　バクは明らかに王の言葉を文字通りに受け取っており、王の指示を熱心に受け入れた。アクエンアテンの「教え」に帰依し、自分たちの地位を保つためには王の引き立てが頼りだった人びとがすべてそうだったように、バクもまた、物事を実行する新たな方式を熱烈に擁護していた。彼は、「二つの国土の主に礼拝を捧げ、ワエンラー（アクエンアテン）のため大地に接吻をなす」と題されたそのアスワン銘文で、王に対する帰依を公式に表明しているのである。

　バクは主任彫刻師として職人のチームを指揮しており、彼らに新しい様式を仕込む責任を負っていた。彼の工房の生み出した最高傑作のひとつは、赤褐色の珪岩から彫刻した彼自身の記念碑だった。この石碑は妻のタヘリと並ぶバクを表わしている。彼女は愛情のこもった仕草で夫の肩に腕をまわしている。妻が簡単なシースドレスを着ているのに対して、夫のほうは当時の流行に合わせて、もっと入念で襞のある衣服を身につけている。バクはまたかなりの肥満体で表現されているが、これは彼の富と地位を強調するものだ。珍しいことに彼ら二人の像——とりわけバクの像——は三次元の彫像となるように、石碑の面から突き出ている。我々はここに、二次元の作品を作らせる時でさえ、自分好みの表現手段を忘れられない熟練彫刻師の技量を見ることができるし、実際、バクが自らこの石碑を刻んだのではないかと推測したくなる。彼は結局のところ、当時としては最も熟達した彫刻師だったはずである。才能の劣る者の作品を自分の記念物にするというのは、彼にとって満足のいくことだっただろうか？　もしこの推測が正しければ、バクの石碑は歴史上最古の自画像ということになるだろう。

60. マフ：アクエンアテンの警察長官

　原理主義的であり専制的でもある体制の支配は、常に鉄拳を用いたものとなる。それは抵抗する者を容赦しないが、同時に陰謀やクーデターを絶えず恐れてもいる。そこで周囲を警備で固め、軍国主義的あるいは準軍事的な統治方式を公然と採用することが多い。古代エジプトもまた、その歴史の大部分とは言わないまでも多くの時期において独裁政権だったことはほとんど疑いない。王の言葉は究極

アマルナに造営された墓の浮彫断片（第18王朝後期）。アクエンアテンとその一家が首都を通り抜ける巡行の際に、武装して彼らに付き従う徴集兵の姿が示されている。マフはアマルナの警察長官として王の警護に責任を負っていた。

の権威であり、武力あるいは少なくとも威圧による脅しに裏打ちされていたに違いない。国内治安のための武力を構成していた警察や軍隊は公式の記録にはほとんど痕をとどめていないが、これはおそらくそれらの存在自体が、エリートたちが広めようとしていた理想郷のイメージと調和しなかったからだろう。しかしそれらは実際に存在していたのであり、アマルナ時代に生きていた1人の人物が、古代エジプト社会のこのおおむね隠された側面についての洞察をもたらしてくれる。

　マフはアマルナ（古代のアケトアテン）の警察長官だった。独裁的な支配者に仕える保安責任者の多くがそうであるように、彼は極端なまでの忠臣だった。彼はおそらくあまり裕福ではない家柄の出身で、アクエンアテンが個人的に任命した人びとのひとりだったと思われる。そのような立場だったマフは、すべて——自らの立場や地位、富——を王の引き立てが続くことに負っていただろう。アマルナの北の崖に造営されたマフの墓には、このことがほのめかされている。その壁面に刻まれた銘文には、アクエンアテンの新宗教の公式教義である「アテン讃歌」の写しが四つも含まれているのである。それを一つでも銘文に含めれば、体制への忠誠をはっきりと表明するのに役立ったはずだ。4度も繰り返すとなれば、もはや疑惑をもたれる余地はなかったわけである。

　マフの墓の銘文に伴う場面は、彼の公務に関する魅力的な寸描となっている。罪人たちの告発の場面はいたって単刀直入だが、マフの役割にはその他に、もっと動揺させられるような側面がいくつかあった。アクエンアテンの急進的な政策は、人口の特定の層にかなりの反感を生じさせたはずであり、彼の体制には、謀反の恐れがつきまとっていたに違いない。マフは、政府の武力に対し散発的に攻撃を加えて「砂漠の丘陵の者どもに加わる人びと」について十分すぎるほど承知していた。アマルナはそれゆえ保安要員を数多く抱えこむ都市となっており、マフの直轄下にある警察部隊にくわえ、「陛下［訳注：「かのお方の身体」］の御前に立つ軍の指導者たち」と兵士たちがいた。王やその他の王家の人びとが川沿いにある彼らの要塞化された王宮複合体を出る時には、いつも大がかりな護衛がついたのである。時にはマフも、王の戦車の前やかたわらを走る警察分隊に加わることがあったかも

262　第Ⅴ部　大いなる異端の時代：アマルナ時代

しれないが、警官たちを率いて自分の戦車を駆るほうが普通だったろう。

　アケトアテンでは、忠誠を公に表明することがぜひとも必要だったのは明らかであり、マフは自分に何が期待されているのかを承知していた。王の御前での彼のスピーチは追従の手本と言える。

　　おお、ワエンラー、あなた様は永遠でございます。
　　おお、アケトアテンの建設者よ、ラーが自ら作られたお方！

　しかしそのような偏執病的な雰囲気のなかでは、たとえ第一の忠臣たる警察長官といえども、王の警備について無制限の指揮権を与えられたわけではなかった。王の親衛隊には、革命的なファラオに対して、土着のエジプト人にくらべあまり不満を抱きそうもないとみられた異民族の兵士も含まれていたことが、証拠によって示されている。

　アクエンアテンとネフェルトイティによってしばしばおこなわれ、アマルナの

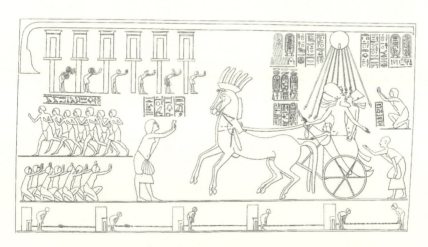

アマルナにあるマフの墓の浮彫場面の線画（第18王朝後期）。中央左に姿の見えるマフは、戦車に乗ったアクエンアテンとネフェルトイティに向かって、両手を上げる敬礼の姿勢をとっている。マフの後ろには警察の分遣隊が王の行列の先駆けをし、立ち止まって王にお辞儀をしている。

人びとの生活の区切りとなっていた公式の行列や出御は、マフの経歴の大部分において彼の心を占めていたに違いない。しかしそれでも彼は——個人的な敬虔さによるものか、義務としてかはともかく——この都市の宗教上の心臓部に位置するアテン神殿を訪れる時間も見つけていた。彼は神殿の前にひざまずき、アクエンアテンの賛美を唱える同僚の警官たちを指揮することで、この忠誠の表明を最大限に活用したのである。

　　ファラオ——生きたまえ、栄えたまえ、健やかなれ——が健やかであられますように！　おお、アテンよ、かのお方、ここにおわすワエンラーを久しくあらしめたまえ。

　このように変わることなく繰り返される忠実な献身の表明は、ついに報われる。マフはその忠実な奉仕への感謝を受けるため、王宮に召し出されたのである。誇らしさで満たされた彼は、我を忘れ勝ち誇って、両腕を高く掲げ、王との謁見から退出した。おそらくこの時には、熱弁をふるう彼の言葉は、いつも通りのものというよりもむしろ心からのものだったのだろう。

　　あなた様が、世代から世代へと人びとを育ててくださいますように、おお、支配者よ！

　しかしマフ自身に割り当てられていた寿命は一人分であり、彼は宮廷がアマルナを引き払う前に世を去った。そのため彼は、自分が最も忠実に支持していた体制の没落をこの世で見ることはなかったのである。

264　第Ⅴ部　大いなる異端の時代：アマルナ時代

61. フイ：クシュ総督

「黄金——いたるところに黄金のきらめき。」トゥトアンクアムンの途方もない遺宝が1922年に発見された時、それはセンセーションを巻き起こし、歴代ファラオの富を象徴するものとなった。新王国時代のエジプトの富は近東全域で認められており、羨望の的となっていたが、それはおおむね、ただひとつの産物の資源が潤沢だったことによる。それはすなわち黄金である。アメンホテプ3世の宮廷に宛てた書簡でミタンニ王トゥシュラッタは書いている。「我が兄弟の国には、地面の埃のように黄金があるのではありませんか？」

アブシールで発見されたフイの鉢（石灰岩、第18王朝後期）。トゥトアンクアムンに仕えたクシュ総督は供物用の鉢のかたわらにひざまずき、両手を縁にのせている。この作品はそうして実用目的だけでなく象徴的な目的も果たしており、神々に対するフイの敬虔さも表わしている。

実際には、第18王朝時代までに、ファラオたちの黄金はエジプト本土からではなく、エジプトに征服され併合されたヌビア領土から来るようになっていた。ワワト（下ヌビア）とクシュ（上ヌビア）の黄金を含む岩や堆積物が、交易用の主な代用通貨をエジプトの宝庫にもたらし、王室工房の職人たちには、王宮や王墓のまばゆいばかりの品々を制作するための素材を供給したのである。この黄金の入手こそが、エジプトがヌビアに関心を持った主な理由だった。黄金の規則的な供給確保は、エジプトの行政官、ク

シュ総督（「クシュにおける王子」）の双肩にかかっていた。

　トゥトアンクアムンの治世にクシュ総督だったフイは、それゆえこの王の黄金の遺宝が制作されるにあたり、究極の責任を負っていたことになる。アメンホテプ・フイ——この人物のフルネーム——はタエムウャジスィという婦人との結婚によって、宮廷とのいっそう密接なつながりを確保していた。彼女はアメンホテプ3世の義理の両親、イウイアとトゥイウの知人だったからである。アクエンアテンの混乱した治世とその直後の時期にフイの運命がどのようなものとなったかは、知られていない。おそらく彼はただずっと頭を垂れて、好機がめぐってくるのを待ち望んでいたのだろう。この好機は、トゥトアンクアムンの即位とともにやってきた。タエムウャジスィが新王の後宮の長に任命され、夫のフイはクシュ総督という割のいい仕事を手に入れたのである。

　彼の正式な任命は王宮で、少年王その人の御前でおこなわれた。廷臣たちが、玉座ののった壇の階段上でトゥトアンクアムンに臣従礼をとった後、フイの任命が読み上げられたが、それは——王が若年であるため——彼ではなく、宝庫監督官によっておこなわれた。布告は短く、当を得たものだった。「ファラオはこのように仰せられる。ネケンよりネスウト・タウイ［訳注：ナパタにそびえる 岩山ジェベル・バルカル］までが汝に渡されると。」これは、上エジプトのヒエラコンポリスから上ヌビアのナパタまで拡がる広大な領土に対するフイの管轄権を確認するものだ。今度はフイが答える。「ネスウト・タウイの主であるアムンが、あなた様がお命じになったことすべてに従って、事をなしてくださいますように、おお、君主様、我がご主君。」それから彼は、新たな官職の記章となるもの、巻いたスカーフと黄金の印章付き指輪を受け取った。両手に花束を持って王宮から去るフイは、彼が新たに担当する部局の官吏たちの歓迎を受ける。彼の前には、主任旗手に先導された総督の水夫たちが行進する。皆が喜びに包まれた行列にはリュート奏者をはじめとする楽師たちが付き添い、一方、フイの従者たちや見物人たちは祝福の歓声をあげる。

　フイが総督として最初におこなったことは、彼の任命についてアムン神殿で感謝を捧げることであり、彼はそこで没薬の灌奠をおこなった。この厳粛な行為をなした後、はじめて彼は儀礼用のローブをまとい、黄金のアームレットや襟飾り

を身につけた。これらは彼の新たな地位が「侯、大いなる廷臣、その高官職において重要な者、その権威において大いなる者、王の真の書記、その最愛の者、アメンホテプ」であることを示している。その瞬間を目にするため、そこには彼の家族がすべて立ち会っていた。家族には4人の息子たち、フイの母親のウェンヘル、姉妹のグゥをはじめとする女性親族が含まれており、この場にはさらにフイの家の使用人たち、友人や隣人たちが加わっている。

　祝賀行事が終わると、いよいよフイが公務を始める時がきた。彼は豪華な総督専用船に乗って、王都からヌビアへと川をのぼってゆく。フイのためには、大きな日除けで日ざしがさえぎられた船室が用意され、彼の愛馬たちの厩まで設けられていた。船がヌビアのエジプト行政府所在地であるファラス（古代のセヘテプネチェルウ）に到着すると、フイは、食物や砂金の袋といった象徴的な供物をたずさえる地元の高官たちの挨拶を受けた。しかし総督の主な関心事は、彼の配下

テーベにあるフイの墓の彩色場面（第18王朝後期）。フイはヌビア総督として、エジプト帝国の南方領土の富を王の宝庫に供給するため徴集する責任を負っていた。ここでは、羽飾りを髪につけたヌビアの首長たちが列をなして、王に敬意を表している。

61. フイ：クシュ総督　267

となる官僚チーム全員との初会合だったであろう。すなわちワワトとクシュそれぞれの代理官、ソレブ（古代のケムマアト）の市長、畜牛監督官、ファラス要塞の副官、ファラス市長、そして神格化されたトゥトアンクアムンをまつる地方祭祀の大司祭と第二預言者、ウァブ神官たちである。

　フイの主な仕事は、言うまでもなくヌビアの経済資源である畜牛と黄金のエジプトによる搾取を監督することにあった。黄金の重要性は、彼の称号である「アムンの黄金の国々の監督官」と「二つの国土の主の黄金の国々の監督官」に反映されている。王の宝庫に向けられる収益をフイは定期的に査察した。簡単な腰掛けにすわり、官職を示す笏を手にしたフイは、黄金のリングや砂金の袋が運びこまれ、計量され、数えられる間、じっと見つめている。黄金や鉱物、家畜、そして異国の品々は定期的に船積みされ、ファラスから送られていく。フイはその輸送船が長い船旅の間、良好な状態を確保するように査察をおこなう責任を負って

テーベにあるフイの墓の彩色場面（第18王朝後期）。戦車に乗ったヌビア首長の娘がエジプト王の前に導かれている。

268　第V部　大いなる異端の時代：アマルナ時代

いた。貴重な積み荷が輸送途上で水没することなど彼にとって受け入れがたかったことは確かである。彼はまた、併合されたヌビアにおいてエジプトの権力基盤となっているファラス要塞それ自体についても、雄牛や馬、驢馬、山羊、鷲鳥を含む、必要なあらゆる産物の定期的な補充が受けられるようにしなければならなかった。

　彼の公務の頂点をなしていたのは、ヌビアの産物を国王に公式に捧げる儀式だった。フイがテーベに造営した墓には、この行事を記録した大がかりな場面が描かれており、じかに見聞したものか、あるいは想像上のものかはともかく、壮麗な見世物だったことは確かである。フイは華やかな装いをすべて身につけて姿を現し、総督の権威の印である笏を持ち、「王の右側で扇を保持する者」としての廷臣の地位を示す駝鳥の羽扇を使っている。玉座についた君主の前を、供物を運ぶ者たちが行進しており、彼らがたずさえるのは赤や緑の鉱物、象牙、黒檀の丸太、盾、家具類にくわえ、すべてのなかで最も貴重な産物が形をなしたもの、すなわち黄金の戦車模型やリング、砂金の袋、精巧な黄金製のテーブル飾りである。儀式が終わって王宮から姿を現したフイは、いかにもふさわしい褒賞を──「何度も、きわめて多くの回数にわたって、首と腕に黄金を」──受けていた。

62. トゥトアンクアムン：少年王

木材に彩色をほどこしたトゥトアンクアムンの半身像（「王家の谷」のトゥトアンクアムン王墓より出土、第18王朝後期）。この等身大の彫像の目的は知られていない。王冠の黄金色は、トゥトアンクアムンが神に変容していることを示している。

子供の頃に王座につき、大人になるかならないかで世を去った彼は、自らの王国に真の意味で支配を及ぼしたことはなかった。しかしその豪華な埋葬は、ファラオたちの権力の同義語となっている。彼の残した記念物は後継者たちによって意図的に横領され、後代の年代記作者たちが彼の名を歴史から消し去ったので、その治世の出来事についてはほとんど知られていない。しかし今日では、彼は古代エジプト諸王のなかで疑いなく最も有名な人物である。彼の生い立ちや性格ははっきりしないままだが、彼の顔は世界中の数百万人に知られたアイコンとなっている。これらは少年王トゥトアンクアムンをとりまくいくつものパラドックスの一部にすぎない。ハワード・カーターが記しているように「彼の生涯の神秘はいまだに我々の目を逃れている」のである。1922年になされたトゥトアンクアムン王墓発見はセンセーションを巻き起こし、古代エジプトが大衆に及ぼす衰えを知らな

い魅惑に火をつけた。トゥトアンクアムンとともに葬られた「素晴らしいもの」は、今もなお人びとに畏敬の念を覚えさせ、その心を虜にし続けているのだ。しかし当の王についてはどうだろうか？　黄金のマスクの背後の少年については？

彼の両親が誰かについては、どこにもはっきりとは示されていない。最良の手がかりとなる銘文は、ヘルモポリスで再利用されているのが発見されたアマルナの石材ブロックに刻まれている。それには「王の身体の息子［訳注：王の実の息子］、王の最愛の者、トゥトアンクアテン」と記されているのだ。これはトゥトアンクアテン［訳注：後のトゥトアンクアムン］がアクエンアテンの息子であり、おそらくは側室のキアの生んだ息子であることを強く暗示している［訳注：トゥトアンクアムンはアクエンアテンとその姉妹の間の息子とみられることがミイラを対象とした近年のDNA鑑定で判明した］。彼が赤子の頃から持っている誕生名トゥトアンクアテン（「アテンの生きた似姿」）が、アテン崇拝の創始者ならそう名づけるだろうと思えるほど敬虔なものであるのは確かだ。王の息子としてトゥトアンクアテンはアマルナで、それもおそらく王家の婦女子の住まいだったように思われる「北王宮」で育てられただろう。奇妙なことにアマルナには、この少年の像は残されていない。このように公式の記録に姿が見えないことは、キアが突然に寵を失い、同じように「消えている」こととともに、たぶんネフェルトイティのせいだったかもしれない。王女たちの母

トゥトアンクアムン王墓玄室の北壁（「王家の谷」、第18王朝後期）。右側では、トゥトアンクアムンの後継者アイが開口の儀式を執り行なう場面が描かれている。アイはこれによって故王の永世を保障するとともに、自らの王位継承を確実にした。

62. トゥトアンクアムン：少年王　　271

であり、生来野心的な婦人だった彼女は、他の妃による皇太子の誕生をまず歓迎することはなかっただろう。

やがて、アクエンアテンと側室［訳注：前述のように、実際にはおそらく王の姉妹］の息子が、王とネフェルトイティの娘を妻とした時、競い合っていた二つの家系は結びつけられた。このトゥトアンクアテンとアンケセンパアテン (63) の結合は、彼が王座につく資格を大いに強めたに違いない。これはとりわけ彼の妃が、一人の姉の昇格ともう一人の姉の早世に続いて、事実上の王権継承者となったため

「青冠」をかぶったトゥトアンクアムンの彫像頭部（石灰岩、第18王朝後期）。王冠の上にのっているかなり大きな手はおそらく、トゥトアンクアムンが治世初期にその祭祀を復興したエジプトの国家神アムンの像のものだったのだろう。

である。しかしアクエンアテンの死とともに生じた王位継承は、とうていすんなりとはいかなかった。王権を主張する一人か二人が来ては去りしてようやく、トゥトアンクアテンは自らが受け取るべき遺産を要求できたのである。彼はまだ9歳そこそこの少年だった。

宮廷はまだアマルナに置かれてはいたが、その命数は早くも尽きつつあり、アテン崇拝は今にも一掃されようとしていた。トゥトアンクアテンが王に登用される後押しをした者たちは、年を経て経験を積んだ人びと、すなわち「神父」アイ (65) と軍隊司令官のホルエムヘブ (66) だった。彼らは、旧来の祭祀や確実な物事を復興することこそ、とるべき唯一の道であることを理解していた。アクエンアテンの改革は、あまねく全土であまりに不人気であり、この王の後もなお継続することなどできなかったのである。すぐに政策の転換がなされた。王となってから2年目に、トゥトアンクアテンはその名をトゥトアンクアムンに変え、主な国家神としてのアムンの復権とアテンの降格を示した。同時に王宮はテーベに戻り、アマルナは放棄された。このアテンの異端との決定的な断絶を示すため、トゥトアンクアムンは首都のメンフィスから公式の勅令を発布する。この勅令に

は、旧来の神々の復権とその諸神殿の再開・再建、地方の神官たちの復位、そして新たな祭祀用神像の奉献が記録されている。トゥトアンクアムンは自らを「……荒廃していたものを修復し……二つの国土のいたるところで混沌をしりぞけ……自らの父とすべての神々のため善行をなす者」として称賛した。そのうえ王は新たな称号として「諸々の誕生を繰り返す者」を採用し、自分が新たな時代の創始者であることをきわめて明確に示したのである。

　主要な国家神殿の再建と美化が急速に進みはじめた。カルナクではアテン神殿が取り壊され、アクエンアテンの手先により被害をこうむった箇所が修復された。第三塔門の装飾には、トゥトアンクアムンの果たした決定的な役割を永遠に記念するため、この王の図像が加えられている。メンフィスでは、王は新たな神殿（「ネブケペルウラーの家」）［訳注：ネブケペルウラーは トゥトアンクアムンの即位名］を奉献し、聖牛アピスの埋葬儀礼によって、伝統的な慣行の復興を示した。はるかなヌビアでは、カワ（古代のゲムパアテン）とファラスに神殿が造営され、ソレブのアメンホテプ3世神殿で修復作業がおこなわれている。事実、トゥトアンクアムンは——あるいはむしろ、彼の後ろ盾になっていた人びとは——今や異端の時代より前の正統な最後の王とされていた祖父アメンホテプ3世の黄金時代とのつながりを得ようと、とりわけ懸命になっていた。そこでアメンホテプ3世の最も壮大な記念建造物のひとつであるルクソール神殿には、周柱式前庭の前に新たな行列用列柱廊が追加され、その壁面は、テーベの宗教暦の最も神聖な行事のひとつであるオペト祭の場面で飾られた。

　古くからの宗教の復興とともに、当然ながら来世に関する旧来の信仰も復権を果たしたが、これでトゥトアンクアムンが自らの埋葬と葬祭のためにしかるべき準備をする必要が生じた。彼は、テーベ西岸の祖父の葬祭殿から遠くないところに自らの葬祭殿を着工し、「王家の谷」の西の支脈で、やはりアメンホテプ3世王墓の近くに、自らの王墓を作りはじめた。しかしこれらの建築計画は、劇的な出来事によって妨げられ、挫折することとなる。

　成年——19歳か20歳前後——に達するとすぐにトゥトアンクアムンは短い生涯を終えた。それが自然死か、それとも暗殺によるものかは依然として多くの推

トゥトアンクアムンの黄金の葬祭用マスク(「王家の谷」のトゥトアンクアムン王墓より出土、第18王朝後期)。打ちのばした黄金にガラスや準宝石を象眼したこの途方もない遺物は、ファラオ時代のエジプトの豊かな富を象徴するものとなった。

測を呼んでいる（もっとも、彼のミイラには暴力の痕跡は見られない）[訳注：トゥトアンクアムンのミイラに関する近年の調査により、遺伝性疾患やマラリア、鎌形赤血球症が王の死因にかかわっていた可能性が指摘されている]。王が自ら統治するようになって、彼を操り人形にしていた者たちがしかるべく定めていた政策をおそらくは転換し、あるいは少なくとも彼らを解雇するのではという見通しは、王座の背後にいた権力者たちにとって、あまりありがたくないものだったろうとほのめかしてみたくなる。トゥトアンクアムンの早世で最も利益を得たのがアイであるのは確かだ。状況がどうだったにせよ、埋葬の準備は異常なほどあわただしいものだった。主要な「王家の谷」の底面に位置する小さな、王族のものではない墓が強引に「王墓」とされた。いくつかの副葬品はトゥトアンクアムンの埋葬のために再利用され、あるいは転用されたものである。王の石棺さえ中古品であり、おそらくもともとはアマルナで王族のひとりを埋葬するため作られたものだろう。石棺本体に合う蓋が新たに見つけてこられたが、棺とは違って珪岩ではなく花崗岩で作られていたにもかかわらず、それでまにあわせなければならなかった。

　トゥトアンクアムンの遺体が墓に横たえられたのは初春のことだった。彼の王墓はまもなく盗人の侵入を受けたが、内部に納められていたものの多くが無傷のまま、ふたたび封印された。後になってこの墓は、他の王墓の掘削で出た岩屑で覆われて所在がわからなくなり、3000年以上もの間、忘れられることとなる。トゥトアンクアムンその人もまた、忘却にまかされることとなった。彼は旧来の流儀を復興したとはいえ、正統のファラオとされるには「アケトアテンの敵」とあまりに密接なつながりがあったのであり、それゆえその名は王名表から故意に除外されている。

　しかしこれほどのハンディキャップを負いながらも、かよわい操り人形だった少年王は救済された。彼の王墓とその驚嘆すべき中身によって彼は息を吹き返し、彼の名にふたたび生命が与えられ、そして他のどのファラオよりも讃えられることとなったのである。

トゥトアンクアムン王墓出土の、象牙を化粧張りした箱の蓋（第18王朝後期）。この感動的な場面には少年王（左）とその若妻アンケセンアムン（右）が、庭園を背景として描かれ、アンケセンアムンは夫に花束を差し出している。トゥトアンクアムンが身体を支えるのに杖を用いていることは、彼が虚弱な体質であることを示している［訳注：近年おこなわれたこの王のミイラの調査により、生前の王が内反足をわずらっており、歩行が不自由だったことが判明した］。

63. アンケセンアムン

：トゥトアンクアムンの幼妻

アンケセンアムンとアイのカルトゥーシュ（王名枠）が対になった指輪（ガラス、第18王朝後期）。この遺物は、トゥトアンクアムンの死後にその若き未亡人アンケセンアムンが年老いた血縁者アイと、彼が王座につく権利を補強するため（おそらくは強制されて）結婚したことを暗示している。

アクエンアテンの宗教は、本質的には王家による崇拝であり、そのなかでは王と王妃、そして彼らの3人の年長の娘たちが主導的な役割を演じた。卓越した存在だったのは王とネフェルトイティであり、彼らは天空のアテンとともに三柱神を構成していたが、王女たちも王が投影しようと望んでいた「聖家族」のイメージには不可欠だったのである。したがって、アクエンアテンとネフェルトイティの3番目の娘であるアンケセンパアテンも、誕生の瞬間から、宮廷がその目的を果たすために利用する「公共物」であった。人生の残りの日々を、より大きな権力を持つ人間たちのなぐさみもののままで過ごすというのが、彼女のためとくに定められた宿命となる。

　アンケセンパアテン（「彼女はアテンのために生きる」）は、父王の在位9年目かその前後に生まれた。公式のプロパガンダを信じるなら、父王と母、娘たちは親密で愛情に満ちた関係を楽しんでいた。私人による崇拝に用いられた石碑には、王と王妃が向かい合ってすわり、彼らの3人の長女がその周囲で遊ぶ場面が表わされている。アンケセンパアテンは母親の肩の上に立ち、その冠から垂れ下がっ

ているウラエウス装飾のひとつをいじくっている。小さな子供なら誰でもするようなことだ。しかしこれは普通の家族ではなかったのである。

アンケセンパアテンがわずか8歳の頃、父王が世を去り、彼女の人生は混乱のなかに投げこまれた。一番上の姉であるメリトアテンは「大王妃」の地位に引き上げられており、もうひとりの姉であるメケトアテンは数年前に産褥で世を去っていたので、アンケセンパアテンは王権継承者の立場に置かれることとなった。どの党派が勝ちを占めるのか不確かな状況が数年間続いた後、王座はアンケセンパアテン自身ではなく、彼女の夫で異腹の兄弟でもあるトゥトアンクアテンのもとへと移る。彼はせいぜい9歳か10歳であり、政策を命ずることなどできなかった。幼い国王夫妻は自分たちが、経験を積んだ年長の策略家たちの手中にあってとるに足りない存在となっているのに気づいていた。旧来の宗教の信奉者たちはトゥトアンクアテンとその若き花嫁に、アテン信仰をすみやかに放棄するための完璧な口実となるものを見出していたのだ。このアテンの「異端」との決定的断絶を示すため、トゥトアンクアテンと彼の妃は改名をおこなう。すなわちアテンの要素を捨て、旧来の国家神アムンのそれに代えたのである。こうしてトゥトアンクアテンはトゥトアンクアムン（62）となり、アンケセンパアテンはアンケセンアムンとなった。

結婚をとりまくこうした状況にもかかわらず、彼らふたりはお互いに真の愛情を感じていたように思われる。しかし彼らの結婚生活は悲劇に見舞われることとなった。家族を作ろうとする試みは、続けて2人の娘が死産となって失敗に終わる。そのうち一人は7ヵ月、二人目は8ヵ月あるいは9ヵ月だった。このような家庭生活の不幸があったものの、アンケセンアムンと彼女の夫は比較的穏やかな時をともに楽しんでいた。トゥトアンクアムン王墓から発見された小さな黄金の祠は、さまざまな機会に仲むつまじく過ごす国王夫妻を描いた18の場面で飾られている。トゥトアンクアムンが狩りをする時には、アンケセンアムンは矢を手渡す。他の機会には、夫の首回りに襟飾りをとめたり、夫の腕を支えたり、あるいは彼のためにシストルム［訳注：ガラガラに似た打楽器］を演奏したのかもしれない。彼は妻の丸めた手のひらに液体を注ぎ、露天のあずまやにいる彼のもとを訪れた彼女に優

しく挨拶をすることで、こうした妻の愛情に応えていた。

　しかしこのようなふたりの暮らしは、長くは続かなかった。妻とともに成人に達したばかりのトゥトアンクアムンが、若くして悲劇的な死を迎えたのである。アンケセンアムンは20歳の誕生日を迎える前に未亡人となった。絶望のあまりに彼女は、ヒッタイト王シュッピルリウマに書簡を送り、王子のひとりを結婚相手として自分のもとに送ってくれるよう懇願した可能性がある。それ以外の選択肢がどんなものとなるか、彼女は十分すぎるほど良く知っていたようだ。アンケセンアムンと「神父」アイの名が並ぶ印章付き指輪は、アイが前王の未亡人を配偶者とすることで、王座に対する自らの権利を強化したことを示すように思われる。アイがアンケセンパアテンの祖父だったかもしれず、彼女よりまちがいなく何十歳も年上であるという事実などは、彼の野心の障害にはならなかった。アンケセンアムンにとってこの人生の変転は、若い夫を亡くした悲しみを倍加させたに違いない。しかし彼女がどうなったのかについては知られていない。彼女とアイの結婚を示す指輪が、アンケセンアムンの最後の記録であり、その後、彼女は歴史から姿を消す。決して彼女自身のものにはならなかった人生の、屈辱的な終焉である。

64. マイア：王の宝庫管理官

　「なんてことだ、マイアだよ！」世界に向けられたこの不滅の言葉は、1986年2月8日にオランダ人の考古学者によって発せられた。彼はそのとき、サッカラでひとつの墓の地下墓室に偶然入りこみ、墓主の名を記した銘文に目をとめたのである。彼の言葉は、第18王朝後期の最も重要な官僚のひとりであるマイアの、所在不明だった墓所の再発見が引き起こした興奮を伝えている。マイアはトゥトアンクアムンの治世において重要な役割を演じていただけでなく、彼の経歴はアマルナ時代の全期間とその直後にまたがっていた。彼の物語は、アクエンアテンの異端の体制に最も深く結びついていた人びとが、自分たちのキャリアを救うため、いかに見苦しいほどあわただしく宗旨替えをしたかを示している。

　マイアは、とりたてて身分の高い家柄の出身だったわけではない。父親のイウイは単なる「官吏」だったし、母親のウェレトはアムンとハトホルの祭祀における女性歌手であり楽師だった。これは新王国の官僚の妻にとって一般的なパートタイムの仕事である。ウェレトはマイアがまだ幼かった頃に世を去ったように思われ、母親の役割はイウイの後妻へヌトイウヌに引き継がれた。彼女が義理の息子との間に強い絆を結んだのは明らかだ。なぜならマイアは、自分の墓の装飾のなかで目立つ位置に彼女を据えているからである。マイアにくわえてさらに3人の少年、ナフヘル、ナクト、パレンネフェルが、家族の残るすべてだった。彼らの誰か、あるいは全員がイウイとその新妻の息子、つまりマイアの異母兄弟だったかもしれない。

　才能によるものかそれとも幸運に恵まれたためかはともかく、マイアはアメンホテプ3世（52）の宮廷とごく近いつながりを持ちながら育った。彼は後年、「王

の御前に仕えるのを子供だった頃から許されていた」ことを誇っている。アメンホテプの後継者アクエンアテンのもとで、マイアは国政の要職にはじめて昇進した。事実、彼の出世は迅速だったように思われる。アクエンアテンの治世中頃までには、彼はすでに「王の真の、そして最愛の書記」や「王の右側で扇を保持する者」、「王のためのすべての労働監督官」のような数多くの重要な地位や役職を手元に集めていたのである。しかし彼の主要な役職は軍事的なもの、「二つの国土の主の軍隊監督官」であった。これは、彼が野心にあふれたもうひとりの軍隊士官ホルエムヘブ(66)と親密なつながりを持つきっかけとなったに違いない。彼ら二人の経歴は互いにかかわりを持ち続けることとなるのである。他の年長の廷臣たちと同じく、マイアもアマルナ(古代のアケトアテン)の丘の中腹に自分の岩窟墓を

マイアの座像（石灰岩、サッカラのマイアの墓より出土、第18王朝後期）。長い鬘と襞のつけられたチュニックをつけたマイアは、キャリアの絶頂にある官僚の自信に満ちた雰囲気を漂わせている。繊細な造形によってこの彫像は、第18王朝の私人彫像の傑作のひとつとなっている。

64. マイア：王の宝庫管理官

着工した。アクエンアテンが17年間の在位の後に世を去り、その革命のすべてが頓挫した時、すべての官僚と同じく彼もまた、さぞ衝撃を受けたことだろう。

マイアは正統信仰への復帰を決意した。彼はそれまでにメリト（「最愛の者」）という名の女性と結婚しており、古くからの同僚アイ（65）とホルエムヘブ（66）が指導する反革命を支持すれば、富と地位を保てると確信していたのは疑いない。ホルエムヘブは、アクエンアテンの死後、軍の指揮権を握るため迅速に行動しており、そこでマイアは賢明にも、文官業務に集中した。たぶん二人は単に、権力の手綱を分けあったのである。マイアは以前の「労働監督官」の役割を保ち、「王家の谷」におけるトゥトアンクアムン王墓造営事業の責任を負ったが、彼の責務には、アクエンアテンとその家族の遺体をテーベの墓に再埋葬することも含まれていたかもしれない。カルナクでは、マイアはムト神殿複合体に通じるスフィンクス参道、多柱室、そして第二、第九、第十塔門における建築作業を監督した。作業の速度を上げるため、彼はアクエンアテンがカルナクに建てたアテン神殿の取り壊しを命じ、その石材ブロックを、トゥトアンクアムンによる建築の詰め物として再利用した。かつての体制とそれが代表していたあらゆるものの完全な否定である。同時にマイアは、アクエンアテンの政治にかかわったことを示すいかなる記録も抹消するため、未完成だったアケトアテンの自分の墓の浮彫場面や銘文を注意深く削り取り、漆喰で覆い

メリトの座像（石灰岩、夫マイアの墓より出土、第18王朝後期）。胸のところでメナト（儀礼用襟飾りの平衡錘）を持っているが、これは彼女がアムン神殿で女性歌手の役割を果たしていたことを示す。

隠すよう命じたかもしれない。

　旧秩序の回復に向けたマイアの熱意は、経済上の事柄にも向けられた。トゥトアンクアムン治下の「宝庫監督官」として彼は、第一急湍からデルタに至るエジプト全土で租税を徴収し祭祀を復興せよ——一番目は二番目の前提条件として必要だったのかもしれない——という王の命令の実行を指揮したのである。彼はその忠実な奉仕に対する褒賞として「栄誉の黄金」と、アジアの軍事遠征から連れ帰られた戦争捕虜を与えられた。さらには王宮にじかに出入りする権利を享受し、「二つの国土をなだめる者」、「（自らの）計画で国土を統合する者」という、通常はもっぱら王のために用いられる形容辞で称賛されたのである。事実、マイアが権力の絶頂にあった時に着工されたメンフィスの墓は、再生の色である鮮黄色のみの彩色浮彫で飾られており、王墓を思わせる。マイアはアイ、ホルエムヘブとともに少年王の玉座の背後に控える有力者「三人組」のひとりだったのである。

　トゥトアンクアムンが早世すると、マイアは王墓と副葬品を急いで準備する責任を負ったが、自らの「不死」を確実にするため、王の副葬品に宛てられる二つの品物に自分の名前と称号を刻ませている。トゥトアンクアムン王墓が盗人の侵入を受けた後に、マイアはこの王墓をふたたび封印することとなる。そして彼は

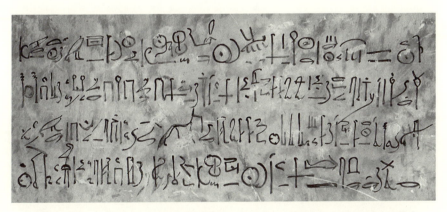

「王家の谷」のトゥトモセ4世王墓に草書体のヒエログリフで記されたインク書きの銘文。マイアの自筆かもしれないこの銘文は、王墓の査察と王の遺体の再埋葬がホルエムヘブの治世初期（第18王朝後期）にマイアの指揮でおこなわれたことを記録したものである。

長年の同僚だったホルエムヘブの王墓着工を指揮した。彼ら二人の関係が相変わらずうまくいっていたことは明らかだ。なぜならホルエムヘブが王権を手中にしてからも、マイアは自分の高級官職にとどまっていたからである。マイアの「労働監督官」としての最後の行為のひとつは、国王トゥトモセ4世の遺体再埋葬の実行だった。墓の内部にはこの作業を記録した銘文が残されているが、これはマイア自身が書き記した可能性さえある。

それからわずか1年後、おそらく五十代後半で彼は世を去った。マイア・メンティ（「マイアはとどまる」）、チャウ・エン・マイア（「マイアの息吹」）というなんとも哀れを誘う名前をつけられた幼い娘たちは、メンフィスに住む夫婦であるジェフゥティとトゥイの養子となった。マイアは妻のメリトと幸せな結婚生活を送っていただろうが、息子を残すことはなく、そこで相続人となりサッカラ台地の豪奢な墓へのマイア夫婦の埋葬を取り仕切ったのは、マイアの異母弟ナフヘルであった。そしてこの墓は3300年後に再発見されて興奮をかき立てるのを、じっと待つことになったのである。

284 第V部 大いなる異端の時代：アマルナ時代

65. アイ：生き残った大物

アイは、中部エジプト・アクミーム地域の有力者一族の生まれであり、おそらくイウイアとトゥイウの息子だったように思われる。そうだったとすれば、姉妹のティイがアメンホテプ3世と結婚したことが、アイを宮廷の有力者グループへと押し上げ、権力の究極の源である王に接する格別の機会を彼に与えたことになるだろう。たまたまそういうめぐりあわせになったのか、それとも意図的なものだったのかはともかく、アイは自分の家庭内にも、幸運をもたらすものを持っていた。妻のテイが乳母となり後見人となっていた幼女が比類のない権力者となる

年配の男性の彫像頭部（石灰岩、アスフン出土、第18王朝後期）。額に王のウラエウス（聖蛇）を彫り込めるように、帽子の箇所が削られている。これはこの彫像の主題となった人物が一般人から王へと変容を遂げたことを示しており、そのため、この人物はおそらくアイであろうとされている。

べく運命づけられていたのだ。すなわちネフェルトイティその人である。このネフェルトイティが成長して結婚し、彼女の夫がアメンホテプ４世（アクエンアテン）として王座を継承する頃までには、アイはこうして他に比べるもののない縁故を持つ身となっていた。彼は大王妃の養父であり、おそらく王の叔父（伯父）でもあったのであり、自分の立場を十二分に活用して、アクエンアテンの支配体制の中枢に位置する卓越した地位へとまたたくまにのぼりつめた。アイの軍人としての称号には「陛下のすべての馬匹の監督官」と「戦車隊司令官」が含まれており、その廷臣としての地位は「王の右側で扇を保持する者」や王の書記（王の私的秘書）といった称号で示されている。一方、テイは、「ワエンラー（アクエンアテン）のきわめて最愛の者、大王妃の寵愛した者」として讃えられた。

　アクエンアテンの治世における出世と地位は、かつてないほどあからさまに、王個人による寵愛にかかっていた。国王夫妻への絶対的な忠誠は不可欠だった。高官たちには王の新宗教に公然と帰依することも求められており、宮廷での地位を保つためには何をなすべきか、アイは十分に承知していた。王その人から下賜されたアマルナ最大の私人墓の壁一面に、アクエンアテンの教義を明確に示す「アテン大讃歌」の最も完全な版を刻むことで、アイは、新たな宗教秩序への熱意を公然と示したのである。しかもアイは、自らを意識的に「王の仰せに従い、かのお方の教えに従う者」と呼んだ。彼に与えられた褒賞は、この惜しげもない忠誠の誇示に相応のものである。王から授かった「栄誉の黄金」にくわえ、雨のように降り注いだ栄誉の品々には、赤革製の戦車騎乗用手袋が一組含まれていた。熱心な馬術家には格好の贈物である。

　アイは王の右腕という自分の立場に満足しており、アマルナで官僚としての経歴をまっとうし、そこで生涯を終えることを予期していたに違いない。しかしアクエンアテンの早すぎる死がすべてを変えてしまった。王の短命で謎めいた後継者スメンクカラーは、アクエンアテン個人が備えていた権威を持っておらず、その宗教改革に対しても、同じように極端な熱意をおそらくは持ち合わせなかった。かつて有力だったとはいえ、アクエンアテンの手先によって自分たちの神殿から乱暴に追いたてられていたアムンの神官たちは、もう一度自分たちの存在を主張

して、エジプトを正統信仰に戻す機会をとらえようと決意していた。

　一般民衆もまた、アクエンアテンの行き過ぎた政策にうんざりするようになっていたかもしれない。一方、軍隊は現実的な組織であり、流れが変わりつつあるのを見てとっていた。アイは露骨だがみごとな方向転換をやってのけてアクエンアテンの体制に背を向け、自分が旧秩序を復興できるし、そうするつもりでもある反革命派だということを示した。彼は賢明にも、自分がアクエンアテンの敵対者たちにとって役立つ存在であることを認識していた。王とそのすべての業績の最大の擁護者だった人物がそれらを公然と否認すれば、アクエンアテンの事業全体にとって致命的な打撃となるはずである。

　伝統主義者たちの新たな賛同者として、アイは、王座が若き王子——若すぎて自力では統治できず、助言者たちに全面的に頼ることとなる——トゥトアンクアテンの手に速やかにわたるのを確実にするため、自らの軍隊とのつながりを活用した。トゥトアンクアムンのため扇を保持する者、そして「全土における王の腹心」の地位にうまく収まったアイは、アケトアテンの放棄、宮廷のテーベへの再移転、そして王の勅令により公布された旧来の宗教の復興のため働いたかもしれない。しかしアイは、自分の地位を脅かす勢力をはからずも解き放ってしまった。今や新王のまわりには、アイと同じように野心に満ちた者たちがおり、彼らにとって、汚点のあるアイの経歴は嫌悪の対象となっていたのだ。なお危険なことに彼らは、軍事と外交、行政上の最高位の称号を併せ持ち、主要な権力者としての地位を急速に確立した軍司令官ホルエムヘブを「表看板」として押し立てていたのである。

　トゥトアンクアムンの９年間という短い治世はアイにとって、興奮させられるとともに、不安に満ちたものだったに違いない。なぜならアイは、競争相手はいないかと絶えず背後を見張りながら、若年の王を通して支配していたからである。トゥトアンクアムンが思いがけなく早世すると、アイはまたもや自分の地位を保つために急いで行動しなければならず、最も大胆なやり方でそれをやってのけた。エジプトの習慣によれば、死者の埋葬をおこなった者は、血縁関係の有無にかかわりなくその合法的な後継者となる。トゥトアンクアムンが世を去ったとき、後

に残された子孫はおらず、直系の王統はすでに絶えており、王位継承者となりうる存在としては二人の人物、アイとホルエムヘブが残されていた。後者はおそらく軍の後援を享受していただろうが、たぶん遠征に出ていて不在だったのだろう。それとは対照的にアイは、行動を起こすには絶好のタイミングでうってつけの場所にいた。アイがそうした機会を効果的に演出し、それによって王座を手中にしようとするなら、トゥトアンクアムンを急いで埋葬することが不可欠だった。この少年王のための墓はまだ完成していなかった。そこで王族ではない者のために「王家の谷」の底に作られていた小さな墓が、あわただしく王墓に転用されることになり、副葬品がかき集められ、トゥトアンクアムンの遺体が急いで埋葬された。アイはさらに、自らの正統性を強調するため、トゥトアンクアムン王墓の玄室壁面に、亡き王のミイラの「開口」の儀式を執りおこなう自身の姿を描かせた。そのような場面は王墓の装飾においては他に例がないが、アイの目的は明らかであり、彼がプロパガンダの達人であることはすでに証明済みである。アクエンアテンとアテン宗教への忠誠を公然と示すためアケトアテンの自分の墓の壁面を利

アマルナのアイの墓の浮彫（第18王朝後期）。黄金のビーズの襟飾りをつけたアイと妻が、忠実な奉仕に対する褒賞を王から受け取る場面が表わされている。アイはアクエンアテンの最も献身的な支持者のひとりだったが、やがて自らのキャリアを救うため、王の改革を否認した。

用したように、アイは、今度は自らの国王即位を支えるため、トゥトアンクアムン王墓の壁面を用いたのである。

　政治的な技量とむき出しの野望を組み合わせることで、アイはエジプト社会のまさに頂点へと到達したが、彼の勝利は長続きしなかった。王位という究極の目標を得るため一生の間、待ち続けたのに、統治したのはわずか３年にすぎなかったのである。自らの王朝を創始するという希望も、息子の皇太子ナクトミンがホルエムヘブによって押しのけられたときに打ち砕かれた。この頃には、かの軍司令官を王座から遠ざけるようなものは何もなく、遠ざけようとする者もいなかったのだ。後の世代によって、アメンホテプ３世以来、最初の正統な王とみなされることとなったのはホルエムヘブであり、アイは歴史から抹消されるのである。

　アイの全生涯は、異端と正統のあいだを走る断層線をまたいで立つようなものだった。彼は自分の利益になるよう両方を向いていたが、結局は乗り越えようのないジレンマに直面する。アクエンアテンとその王家との密接な結びつきは、彼に権力をもたらし、王権さえも獲得させたが、後代の人びとから見れば、彼を永遠に破滅させることにもなった。旧来の宗教を復興させたことは彼のキャリアを救ったが、同時に彼の破滅も決定づけたのである。

65. アイ：生き残った大物　289

第VI部 帝国時代のエジプト
：ラメセス朝時代

　エジプト国民の生活を織りなす生地は、アクエンアテンの不運な革命によって、ずたずたに引き裂かれたままになっていた。アマルナ時代が終わった後、秩序の再建を双肩に担ったのは将軍ホルエムヘブ (66) である。彼はいかにも軍人らしい厳密さで正統宗教を復興し、腐敗した神官たちの代わりに信頼できる歴戦の軍人を配置し、注意深く綿密な布告によって法を改革した。後継者となる実子がいなかった彼は、もうひとりの軍隊士官を王位継承者に選んだ。この人物はラメセス1世として王座に昇り、ラメセス朝の諸王は——彼らの大多数もラメセスという名を持っていた——続く 200 年間、エジプトを支配する。

　彼らラメセス王たちは、その出自に背かず「軍人ファラオ」だった。エジプトが異国に持っていた領土は、アマルナ時代にはどちらかといえば放置されており、今や立ち向かうべき新たな脅威、とりわけヒッタイト帝国が姿を現していた。そこで第 19 王朝初期の諸王は、近東におけるエジプトの支配をふたたび確立するため、一連の軍事遠征に着手する。彼らは傭兵や、異国の出身だがエジプトに定住してエジプト人の習慣を採用した兵士たち——ウルヒヤ将軍 (68) やその息子イウパ (69) のような人びと——によって助けられていた。事実、ラメセス朝のエジプトは明らかな国際社会であって、そこではシリア・パレスチナや地中海、リビア、ヌビアから来た人びとが、土着のエジプト人とうまく共存していた。自分たちが異民族の家系に属することについての彼らの記憶は、下絵師ディディア

第VI部　帝国時代のエジプト：ラメセス朝時代　291

ホルエムヘブとホルスの等身大の座像(第18王朝後期)。この堂々とした彫刻において、ホルエムヘブは明らかにその私的な神であり王権の神でもあるホルスと自分自身を結びつけているが、これは彼の治世とともに伝統的な君主制の新たな時代が始まったことを象徴するためである。

(74) の場合のように何世代も続くことがあったが、彼らはファラオの忠実な臣下として生き、ファラオのために働く利益を享受することをまったくの幸せとしていた。

　ラメセス2世 (70) と後継者のメルエンプタハ (75) による協同の軍事遠征にもかかわらず、近東全域にエジプトの主権を強要するのは不可能であることが明らかとなっていた。事実、ラメセス2世が名高い勝利として描き出しているカデシュの戦いにしても決着がつかなかったことは明白であり、それによって結局は、果てしなく戦争を続けるよりもっと生産的で長期的な解決法として、エジプトとヒッタイト王国の間に平和的関係が確立されることになる。しかし、その他の第三勢力が、今や東部地中海全域で優勢となっており、エジプトを絶えず悩ます存在となっていた。最も重大な脅威が訪れたのはラメセス3世 (78) の治世であり、彼ら「海の民」の地上部隊と大艦隊の合同攻撃が、エジプトの防衛線をもう少しで圧倒するところだった。断固とした指導力と強力な軍事行動がエジプトに勝利をもたらしはしたものの、それまで当然のこととされていた国家の安全をふたたび確立することはもはやできなかったのである。

　異国との関係が厄介な状態になっていることを別とすれば、ラメセス朝のエジプトは活気にあふれ繁栄した国だった。古くからの都市であるテーベとメンフィスには、第三の首都としてデルタ北東部のラメセス朝の拠点、ペル・ラメセスが加わっていた。宮廷文化の中心地であるこれら三つの大都市には、それぞれ際立った特性があった。ペル・ラメセスは王の式典の中心地であり、ラメセス2世が高官たちを迎えてその祝祭の多くを挙行したところである。メンフィスは依然として政府の所在地であり、ライア (71) やメス (73) のようにさまざまな地位にある官僚たちが、そこでそれぞれのキャリアを勤めあげ、来世のために墓を造営した。メンフィス墓地のもっと古い葬祭記念建造物、とりわけ古王国のピラミッド群は、ラメセス2世の息子であり、記録に残る最初のエジプト学者といえる王子カーエムウァセト (72) の注意を引いた。彼がサッカラとギザでおこなった修復と小規模な発掘は、エジプトそのものの過去に対する関心の高まりを示すものであり、すべての王名表のなかで最も包括的な「トリノ王名表」の編纂につな

第VI部　帝国時代のエジプト：ラメセス朝時代　293

がった発展を示すものでもある。

　しかしラメセス朝時代の考古学上の記録において優位を占めているのは、ペル・ラメセスでもメンフィスでもなく、テーベである。ラメセス2世も父王のセティ1世もともに、カルナクのアムン・ラー大神殿に大規模な増築をおこなわせており、テーベ西岸に造営された第19、第20両王朝諸王の葬祭殿は、その先がけとなった第18王朝の葬祭殿よりもいっそう荘厳なものだった。テーベの宗教界と官界を支配していた人びとは、相変わらず彼らの公務に関連する図像や銘文で飾られた豪奢な墓に埋葬されていた。ともに書記であるトゥトモセ（81）やブテフアムンのような少数の人びとは、私的な書簡を豊富に残している。同じ時期から現存している珍しい遺物としては、テーベに住むナウナクトという名の一般女性が残した遺言（80）があり、彼女個人の境遇だけでなく古代エジプトの相続に関する法にも光をあてる資料となって

書記の姿のラメセスナクトの彫像（灰色花崗岩、カルナク神殿出土、第20王朝）。ラメセスナクトは新王国後期の数代の国王に仕えた人物で、彼の長い在職期間は、主君である諸王の短い治世と対照をなしている。この彫像は彼を伝統的な書記の姿勢で表現しており、彼がエジプトを支配していた識字エリートの一員であることを強調している。

いる。新王国時代のテーベにおける日常生活に関する情報源としてさらに重要なのは、デル・エル゠メディーナに作られていた王墓地職人の共同体である。ここには、センネジェム（67）のような「真理の場のしもべ」たちが、多くの家族とともに暮らしていた。彼らはどの共同体にもつきものの喜びやいらだちを経験しており、住民にとってとりわけ苦労の種だったことが判明しているパネブ（76）のような常習的犯罪者もいた。

　王の宮廷でさえ重大な犯罪行為と無縁ではなかったのは、ラメセス3世暗殺を狙った陰謀が示すとおりである。しかしこれは、第19王朝末以来ずっとラメセス王家を長期にわたって苦しめ続けた王朝内部の陰謀の、最後のエピソードにすぎなかった。バイ（77）のような重臣たちがどのような役割を演じたかについては依然としてはっきりしないが、うわべは堂々たる秩序が保たれていながら、その裏では、諸々の紛争によって王位の継承がかき乱されていたのである。弱体化した王権が政権を不安定にする影響を及ぼすことを、エジプトは以前にも何度か経験していたが、そうした自らの歴史から学ぶことはできなかったのだ。第20王朝中頃に次々と即位した弱々しく短命な諸王は、高官たち（たとえばラメセスナクト（79））の有力な「王朝」と対照的であり、ラメセス11世の治世における国内の騒乱と権力闘争のお膳立てをした。パネヘスィ（82）やヘリホル（83）のような有力者たちが自己の利益のため争うなかで、政府はずたずたに引き裂かれた。エジプトはふたたび地方の系統に沿って分割され、国家としての活力を二度と取り戻すことはなかった。最後の偉大なファラオたちの時代は終わったのである。

第Ⅵ部　帝国時代のエジプト：ラメセス朝時代　295

66. ホルエムヘブ：新時代の創始者

　職業的常備軍の出現は、新王国の際立った特徴のひとつである。ヒクソスに対する「解放戦争」と、それに続いてより広範囲に及ぶ近東にエジプトが介入したことにより、良く組織された軍人階級が必要となったのである。トゥトモセ1世やトゥトモセ3世のような「戦士」ファラオは、彼らの治世を自分たちの征服事業によって特徴づけ、エジプトの国境を、シリア・パレスチナの多くとヌビアのかなりの部分を包含するほどに押し進めた。はじめのうち、軍は国内政策に対して目に見える影響力をほとんど持たなかったが、アマルナ時代がもたらした災厄の後に、それは根本的に変わった。

　アクエンアテンの革命によって主要神殿の多くが閉鎖され、かつて有力だった神官たちは四散させられて無力となった。王が自ら高官職に任命した者たちの多くは成り上がり者であり、その地位が保てるかどうかは王個人の寵愛にかかっていた。したがってアクエンアテンが世を去ると、国内には事態を収拾できるような政府機関は明らかにひとつも残されていなかった。つまり軍を除けばひとつもなかったのである。混乱の極みに達した国家に秩序と尊厳を回復し、「狂気におちいった王宮を鎮める」ために進み出た人物は、キャリアを積んだ軍隊士官だった。後の世代の人びとによって、アメンホテプ3世以来最初の正統ファラオ、新王朝の始祖として崇敬されることとなる彼の名こそ、ホルエムヘブである。

　彼の生い立ちについては、中部エジプトのヘラクレオポリス（古代のフネス）の町の出身であること以外はほとんど知られていない。彼は（偉大なファラオ、トゥトモセ3世の血を引いていると後にほのめかしているとはいえ）どうやらかなり低い身分の出身だったようだ。同世代の多くの人びとがそうだったように、彼も

296　第VI部　帝国時代のエジプト：ラメセス朝時代

ホルエムヘブ王墓の彩色浮彫(「王家の谷」、第18王朝後期)。王となった時、ホルエムヘブはサッカラに以前作っていた墓を放棄し、テーベにおいて王としての新たな記念建造物の造営に着手した。ここでは彼はイシス女神に供物を捧げる姿で表わされている。

66. ホルエムヘブ:新時代の創始者　297

自らの長所によって出世を成しとげた人物であり、出世につながる最良の道として軍隊を選んだ。アメンホテプ3世の治世に生まれた彼は、アメンホテプ4世（アクエンアテン）が王座につく頃までには、すでに何度も昇進を重ねていた。ホルエムヘブが後にこの異端の王を否認しているのをみれば、彼がアクエンアテンの治世に何をしていたのかについて沈黙を守っていることは、ほとんど驚くにあたらない。おそらく彼は上級士官として、目につかないようにしつつ、エジプト国外で日々の多くを過ごすことができたのだろう。

　ホルエムヘブが急速に頭角を現したのは、トゥトアンクアムンの即位後のことだった。事実、この時期のホルエムヘブが持っていた称号の幅広さと地位の高さは、彼の権力が異常なほど広範囲に及んでいたことを示している。それらはすなわち「二つの岸（エジプト）全土にとどく王の二つの目」、「あらゆる場における王の代理官」、「王の廷臣たちの第一の者」、「二つの国土の主の将軍たちの監督官」、「王のあらゆる役職の監督官」、「二つの岸の監督官たちの監督官」、「すべての神聖な役職の監督官」、そして「上下エジプトの世襲貴族」である。この最後の称号は、ホルエムヘブを王位継承者に指名したものだ。彼は確かに政府のあらゆる部局に密接に関与していたように思われ、事実上の国家権力者、まだ幼い王をいただく国の事実上の統治者だったのではないかと思える。

　そのように数多くの責務を負っていたにもかかわらず、ホルエムヘブは自分の本職であり権力基盤でもある軍に背を向けることはなかった。サッカラにある彼の私人墓はトゥトアンクアムンの治世に造営されたもので、彼の経歴のいくつかを表わす場面で飾られているが、なかでも目立つのは軍事に関するエピソードである。軍の最高司令官としてホルエムヘブは、少なくとも2度——シリアとヌビアに1度ずつ——の遠征を率いた。彼自身の言葉によれば「彼はアテンが昇るまさにその限界の地まで、王の使者として派遣され、勝利を得て帰還した。」墓の場面には、ホルエムヘブがヌビア遠征の捕虜を登録する書記たちを眺める姿や、王から「栄誉の黄金」を褒賞として与えられる場面が示されている。ホルエムヘブのメンフィスの墓は、彼の最初の妻であるアメンイアの墓所となったが、ホルエムヘブ自身の埋葬には用いられなかった。なぜなら彼は、一私人としての自分

298　第Ⅵ部　帝国時代のエジプト：ラメセス朝時代

ホルエムヘブがサッカラに造営した墓の彩色浮彫（第18王朝後期）。トゥトアンクアムンの治世に制作されたこの場面で、王の代理であり軍の最高司令官であるホルエムヘブは、忠実な奉仕の褒賞として、主君から「栄誉の黄金」を受け取っている。数年後には当のホルエムヘブが王座を占めることとなる［訳注：この浮彫のホルエムヘブの額にみえるウラエウス（聖蛇）は王の印であり、彼が即位した時に追加されたものと考えられる］。

66. ホルエムヘブ：新時代の創始者　299

の人生を歴史にゆだねることとなる行動に着手したからである。

　王位継承者ではあったものの、ホルエムヘブはトゥトアンクアムンの早すぎる死の後に王座を引き継いだわけではなかった。彼が遠征に出ていて機会を逸したのか、それとも単にアイとの合意に達していたのかはともかく、次の王となったのはアクエンアテンの治世からの生き残りの大物で、彼の競争相手でもあるこの人物だった。ホルエムヘブは老人がもう長くはないことを承知していたに違いない。事実、３年も経たないうちにアイもまた世を去った。軍の強力な後ろ盾を得てホルエムヘブは機会を捉え、王座を手中にする。彼は、自分の治世の開始をアメンホテプ３世の死の時点とすることで、即座に自らの政治方針を告知した。ホルエムヘブの治下では──「アケトアテン（アマルナ）に属する敵の時代」と彼が呼んだ──アマルナ時代は、国民の意識から消し去られることとなったのである。

　公式の碑文では、ホルエムヘブがまだ子供の時に王となるべく選び出されたのだと告知することで、歴史を書き換えることができた。しかし汚点を残した４人の支配者が続いた後では、現実的な理由からホルエムヘブ自身の正統性を確立することがなお重要だった。彼のとった大胆かつ綿密な方策は、自らの戴冠がテーベで毎年おこなわれるオペト祭と同時になるよう調整することだった。彼の即位を認めるものとして、アムン・ラー自らの後援よりも強力なものがあり得ようか？　ルクソール神殿の内陣でこの神の像と心を通わせてから、ホルエムヘブは青冠をつけて民衆の歓呼のなかに姿を現したのである。正統への復帰を示すさらなる印として、彼はアクエンアテンが閉鎖した諸神殿の復興を最優先事項とした。

　　デルタの湿地帯からタ・セティ（ヌビア）にいたるまで、かのお方は神々の館を新しくされ、神々の像すべてを形作られた……それらは古き時代から荒廃しているのを見出されていたのだ。

　ホルエムヘブは日々の儀礼を元通りにし、腐敗していた数少ない神官たちを「国内軍の選り抜きから」新たに任命された者たちで補充した。軍隊士官だった

ホルエムヘブは、国内に安定を取り戻す助けとして、あてになり信頼できる戦友たちに頼ったのである。彼は軍それ自体の改革も実行し、全軍を運用上の目的のため北と南の軍団に分け、それぞれに専任の指揮官を任命した。

エジプトの大神殿群を拡張し装飾することは、王としてのホルエムヘブの義務ではあったが、彼は大規模建築事業にはほとんど食指が動かなかった。「王家の谷」に新たに着工された彼の王墓さえ、未完成のままである。老練な策士だった彼がもっと大きな関心を持っていたのは、徹底的な行政改革だったのである。この目的を実現するため、ホルエムヘブは、今なおファラオ時代の法律の最も詳細な実例のひとつとされている勅令を発布した。その序章で彼は自らの目的とするところを次のように述べている。「陛下［訳注：「かのお方の身体」］はその心のうちに助言を受けられ……悪を砕き、不正を滅ぼすために。」そのうえ彼は自らを「貪欲な者たちとの対決に熱意を燃やす用心深い支配者」と述べている。彼の改革に反発する者たちへの警告というわけだ。勅令には9つの主要な措置が含まれており、それらすべては、経済上・法律上の慣行における腐敗を何らかの方法で根絶することにかかわっていた。それらはすなわち、公用に必要な奴隷や船を徴用するのを禁じ、毎年の畜牛頭数調査において畜牛の生皮が奪われるのを防ぐ新たな法律、飼葉に対する課税廃止、それと組み合わされた税査定のごまかしに対する新たな罰則、定期的な王の巡幸の際に宮廷の必需品を供給するシステムの改革、地方の法廷に関する新たな規則（これには汚職で有罪とされた判事に対する死刑の導入が含まれる）、賄賂やえこひいきに対し警告を与える司法適用の一般的指針、そして最後に、これは忘れてはならないことだが、王の親衛兵が十分かつ定期的に報酬を受け取ることを保障する新たな規則である。ホルエムヘブは宮廷内部の陰謀を十分に目にしてきた人物であり、それゆえ自身の安全には抜け目なく関心を払っていたのである。この数多くの新たな立法の最終結果は「マアトが戻って、ふたたびその地位を占め……そして民は歓喜した」ことだった。

治世も終わりに近づくと、国内の安定と治安の基礎を据えるためにホルエムヘブが手がける最後の仕事となったのは、円滑な王位継承への道を開くことであった。彼の二番目の妻ムトノジュメトは産褥で世を去っており、それゆえ王には後

継者となる実子がいなかった。常に軍人であって、問題解決のため同僚の士官たちに目を向けた彼は、特に同僚として近い関係にあったパラメセス（後のラメセス1世）に注目し、この人物が王位継承者として正式に宣言された。これは直感的だが、的確な選択だった。パラメセスにはすでに息子と孫がおり、ラメセス朝は来るべき何世代にもわたって君主制に安定をもたらすこととなるのである。偉大な立法者ホルエムヘブその人については、彼の勅令の結びが、彼がエジプトに与えた影響にふさわしい墓碑銘となっている。

　　私は月のように絶えることなくよみがえるだろう……（私は）自らの身体が太陽神の日輪のごとく大地の果てに光を注いだ者なのだ。

302　　第Ⅵ部　帝国時代のエジプト：ラメセス朝時代

67. センネジェム：「王家の谷」の職人

どの王の治世でも最も重要な建築事業は、王の遺体に永遠の保護を与えるとともに、王が来世に再生するのに必要な実際的・呪術的手段を与えるため設計された王墓の造営だった。古王国と中王国の非常に人目を引く王墓、すなわちピラミッドは墓泥棒を招き寄せることとなったので、新王国の統治者たちは王墓の安全をより確実にしようと決心した。そこで彼らは、自分たちの王墓地としてテーベの丘陵の奥に位置する人里離れた谷を選んだ。そこなら墓を崖の中腹に掘削して人目につかぬよう隠しておけるのである。

この「王家の谷」で王墓を掘削して仕上げ、装飾する作業は、高度の機密に属することであり、作業の詳細が広く知れわたるのを防ぐための方策がとられた。この点で最も重要なことは、第18王朝初期、墓地の職人たちとその家族を収容するため、その他のテーベ住民から隔絶された場所に、周壁で囲まれた特別な共同体（デル・エル＝メディーナ）が創設されたことである。それは今も新王国時代の日常生活のタイムカプセルであり、その地の経済活動、人間関係、法的な手続き、信仰などに関する証拠をふんだんに与えてくれる。我々はその住民の多くを名前で知っているが、彼らのひとりのセンネジェムは、とりわけ豊かな情報の宝庫を残してくれている。彼の生涯は、この職人村が最盛期を迎えたラメセス朝初期の頃の住民の暮らしをかいまみせてくれるのだ。

センネジェムはごく普通の王墓地職人、「真理の場のしもべ」であり、同僚の職人の多くがそうだったように、大家族を抱えていた。彼と妻のイイネフェルティは、こじんまりとした家で、10人の子供たち——7人の息子（カベクネト、ブゥナクテフ、ラーホテプ、コンス、ラメセス、アンホテプ、ラーネクウ）と3人の

職人センネジェムの彩色シャブティ（召使小像）（デル・エル＝メディーナ出土、第19王朝初期）。その役割にふさわしい道具をたずさえたシャブティの仕事は、墓主の代わりとして来世における召集にこたえ、召使としての労働に従事することだった。

娘（イルウネフェル、タアシュ・セン、ヘテプウ）——と一緒に暮らしていたのである。家そのものは二つの区画に分かれており、狭い通りに面して、来客を迎えてもてなす公共の部屋があった。その向こうにある家の奥は台所を含む家族の私的区画になっていて、屋根まで上る階段があったが、屋上も睡眠をとる場所として追加利用されていた。この家は混みあっていて騒々しく、エジプトの住居としてはかなり典型的なものと言える。日中は、子供たちは通りで友人や隣人たちと遊び、イィネフェルティは家庭の必需品を入手するための物々交換をして、村の井戸端で「真理の場」に住む他の女たちとしばしば顔を合わせていた。彼女は、この村の女性なら誰でもそうであるように流行に敏感で、丈の長い鬘を好んでつけていた。

センネジェムにとっては、生活のリズムは週ごとの日課に従ったものだった。ウイークデーの初めには、彼とその他の王墓地職人たちはそれぞれの家を出て、村の背後にある丘を歩いて登り、崖の縁に沿って「王家の谷」を見下ろす鞍部に着くまで歩く。ここには小さな石積みの小屋が並ぶ野営地があった。これが1日の仕事を終えた職人たちが眠りにつく場所である。私物のいくらかを野営地に残すと、男たちは王墓建設現場まで丘の斜面を下っていく。センネジェム自身が造営に従事

したのはセティ1世の王墓——その時点で（現在でも）この谷で最も壮麗な王墓——と、そしておそらくその息子ラメセス2世の王墓であった。王墓の長い下降通路を作るため、建築家や監督たちの指示に従い、石工たちは銅製の道具と、岩屑を集める枝編み細工の籠を用いて、岩盤を少しずつ切り開いていく。彼らの後ろには壁面を仕上げて装飾する左官や絵師がついて来ていた。これは長く続くうえに暑くて苦しい労働だったが、それに従事する者たちが誇りにできる仕事だった。

　王墓地職人たちの給与は良かったが、彼らは裕福ではなかった。暮らしは快適だったが贅沢ではなく、余暇の娯楽も、盤上遊戯のセネトを楽しむというような簡単なものだった。しかし彼らには、手が空いている最良の職人たちの何人

センネジェムの墓の玄室に描かれた壁画（デル・エル＝メディーナ、第19王朝）。この農耕場面は、聖なる死者が死後に目指すところと古代エジプト人が信じていた「イアルの野」について記す「死者の書」110章を図に示したものである。

67. センネジェム：「王家の谷」の職人　　305

か、つまり自分たちの仲間の力を借りられるという利点があった。センネジェム
の墓に収められていた副葬品の数々は、彼の隣人たちの技量を示す証となってい
る。それらはベッドと、長男の名が刻まれた椅子、そして6本の杖を含んでいた。
キュービット尺のように、センネジェム自身が使っていた道具もいくつかあり、
イイネフェルティの愛用の品には、跳ねるガゼルの像で飾られた木箱、化粧箱と
壺が含まれていた。

　センネジェムの墓はその装飾でも当然ながら有名だった。これもまた、センネ
ジェムの職人仲間のひとりがやりとげた仕事だった可能性が高い。センネジェム
個人の優先事項を反映して、目立つ位置には彼の大家族が描かれている。しかし
センネジェムの墓で最も印象的ないくつかの場面は、墓の彼方にある生活を思い
描いたものである。そこには来世への入口、開いた「西方の門」を礼拝するセン
ネジェムが描かれている。そしてひとつの壁面全体が、センネジェムとその家族
が永遠の時を過ごそうと望んでいた牧歌的な農園、「イアルの野」の詳細な描写
にあてられている。至福の来世は「王家の谷」に埋葬されたファラオに与えられ
る褒賞だっただけではなかった。それは、額に汗して王墓を作った者たちの手の
届くところにもあったのである。

306　　第Ⅵ部　帝国時代のエジプト：ラメセス朝時代

68. ウルヒヤ：将軍になった異国人

　ファラオの時代にエジプト人とみなされるためには、エジプトの習慣とエジプト人の生活様式を採用することが必要とされただけだった。エジプトの規範に従って生活する限り、民族的背景や生い立ちは取るに足りないことだったのである。いつの時代にもエジプト社会は、ナイル河谷に隣接する諸地域やさらに遠くから来た異国出身の人びとを歓迎し、受け入れてきた。移民が増加したり、戦争捕虜が強制的に定住させられたために、エジプト社会内部の「異国人」の数が増大した時期もいくつかある。南は上ヌビアから北はシリアまで拡がる帝国をファラオが支配していたラメセス朝時代は、そのような一時期だった。第19王朝時代のエジプトはとりわけ国際的であり、エジプト帝国を守った軍隊は多数の異国人傭兵に頼っていた。民族的背景は出世の妨げにはならず、社会のあらゆる階層で、異国出身の人びとは重要な位置を占めるようになっていた。

　ラメセス朝の宮廷における異国人の影響力を示す典型的な例は、ウルヒヤと呼ばれる人物の生涯と経歴である。彼の名はフルリ語（紀元前2500〜1000年頃にアナトリア東部とメソポタミア北部で話されていた主要言語）であり、「真実の」を意味する。ウルヒヤがエジプト社会に溶けこみやすいようにエジプト語の名を採用することなく、異国人としての名前を保っていたことは印象的だ。彼は明らかに自分の能力に自信を持っており、先祖が何者かを隠す必要など感じていなかったのである。この自信と立ち直りの早さの格好のはけ口は、エジプトの軍隊のなかに見つかった。ウルヒヤは、将軍上がりのファラオ、ホルエムヘブの治世に生まれており、それゆえ軍隊が中心的な役割を演じる社会で成長した。軍隊は、野心に燃える若者にとって立身出世につながる絶好の機会を与えてくれるものだった

68. ウルヒヤ：将軍になった異国人　　307

ウルヒヤ将軍の石碑細部（第19王朝）。ウルヒヤと（アムンの女性歌手としての役割を示すため、システルムすなわち聖なるガラガラを手にしている）妻が（ここには示されていない）神を礼拝しており、彼らがエジプトの流儀や習慣にすっかり同化していることが示されている。

のだ。ちょうどセティ1世が即位した頃に成人して入隊したウルヒヤは、めざましい昇進を重ねて数百人の兵士を指揮する部隊指揮官となり、ついには将軍の地位へとのぼった。

セティ1世の後を息子のラメセス2世が継いだ頃、30年間の軍務の後にウルヒヤは、文官としての生活に移った。忠実な軍人だった彼は、宮廷の要職である新王の「大家令」の地位を与えられたのである。これは、ウルヒヤがファラオ個人の領地とその収益を管理する全般的な責任を負うことを意味していた。かなり責任の重い仕事であり、王の最も忠実な臣下にしか任されない仕事である。ウルヒヤがこの職務を模範的なやり方で遂行したことは明らかだ。なぜなら彼は、ラメセス2世の治世10年に、ラメセウムの「家令」へと昇進しているからである。ウルヒヤは10年の間、実際的な意味で王の不死に究極の責任を負うこととなった。すなわちラメセウムはラメセスの永遠の祭祀神殿であり、王の葬祭のしかるべき維持は、収益の安定供給にかかっていた。その収益はラメセウムの領地からもたらされたのであり、それらの領地がウルヒヤによって管理運営されていたのである。

異民族の血筋に属する人物が、その経歴の最後に王の葬祭供物の供給を担当する仕事についたことは、エジプト社会が人種を云々する偏狭な考えにとらわれることなく、能力と忠誠を評価していたことを強く示すものである。ウルヒヤはファラオの国の文化に溶けこんでいただけでなく、自分の家族についても同じことを成しとげた。妻のトゥイはアムンとハトホルの女性歌手となりエジプトの主要な祭祀のうち二つに仕える平信徒となった。兄弟のテイはさらに一歩進んで神官団に入っている。そして、やがて目にするように、次の世代にはウルヒヤの3人の息子のひとりであるイウパ (69) が、この非凡な父親よりもさらに傑出した地位に昇るのである。

69. イウパ：成功した二世移民

イウパはセティ1世の治世に生まれたが、その経歴はラメセス2世の長い治世に含まれている。父親のウルヒヤ（68）のようにイウパも、卓越した地位に昇る近道として軍に入る決断をした。二世移民の彼は、家族がすでにエジプト社会に十分に溶けこんでいてまずまず裕福であるという、かなりの利点を持っていた。父親の持っていた影響力がキャリア向上の助けになったことは疑いないだろうが、それでも彼はまず最も下の地位から始めて、自分で道を切り開いていかねばならなかった。したがって、ラメセス2世治世5年のカデシュの戦いの際には、十代のイウパは王の大厩舎の馬丁見習いであり、さまざまな雑用を担当する40人の若き徴募兵のひとりにすぎなかったのである。彼が特に担当させられた仕事は、割り当てられた2000個の煉瓦を作ることだった。興奮させられたり意欲をかき立てられたりする仕事とはとても言えなかったが、その先に待ち受ける軍隊生活の厳格さや規律のために必要な訓練ではあったろう。そしてそれには埋め合わせになるものもあった。

イウパの石棺（外棺）（第19王朝）。このみごとな作品は、イウパの一族が一世代のうちに、移民から王の寵愛を受けた廷臣の地位へと急速にのぼったことを示している。

徴募兵たちの間の仲間意識が、とりわけイウパのように人気のある人物にとっては、生涯の友情を育むこととなったのである。何十年も後になってイウパは、同時代人ではあるがまったく血縁のない人びと、おそらくは軍隊時代の友人たちの石碑に、その名を記されることとなるのである。

　彼は軍隊で25年間奉仕した後に、父の足跡をたどって文官の道に入り、まずは王の「大家令」、それからラメセウムの「家令」となっている。しかしイウパの場合、これは彼の業績の頂点ではなかった。彼は六十代半ばにして、王の祝祭布告官という、名誉職ではあるがきわめて誉れの高い役割を与えられたのである。この立場で彼は、王の第9回から第14回までの祝祭について、エジプト全土に対する公式布告を準備する責務を負った。この役職の前任者が、王のお気に入りの息子カーエムウァセト（72）や宰相のカーイだったという事実は、イウパが宮廷で尊敬を集めていたことを示している。

　彼はひざまずいた姿の自分の彫像とみごとな石棺を作らせることができ、アルマントのモンチュ神殿内部に銘文を刻ませて、自らを不滅の存在とさせることさえできた。良きエジプト人なら誰でもそうするように、イウパもまたその死後の名声に敬意を払ってくれる子孫を後に残したが、そのなかで彼に匹敵する成功を収めた者は誰もいなかった。異国人の名と生い立ちを持っていたにもかかわらず、イウパの経歴の特徴となっていたのは野心と激務、家族の影響力、そして王による保護だった。典型的なエジプト風の組み合わせである。

70. ラメセス2世：最も偉大なファラオ

我が名はオジマンディアス、諸王の王なり。
我が業績を見よ、汝ら大いなる者ども、そして絶望するがいい！

シェリーの名高い詩に霊感を与えたもの、倒壊した巨像は、テーベに作られたラメセス2世の葬祭殿、ラメセウムに今日まで残っている（「オジマンディアス」はこの王のエジプト語の即位名、ウセルマアトラーの転訛である）。彼に続く数世代にわたってエジプトを統治した「大いなる者ども」が絶望したとしても無理はないだろう。なぜならラメセスは、それ以前あるいは以後のどのファラオと比べても、より多くの神殿を造営し、自らの巨像をより多く建立しているからである。彼はどうやら、エジプトとヌビアの隅から隅まであらゆる主要な遺跡に自らの痕跡を残しているようだ。後継者たちが自分の名を削り取ったり、自分の記念建造物を横領することが絶対にできないようにしようと決意したラメセスは、自分のカルトゥーシュを石材に異常なほど深々と刻みこませた。ラメセス2世――「大王」としばしば呼ばれる――は、それゆえ現代の観光客にとっては、大規模な建築を残した王としていたるところで出くわす王であり、最も見分けのつきやすい王である。

その比類のない規模の建築遺産と調子を合わせるように、ラメセスは巨像のごとくその時代にそびえ立っている。彼はそれ以前あるいは以後のいかなる王よりも多くの子供たちの父親となった。王子が50人ほど、王女が53人である。それゆえラメセスより後にエジプトを統治した土着のファラオの大多数は、何らかの血筋を通じて彼の子孫だったろうとみるのは悪くない考えだ。ラメセスは王子た

ちのため、「王家の谷」で最大、おそらくはエジプト全体でも最大規模の墓を造営した。この墓の発掘［訳注：本格的な発掘開始は1989年］は依然として進行中であり、確認された墓室の数はすでに150を越え、さらなる墓室が毎年発見されている。ラメセスは神殿の造営も同じく大規模におこなわせた。ヌビアだけでも、ベイト・エル＝ワリ、ゲルフ・フセイン、ワディ・エッセブア、デール、ナパタで造営をおこなっている。エジプトでは、彼の建築事業は当時の三つの大都市に集中していた。王朝の首都ペル・ラメセス（現在のカンティール）、伝統的な首都メンフィス、そして宗教上の首都テーベである。なかでもテーベに造営された記念建造物は最も良く現存しており、とりわけラメセウムほどに印象的なものはない。ジェベル・エル＝シルシラの砂岩採石場に残された銘文には、このプロジェクトのみに石材を供給するため、3000人の石切工が使われたと記録されている。それは、その公式名称の「テーベと合体したアムンの領土におけるラメセスの数百万年の館」に表わされているように、ラメセスの名前と祭祀を永遠に不滅のものとするのを目的としていた。ラメセウムは伝統と革新をそれぞれ示す特徴が独創的に融合されたもので、

ラメセス2世座像（花崗閃緑岩、テーベ出土、第19王朝）。ラメセス朝諸王のうちで最も偉大なこの君主の、青冠をつけ、王の標章としては最も古い牧杖をたずさえたこのうえなく自信に満ちた姿が表現されている。

70. ラメセス2世：最も偉大なファラオ　　313

野心的な計画とその実行が生んだ傑作である。ラメセウムはそれなりに、それを創造した人物を完璧に体現した存在だったのだ。

ラメセスはホルエムヘブの治世に生まれた。祖父のパラメセス（ラメセス1世）が王位継承者に指名されるより前のことである。一族が地方の名もない身分からエジプト王座を手中にする立場へとまたたくうちにのぼりつめたことは、幼いラメセスの養育に深い影響を及ぼした。13歳か14歳で父王セティ1世の遠征に初めて随行したラメセスは、名目上の「最高司令官」の階級をすでに与えられており、軍隊生活を楽しんでいたように思われる。1年か2年後に、彼はふたたび父王のお供で出馬した。エジプトの最も恐れる強敵ヒッタイトと対決するためである。これがラメセスの治世全体を特徴づけることとなる関係の始まりだった。

ラメセス2世の浮彫パネル（第19王朝）。王は「若年の髪房」をのばした少年として表わされているが、ウラエウス（聖蛇）のついた王の頭環と、顔の前に刻まれた王の称号によって、君主とされていることが明らかである。

16歳で成人となると彼は、既存の2人の妃であるネフェルトアリとイセトノフレトのほか、側室たちも揃った家庭を持つことを許された。時が経つにつれ、ラメセスは、アスワンにおける採石作業の管理や、カルナク大列柱室の建設監督のような、ますます多くの国事をまかされるようになる。22歳になったラメセスは、自らの最初の軍事遠征を指揮してヌビアの小規模な反乱を鎮圧した。彼はそのとき、一族の伝統にならって2人の幼い息子たち、アメンヒルウェネメフとカーエムウァセト（72）を伴っている。そして二十代半ばでラメセスは、父王の死によって単独統治者となった。エジプト史上最も長く、最も壮麗な治世が本格的に始まったのである。

自分の即位を確実なものとするためラメセスは、その治世1年のオペト祭に参

ラメセス2世巨像（結晶質石灰岩、メンフィス出土、第19王朝）。今は横たわっているこの像は、かつてはエジプトの首都の守護神プタハの神殿正面にそびえていた。

70. ラメセス2世：最も偉大なファラオ

加し、アムン神と密接な結びつきを持つことで自らに活力を取り戻した。大建築家としての天性にたがわず、ラメセスはルクソール神殿（オペト祭の舞台）の大がかりな増築工事と、アビュドスで数年間にわたって中断していた父王の神殿の建設再開を命じている。影響力を持つテーベの神官団に対する統制を強めるため、ラメセスは新たなアムン大司祭ネブウェネネフを任命した。彼は1年も経たないうちに、自分がまぎれもない支配者であることを示してみせたのである。

　それから対外政策が中心に据えられ、ラメセスはアムル地域に対するエジプトの支配を回復するための遠征に着手したが、これは単なる序曲にすぎなかった。彼は治世5年に、父王がかつて征服したすべての地域を、たとえ強力なヒッタイト軍と対決することとなっても取り返そうと決断する。要塞都市カデシュをめざしてペル・ラメセスから出撃したラメセスは、自ら戦車を駆って四つの師団を陣頭指揮した。才能に恵まれた戦術家だった彼は、念のため、カデシュで主力部隊と合流する手はずを整えた支援部隊を、地中海沿岸に沿って派遣しておいた。エジプトを発ってから1ヵ月も経たないうちに、2万のエジプト軍先鋒部隊はカデシュの南の尾根に野営していたが、彼らと対峙していたのはほぼ2倍の数のヒッタイト軍だった。不意にヒッタイトの戦車隊が、野営地に向けて行軍中のエジプト軍師団のひとつを攻撃し、その歩兵を四散させた。ラメセスは護衛兵と盾持ちとともに敵中に孤立してしまう。周囲はすべて敵に囲まれ、エジプト兵は恐慌状態となる。矢の雨を浴びつつも、みごとなほど決然とした行動力を示したラメセスは、兵を集結させて防備を固め、支援部隊——沿岸地域から絶好のタイミングで到着していた——がヒッタイト軍と交戦してエジプト軍を全滅から救うまで持ちこたえさせた。

　自らの統率力によって、ラメセスは壊滅的な敗北を防いだ。カデシュの戦いは、実際には引き分けに終わったが、王は、とりわけ自身が形勢逆転に果たした役割のため、この戦いを名高い勝利として誇示した。彼は、自らの主要な建築プロジェクトの装飾すべてに、この戦いの場面と記述を入れさせたのである。3年後と5年後にはさらなるシリア遠征がおこなわれるものの、純然たるドラマとしては、それらはカデシュの戦いに匹敵するものとならなかった。

316　第Ⅵ部　帝国時代のエジプト：ラメセス朝時代

カデシュの戦いがもたらした長期的な結果は、ヒッタイトとの間に締結された注目すべき講和条約だった。この条約は外交上の妥協を示すみごとな例である。それはエジプトがアムル地域の支配権をヒッタイトに譲るのと引き換えに、地中海東部の港を引き続き利用する権利と、ウガリト（現在のラス・シャムラ）まで北に自由に通行する権利については、エジプトに与えるのを保証するというものだった。エジプトとヒッタイトの双方はさらに相互不可侵条約と防衛協定を締結し、相互の合法的な王位継承の規定を承認して、逃亡犯罪者引き渡しに関する前例のない協定を結んでいる。協定を確実なものとするために、エジプトとヒッタイトの王家の主要な人びとの間で、友好書簡が取り交わされた。

　国内では、ラメセスは個人崇拝を精力的に推進し、それによって王権の神格化を新たな高みへと引き上げた。こうした傾向は、治世24年に王と正妃ネフェルトアリによって落成式が挙行されたアブ・シンベル神殿において頂点に達した。その主神殿（大神殿）は、正確に東に面して建てられており、そのため2月22日と10月22日（いずれかがラメセスの誕生日だったと推定されている）の夜明けには太陽光線が至聖所に射しこみ、そこで礼拝される四柱の神々の像のうち三体、アムン、ラーそしてラメセス自身の像を照らし出す（冥界の神であるプタハの像は日陰になったままである）。エジプト本土よりもヌビアで好きなようにやれると王が感じていたのは明らかだ。彼がアクシャに造営した神殿は、はっきりと「大神でありヌビアの主であるラメセス」に捧げられているのである。

　しかしラメセスの思考は、まったく彼自身にのみ向けられていたというわけではない。彼の最愛の妃ネフェルトアリ（「美しき伴侶」）、「太陽がそのために輝くもの」は、彼の単独統治が始まる前からずっと変わることのない伴侶だった。ラメセスのように数多くの妻を持つ者であっても、アブ・シンベルの落成式直後にネフェルトアリが世を去った時には、悲しみにうちひしがれたに違いない。葬儀が終わると、イセトノフレトが「大王妃」の地位に昇進した。ラメセスの67年間の治世にこの地位を得ることとなった8人の妃のうち2人目である。いうまでもなく結婚は、外交上の武器として有益であり、ラメセスはヒッタイト王家から花嫁を迎えようと長々と交渉をおこなっている。1年に及ぶ話し合いの後にハッ

トゥシャ（現在のボアズキョイ）の王城を発ったヒッタイト王女は、ペル・ラメセスに到着すると王宮で王に迎えられ、エジプト語の名前、マアトホルネフェルウラーを与えられた。彼女の婚資には金、銀、青銅、奴隷、馬、畜牛、山羊、そして雄羊が含まれていた。彼女が仲間入りした後宮には、バビロニアやシリアの女たちも含まれており、ラメセスの宮廷の多民族的・多文化的性格が反映されていた。数年後、ラメセスはハッティ（ヒッタイト）から、皇太子ヒシミ・シャルマといういっそう高貴な訪問者を迎える。ラメセスはヒッタイト王のエジプト訪問も提案したが、これには冷淡な回答が帰ってきただけだった。しかし、近東の二大勢力の指導者による頂上会談が、中立地帯で実際におこなわれた可能性はある。それは実に驚くべき出会いだったことだろう。

　ラメセスの治世後半は、何よりもまず、頻繁におこなわれた祝祭によって特色づけられていたように思われる。最初の祝祭は、治世 30 年にペル・ラメセスの「祝祭殿」でおこなわれた。この後には 2 年か 3 年ずつの周期的間隔をおいて、さらなる祝祭が 13 回目（14 回目の祝祭もおこなわれたかもしれない）まで続けられている。王に敬意を表したそれほど多くの祭典に国が疲弊したとしても、ラメセス自身は大いに楽しんでいただろう。92 歳で世を去った時、彼の顔の表情は誇りと威厳と満足に満ちていた。彼は自分の壮麗な治世が凌駕されることなど決してないと確信していたに違いない。彼はまさに「諸王の王」だったのである。

71. ライア：メンフィスの楽師

　古代エジプトの音楽は永遠に失われてしまった。楽譜が（少なくともプトレマ
イオス朝時代までは）存在しないため、エジプト人の生活において公私を問わず、
また世俗的な祝い事や宗教行事の折りにとても大きな位置を占めていた歌や旋律
を復元することは、まったくできない。楽器のなかには現存しているものもある
が、それらが生み出していたメロディやハーモニーについては、ただ推測できる
だけである。しかし音楽と音楽家がファラオの時代の文化において中心的役割を
果たしていたことには疑いの余地はない。その消え失せてしまった音の世界をか
いま見せてくれるのは、ライアという人物の生と死である。

　ライアは、ラメセス2世の治世にメンフィスのプタハ神殿の「歌手長」だった。
称号は歌唱のみに触れているものの、彼は多才な楽師であり、その公務にはプタ
ハと「シカモアの女主、ハトホル」の像の前で竪琴を演奏することが含まれてい
た。ライアは神殿の男声合唱団の指揮も担当しており、団員の何人か、ライやネ
フェルプタハ、プタハホテプといった人びととはおそらく親しい友人だっただろう。

　ライアの妻ムトエムウイアは、音楽に対する関心を夫と共有していた。彼女は
「アムンの女性歌手」、すなわち神のための日々の奉仕において歌唱とおそらくは
楽器の演奏をおこなう仕事についていた。メンフィスにあった家で、ライアとム
トエムウイア、そして彼らの娘は簡素な家庭生活を楽しんでいたが、この家には
ムトエムウイアの未婚の姉妹であるイウイとクイウもともに暮らしており、ペッ
トの猿も家族の一員となっていた。ライアと妻は、隣人である建築師パセルやそ
の兄弟で労働監督官のチュネロイとも仲良くやっていた。事実、おそらく彼ら友
人たちの宮廷における影響力のおかげで、ライアはサッカラの名高い墓地に自分

の墓の礼拝堂を建てることができたのだろう。

　あまり財力がなかったライアの墓は、いたって小さな建物だった。地上での目印は煉瓦造りの小さなピラミッドで、それが礼拝堂の屋根となっている石灰岩の石板にのっている。この礼拝堂の部屋はあまりに小さかったので、そこを訪れた人は室内でかろうじて立っていられるだけだった。ライアは来世で必要になる品々すべてを準備し、自分の葬祭を引き受けるシェドアムンという名の朗唱神官を任命したが、神官がその職務を執りおこなうスペースなどほとんどなかったのである！

　墓はささやかなものだったとはいえ、ライアが家族や友人、同僚の間で人望があったことは、彼の葬儀の折りに十分に示されている。彼のミイラは雄牛の引く棺台にのせられて墓まで運ばれた。地下の玄室へと降ろされるまえに（やがてムトエムウイアも、夫とともに永遠の時を過ごすため、そのかたわらに埋葬されることとなる）、ミイラは墓の入口で、アヌビス神の仮面をつけた神官に迎えられた。未亡人となったムトエムウイアは、悲嘆を表わす伝統的な仕草として頭上に埃をかけている。彼女のかたわらには嘆き悲しむ女たちがいるが、その何人かはおそらくこの葬儀のために雇われた「泣き女」だろう。ライアの神殿合唱団の生き残りたちは、彼らのこよなく愛する指揮者へのはなむけに、墓前で歌を捧げた。これはなによりも故人にふさわしいと言えるだろう。

メンフィスに造営されたライアの墓の浮彫断片（第19王朝）。この場面は、楽師ライアが自分の二柱の守護神であるプタハ（メンフィスの神）とハトホル（音楽の女神）の前で竪琴を演奏する姿を示している。

72. カーエムウァセト：最初の「エジプト学者」

　新王国の最盛期には、メンフィスの墓地にそびえるピラミッド群はすでに1000年以上もの時を経ていた。「黄金時代」である当時に生きていたエジプト人は、彼ら自身の過去とその印象的な建築遺構をどのようにみていたのだろうか？

　そのひとつの答えは、ラメセス2世の第四王子、カーエムウァセトの人生に見出すことができる。

　父王とセティ1世による共治期間の初期に生まれたカーエムウァセトは、王族の定めを持つ者として幼い時から教育を受け、王子としてふさわしい訓練を十分に受けていた。わずか5歳にして、彼は初めて戦場を体験した。下ヌビアの小規模な反乱を粉砕する遠征で、父王と兄のアメンヒルウェネメフ王子に同行したのである。王子たちはそれぞれ自分たちの戦車に——操縦したのは経験を積んだ士官だったが——乗った。二十代前半にカーエムウァセトは首都の主要神殿で、プタハのセム神官、大司祭の代理兼助手として、宗教上の責務をまかされた。カーエムウァセトにとってこの任命は、故郷に帰ったかのように感じられたかもしれない。彼の母である大王妃イセトノフレトはメンフィス地域で過ごしたことがあり、王子自身もそこで生まれた可能性があるのだ。この首都とその古代墓地がカーエムウァセトのその後の人生において彼の心を占め、とりこにすることとなったのは確かである。

　彼の最初の公務のひとつは、父王の治世16年の聖牛アピスの埋葬に参加したことだった。副葬品を寄進したカーエムウァセトは、強力な象徴性と非常に古い伝統を組み合わせたこの儀式に深い影響を受けたに違いない。14年後にプタハ大司祭の地位を継承して、次の代のアピスの葬儀を差配する立場となったとき、

72.　カーエムウァセト：最初の「エジプト学者」　　321

カーエムウァセトは、この機会をもっと荘厳なものとし、同時に自らの足跡を後代に残そうと決意した。それゆえ彼は、それ以前の個別の埋葬に代えて、サッカラに広大な地下回廊を創設した。代々の聖牛アピスの埋葬のたびに、この回廊から枝分かれする形で新たな玄室が掘削されることとなったのである。地上では、アピスの祭祀が新たな神殿でおこなわれていたが、そこはまたミイラとされた聖牛の遺体が埋葬の前日に最後の休息をとる場所としても用いられた。この神殿の奉献銘文のなかでカーエムウァセトは不死を得ようと努め、未来の世代にこう呼びかけている。

> （これにくらべて）先祖が貧弱かつ無知にもとづく工事によりおこなったことを目にすれば、これは事実、汝らにとって善行（と見える）であろう。我が名を忘れるな。

人びとは彼の願いに応えた。後にセラペウムとして知られるようになるこの地下回廊は、カーエムウァセトがまさに意図した通りに、続く13世紀間にわたって使用されたのである。

過去に対する彼の関心は、アピス祭祀

カーエムウァセトの彫像（砂岩と礫岩、カルナク神殿出土、第19王朝）。このラメセス朝の王子は、神の標章のついた2本の権標を持つ姿で表現されている。古代エジプト文化に対する彼の関心は、宗教から歴史、そして考古学にまで及んでいた。

の崇敬のみにとどまらなかった。その当時も依然としてメンフィスの墓地のスカイラインにそびえていた古王国の記念建造物に、カーエムウァセトが強い印象を受け、魅せられていたことは明らかである。彼自身の言葉によれば、彼は「彼以前の古代に暮らしていた高貴な人びとと、彼らが作ったあらゆるものの優秀さを、まさしく真に、百万回も愛していた。」決定的だったのは、彼もまた、情熱のおもむくままにふるまえるだけの財源を持っていたことである。それゆえ彼は三十代後半になると、第3、第4、第5の各王朝の諸王が造営したピラミッドや太陽神殿を訪れて視察し、修復することに着手した。調査をおこなったすべての建造物に、彼は自らの仕事を記念する標識となる銘文を刻ませており、「大ピラミッド」に残された銘文にはこう記されている。

　　クフ王の名を不朽のものとしたのは大司祭にしてセム神官、王子カーエム
　　ウァセトである。

　ギザで巡回視察を指揮していたときに、カーエムウァセトは小規模な発掘さえ企てているが、これは考古学者たちがそこでおこなうこととなる発掘より3000年以上も先んじている。彼の試みは注目に値する発見によって報われた。

　　この王子カウァブの像を楽しんだのは、大司祭である王子カーエムウァセト
　　だった。彼はそれをこの王子の父クフの泉の区域で、竪穴の埋土から発見し
　　たのである。

　この彫像はその後、発見者のカーエムウァセトが毎日それを賛美できるように、メンフィスのプタハ神殿に安置された。

　宗教上の責務のほか、カーエムウァセトはメンフィス地域の行政にも責任を負っていた。彼は王の布告官の職務も果たしており、父王の最初の5回の祝祭について公式の布告を作成したのである。

　カーエムウァセトが五十代後半に達するまでに3人の兄が世を去っており、彼

はその結果、皇太子となり王位継承者となった。しかしカーエムウァセトの地上における年月もまた足早に過ぎつつあった。彼はメンフィスとその祭祀や記念建造物のため40年におよぶ献身的な奉仕を捧げた後、父王の治世55年に世を去ったのである。

　偉大な建築家にして修復者、模範的な神官であり王子だったカーエムウァセトは、死後何世紀も人びとの記憶のなかにとどまり、1000年以上も後に書かれた民話に主人公として登場している。彼がこよなく愛したメンフィスの墓地では、すべてのピラミッドを見わたせるアブシールの丘の頂上に聖所が設けられ、そこで彼についての追憶が賛美された。それこそ「最初のエジプト学者」のためには申し分のない記念建造物と言えよう。

73. メス：長期裁判の勝者

　我々には、バラ色のスペクタクルの数々を通して古代エジプト文明を眺める傾向がある。エジプト人自身も、自分たちやその文化を理想の状態で描こうと望み、そうしようと努めていた。なぜなら人物や出来事を記録するという行為それ自体が不死を授けることになったからだ。彼らの人生の（最悪の側面ではなく）最良の側面を不朽のものにしようというもっともな願望が何よりも優先されたのである。ファラオ支配下の世界の理想化された概念は、現代人のかたよった目には魅力的に映るが、魅惑的であるのと同じくらいに、虚構にすぎない。たとえば古代エジプトの家族といえば、石碑や墓壁画に描かれた模範的なモデルに焦点を合わせたくなるだろう。両親と子供たち、親族が、仲良く支えあいながら暮らす姿だ。これは少数の幸運な人びとにはあてはまったかもしれない。しかし経験が示唆するところによれば——とりわけ大家族が近接して暮らす社会では——おそらく不和や嫉妬、もめごと、ひいては公然たる敵意がみられる状況のほうが、標準に近いものだっただろう。

　第19王朝初期のある特異な銘文は、古代エジプト人にも、複雑でしばしばすさんだ家族関係が見られがちだったことを示している。この銘文を残したのはメス（モセ）という名の人物だった。彼はラメセス2世の治世に生き、父親がそうだったように、メンフィスのプタハ神殿の「宝庫書記」というささやかな官職にのぼっていた。しかし彼が自らの名声を獲得する理由となったもの、彼の人生で最も誇らしい瞬間は、彼の経歴とは何の関係もなかった。それはむしろ、ある訴訟裁判、すなわち結審まで優に1世紀も続いた親族間の内輪もめの法廷闘争に、彼が勝訴したことにかかわるものだった。

この訴訟の背景は、新王国時代が始まったばかりのアハモセの治世にさかのぼる。メスの遠い先祖にあたるネシは、アハモセのもとで印章の管理者と提督をつとめ、ヒクソスに対する解放戦争で勇敢に戦った。他の忠実な士官たちと同じく、ネシも軍務に対する褒賞として、首都メンフィスの近くに領地を与えられている。「ネシの入植地」として知られるようになったこの領地は代々受け継がれたすえに、メスの曾祖母にあたる婦人、シェリトラーによって相続された。シェリトラーには数人の子がいたが、これが最初の面倒のもとだった。シェリトラーがホルエムヘブの治世に世を去った時、娘たちのひとり（おそらく長女）であるウェルヌロは明らかに、自分がすべてを相続すべきだと考えたのだが、彼女の兄弟姉妹たちはそうは思わなかったのである。そこでウェルヌロは、領地が法的に単一のものであること、そして唯一の相続人としての自分の立場を確認するため訴訟を起こした。彼女は勝ちはしたが、完全勝訴とはいかなかった。領地の管理者としてふるまう権利は得たものの、法が共同相続人たちの分け前を承認していることを認めなければならなかったのである。

　この決定は、一族のひとりでウェルヌロの姉妹にあたるタカルウにとっては、明らかに我慢のならないものだったようだ。今度は彼女が、自分の相続分を正式

サッカラに造営されたメスの墓の浮彫場面（第19王朝）。何世代にもわたって長びいた親族同士の叙事詩的法廷闘争の末に、法廷が有利な判決をくだしたことを知って、両腕を突き上げるメスの姿（右）が示されている。

に管理できるよう求めて、二度目の訴訟を起こしたのである。この訴えが認められると、ウェルヌロと息子のフイ（メスの父）は、領地全体に対する管理権を取り戻そうと反訴をおこなった。領地をめぐる争いのために、一族は今やバラバラに引き裂かれていた。悪意の高まりは深刻なレベルに達しており、次の世代にも受け継がれることになった。そこでおそらく40年かそれ以上後にフイが世を去ると、親族たちはこの件にきっぱりと決着をつけようと決心した。彼らは、フイの未亡人ヌブノフレトとまだ赤ん坊だった彼女の息子メスを彼らの土地から追い出すため、カーイという名のうさんくさい人物を雇ったのである。

　生活苦と、一族の領地から永遠に排除される危機に直面したヌブノフレトは、4度目の訴訟に訴えた。彼女の狙いは領地の管理権を取り戻すことにあったのだが、彼女は親族の代理となったカーイの企みによって裏をかかれた。カーイは法廷の官吏と共謀して、デルタの都ペル・ラメセスに保管されていた徴税記録を偽造したのである。これらの文書は、フイが実際に土地を耕作していたことを明らかにして、ヌブノフレトの主張の根拠となるはずだった。ところが、文書がヘリオポリス（古代のイウヌ）にある宰相の大法廷に提出されたとき、それらのなかにはフイに関する言及が見つからなかったのだ。カーイの主張が正しいと認められ、メスと母親はすべてを失ったかのように思われた。

　ほくそ笑んだ親族たちはしかし、母親に対してなされた不正をただそうとする若者の決意を勘定に入れていなかった。彼は成年に達すると、メンフィスの大法廷に5度目の訴訟を起こしたのである。カーイに対する彼の訴えには2件の告訴が含まれていた。ひとつには、ネシの直系の子孫として先祖の土地所有に対する権利をふたたび確立することであり、次に、徴税記録偽造についてのカーイと共犯者に対する告発である。最初の告発については、メスは相手より一枚上手だった。証拠となる文書に手が加えられていて自分の主張の根拠にならないと気づくと、メスは「ネシの入植地」の近隣の地元住民に、じかに訴えかけた。彼らはメスの不動産相続について証言することができ、それゆえ土地に対する彼の権利の証人となることができたのである。単なる文書よりも生きた証人たちのほうが証拠として強力であり、カーイさえ、法廷でメスの不動産相続が合法であることを

73. メス：長期裁判の勝者　327

認めざるをえなかった。メスは自らの相続を確実にすると、カーイに対する告発の支えとなる他の文書を持ちこんだ。

　原告・被告双方が息をつめて最終評決を待つなか、それは判事たちのベンチの前で書記によって告知された。古代エジプトの法的決定がそうであるように、評決は「Ａは正しく、Ｂは間違っている」という形をとった。法廷の判断はメスに有利なものであり、彼は腕を上げて評決に応え、それとは対照的にカーイは、廷吏が持つ棒に抑えられて頭を垂れた。メスは両腕を高く上げて意気揚々と法廷を後にし、敗れた相手は面目を失って去っていった。彼にとっては歴史的な勝利を祝うため、そして自分の主張が永遠に支持されるのを確実にするために、メスはこの訴訟を詳細にわたって記録した銘文を、サッカラに造営した自分の墓の礼拝堂壁面に刻ませた。

　訴訟の当事者として正義を求め、恐れることなく法に訴えるメスは、奇妙なほど現代の西欧世界では良く見かける人物である。彼はまた、一族の間の骨肉の争いがどの人間社会にもつきものであることをはっきりと思い起こさせてくれるのだ。

74. ディディア：異民族の血を引く主任下絵師

　古代エジプト人の主な願いのひとつは、自分の官職を子供たちに遺贈することだった。ラメセス2世の治世にテーベに住んでいた下絵師ディディアの場合は、こうした願いが実現された一例である。なぜならディディアは「アムンの主任下絵師」の職を保持する一族の第七世代だったからだ。その名をパダ・バアル（「バアルは回復する」）という彼の遠い先祖は、第18王朝中頃にシリア・パレスチナから、おそらくは戦争捕虜としてエジプトにやってきた。彼は明らかにできるかぎり早くエジプト社会に同化しようと抜け目なく努めており、それゆえ子供たちにエジプト語の名前をつけている。しかしその出自についての意識は保たれており、一族の男性の多くは、やはり異民族の女性か異民族の血を引く女性と結婚した。ディディアはこのような自分の家系を誇りにしており、それを示す碑文を石碑に刻んでいる。

　アムンの主任下絵師だったディディアの技術は、下絵描きと彩色、デザインに関するものだったが、彼の仕事は単なる素描に限られていたわけではなかった。彼は、セティ1世の治世に着工、ラメセス2世の治世に完成したカルナク神殿大列柱室の建設と装飾に、宰相パセルのもとで従事した。次いで、ディディア自身の記録によれば「私は陛下 ［訳注：「かの　お方の身体」］によって、アムンのため仕事をすること、カルナクとテーベの偉大な西方の諸々の記念物を修復することをゆだねられた。」彼の任務は、第18王朝とそれ以前の荒廃していた諸神殿、すなわちカルナクのトゥトモセ3世「祝祭殿」、テーベ西岸のアメンホテプ1世・アハモセ・ネフェルトアリ共同の葬祭殿とトゥトモセ3世葬祭殿、そしてデル・エル゠バハリのメンチュホテプ2世葬祭殿とトゥトモセ3世のアムン神殿、ハトシェプスト葬祭殿

ディディアの葬祭碑(テーベ出土、第19王朝)。7代目の下絵師にふさわしく、この石碑は小さな傑作であり、三次元の彫刻と二次元の浮彫をひとつの作品に結びつけている。下段には、捧げものをするディディアと妻の姿が表わされている。

を修復することだった。

　ディディアはさらに自分自身のため、みごとに仕上げられた石碑と黒色花崗岩の彫像を、自ら制作したか、あるいは同僚に作ってもらうことができた。彼の残した銘文には、きわめて数多くの男神や女神への祈願が記されている。その神々はカルナクのアムンとムトはもちろんのこと、ラー、アトゥム、シュウ、テフヌト、ゲブ、ヌトといったヘリオポリスの神々、エレファンティネのクヌム、サテト、アンケトの三柱神、ベヘデトのホルス、ネクベト、ジェベレインのハトホル、スメヌの主のソベク・ラー、そしてテーベのモンチュである。テーベで七世代にわたって生活し働いた末に、シリア・パレスチナ出身の一族は、エジプト人よりもエジプト人らしくなってしまったのである。

75. メルエンプタハ

：イスラエルを屈服させたファラオ

　ラメセス2世はその異様に長い治世において、自らの職務の神性と自身が人間として持つ弱さとの区別を、ことさら曖昧にしていた。のみならず、この王の67年という在位期間に自分たちの一生がまるまる収まってしまう数千人もの臣下にとって、ラメセス2世は事実上、不死身のように思えたに違いない。後継者たちも、この年老いた王はいったい死ぬのだろうかと不思議に思ったはずだ。何人もの皇太子たちが父王よりも先に次々と世を去ってしまい、王位につけるかもしれないという彼らの期待はことごとく裏切られたのである。ラメセスが九十代にしてようやく地上の生を終えた時、王座につく順番にあたったのは彼の長男ではなく、次男でもなく、三男でさえもなくて、メルエンプタハという名の第十三王子であった。

　メルエンプタハ自身もかなりの年輩であり、即位した時にはおそらく六十代だったろう。結婚していて3人か4人の子をもうけていた彼は、成人後の人生のほとんどの年月を、最後にどんな運命が待ち受けているかまったく気づくことなく過ごしていたに違いない。しかし兄たちが一人また一人と世を去ると、彼は否応なく王位継承者の列に並ぶこととなったのである。とうとう王権を継承する時が来て、後継者と思われていなかったメルエンプタハは、自分の治世が長くは続かないことを承知していたに違いない。「王家の谷」では彼の王墓の造営がただちに開始され、葬祭殿は、付近にあったアメンホテプ3世の記念建造物から石材ブロックを再利用して、記録的な速さで建設された。これは時間との競争であり、

332　第Ⅵ部　帝国時代のエジプト：ラメセス朝時代

先祖の王に対する敬意さえ、それを妨げることは許されなかったのである。

　父王ラメセス2世の栄光にあやかろうとするメルエンプタハの本能は、自らの建築遺産を急いで完成させなければならない切迫した状況とは矛盾したものだった。新王の葬祭殿は、こうした緊張状態の一例である。その入口塔門はラメセウムのそれとほとんど同じくらい大きく、造営者である王の偉大さをはっきりと示している。ところがこのファサードの背後の神殿は、父王の巨大建築の半分の大きさしかないのである。

　ファラオの伝統的な役割を果たす必要性を絶えず意識していたメルエンプタハが王として最初におこなったことのひとつは、エジプト全土の神殿の徹底的な査察と改装を命じたことだった。そのうえ彼は、それらの多くに自分の王名を刻ませている。この点で彼が父王にならっていたのは確かである。メルエンプタハは国際関係においても、先代の業績を尊重した。決着のつかなかったカデシュの戦いに続くヒッタイトとの講和の条項にもとづいて、メルエンプタハは、飢饉に対する救援のためヒッタイト王国に穀物を送っているのだ。とはいえ、レヴァントでは万事が平和で友好的だったわけではなかった。

　新たな王の治世初期は、攻撃を受けやすい時期となるのが常だった。王の死と経験の乏しい君主の就任は、敵対する異国や反乱を起こそうとしている属州にとって、攻撃に打って出る絶好の機会だったのである。死んだ王が偉大なファラオで軍司令官だったラメセス2世であり、新王が六十代の老人とくれば、攻撃をかけてみたいという誘惑に抵抗できるものではなかった。メルエンプタハが即位して最初の年に、シリア・パレスチナのアシュケロン、ゲゼル、イアノアムの諸都市がエジプトの支配に対して反乱を起こしたのである。父と祖父があれほど強固な意志によって作り上げた帝国が崩壊するのを防ぐため、メルエンプタハは決然と行動しなければならなかった。そこで彼は、皇太子のセティ・メルエンプタハを派遣、叛徒を粉砕して支配を回復する。やがてエルサレム郊外の丘陵にある戦略上の要地に、レヴァントにおけるエジプトの交易・外交・軍事上の遠征隊に飲料水を供給するため、要塞に守られた井戸が設置された。この「メルエンプタハの泉」はその目的にかなっており、反乱鎮圧から1年も経たないうちに、シリ

75. メルエンプタハ：イスラエルを屈服させたファラオ　333

ア・パレスチナを横断する交通路は通常通り回復されたのである。

しかし、エジプトにとってはるかに重大な脅威が襲来しようとしていた。メルエンプタハの在位5年目に、今度はナイル河谷南部のヌビア人たちが反乱に踏み切る。これはただの暴動ではなかった。それは、真の攻撃が加えられるところとは違う方面にエジプト軍をおびき出すための、意図的な陽動作戦だったように思われる。なぜなら、デルタの西の縁辺部に沿って、ひどく恐れられ謎めいている「海の民」と結んだリビア人による大規模な侵略が進行中だったからである。この「海の民」には、シェルデン——彼らの同国人のなかにはラメセス2世の軍に加わっていた者たちもいた——とシェケレシュ、テレシュ、ルッカの各民族とともにエクウェシュ（おそらくギリシア本土のアカイア人）も含まれていた。これら地中海東部からの諸民族はあわせて、侵攻してきた全兵力のおそらく3分の1を構成していた。これはメルエンプタハの治世における決定的瞬間だった。エジプトがふたたび異民族の軛のもとであえぐことを望まないなら、彼は迅速かつ決然と行動しなければならなかったのである。

王は急いで軍を動員し、ヌビア人に対して行動を起こすようクシュ総督に命じた。ヌビア人は比較的たやすく粉砕され、エジプトの主力軍団は直ちに西部デルタへと進んで、対になったふたつの都市、「ペ」とデプ（ブト、現在のテル・エル＝ファラィーン）付近で侵略者たちと交戦した。6時間に及ぶ激戦のすえに、エジプト軍は勝利を宣言する。侵略はその途上で食い止められたのである。この驚嘆すべき大勝利によって疑いなく安堵し、また勇気づけられて、メルエンプタハは父王の例にならい、自らの勝利の記述を永遠に残る銘文として刻ませた。実際のところ、それは一つではなく、二つの記述である。ラメセス2世がカデシュの戦いについて韻文と散文の記録をともに作らせたように、その息子もまた、自らの勝利を記録する二通りの版を作らせたのだ。そのうち「詩」のほうは、誇張に満ちた傑作である。それはリビア軍の敗走、「メンフィスの忌み嫌う者」として言及される彼らの首長、メレイの逃走、敗北後における彼らの荒れはてた故郷のなまなましい描写を含んでいる。そのうえ、王はエジプトのすべての敵に対する勝利者として激賞された。その敵とはすなわちチェヘヌ（リビア）、カナン、ア

シュケロン、ゲゼル、イアノアム、コル、そして——すべてのうちで最も有名な——イスラエルである。旧約聖書の民についてのこの言及は、ヒエログリフ資料に「イスラエル」という名が記されたものとしては、知られる限り唯一の例である。父王の華々しい業績を守るために、まぎれもない軍事的成功を収め、努力を重ねたにもかかわらず、メルエンプタハが歴史に占める位置は結局のところ、このひとつの簡潔な、おそらくは虚偽の言及によって確保されたものだ。このうえない皮肉と言えるだろう。

テーベ西岸の葬祭殿に建立されたメルエンプタハ座像の上半身部分（花崗岩、第19王朝）。メルエンプタハは王となった時少なくとも50歳にはなっていたが、この彫像は彼を、活力にあふれた若者という理想的な姿で表現している。

75. メルエンプタハ：イスラエルを屈服させたファラオ

76. パネブ：悪名高い犯罪者

　古代エジプト美術が表現しているのは、完璧な秩序に支配された世界の姿である。そこでは人びとが平和で満ち足りた日々の生活を営み、家族は愛情にあふれて固い絆で結ばれ、あらゆる人びとが社会の序列を尊重している。もちろん歴史上のどんな社会もそのような理想郷だったことはなく、古代エジプトが病気や不法行為、不和を少なからず抱えていたのは確かである。しかし人生のもっと辛辣な現実をかいま見るには、美術以外の証拠資料に頼らなければならない。なかでも行政文書や司法文書は、社会の理想像を不朽のものとするためではなく、実際の出来事を記録するために作成されたものだ。したがってそれらは、秩序と調和が保たれているかのような見せかけの表面下に潜む社会の病苦を、束の間だがかいま見せてくれる。第19王朝末のそうした文書集成のひとつは、ひとりの悪名高いテーベの罪人がおかした犯罪と不品行の数々に光をあててくれる。

　この悪人はパネブという名の男で、テーベ西岸の人目につかない谷に隠された王墓地職人の村（デル・エル＝メディーナ）に住んでいた。パネブの父と

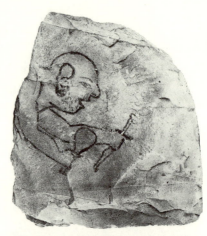

職人の粗い素描が描かれた石灰岩片（オストラコン）（テーベ出土、新王国）。この想像力をかき立てる戯画は、大きすぎる耳と突き出た鼻を持ち、無精髭を生やしたがっしりした男を描いている。文字記録からは、これと同じように感じの良くないパネブの人物像が浮かび上がってくる。

祖父は、ともに王墓造営に従事する職人だった。とくに父親のネフェルセネトは
ラメセス2世とその息子たちの墓の建設にたずさわり、いくつかのグラフィティ
[訳注：岩壁などに刻みつけられた銘文] にも言及がみられ、地元では明らかに良く知られた人物だった。
彼の息子はその名がいっそう良く知られるようになるのだが、その理由はかなり
違うものだったのである。

　パネブの家庭は典型的な大家族だった。彼は小さな家で、妻のウァベト、3人
か4人の息子、5人の娘と一緒に暮らしていたが、それは純粋な「楽しい我が
家」の姿というものではなかった。他の家族と密接して暮らすこの村の狭苦しい
生活環境では、不倫の機会は常にあった。パネブはその誘惑に抵抗できなくなっ
ていたように思われ、少なくとも3人の人妻、すなわちトゥイという名の女性、
ともにフネロという名の2人の女性と関係を持っている。このような罪をおかし
たせいで彼は、特に自分の家庭内で人望を失ったに違いない。

　仕事の面でもパネブは、不誠実で無節操だった。ラメセス2世の長い治世の末
に成人に達した彼は、父親の足跡をたどって王墓地職人の班に加わった。「班の
者」としてパネブは、メルエンプタハの10年の治世からセティ2世の治世にか
けて働いている。新たな王の治世となって5年目に、職長のネフェルホテプが世
を去ったかあるいは引退して、昇進の機会が突然に訪れた。古代エジプトにおい
ては、重要な役職は一族によって受け継がれるのが普通であり、したがってネ
フェルホテプの弟のアメンナクトは自分が職長の地位を継ぐものと期待していた。
しかし彼は、キャリア向上のためなら他人を犠牲にしてでも、どんなことでもや
る気になっているパネブのことを考えに入れていなかったのである。パネブは、
アメンナクトなど無視してあっさりと宰相に賄賂を贈り、自分を職長に任命して
くれるよう働きかけた。次に証拠を隠すため、パネブは宰相に対する苦情を申し
立て、彼が免職されるようにしたのである [訳注：この段落の記述については「あとがき」を参照されたい]。

　二人の職長のひとりとして——同僚のハイが「左側」班を率いるのに対して
——職人の「右側」班に責任を負うこととなったパネブは、今や私腹を肥やす十
分な機会を手にした。彼は身分の低い石工だったころ、すでに自分の墓の造営を
始めていたが、今では自分の班の労働力すべてを自由に使えるようになったので

76. パネブ：悪名高い犯罪者　337

ある。彼はすぐさま職人たちを、彼らが契約している「王家の谷」での仕事から切り離して、自分のために利用した。たとえばパネブの部下のひとり「ウァジモセの息子」ネブネフェルは、パネブの雄牛に餌をやっていたため仕事に出られなかった。このような行為は、ささやかな権力を行使できる地位にある人びとの間でおそらくかなり広範にみられたことであり、重大な罪とはみなされなかっただろう。しかしパネブの犯罪行為はそれにとどまらなかった。彼は仕事場から道具を盗み、国家の財産である鶴嘴と鍬を、自分の墓の造営作業に使うため持ち去ったのである。彼はさらに、もっと重大な罪を犯すため、自らの影響力と制限区域に立ち入る権利とを利用した。そのときセティ2世はすでに世を去っており、「王家の谷」で眠りについていた。パネブを後に告発した人びとの言葉を信じるなら、彼は自ら造営にたずさわったこの王の墓を略奪し、戦車の覆い、香料、油、ワインと一体の彫像を奪い取っている。しかも彼は、亡き王の石棺に腰かけるというぞっとするような冒瀆行為によって、自らの罪の上塗りをしたのである。

　窃盗、墓泥棒、神々に対する不敬行為をおかしたパネブは、小悪党から重罪人へと転落し、彼に敵対する者たちは、この男に司法の裁きを受けさせる機会をとらえた。職長の地位を悪辣な手段で奪われたことから、パネブに対する積年の恨みをつのらせていたアメンナクトは、一連の告発を書記に口述し、書類として宰相ホリの前に提出した。提出した告発書のなかで、彼はパネブを殺人で告発さえしている。被告の息子で、自らも王の墓地職人であるアアペフティも、父親に対する不倫と密通の告発でこれに加わった。同僚や家族によって四方八方から糾弾された犯罪者パネブの経歴は、当然の結末を迎えただろう。しかし本当にそうだったろうか？　彼が最後にどのような運命をたどったのか、投獄されたのか、あるいは何らかの狡猾な策略を用いて司法の手を逃れたのかについては、いらだたしいことに何も知られていない。法廷の判決がどうだったにせよ、パネブは善行ではなく汚名によって、自らの不死を確実なものとしたのである。

77. バイ：キングメーカー

　ラメセス 2 世の 67 年におよぶ治世は、第 19 王朝に大きな影を落としていた。それはその当時の顕著な安定の源だったが、後の世代にそれが及ぼした影響は、老年の王や幼い王が続いて即位したことにみられるように、社会をひどく不安定にするものだった。そのような状況下では、王朝内部の策略、陰謀とその対策がなされる余地がありあまるほどにあった。そうした出来事の記録は当然ながらかなり不明瞭なものだが、とりわけひとりの人物が、自らの利益を追求するために当時の状況を利用したことは明らかだ。彼の名はバイである。

　メルエンプタハの短命な後継者セティ 2 世の治世に、バイは大蔵大臣の地位にあった。彼の生い立ちははっきりしないが、おそらく近東の出身だったと思われる。彼は明らかに老練な政治家だった。セティ 2 世の治世は平穏にはほど遠いものだったから、老練な政治家である必要があったのだろう。在位 2 年目にアメンメセスと呼ばれる王位簒奪者の即位がファイユームより南のナイル河谷で宣言され、セティの事実上の権威が及ぶのはデルタとメンフィス地域だけになってしまった。アメンメセスはセティの息子だったのかもしれず、王位継承者の候補から外されたことに不満を抱いて権力掌握のための企てを実行し、その過程で父王を放逐しようと決心したのかもしれない。セティ 2 世がエジプト全土とその征服地におよぶ王権をなんとか回復するまで、アメンメセスはほぼ 4 年間、王位を保っていた。これらの出来事にバイが一役買ったとしても、それがどういうものだったのかははっきりしない。しかしたとえアメンメセスのクーデターに関与しなかったとしても、彼が王権に与えられたダメージを見てとり、自らの目的のためそれを利用しようと決意したことは明らかだ。

セティ2世の全権回復は短命に終わった。彼はアメンメセス放逐の1年ほど後に世を去ったからである。皇太子で正統な後継者だったのは、セティの息子であるセティ・メルエンプタハだったが、彼はすでに死亡していたか、あるいは有力な競争者たちを前にして継承権を主張できずにいた。この反対陣営を率いていたのはバイである。彼が次の王に選んだのはスィプタハという名の若き王子だったが、この人物はおそらくアメンメセスの息子だったと思われる。アスワンとジェベル・エル＝シルシラに残された銘文で、バイは自分が「王をその父の王座に据えた」と誇っているのだ。バイの推す候補者はヌビアに有力な縁故があり、バイはその鉱物資源を自由に利用できた。なお好都合なことに、スィプタハは単なる子供にすぎず、もっと経験を積んだ年長の廷臣たちが操るにはうってつけだった。そしてバイは、幼い王を通して支配することにより自らの権威を行使するつもりだったのである。

　スィプタハは王としての即位が順当に宣言されたが、権力の行使は、セティ2世の未亡人タウォスレトが率いる摂政制によってなされた。少なくともこれが、何が起きたかについての公式の説明だが、実際には、王座の背後で実権を掌握していたのはバイだった。彼は新たに築き上げた権力を十二分に利用し、自らのため「王家の谷」に壮麗な墓を作らせていたのである。しかし行政の中枢における彼の影響力は長続きしなかった。タウォスレトが摂政となって5年目に、彼女は全権を掌握しようと企て、この決断がバイの没落を促すこととなったのである。彼はタウォスレトの命令で処刑され、婉曲に「大いなる敵」として言及されるのを別にすれば、彼の名は記録から意図的に抹消された。そして彼の墓は一度も利用されることはなかったのである。

　それから1年も経たないうちに、スィプタハがわずか十代で世を去る。反革命は完了した。若き王の名は、「王家の谷」で未完成だった彼の王墓や付近のタウォスレトの墓の銘文から除かれた。タウォスレトは単独の王として統治を続けたが、国内は分裂し、それに続いて内戦が勃発する。秩序は、新たな実力者であり第20王朝の始祖となったセトナクトの出現によってようやく回復された。彼とその後継者たちはスィプタハとタウォスレトを歴史の舞台から抹消し、セティ

2世を第19王朝の王統最後の正統な王とする。キングメーカーのバイについては、歴史はいっそう容赦なかった。第20王朝の資料は彼を単に「シリアの成り上がり者」と呼んでいるにすぎないのである。

78. ラメセス3世：エジプト最後の大王

　ラメセス3世は、最後の偉大なファラオと呼ばれている。確かに彼がエジプトの王座についていた31年間は、大規模な神殿造営、叙事詩的な戦勝、はるかな国々から珍奇な産物を持ち帰る遠征など、数々の華々しい出来事に事欠かない。しかし彼の治世が終わりを迎えるにいたった背景——宮廷内の陰謀、暗殺の企てと、時ならぬ死——はさほど華々しいものではなく、第三中間期を特徴づけることとなる中央権力の崩壊を予感させる。

　ラメセスは第19王朝が滅びつつある時代に生まれた。父親のセトナクトはおそらく、東部デルタの駐屯軍を率いる将軍だったであろう。スィプタハとタウォスレトの混乱した治世が終わると、軍人階級は安定を回復できる最良の人材としてセトナクトに目を向けたが、彼はすでに高齢だった。それゆえ彼の2年間という短い治世に事実上の権力を行使したのは、父のようにおそらく軍隊で経歴を開始した息子のラメセスだった。

　ラメセス自身が王座についたとき、彼は、より良い未来への約束をたずさえていた。弱く無能な支配者が続いた後に、エジプトの王座に安定と栄光を取り戻す精力的で健康な王が登場したのである。彼は自らをエジプト最後の大王ラメセス2世に故意になぞらえ、この名高い先任者の即位名（ウセルマアトラー・セテプエンラー）をことさら想起させる即位名（ウセルマアトラー・メリアムン）を選んだ。ラメセス3世は、ことによるとラメセス2世の曾孫だったのかもしれない。彼が同じタイプの支配者だったのは確かだ。彼は自分の息子のうち2人に、ラメセス2世の2人の息子にちなんだ名をつけ、彼らを「先祖たち」と同じ官職に任命さえしているのである。

342　第Ⅵ部　帝国時代のエジプト：ラメセス朝時代

権標を持つ姿のラメセス3世像（花崗閃緑岩、カルナク神殿出土、第20王朝）。権標の頂には、カルナクのアムン・ラーの聖獣である牡羊の頭部がのっている。この像は神殿の行列路軸線のひとつに沿って建立されていたのだろう。

　ラメセス2世がテーベ西岸に壮麗な葬祭殿（ラメセウム）を造営したように、ラメセス3世も同じことにとりかかった。「アムンの領土において永遠と合体したラメセス王の数百万年の館」と公告されたメディネト・ハブの葬祭殿は、新王国が残した最後の偉大な建築となった。その巨大な塔門、二つの列柱前庭、多柱室、そして隣接する王宮はすべて、要塞化された周壁の内側に納められている。聖域全体に通じる門はシリアの要塞（ミグドル）をかたどったものであり、王はその上階の数部屋を私室として、彼自身や妃たちを描いた親密な場面で飾らせた。

　ラメセスの葬祭殿がシリアに着想を得た建築主題を用いていたという事実は、彼の治世の国際的な性格を例示している。彼の愛した妃イセトさえ、異国の生まれだったかもしれない。しかしエジプトの対外関係は、文化的影響や政略結婚に限られていたわけではなかった。北方と東西の民族の内部には混乱が生じており、おちつきのない異国の支配者たちや国を追われた人びとは、ともにエジプトの伝説的な富を、貪欲な目つきで眺めていた。若き王ラメセス3世は、名高い先祖の勇気と不屈の精神に恥じない行動をするだろうか？　彼が王座についてから最初の5年間は平和のうちにすぎたが、

78. ラメセス3世：エジプト最後の大王

「大ハリス・パピルス」(テーベ出土、第20王朝) の挿画。ラー・ホルアクティ神の前に立つラメセス3世は、透明なローブと王の精巧な標章を身につけた成人男性の姿で描かれている。

これは嵐の前の静けさだった。王の治世5年から11年まで、エジプトは3度をくだらぬ侵攻を受け、その防備と王の軍事的な指導力が限界まで試されることとなるのである。

　最初の攻撃は、キュレナイカ（リビア沿岸部）のリブの民に率いられたもので、これは迅速に迎え撃たれたが、もっと深刻な事態が生じようとしていた。王の治世8年に、エジプトはかつて知られたなかで最大の危機のひとつに直面する。引き金になったのは、はるかかなたのミュケナイ世界で起きた政治・軍事的混乱だったのかもしれない。エジプト側の記述によれば「諸々の異国が彼らの島々で陰謀を企て、人びとはすべて一度の戦いで放逐され四散させられて、彼らの武力の前に抵抗できる国はなかった。」エーゲ海とアナトリアから多数の人びとが移動し、それが大規模な民族移動を引き起こしたのだ。集合的に「海の民」として

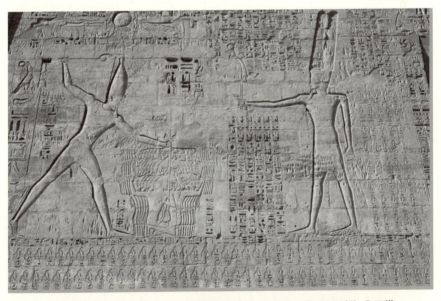

メディネト・ハブのラメセス3世葬祭殿（テーベ西岸、第20王朝）入口塔門の沈め浮彫場面。ラメセスは足下にすくんでいる縛られた捕虜の一団を打ちのめそうと腕を挙げているが、これは王の力を示す古くからの所作である。国家神アムン・ラー（右）がこれを見守り、神の裁可を与えている。

78. ラメセス3世：エジプト最後の大王

知られるこれら移住者たちは、少なくとも九つの別個の民族集団からなっていた。すなわちデニエン（おそらくギリシア本土のダナオイ人）、エクウェシュ（アカイア人？）、ルッカ（リュキア人）、ペレセト（ペリシテ人）、シェルデン、シェケレシュ、テレシュ、チェケル（トロイア人？）、そしてウェシェシュである。彼らはともに故国から出て地中海東部を抜け、沿岸の町や都市を略奪し、キリキアやキプロス、シリアを攻撃したばかりか、かつては強大だったヒッタイト帝国さえ弱体化させたのである。

　そして彼らはエジプトに押し寄せてきた。陸路をとった侵略者たちは、女子供をのせた荷車をともなっており、エジプトの北東国境をめざした。一方、海路をとった勢力はデルタに向かっていた。侵攻が二方向からおこなわれることを知ると、ラメセスは国境の諸要塞へとただちに命令を発して、エジプト軍主力の到着まで持ちこたえ、敵を食い止めるよう伝えた。両軍は国境で衝突して激戦となり、多くの人命が失われたものの、エジプト軍が勝利を収める。今度はデルタ沿岸に注意が向けられた。敵艦隊はナイル支流のひとつの河口へと向かっており、メンフィスまで遡航しようとしていることは疑いなかった。しかしエジプト軍は、海岸線から矢を放つ弓兵の援護を受けつつ、敵と外海で交戦した。大規模な遭遇戦のすえにエジプト軍は勝利を収め、ラメセスはこの戦いのすべての顛末を、自らの葬祭殿壁面に銘文と図像で記録させた。これらの戦いの記述は、現存するヒエログリフ銘文のなかで最も長大なものとなっている。エジプトは侵略者を撃退して、その自由と独立を引き続き守り抜いたが、その努力は国家に大いなる重荷を負わせることになったし、その自信をいたく傷つけたに違いない。しかも「海の民」のなかには、エジプトに不安を覚えさせるほど近く、レヴァントの沿岸平野に定住する者たちがおり、その一方で、とりわけシェルデンのように、ナイル河谷に居を構える者たちもいた。近東の地政学的な要素は変わりつつあり、何者もその進行を止めることはできなくなっていたのである。

　ラメセスはようやく、貴重な産物を王の宝庫に持ち帰る遠征隊を遠隔の地に送るというような、もっと平和的な活動に注意を向けられるようになった。それらの産物とは、プントの没薬と香料、ティムナの銅、そしてシナイのトルコ石であ

る。これらの遠征によって生み出された富は、カルナクを含む諸神殿における新たな建築活動に活用された。

　在位30年目と祝祭の時期が近づく頃、ラメセス3世はその臣民を、戦時においても平時においても勇敢かつ賢明に導き、彼にとって英雄であるラメセス2世の後継者としてふさわしいことを示していた。しかし「権力の回廊」では、すべてがうまくいっていたわけではない。祝祭のわずか数ヵ月前には、王墓地職人たちが穀物による月々の給与を要求して4度もストライキを続けていた。政府はどうやら、来るべき祝祭の準備に忙殺されるあまり、より世俗的な責務に対処することができなかったようである。祝祭そのものは無難に終わりはしたが、その陰には、宮廷で沸騰しつつあった憤懣が覆い隠されていた。争いの原因は、ラメセス3世の妃のひとりティイが、自分の息子である王子ペンタウェレトを、その父に代わって王座につけようと抱いた野望だった。国王暗殺の陰謀が後宮で密かにもくろまれており、それに関与した者のなかには、後宮に直接の結びつきを持つ関係者や官吏とともに、王の側近グループに属する——「部局の長」や執事、宝庫監督官、そして将軍のような——人びとも含まれていた。

　このクーデターの陰謀は失敗し、ラメセスは、被告を訊問し判決を下すため、高官たちからなる調査委員会を設けた。その意図は、王がこの件にこれ以上かかわりをもたないようにすることにあったのかもしれない。しかしそれはラメセス3世の最後の行為となる。「この者どもがなしたあらゆることが、その頭上に降りかからんことを！」という言葉がその最後の命令となり、王は、おそらくは暗殺者から受けた傷がもとで、間もなく世を去った[訳注：陰謀が失敗したことはこの委員会による裁判記録が現存していることから明らかであり、そこには王による委員の任命と調査実施の命令も記されている。しかし近年おこなわれたCTスキャンによる調査でラメセス3世のミイラの喉に、生前につけられた深い傷跡が発見され、王が実際に暗殺者によって喉をかき切られ、殺害されたことが明らかとなった]。彼の死によって、自信に満ちた揺るぎない王権の規範もまた消え去った。エジプトがかつての栄光を完全に取り戻すことは二度とないだろう。

79. ラメセスナクト

：ラメセス朝後期を生きた大司祭

　ラメセス3世の死に続く第20王朝の残りの時期は、わずか数年の在位の後に次々と姿を消していく国王たちの、めまぐるしく交替する治世の連続によって特徴づけられている。しかし王権の職務にみられるこうした落ち着きのない移ろいと並行して、またそれとは対照的に、エジプト行政の上層には、著しく長く安定した経歴を持つ何人かの人物が姿を現していた。それはあたかも、国家の存続を保つ覆いがファラオからその高官たちへと渡ったかのようである。アムン大司祭のラメセスナクトは、そうした人物のひとりだった。

　このうえなく有力なアムン神官団の長となるべき者にはめずらしく、ラメセスナクトは生まれつきのテーベ人ではなかった。彼の一族は、中部エジプトのヘルモポリス（古代のケムヌ）出身であり、父親のメリバストはその地で、地元の数多くの要職についていた。ラメセスナクトはアジトシェリトという名の女性と結婚して家庭をもうけ、それからついに、三十代か四十代で高位についた。そのとき彼は、ラメセス4世によってアムン大司祭の職につけられたのである。おそらくはテーベ出身の（就任を期待していたかもしれない）候補者たちをしりぞけて才能ある部外者を選ぶことにより、新王は自分が自立した存在であることを示したのである。ラメセスナクトは、その主要な宗教上の責務をはるかに越えた事柄についても、すぐに責任を持つこととなった。ラメセス4世の治世3年には、彼はワディ・ハンママートのシルト岩採石場に向かう遠征隊の指揮を命じられている。9000人が動員されたこの遠征は、その種の遠征としては第12王朝初期のセンウ

348　第Ⅵ部　帝国時代のエジプト：ラメセス朝時代

スレト1世の治世以来、最大のものだった。

そのわずか数年後にラメセス4世は世を去り、続く20年間に何人かの王が来ては去ったが、ラメセスナクトはずっとその地位にとどまっていた。少なくとも27年におよぶ在職期間に、彼はラメセス4世からラメセス9世までの6人の王に仕えたのである。彼はまた、自分の一族による高級神官職の支配を「難攻不落」にすることに成功した。まず息子のひとり（ネスアムン）、ついでもうひとりの息子（アメンホテプ）が父の大司祭職を引き継ぎ、娘のアアトメレトは他の高級神官と結婚したのである。六十代後半か七十代で世を去った時、ラメセスナクトは、古代エジプトの官僚が夢見るすべてのことを成しとげていた。それはつまり、生涯を通じて王——彼の場合は、6人の王——に仕え、西方の立派な墓——彼の場合は、テーベの墓地のみごとな墓——に埋葬されたこと、そして何よりもすばらしいことに、自らの一族の「王朝」を創始したことである。

方解石の台座にのったラメセスナクトの彫像（シルト岩、カルナク神殿出土、第20王朝）。大司祭は、テーベの三柱神（アムン、ムト、コンス）の聖像を捧げ持つ姿で表わされている。この像は神殿内の行列路軸線のひとつに沿って配置されていたのだろう。

79. ラメセスナクト：ラメセス朝後期を生きた大司祭

80. ナウナクト

：親不孝な子供たちから相続権を取りあげた母

　古代エジプトの公式記録のなかでは、女性は比較的目立たない存在だが、彼女たちは古代のその他の文明社会に生きていた女性よりも、社会的・法的な面ではるかに平等な権利を享受していた。事実、現代の数多くの国家における女性の地位は、古代エジプトにおけるそれと同程度の平等にはまだ達していない。女性の法的な身分は男性のそれと等しい地位にあり——妻はもし望むなら夫と反対の証言をすることもできた——彼女たちは結婚後でさえ、自分の財産を管理する権利を保っていたのである。女性はまた、自分の財産を好きなように処分することもできた。まさにそれをやった古代エジプト女性の最も良く知られた好例が、ラメセス朝後期のテーベに住んでいたナウナクトの遺言書に含まれている。

　ナウナクトはささやかな財産を所有する婦人だった。彼女は特別な地位を持っていたわけではなく、自分のことは単に「自由身分の婦人」としていたが、ときにはカルナク神殿で、アムンの女性歌手として奉仕していたかもしれない。彼女の最初の夫はケンヒルケペシェフという名の書記だった。彼は王墓に関する仕事にかかわっており、それゆえおそらくは裕福だったろう。したがって彼らの結婚は、恋愛ではなくて、むしろ財政上の考慮を動機とする結婚だったのかもしれない。この結婚からは子供が生まれなかったのは確かなように思われる。ナウナクトの二度目の結婚はカーエムヌンという名の「真理の場のしもべ」[訳注：デル・エル＝メディーナの王墓地職人] とのもので、概して実りあるものだった。彼ら夫婦は、男女４人ずつ計８人の子供に恵まれたのである。

350　第Ⅵ部　帝国時代のエジプト：ラメセス朝時代

多くの子供に恵まれることは古代エジプト人にとっての理想だった。なぜなら社会保障制度がない社会では、老後の世話のための唯一の資力を提供できたのは次の世代だけだったからである。しかしナウナクトの子のなかには、母親あるいは社会の期待に正しく添わなかった者たちがいた。そのありのままの詳細はすべてナウナクトの遺言に含まれており、それはラメセス5世の治世3年氾濫季4月5日——紀元前1147年の11月頃——に、法廷において明らかにされ、文書に記録された。法廷を構成していたのは、身分の低い職人から地方官吏までさまざまな地位にある14人の人びとである。ナウナクトは自分の子供たちのうち3人の相続権を剥奪しようとしており、その言葉には容赦がなかった。

　　私はこれらあなたがたの8人のしもべを育てました……ところがご覧ください、私は年老いました。そしてご覧ください、私の番となったのに、彼らは私の世話をしていないのです。

相続のための条件は単純なものだった。

　　彼らのうち誰だろうと私を助けてきた者、その者に私は、私の財産を分け与えます。私に何も与えなかった者、その者に私は、私の財産を分け与えることはありません。

　相続権を失ったのはナウナクトの2人の娘、ヘンシェネとカーヌブだった。彼女たちは法のもとでナウナクトの夫（カーエムヌン）に帰属する婚姻財産の3分の2を相続するのは妨げられなかったが、ナウナクトのものである3分の1の財産の相続からは除外され得たし、事実、除外されることとなったのである。

　　彼らは私の3分の1の分配には預かりません。

　同様に、ナウナクトの息子のひとりであるネフェルホテプも、妥当な相続分以

80. ナウナクト：親不孝な子供たちから相続権を取りあげた母　351

上のものである銅製容器類をすでに受け取って浪費していたため、遺言による遺産分配からは除外された。一方、これとは対照的に兄弟のケンヒルケペシェフは、「兄弟姉妹たちを上回る」好意を示すため選ばれ、ナウナクトの財産の5分の1にくわえ、彼女の最も貴重な唯一の資産である青銅製の盥(たらい)を受け取っている。

　遺言が口頭と書面で作成されてから1年か2年後に、家族全員——カーエムヌンと8人の子供たち——は、彼らが遺言の条項に満足し、それを尊重することを確認するため、二度目の審問に出頭するという不名誉を忍ばなければならなかった。ナウナクトの財産にはあまり価値のある物はなく、多くが家具や台所用品だったとはいえ、言うことを聞かない娘たちに対する非難は鋭く感じられたに違いない。彼らは、心を決めた母親に恩知らずな態度をとった子供たちが何を覚悟することになるのか、身をもって学んでいたのである。

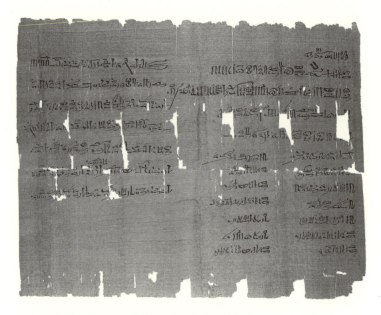

ナウナクトの遺言（テーベ出土、第20王朝）の一部。パピルスに記されたこの文書は、新王国時代のテーベに暮らしていた一族の人間関係や緊張状態について、生き生きとした洞察を与えてくれる。

81. トゥトモセ：苦難の世相を映す書簡の筆者

　古代エジプトでは、読み書き能力はごく少数の人びとに限られたものだった。いくつかのありふれたヒエログリフを見分けることができた人びとはかなりいただろうが、読み書きが巧みにできた人びとは人口の5〜10パーセントを超えなかっただろう。こうした技能は、書記学校における厳格で時には骨の折れる訓練によって修得されるもので、それを身につければ、行政職のキャリアを歩める可能性が開けた。しかしもっと日常的なレヴェルでは、読み書き能力は友人たちや家族と意思を通じ合う能力を与えるものでもあった。読み書きのできたエジプト人たちは、重要な事柄だけでなく些細な事柄も気にかける、かなり筆まめな人びとだったように思われる。こうした事柄は、新王国の末に書かれたトゥトモセの書簡によく例示されている。

　トゥトモセは、ラメセス11世の治世後半にテーベの墓地専属の書記を職業としていた人物である。トゥトモセの公式の称号は「ファラオ（生きたまえ、栄えたまえ、健やかなれ）の数百万年の偉大にして高貴な墓地の書記」で、彼はこの地位を少なくとも16年間保っており、その職務には穀物栽培の課税記録を監督することも含まれていた。彼はテーベ西岸に住んでいたが、所用で国内の他の地域に旅をしていた。そのような旅で中部エジプトに出かけた彼は、そこから家族に多くの書簡を書き送っており、自分の関心事や親族の健康、とりわけ母親のタネトタベケンと兄弟のパイカムンの健康について確かめている。

　しかしトゥトモセが最も数多くの書簡を書き送る機会を得たのは、テーベから遠く離れた地への旅、概して苦しい状況でおこなわれたもっと長い旅の折りだった。「再生」（ラメセス11世の治世の最後の3分の1の時期につけられた公式名称）

の第10年に、トゥトモセはエジプト軍で兵役に服するため徴用された。その理由となったのは、王の寵を失ったクシュ総督、パネヘスィ（82）が指揮した反乱だった。政府の武力を代表して反撃を指揮したのはパイアンク将軍である。トゥトモセはまずエドフまで南に旅してパイアンクの軍に合流、それからヌビアに対する軍事遠征の伝統的な出発点であるアブウ（エレファンティネ）まで護送された。

　ひとたび遠征が開始されるとトゥトモセは、なじみのない土地で見知らぬ人びとに囲まれ、慣れない役回りに身を置くこととなった。テーベの我が家にいる息子ブテフアムンにあてた彼の書簡は、彼のホームシックとつのる絶望を雄弁に物語っている。

　　アムンと神殿の神々に、私を敵の手から生きたまま連れ戻してくださるよう、どうかお伝えしてくれ。

このようにブテフアムンにあてて記した彼は、別の書簡では、

　　私はクバンのホルス、アニバのホルス（ともにヌビアの神）と大地の主アトゥムにお伝えしている。お前たちに生命、繁栄、健康、長命、そして爛熟した良き老年を与えてくださるようにと。そして我が良き主である「二つの国土の玉座のアムン」をして私を……このはるかな地で私が打ち捨てられているこの場所から生きて戻らせ……お前たちを抱擁させてくださるようにと。

トゥトモセは、友人のひとりである管理人カルにも、同じような調子で書き記している。

　　私を（この）地獄のようなところから、私が打ち捨てられている場所から、無事に連れ戻してくださるようアムンにお伝えしてくれ。

しかしトゥトモセの思いは、自分がおかれた状況から、家庭や仕事に関する もっと現実的な事柄へと向けられることもあった。彼は息子に、大勢いる家族の 面倒を見るよう促した。彼はさらに、穀物の栽培や野菜の播種をおろそかにしな いように助言している。きわめて重要だったのは、収穫された穀物の輸送の手配 だった。なぜならそれが適切におこなわれないと作物が失われ、家族の食糧が不 足する恐れがあるからである。ブテフアムンは父親を安心させるため、穀物を運 ぶ驢馬を用意してあると書き送っているが、彼はそれからこの件について明らか に興味を失い、本来の目的から脇道にそれ、留守宅での日常生活について些細な 事柄を長々と述べている。それに続いてトゥトモセが息子にあてた書簡には、こ の上なく明確な指示の数々が記されており、父親のいらだちが感じられる。

　　この河水が氾濫したらすぐに、お前は私がさし向けたこの荷船を受け取り、 　　（穀物を運ぶため）それを漁夫たちとメジャイ（警察）に渡せ。

　トゥトモセは経験上、家事の運営のためには、契約を結んだ労働者に関して良 好な規律を保つのが必要なことも知っていた。自分が不在の間に何事も不首尾に 終わらないよう強く望んだ彼は、ブテフアムンに書き送っている。

　　誰かと喧嘩をした者は誰であろうと叱責するように気をつけよ。

もし事態が統制できなければ、いつでもメジャイを呼ぶことができたのであり、 トゥトモセは、少なくとも二人の警官、カスおよびハドナクトと明らかに親しい 関係にあった。一通の書簡には、ホリと呼ばれるシェルデン（異国人傭兵）への 言及が見られ、新王国後期のテーベ社会の国際的な性格を示す一例となっている。 　規律にやかましい人物だったトゥトモセには、より穏やかな一面もあった。家 族にあてた書簡のうち一通のなかで、彼はブテフアムンに、子供たちや他の家族、 徴募兵や農地で働く労働者、そして家を訪れる来客の世話をするように告げてい る。隣人に対するトゥトモセの配慮は明らかに報われていた。なぜなら友人たち

81. トゥトモセ：苦難の世相を映す書簡の筆者　　355

の何人かが返事を送ってきて、「我々が会いたいのは君だ」と告げていたからである。トゥトモセの友人の何人かとブテフアムンはトゥトモセの状態を案ずるあまり、パイアンク将軍にあてて、へりくだった調子の書簡を書き記している。

　トゥトモセは、自分がおかれた状況の不確かさを心の奥に長く押しやることができず、家族への書簡の文面では、彼はすぐに自らの苦境へと戻ってしまう。ヌビアにおける遠征は彼の健康に悪影響を及ぼしており、彼は、テーベの神への灌奠をおこなって自分を助けてくれるよう息子に頼んでいる。

　　お前は「二つの国土の玉座のアムン」に水をお持ちして、（私を）救ってくださるようにお伝えするのだ。……私のなかにある病気を取り除いてくださるようアムンにお伝えしてくれ。

　この祈りは聞き入れられた。なぜなら後にトゥトモセは、パンと、そしてとりわけビールが特別に配給されたおかげで元気を取り戻したと書き送っているからである。共同体の人気者であり、家から遠く離れても家族や仕事のことが心中を占めていた書記トゥトモセは、奇妙なほどに親しみの持てる人物である。

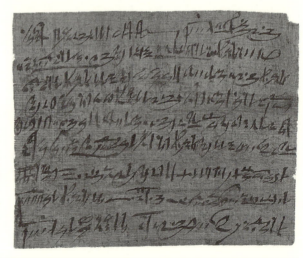

第20王朝末の軍事作戦に出征していたトゥトモセが、テーベにいる家族や友人にあてて記した書簡のひとつ。トゥトモセの書簡は、ラメセス朝の終焉に伴う不確かで不安定な世相を伝えている。

82. パネヘスィ：王に挑戦した実力者

　ラメセス 11 世の治世 10 年目がすぎてまもない頃、テーベは社会不安と内乱によって荒廃していた。エジプトで最も重要な宗教上の中心地であり、アムン神官団の権力基盤だったこの都市は、動乱のさなかにあったのだ。苦境をもたらす原因となったものは数多い。破滅的なほどひどい凶作は深刻な飢饉を引き起こしていた。それは同時代資料に——遠回しではあるが、なまなましく——「ハイエナの年」として言及されている。略奪を目的としたリビア人の一団が事実上野放しとなって、テーベの町を攻撃していた。西岸の墓や神殿はかつて例を見ないほど盗難の被害を受け、それによって人びとの不安や危機感はさらに高まっていた。テーベ社会が崩壊しはじめていたとき、王はデルタにあるペル・ラメセスの王宮にいた。安全な距離はとっているが、起こりつつある出来事からは危険なほどに遠い。アムン大司祭アメンホテプ（ラメセスナクト（79）の息子）はみたところ行動に移るだけの力がなく、秩序回復のためには決断力のある指導者が必要とされていた。その人物こそ、クシュ総督パネヘスィである。

　ヌビアにおける王の代表者であり「南の諸国の監督官」でもあるパネヘスィは、二つの重要な、そしてすぐに利用できる強みを持っていた。財源（ヌビアに埋蔵されている名高い黄金から引き出される財源）と武力（総督は、第一急湍から南は上ヌビアまで拡がる一連の要塞とその守備隊を支配していた）である。パネヘスィの軍事的役割は彼の補助的な称号——「軍の監督官」、「軍の『王の書記』」、「ファラオの軍隊の第一人者」——に反映されている。おそらくは王の命令で、パネヘスィと彼の軍は、暴力と略奪行為に終止符を打つため、テーベに到着した。彼は、配下の兵をどうやって養うかという差し迫った問題に直面する。

この都市は経済危機にあり、大量の備蓄穀物を所有していたのはアムン神官団だけだった。パネヘスィはこのきわめて重要な補給物資を利用するため、「穀倉監督官」という要職に就任する（あるいはこの職を奪いとる）ことによって、断固たる行動に出た。これは状況からみて必要な方策だったとはいえ、それによって彼は大司祭アメンホテプと直接対決する立場に身をおくこととなる。

　国内で最も有力な二人の人物——ひとりは武力、もうひとりは宗教上の権威を持ち、ともに経済力と政治的な影響力をもつ者たち——が今や、最高権力の獲得をめざして対決することとなった。パネヘスィはさすが軍人としての天性にたがわず、アメンホテプが立てこもったメディネト・ハブ（古代のジェメ）の要塞化

「王家の谷」のラメセス11世王墓（第20王朝後期）から発見された蠟製小像を二方向から見たところ。この珍しい作品はおそらく彫刻師の雛形で、銘文は刻まれていない。しかしその出所からは、これがパネヘスィの反乱によってその権威をひどく傷つけられたラメセス朝最後の王の、現存する唯一の像である可能性が示されている。

された神殿複合体を攻囲する。大司祭は王に助けを求め、最近のさまざまな出来事によって権威が衰えていたラメセス王は、おそらくアムン神官団の利権に従う以外にないと感じただろう。エジプトは内戦の瀬戸際に立たされていた。

　パネヘスィは、挑戦に屈服するような人物ではなかった。彼は、王都から来る国王軍を途上で迎撃するため、北方に進軍する。総督の軍は中部エジプトのハルダイの居住地に到達し、その地を略奪したが、それは束の間の勝利にすぎなかった。同じように優れた将軍のパイアンクが指揮する国王軍がまもなくパネヘスィの軍を攻撃してくる。国王軍が優勢であることは戦場ですぐに明らかとなった。壊滅的な敗北を避けるため、パネヘスィは南に退却することを強いられ、結局は上エジプトの支配権を譲り渡して、本来の権力基盤であるヌビアへと戻っていった。続く数年間、彼はエジプト軍の攻撃にさらされ続ける。しかし自分が誰よりも良く知るヌビアの地では、総督は敵を出し抜くことができた。パイアンクが落胆したことに、パネヘスィは比較的豊かな経済力を保ちつつ持ちこたえて結局はヌビアで一生を終え、そこで埋葬されるのである。

　激動の数年間を通じて、彼の評判は「国家の救済者」から「反逆者」へと急落した。この人物の非凡な経歴に見られる変転は、帝国エジプトの断末魔を写している。ラメセス朝の宮廷は、予測のつかないさまざまな力によってあらゆる方面で弄ばれつつ、避けようのない終焉に直面していたのである。

83. ヘリホル：大将軍

　パイアンク将軍によって、パネヘスィ（82）とその軍隊がテーベから追放されたことは、ラメセス11世の治世における決定的な新局面を示すものだった。事実、公文書には「再生」の開始が宣言されており、続く10年間は、さまざまな出来事についてこの紀年法に従った日付がつけられている。しかし王権の再生は幻想にすぎなかった。テーベの支配権を回復したのは、ラメセスではなくてその将軍だったのだ。パイアンクは、自分が持つ軍の指揮権に「宰相」と「アムン大司祭」の官職を加えることで、自らの権力を固めた。司法と行政、宗教、そして軍事上の権威が、今やただひとりの人物に与えられたのである。しかしこのプロセスがその論理的帰結に到達するまでには、まだもうしばらくの時が必要だった。究極の大逆罪に値する行為の責任者となるのは、パイアンクの後継者ヘリホルだったのである。

　ヘリホルの生涯と経歴の初期は、謎に包まれたままである。彼の子供たちの何人かはリビアの人名を付けられており、先祖がリビア系だった可能性を示している。エジプトの西方に住むこの厄介な隣人からなる戦争捕虜は、第19王朝初期からナイル河谷に定住していた。彼らはやがて同化し、その子孫の多くがエジプト軍に入隊する。彼らの生来の勇敢さは、そこに格好のはけ口を見出したのだ。ヘリホルもまた、パイアンクの後継者として権力の座に急速に上りつめるまでは、おそらく一介の軍隊士官だったのだろう。彼ら二人に血のつながりがあったのは確かであり、ヘリホルはおそらくパイアンクのバトンを引き継ぐために選び抜かれたのかもしれない。彼はパイアンクと同じ政策を進展させるという自らの意図を、とりわけさらに大きな栄誉や支配権を一身に集めるというやり方でただちに

示した。パイアンクが単なる将軍だったのにくらべ、ヘリホルは、今や大将軍の称号（厳密には「軍の大いなる監督官」）を称した。彼はこの称号を宰相職や「アムン大司祭」職とともに持っていたのである。それゆえ、やがてラメセス11世が世を去れば、ヘリホルが自らを王と宣言するという最後の一歩を踏み出すであろうことは、おそらく予想がついただろう。

　とはいえ彼が王だったことを示す証拠は、決して広範囲にわたって見出されるわけではない。その主要な記念建造物はカルナクのアムン・ラー神殿大周壁内側のコンス神殿である。ヘリホルは大司祭として、カルナクの内部で起きるあらゆることを支配していた。王権に対する彼の野心が現実となりうるのは、おそらくここだけだったろう。自らの王権が地理上の範囲では限定されていたとしても、彼がそれを「過剰報道」によって埋め合わせていたのは確かだ。コンス神殿前庭には、ヘリホルを王として表現した浮彫が100以上も含まれているのである。彼はまた、王家の家父として自らの生殖能力を強調することにも意を用い、19人の息子と5人の娘とともに、自分の姿を表現させている。エジプトの君主制では、社会の頂点に国王夫婦が位置することが要求されており、ヘリホルのかたわらに

ヘリホルとネジュメトの「死者の書」（テーベ出土、第20王朝後期あるいは第21王朝初期）の挿画。死者の王オシリスの前に立つ夫妻は、王と王妃の姿で表わされている。実際には、ヘリホルの支配はテーベに限られていた。

は婦人のネジュメトがいた。夫がネジュメトに与えた形容辞（「寵愛の大いなる者、二つの国土の女主、魅惑を持つもの、愛の甘い者、大王妃、彼の最愛の者」）は真の愛情を感じさせ、この両者の結びつきは真の恋愛結婚だったように思われる。

　軍事的な背景を持つ者としてはむしろ驚くべきことに、ヘリホルはその短い治世の間、王権の神聖な側面を強調した。コンス神殿の浮彫には、神官の衣装である豹の毛皮を身にまとったヘリホルの姿が示されている。そして彼は、自らの即位名に「アムン大司祭」を採用することで、即位前には神官職にあったことを公式に認めたのである。彼の治世の最も傑出した出来事も、アムンの祭祀と密接に結びついたものだった。それはすなわち、毎年のオペト祭で用いるアムン・ラーの新たな聖舟の建造である。ヘリホルはこのプロジェクトに用いるレバノン産の貴重な杉材を手に入れるためには、いかなる労苦も惜しまなかった。「ウェンアムンの報告」として知られる同時代文書は、「神々の王アムン・ラーの高貴にして大いなる舟の木材を持ち帰るために」ビュブロスに送られた王の使者の旅を描いたもので、実際に派遣された使節の報告書かもしれない。ヘリホルが王としてオペト祭を挙行する場面を、コンス神殿の装飾プログラムに含めるよう手配したことは確かである。

　「ウェンアムンの報告」はさらに、エジプト国土の正式な分割がラメセス11世の死後になされ、ヘリホルがテーベを拠点に南部、スメンデスがタニスを拠点として北部をそれぞれ支配下に置いたことも記している。それゆえヘリホルは、ラメセス朝の中央集権的な支配のもとで生まれ、分割された国土で世を去ることとなった。彼の生涯と経歴は、ファラオが権勢をふるった最後の偉大な時代から、それに続くより不確実な時代への過渡期にあたっていたのである。

第Ⅶ部 神々の黄昏
：第三中間期、末期王朝時代、プトレマイオス朝時代

　新王国が崩壊した時からエジプトがローマ帝国に吸収されるまでの10世紀間は古代エジプト史の3分の1の期間を占めており、きわめて数多くの芸術・文化の発展がみられるが、ファラオの文明のなかでも依然として最も研究がなされていない局面のひとつである。これはひとつには、この時代に関する証拠が断片的で、しばしばまぎらわしい性格を持っているためであり、またひとつには、新王国後のエジプトが文化的に衰退しているという誤った印象のためである。第三中間期と末期王朝時代、そしてプトレマイオス朝時代は、ある程度までは古代エジプトの黄昏の時期として特徴づけることができるだろうが、それでもなお、興趣と興味深い登場人物に満ちているのだ。

　ラメセス11世の治世の終焉に続いたのは、国土を南北の国に正式に分かつ分割であり、王家がデルタから統治を続ける一方で、アムン大司祭は、テーベと上エジプトの大部分に権威を行使した。それぞれの側には、王の寵愛を獲得し、それを保つことに命運をかける野心家たちがいた。北部ではウェンジェバエンジェデト（**84**）が、王の信任の最も厚い官僚のひとりとして台頭していた。南部ではリビアの王子オソルコン（**85**）が——叙事詩のような一連の闘争の後に——自らのテーベの王権を主張するのに成功した。彼らの物語は、第三中間期のエジプトで対峙していた二つの宮廷につきまとう内部闘争の例証と言える。

パディウスィル（ペトシリス）の木棺（トゥナ・エル＝ジェベル出土、プトレマイオス朝初期）細部。黒色の木材に縦書きのヒエログリフの列が多色ガラスで象眼され、生き生きとした効果をあげている。このような遺物は、古代エジプトの伝統文化が、とりわけ葬祭思想の領域では、プトレマイオス朝の支配下で依然として栄えていたことを示す例証となっている。

第25王朝と第26王朝の諸王は、前者が異民族であり、後者が異民族の封臣として勢力を得ていたとはいえ、ある種の国土統一をふたたび成しとげた。ヌビア人のファラオ、ピイ (86) は、エジプト再統一を自らの神聖な義務とみなしていたように思われる。アムン神に対する彼の帰依は、土着のいかなるエジプト人にも引けをとらないほど強いものだったからである。対抗する諸王朝を打ち破って、自らの主権を全土に行使した彼はすぐさま故国のヌビアに帰り、エジプトにはふたたび戻ることはなかった。しかし高官たちの地方王朝がそれぞれの支配地域を法の下に統治するのを許し、秩序と安定を回復したことは、彼の永続的な業績である。この時期のテーベの貴族はとりわけ傑出した存在である。ハルウァ (87)、モンチュエムハト (88)、そしてパディアメンオペ (89) のような人びとは、自分たちのためじつに壮大な葬祭記念建造物を造営させた。事実、末期王朝の諸王とその裕福な臣下が過去の偉大な記念建造物から着想を得ようと努めたために、エジプトの文化は「ルネサンス」とも言うべきものを享受していたのである。

　テーベの神官団の最高官職である「アムンの神妻」に付与された政治的影響力は、新機軸のひとつだった。王はこの称号を自分の長女に与えることで、アムンの祭祀とその莫大な富や広大な領地に対する王の支配を確実にすることができ、それゆえ上エジプト全土に対する支配も確保することができたのである。南部のヌビア系第25王朝からサイスの第26王朝への権力委譲は、この方式で達成された。すなわちそれは、現職の「神妻」シェペンウェペト2世（ピイの娘）の後継者に、新たなサイス

パディアメンオペの書記像（珪岩、カルナク神殿出土、第26王朝）。末期王朝時代の芸術家たちは着想を得ようと過去を振り返った。古王国時代に一般的だった形式を意識的に復活させているこの彫像は、その好例である。

第VII部　神々の黄昏：第三中間期、末期王朝時代、プトレマイオス朝時代　365

朝の王プサムテク1世の娘である王女ニトイクレト (90) を、養女として迎えることで成しとげられたのである。テーベに向かうニトイクレトに随行してナイルをさかのぼる壮麗な船団行列については、船団指揮官セマタウイテフナクト（1世) (91) が生き生きと記述している。それは末期王朝の一大スペクタクルのひとつだったに違いない。

　第26王朝の末には、あいにく王位の継承は円滑におこなわれなかった。なぜならアハモセ2世 (92) の後にサイス朝最後の王となったプサムテク3世は、自らの王座を競争相手の王家にではなく、ペルシアの侵略者に奪われることとなったからである。ペルシアによる占領、それに続く解放と再占領の日々のなかで、エジプトの官僚はしばしば現実的な立場をとり、権力を握っている支配体制ならどんなものにも順応した。続いて即位したエジプトとペルシアの支配者たちに仕える試練と苦難は、ウァジホルレスネト (93) やウェンネフェル (94)、セマタウイテフナクト（2世) (96) のような人びとの自伝銘文に生き生きと記録されている。エジプトは第30王朝のもとで、その最後の王であるナクトホルヘブ (95) がペルシアの侵入に屈するまで、最後の独立と国家再生の短い時期を享受した。以後のエジプトは、国家としての真の自主独立を、紀元後20世紀の半ばまで取り戻すことはないのである。

　しかしペルシア支配の第二の時期はありがたいことに短く、アレクサンドロス大王という、さらに強大な征服者の手によって終わりを迎えた。続く300年間にわたって、ギリシア語を話すマケドニア人がエジプトを支配する。つまり、まずはアレクサンドロスとその短命な後継者たち、それからアレクサンドロスの将軍たちのひとりのプトレマイオス (98) が創始した新たな王朝である。海辺に作られた新たな首都、アレクサンドリアより内陸では、読み書きのできるエジプト人たちは、彼らの新たな支配者と彼ら自身の深く根ざした伝統の両方に等しく影響された混血のギリシア・エジプト文化を受け入れた。この文化混合の影響は、神官パディウスィル（ペトシリス) (97) の墓や、彼のほぼ同時代人のマネト (99) の歴史記述によって例示されるように、当時の美術や以前よりも広範な世界観に見てとれる。

366　第Ⅶ部　神々の黄昏：第三中間期、末期王朝時代、プトレマイオス朝時代

プトレマイオス朝のもとでエジプトは、ヌビアに主な関心を抱く北アフリカの国家から、地中海を指向した国家、その命運が地中海地域の他の列強と分ちがたく結びついている国家へと変貌をとげた。アレクサンドロスの死後数世紀がたつと、地中海世界における権力のバトンは、ギリシアからローマへと渡る。エジプトはその伝説的な富とともに、野心にあふれたローマの支配者たちにとって心をそそられる獲物となっていた。エジプトに居住した最後の統治者クレオパトラ7世（100）がマルクス・アントニウスと幸先の良くない同盟を結ぶよりずっと前に、この国の命運は定まっていたのである。しかしエジプトは、この悲劇の女王と一緒にすっかり死に絶えたわけではなかった。ローマに対する影響、そしてそれゆえに西欧文明に及ぼした影響を通して、長い歳月を経たファラオたちの文化は現代世界を作り上げた。クレオパトラより2000年、ナルメルよりは5000年を経て、ファラオたちや彼らの残した記念建造物、そして彼らに仕えた人びとの生涯に対する関心は依然として高い。古代エジプトは我々をいまだに虜にしているのだ。

84. ウェンジェバエンジェデト

：王の寵臣

　トゥトアンクアムン王墓の有名な副葬品とならんで、古代エジプトにはもうひとつの黄金の遺宝がある。それはほぼ同じくらい豪華だが、専門家以外の人びとには事実上知られていない。これこそ第21王朝時代のタニスの遺宝である。当然ながら、そのうち最も注目に値する遺物のなかには、プスセンネス1世の黄金の葬祭マスクのように、王のために作られたものがみられる。しかし遺宝全体のうちかなりの割合を占めるのは、ファラオではなく、ウェンジェバエンジェデトという名の、王族ではない人物のために作られたものである。プスセンネス1世自身の王墓の石灰岩の壁の内側に、装飾がほどこされたこの人物の玄室が設けられ、そこに納められた副葬品には、花崗岩製の（新王国時代の石棺を再利用した）石棺、金箔を張った木棺と、その中に納められた銀製の棺、男神と女神の黄金製小像、厨子に納められセットになった4体の神像、金鎖のついた緑色長石製「心臓スカラベ」のほか、丸鬢装飾をほどこした雛菊形の黄金製カップがあり、それには顔料ペーストの象眼が施され、ウェンジェバエンジェデトの名と称号が刻まれていた。この人物の副葬品の豪華さからは彼の地位の高さがうかがえるが、彼が王家と血縁があったことを示すものはない。それでは、この類を見ないほど高貴な「平民」はいったい何者だったのだろうか？

　ウェンジェバエンジェデトの生い立ちははっきりしないが、その名前と彼が「ジェデト（ブシリス、現在のアブシール）の主、オシリス」の神官だったという事実はともに、このデルタ中央部の町が彼の生誕の地だったことを暗示している。

368　第Ⅶ部　神々の黄昏：第三中間期、末期王朝時代、プトレマイオス朝時代

父親の名は知られておらず、家族のうちではともに女性の二人だけが、彼の墓の副葬品にその名をとどめている。彼女たち、すなわちタルデトとヘレリトは母親と祖母か、妻と義母だったかもしれない。彼の神官としての職責は、その故郷の町から王朝の首都であるタニス（古代のジャネト、現在のサン・エル＝ハジャル）まで拡がっており、この都で彼はコンス神の神官と家令を務めていた。家令職のおかげで彼は王家とつながりを持つことになったはずであり、ウェンジェバエンジェデトの資質が王によって認められたように思われる。

ウェンジェバエンジェデトは、それぞれ宗教と軍事、宮廷にかかわりを持つ三つの要職に、同時に任命された。「あらゆる神々の預言者たちの監督者」として彼は、タニスにおける日々の祭祀活動で王の代理をしていたのかもしれず、最も重要なもの以外のすべての儀式で、プスセンネス１世の代役を務めていたのかもしれない。「ファラオの将軍、軍の指導者」としては、彼は軍の階級で皇太子に次ぐ地位にいた。「エリートの一員、王の印章保持者」という称号は階級を示すものにすぎず、どの王の治世にも多くの高官が持っていたが、ウェンジェバエンジェデトはこれらに、「（王の）唯一の友たちの監督者」という特異な栄誉を加えていた。これは、彼が王の廷臣のうち首位にある人物であり、君主とじかに接することができるすべての人びとのなかで、最も寵愛された人物だったことを暗示している。これは、彼の尋常ではない地位、王族ではない人物が普通に埋葬される場合の基準をはるかに上回る副葬品で示される地位を理解するうえで、手がかりになるかもしれない。黄金製の小像、装身具や容器のなかにはラメセス９世の王名が刻まれた指輪もあった。これは明らかに王の宝庫から伝わった家宝である。そして開いた花の形のみごとな脚付きカップもあり、その花弁は黄金と琥珀金で交互に作られ、国王プスセンネス１世と妃のムトノジュメの名が刻まれていた。ウェンジェバエンジェデトが国王夫妻と親密な関係にあったことをこれほど良く示すものは、他にありえないだろう。

宮廷では、イアリングで身を飾り、女神イシスの黄金製小像を長い金鎖で首から下げた彼は、堂々たる人物という印象を与えたに違いない。一見すると、宗教、軍事、行政の官職を併せ持ったことは彼に大きな権力を与えたはずだと思える。

しかし仔細に見れば、彼の称号はすべて王の私的な側面と結びついて、いずれも行政上の機能ではなく、王が彼を尊重していたことを示すものなのかもしれない。ウェンジェバエンジェデトは、廷臣たちのうちでもとくに手厚く扱われて羨望の的となっていた王の寵臣の、古代エジプトにおける最も傑出した例である。

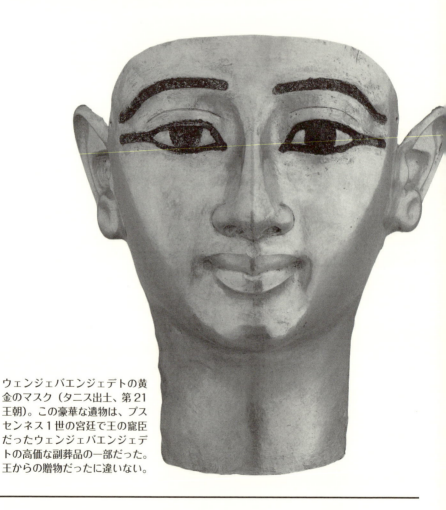

ウェンジェバエンジェデトの黄金のマスク（タニス出土、第21王朝）。この豪華な遺物は、プセンネス1世の宮廷で王の寵臣だったウェンジェバエンジェデトの高価な副葬品の一部だった。王からの贈物だったに違いない。

85. オソルコン：熾烈な権力争いに巻きこまれた王子

　第三中間期は激動の時代であり、いくつかの王朝が覇権をめぐって争い、各地の知事たちは絶えず寝返りを繰り返していた。この時期におけるエジプトの政治について生き生きとした洞察を与えてくれるのは、自伝的な「オソルコン王子の年代記」である。

　彼は少なくとも7人の子供たちのひとりであり、おそらくテーベで生まれ育ったとみられる。彼の姉妹のうち2人は地元の高官と結婚しており、オソルコン自身は、上エジプト全土で最も有力な団体であるアムン神官団に入った。彼は若くして「アムン大司祭」に任命されたが、彼のめまぐるしい昇進は、彼個人の例外的な能力よりもむしろ、彼の一族の政治的重要性を反映したものかもしれない。彼はアムン神官団の頂点で長く卓越した経歴を歩むことを予期していたかもしれないが、父親のタケロトによる劇的な決断が、彼の人生を後戻りできないほどに変えることとなる。

　ラメセス11世がその頃より約230年以前に世を去って以来、エジプトは事実上、分断された国家だった。北部ではメンフィスあるいはデルタを拠点とする諸王が権力を行使しており、一方、国土の南部を支配する権力はテーベを拠点としていた。この都市の知事たちは、唯一無二のファラオという理想に口先では敬意を払っていたが、実際のところ、王権による支配圏はメンフィスからさほど南にいかないところで唐突に終わっていたのである。テーベで最も有力な人物だったタケロトは、統一王権の虚構など無しで済ませ、上エジプトの事実上の王である自分の立場を公式なものにしようと決めた。そこで彼は、タニスのリビア系第22王朝といかなる意味でも対等の、新たなテーベの王統に属するファラオとし

て自ら名乗りをあげる。

　対抗馬となる王朝が正式に樹立されたことで、内部闘争の鬱積した力が解き放たれ、オソルコンはそうした事態の只中に身を置くこととなった。彼が中部エジプトに滞在していた時、敵対勢力が彼をアムン大司祭の地位から引き下ろそうとしたのである。そこで彼はただちにテーベに向けて出帆したが、その途上で小規模な反乱をいくつも鎮圧しなければならなかった。テーベに無事到着するや、彼はあらゆる反抗を鎮圧して自らの権威をふたたび確立するため、容赦なく行動した。神殿でアムンに捧げものをした後、彼は自分の失脚をねらった陰謀の指導者たちを処刑させたのである。反乱をもくろむいかなる者たちに対しても強烈なメッセージとなるように彼らの死体は焼かれ、死後の再生の機会を奪われた。

　このやり方は効き目があり、あやうく地位を失うところだったこの事件からわずか2年後には、オソルコンは、毎年テーベでおこなわれていた三つの大祭で大司祭の職務を果たせるほど自信に満ち、有力な存在となっていた。しかし平穏な時期は長続きしなかった。敵対者に対するオソルコンの苛酷な扱いは大きな恨みを買ったに違いなく、陰謀者たちは、ペドゥバストと呼ばれる人物、タケロトに対抗して自らをテーベの王と宣言したこの人物を新しい旗頭にすえる。その結果

聖舟を水面に浮かべるオソルコン3世の彫像（石灰岩に彩色、カルナク神殿出土、第23王朝）。王朝内部の争いや内戦につきまとわれた長い経歴のすえ、オソルコンは遂に、かつて大司祭として奉仕していたテーベの玉座についた。

は当然ながら凄惨な内戦となり、それは9年間にわたって猛威をふるった。オソルコンはまたもや、戦いの渦中に置かれたのである。

　しかし結局はどちらの側も決定的な現状打開を果たすことができないまま妥協が成立する。これによってタケロトは王位にとどまり、オソルコンは大司祭職を取り戻したが、王位継承者の地位は返上した。したがってタケロトが世を去ると、王位はオソルコンではなく、ペドゥバストとイウプトという名の人物の共同統治によって受け継がれた。この体制は、その存在自体によってエジプトの国土分割を永続させたとはいえ、タニスを本拠とする第22王朝の主権を承認することで、その「忠実な臣下」という真の立場を示している。オソルコンは父王の業績に対するこのような冷遇や、正当な相続財産であるテーベの王座からしりぞけられたことを軽く見るような人物ではなかった。したがって、内戦を終わらせたとはいえ不満の残る妥協がやがて崩れてしまうのは、避けられなかっただろう。

　タケロトの死後わずか二、三年でふたたび戦争が勃発し、イウプトはおそらく退位させられるか殺害された。しかしこれはオソルコンにとって楽勝とはいかず、それどころか彼はアムン大司祭の地位からふたたび追われ、ペドゥバストの支持者が後釜にすえられている。なお悪いことに、オソルコンはテーベからの退去を強いられ、この放逐はほぼ10年間も続いたのである。オソルコンと兄弟たちは、今や彼らの幸運を取り戻すために結集した。まず行動を起こしたのは、オソルコンの弟のバクエンプタハである。かなりの援軍を得た彼は、ペドゥバストに忠実な者たちを追い払い、ヘラクレオポリスの知事職を自分のためになんとか確保した。この新たな権力基盤はテーベに対する総攻撃の重要な足がかりとなった。オソルコンは弟とともに、軍の先頭に立って上エジプトへと出帆する。この驚くほど敏速な一度の遠征で、彼らは敵軍をすべて打ち破り、アムンの祭礼を挙行して彼らの勝利を示した。30年におよぶ闘争のすえに、タケロトの後継者たちはテーベの完全な支配権を取り戻したのである。

　今や50歳前後となったオソルコンの権勢欲は、何年も続いた戦いの後も衰えを見せなかった。彼はテーベで自らを王（オソルコン3世）と宣言させることで自身の復帰を確実にし、息子であるもうひとりのタケロトをアムン大司祭に据え、

娘のシェペンウェペトをアムンの神妻に任命した。王権とテーベで最も高位にある二つの宗教職とが、今やオソルコンと彼に近い一族の手中につつがなくおさまったのだ。そのうえ若きタケロトがヘラクレオポリスの知事として叔父の後を継ぎ、オソルコンは上エジプト全土に揺るぎない権威を確立したのである。

　オソルコンの人生の残りの日々は、どちらかといえば平和と安らぎのうちに過ぎていったように思われる。王座についてから25年が過ぎ、死を数年後に控えた七十代半ばとなって、彼は円滑で揺るぎない権力の委譲を確実にするため、長子のタケロト（3世）を正式の共同統治者に任命した。彼ら父子はテーベのカルナク大神殿に、共同の記念建造物として、オシリス神のための新たな神殿を造営している。アムン大司祭職はタケロトに続いて彼の息子（オソルコンの同名の孫）に譲られた。一方、王族のひとりペフチャウアウイバストがヘラクレオポリスを引き継いだ。テーベの王朝（第23王朝）を代表する最後の支配者である彼の命運が結局どのようなものとなったかは、国内の政治闘争によってではなく、まったく思いがけない方面からの介入によって決定されることとなる。

86. ピイ：最初の黒人ファラオ

　新王国時代を通じて、ヌビアに埋蔵されていた莫大な量の黄金はエジプトの国庫を満たし、ファラオが糸目をつけずにおこなう大規模な建築事業を支える財源となった。当時のエジプトの墓には、ヌビア人がエジプトの大君主に——比喩としてばかりでなく文字通りの——貢物を納める姿が表わされている。神殿の壁面に刻まれたメッセージはいっそうあからさまだ。そこでは、ヌビア人すべてを表わす1人かそれ以上の人間を王が打ちのめしており、ヌビアがエジプトの力の前にまったく隷属していることが象徴的に表現されている。こうした状況が500年間も続いたあとでは、ヌビアはわれらの属国となるべく運命づけられているとエジプト人が思いこんでいた可能性はあったろう。実際には、これほど事実から遠い考え方は他にはありえなかった。

　エジプトが政治的に分裂し、国土の分割に汲々としていた第三中間期に、エジプトによる統治の廃墟のなかから、ヌビアは静かに立ち上がりつつあった。第三急湍のかなた、肥沃なドンゴラ直線流域に、土着のヌビア人支配者たちからなる王統が出現したのである。エジプトには気づかれることなく、彼らはかつて強大だったクシュ王国を再建する。その中心には、ジェベル・バルカル（ナパタ）のアムン・ラー大神殿があった。エジプトにより創建されたものだったにもかかわらず、この神殿の日々の儀礼はクシュ人によって続けられていた。アムン崇拝は、この地域にそれほど強固な拠点を築いていたのである。事実、クシュ人は自分たちを、格別に熱烈なアムン信奉者とみなしていた。このため、疑うことを知らず弱体化したエジプトにとって、彼らはとりわけ危険な存在だった。クシュの王朝はいくつかの点で、エジプト人よりもよほどエジプト的な存在となっていたので

ある。

　紀元前747年、クシュの王座はピイという名の人物に引き継がれた。彼の治世の最初の20年間についてはほとんど知られていないが、彼が選んだ即位名——偉大なファラオ、ラメセス2世にちなんだウセルマアトラー——は確かに、彼が自らの宿命を意識していたことを示すものである。紀元前728年、デルタの都市サイスの支配者テフナクトの領土拡大の野望に対抗するため、ピイはエジプト史の舞台に躍り出た。テフナクトはすでにデルタの西半分をすべて支配下に置いていた。彼は今やヘラクレオポリス（古代のフネス）を攻囲、中部エジプトの多くの地域に勢力圏を広げることに成功しており、テフナクトとアビュドスやテーベなど上エジプトの聖地とを隔てるものは、ヘルモポリスだけだった。こうした状況を告げる報告はピイのもとに届いていたが、彼は時節を待つ。しかしヘルモポリスの支配者ニムロトがテフナクトの側に寝返り、これによって状況すべてが変わってしまった。ピイは自らの軍に、ヘルモポリス再征服のためエジプトに侵攻するようただちに命じ、さらに支援のための分遣隊を北方に派遣する。2度の戦いがヘラクレオポリス付近でおこなわれ、テフナクトの南への勢力圏拡大は食い止められた。

　クシュ王としての治世21年のはじめ、ナパ

アメンイルディス1世の彫像（カルナク神殿出土、第25王朝）。アメンイルディスはピイの姉妹であり、上エジプトに対するクシュ王朝の政治的・経済的支配を強固にするため、ピイによって、テーベにおける「アムンの神妻」に就任させられた。

376　第Ⅶ部　神々の黄昏：第三中間期、末期王朝時代、プトレマイオス朝時代

タで新年祭を挙行し終えたピイは、軍を率いてエジプトに出撃する決断を下す。最初に立ち寄ったのはテーベであり、彼はそこで正当なファラオの流儀に従い、オペト祭に参加した。この小休止の後、ピイは北への進軍を続けてヘルモポリスを攻囲する。この町の備蓄食糧が底をつき、住民が飢餓の瀬戸際に立たされると、ニムロトはついに降伏して慈悲を乞うた。嫌悪感をあらわにしつつピイは、この仇敵の一族の女たちや女官たちを連れてこさせるが、彼女たちには目もくれずに屋外へ歩み出て、王家の厩舎に向かう。彼はニムロトに言った。「ラーが私をご寵愛くださり、我が鼻孔が生命によって若返る限り、誓って言うが、そなたがそなたの願望を追い求めてなしたいかなる悪行よりも、我が馬たちが飢えに苦しんでいることのほうが、我が心のうちに嘆かわしい。」馬と馬術はクシュの宮廷文化に不可欠の要素であり、ピイがこれら民族的な愛着を受け継いでいたのは明らかだ。しかしニムロト一族の女たちの受難に対して彼が関心を示さなかったことは、無慈悲な傾向をも示している。ピイは妥協するような気分ではなかったのだ。エジプトの完全な降伏よりほかに、彼を満足させるものは何ひとつないであろう。

彼の打った次の手は、定石通りにヘラクレオポリスの攻囲を解くことであり、その支配者ペフチャウアウイバストは、自分を解放してくれたヌビア人たちに喜びの挨拶をおくった。首都をめざす北進の途上で、さらに三つの町がピイの軍に降伏したが、メンフィスそれ自体はもっと手強い相手だった。この町はクシュ軍に対して門を閉ざし、断固とした抵抗を示したのである。ピイの戦術は、神がかっていると同時に効果的だった。彼はメンフィスの波止場にあった船舶をすべて捕獲し、そのマストや索具を用いて攻城梯子を作らせたのである。彼の兵士たちはこの梯子を用いて、どうにか市壁を乗り越えることができた。それから激戦となり、多くの人命が失われたが、結果は目に見えていた。ピイはメンフィス最大のプタハ神殿に姿を現し、勝利を宣言したのである。

こうして上エジプト全土と首都がヌビア人の支配下となり、デルタに残っていた「謀反人」たちは降伏する以外に道はないことを悟る。あわせて4人の王、西方の侯、4人の「マ［訳注：リビアの部族］の大首長」、そして大勢の地方首長や市長が、ピイとそのヌビア軍に降伏した。ピイのエジプト再征服は完了し、彼は帰国の途に

つく。この南に向かう旅の途中で、彼はテーベに立ち寄っただけだったが、これ
は戦利品をアムン神殿に捧げ、親族のアメンイルディス1世を、現職の「アムン
の神妻」の養女とさせ、その後継者とさせるためだった。これはテーベ地域に対
するクシュの支配が続くのを保障することとなるだろう。それからピイはナパタ
への旅を続け、エジプトにふたたび足を踏み入れることはなかった。

　彼は次の新年祭の機会を利用し、巨大な石碑を作らせて自らの名高い勝利を記
念している。この石碑は写しが作られて、それぞれジェベル・バルカル、カルナ
ク、メンフィスの神殿に建立された。エジプトの国土を北に突き進んでいた時、
ピイは過去の偉大なファラオたちが造営した記念建造物の多くをまのあたりにし
たに違いない。そしてそれらの建造物がいつまでも忘れがたい印象を残したこと
は明らかだ。彼はその勝利の碑文の様式を、過去の銘文のそれに意識的に合わせ
ており、これは第25王朝の宮廷文化を特徴づけることとなる擬古的な傾向の始
まりとなった。

　5人の妻、6人の娘と3人の息子に囲まれたピイは、人生の終わりに到達した
とき満足していたに違いない。彼がかつて相続したのは上ヌビアの小国だったが、
彼は今や、第四急湍から地中海沿岸まで1600キロ以上も拡がった王国を後継者
に譲ることとなったのである。彼は歴史のパターンを逆転させ、かつての征服者
たちを征服し、ファラオの国にヌビアの支配を押しつけた。ピイが気づいていた
はずはないが、彼のエジプト再統一の遠征は、それから数年のうちに、ほぼ3世
紀に及んだエジプトの政治的分裂をも終わらせることとなり、末期王朝時代とし
て知られる最後の文化隆盛の時代の先がけとなるのである。

378　第Ⅶ部　神々の黄昏：第三中間期、末期王朝時代、プトレマイオス朝時代

87. ハルゥァ：「神を礼拝する婦人」の家令

　第三中間期とその後の数世紀間において、テーベは上エジプトで最大かつ最も重要な地方拠点であり、事実上の「南の首都」だった。そしてそこにあるカルナクのアムン・ラー大神殿は、国内で最も大きく、最も富んでいて、政治的に最大の影響力を持つ宗教施設だった。これらふたつの密接にからみあった要素が、この都市に国事への大きな影響力をもたらし、その知事はメンフィスのどの官僚にも匹敵するような経済力と政治力を得ることとなったのである。

　このことをハルゥァほど良く示す人物はほとんどいない。彼は紀元前720年頃、テーベの神官一族に生まれた。この同じキャリアの道筋を彼もたどり、アムン神官団の最高位のひとつ、「『神を礼拝する婦人』の大家令」にのぼりつめる。「神を礼拝する婦人」は、テーベにおける王の個人的な代表者のひとりとして大きな象徴的権力を持っていたが、この権力を彼女の家政の長として現実に行使していたのは、その大家令だったのだ。ハルゥァはピイによって就任させられたアメンイルディス1世と、その後継者でありピイの娘であるシェペンウェペト2世の両方に仕えた。

　彼の権威と影響力は、彼の影像が8体も現存しているという事実によって際立っている。8体というのは、王族の生まれでない人物にしては注目すべき数だ。それらの影像のうち1体はハルゥァを、大きな顔、アーモンド形の眼と薄い唇——決断力を示すイメージだ——そして彼の富の大きさを示すかなりの肥満体の持ち主として表現している。影像の銘文にはハルゥァの数多くの称号や官職が列挙されており、王家の女主人や王が彼に抱いていた敬意が誇示されている。同じく印象的なのは、ハルゥァが自らを指すのに用いた新たな比喩、「哀れな者た

ハルウァの方形彫像（カルナク神殿出土、第25王朝）。テーベで最も有力な人物のひとりだったハルウァはその所有する富のおかげで、死後の声望を確実にするため、異例なほど数多くの彫像を作らせることができた。この彫像の胴体部分は、ハルウァとその業績を称える銘文で覆われている。

ちのための避難所、溺れる者たちのための『浮き』、奈落にいる者のための梯子」である。権力者はおそらく学識者でもあったのだろう。

　テーベで政治的に最も大きな影響力を持ち、中部エジプトから第一急湍まで拡がる領域に責任を負っていた人物として、ハルウァはそれにふさわしく壮大な墓を自分のために作らせた。アビュドスのオシレイオン（オシリスの「墓」）を意識して模範としたこの記念建造物の各部分は、永世への道筋のさまざまな段階を象徴するものだったが、ハルウァが長い経歴を持っていたにもかかわらず、この墓は未完成に終わっている。しかし、彼の副葬品のひとつは、彼の権力と彼が自らに抱いていたイメージについて疑いの余地を残さない。それは王の特徴を持つ召使小像（シャブティ）であって、彼が王の代理として統治する事実上の上エジプト総督だったことを暗示している。しかしたとえそうだとしても、一般人がこのように王の象徴を我がものとするというのは他に例のないことだった。おそらく上エジプトの知事であることさえ、ハルウァのように大それた野心を持った人物にとっては十分ではなかったのだろう。

２体の祭祀用神像を捧げ持つ姿のハルウァの奉献彫像（カルナク神殿出土、第25王朝）。ピイの姉妹でありハルウァの雇主でもあるアメンイルディス１世のカルトゥーシュが、２体の女神像の間に見える。

87. ハルウァ：「神を礼拝する婦人」の家令

88. モンチュエムハト

：混乱期のテーベを支配した実力者

　紀元前667年におこなわれたアッシリア軍のエジプト侵攻と、3年後になされたテーベの占領・略奪は、古代世界のいたるところに影響を及ぼし、近東の力関係を根本的に変えてしまった。エジプトのクシュ王朝最後の王タヌタマニは間近に迫った猛攻撃を恐れ、テーベをその命運にまかせて、上ヌビアにある王朝の故地へと逃げ戻った。一方、アッシリア軍はその目的を果たすや、メソポタミアの彼らの本国へと引き上げてしまい、エジプトは総督とされたネカウとその息子のプサムテクの手にゆだねられる。厳密に言えばアッシリアの封臣の立場だったが、サイスのプサムテクは即座に自らを王と宣言し、独立のファラオとして統治した。当初、彼の支配は国土の北部に限られ、上エジプトには権力の空白状況が生じていた。しかしモンチュエムハト（メンチュエムハト）という名のテーベの有力者がこの嵐を乗り切り、あらゆる変転を切り抜けるのに成功する。彼の物語は、政治的混乱に直面して立ち直り、生き残った人物の物語である。

　モンチュエムハトはテーベの有力な一族の出であり、ハルウァ(87)やパディアメンオペ(89)も同じ一族だったように思われる。この「地方王朝」は、テーベにおいて権力を行使するための主要な手段を、すべて手中にしていた。モンチュエムハト——テーベの古い神、モンチュに敬意を払った名である——自身も、いくつかの要職を兼ねていた。すなわち「テーベ侯」、「上エジプト知事」、そして「アムンの第四預言者」である。この最後の称号は、依然として国内で最も裕福であり最大の影響力を保つ団体のひとつ、カルナクの神官団の役職を彼に与え

るものだった。

　彼が初めて高官職にのぼったのはクシュのファラオ、タハルコ治下の紀元前
700年であり、その後の彼の経歴は半世紀に及んでいる。タヌタマニの短い治世
とアッシリア軍の侵攻は容易ならざる出来事だったが、モンチュエムハトはこ
れらを無傷で切り抜けた。第26王朝初期には、彼と「神妻」シェペンウェペト
2世の大家令たちが、上エジプトを事実上の独立国家として共同で統治しており、
彼らの支配権は、南はエレファンティネ（古代のアブウ）から、北はヘルモポリ
ス（古代のケムヌ）に至るまで及んでいた。その賢明な施政によって、モンチュ
エムハトは「全土が混乱におちいっている時に上エジプトを正しい道に据えた」
のである。故郷の町がアッシリア軍による破壊を受けた後、彼の主要な関心事は
テーベの大神殿群の修復と再建だった。この方面で彼が成しとげたことは、彼に
とって最も誇らしい業績であり、カルナクに残された自伝銘文に記録されている。

> 私は『偉大なるムト』……の神殿を新しくした。それが以前よりも美しくな
> るように。
> 私はこのお方の聖舟を琥珀金で飾り、そのすべての像を真の石材（のもの）
> とした。
> 私は『子供のコンス』の聖舟……『二つの国土の玉座の主……アムン』の聖
> 舟を新しくした。
> 私はアビュドスにおいてオシリスの神々しい舟が朽ち果てているのを見出し、
> それを再建した。

　プサムテク1世の娘である王女ニトイクレト（90）がアムンに選ばれた「神妻」
に就任したことは、テーベにおける権力が旧体制からサイス朝へと移ったことを
示すものだった。モンチュエムハトはテーベ侯として、ニトイクレトへの定期的
な食糧供給——パンとミルク、ケーキと香草を毎日、雄牛3頭と鷲鳥5羽を毎月
——をおこなうことに同意しなければならなかった。モンチュエムハトの長子ネ
スプタハとその妻ウェジャレネスも、同じような義務を負わされている。予期に

反して、プサムテクはモンチュエムハトの奉職を妨げず、彼の在任を認める決心をしていた。それほどまでに不屈の精神力と経験を兼ね備えた人物は、その素性について世間の関心をかき立てるよりも、王のそば近くに置くほうが有益だったのだ。

　地位が保たれることに改めて安堵して、モンチュエムハトは関心を後代に向け、とりわけデル・エル＝バハリ付近のアサシフに位置する自らの壮麗な墓と、カルナクに安置することを願っていた自分の彫像に関心を注いだ。墓は露天の「太陽の中庭」を特徴としており、きわめて美しい浮彫で飾られていた。その最初の中庭は、一対のパピルス草を対照的に配置した意匠を示す巨大な浮彫パネルを特徴としている。モンチュエムハトの彫像には、異民族による支配に直面してエジプト文化の価値を再確認しようと模範となる過去にさかのぼろうとする願望、そして末期王朝のテーベの芸術的活力が示されている。それらの彫像の数多さと作品としての質の高さによって、モンチュエムハトは、彼がおそらく望んだように、このエジプト史の激動の時代において、最も多くの証拠を残した人物のひとりとなった。

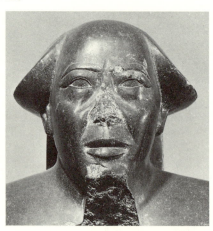 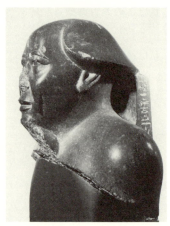

モンチュエムハトの等身大彫像頭部（花崗岩、テーベ出土、第25王朝あるいは第26王朝）。彼の髪型はとりわけ特異なもので、頭頂部を剃り、頭の両側の髪は耳の上に張り出させている。とはいえ全体的な印象は、大きな力と権威の持ち主というものである。

89. パディアメンオペ

：エジプト最大の私人墓所有者

　パディアメンオペも、モンチュエムハト (**88**) のように、第25王朝末から第26王朝初めに至る激動の時代のテーベで生涯をおくった。彼もまた、最後のヌビア系ファラオ、タヌタマニの逃走と、それに続いて起こったアッシリア軍によるテーベ略奪をまのあたりにし、これら容易ならざる出来事を切り抜けたばかりか、莫大な富を手に入れた。そして彼もまた、テーベの墓地の同じ区域で岩盤を掘り抜いた壮麗な墓に埋葬された。しかし同時代を生きたモンチュエムハトとは異なり、パディアメンオペは、依然としていくぶん謎めいた人物である。彼の墓は、王族以外の人物の葬祭記念建造物としてはテーベ全域で、そしておそらくはエジプト全土でも最大の墓だ。ところが彼自身は「主任朗唱神官」より上の地位に昇ったことがないのである。パディアメンオペに関する銘文集成はかなりの量で、いくつかのシャブティ小像、1点の供物卓、神殿に残された銘文、そして少なくとも7体の彫像を含んでいる。しかし彼はこれらのいずれにおいても、自分が仕えた王について言及しておらず、いっそう奇妙なことには、自分の父親の名を記していない。パディアメンオペの莫大な富が何に由来するのかは、どうやら秘密とされていたらしい。

　我々が知っているのは、彼がテーベの生まれであり、この上エジプトの偉大な宗教都市に生涯を通じて住んでいたことである。母親のナメンクアセトはアムンの祭祀でシストルムを演奏し讃歌を歌っていたが、これは高官の妻の多くに共通している。このように時おり神殿で奉仕する以外は、彼女は主婦をしていたのだ。

パディアメンオペの花崗岩製座像（おそらくテーベ出土、第26王朝）。この作品は、古典的な方形彫像の発展形であり、パディアメンオペの両足が彫像の本体から「解放されて」いる。このように、彼が他の面でもおこなっている革新的な試みが、この像にも反映されている。

パディアメンオペは、それゆえ、カルナク神殿の秘儀のいくつかを知りつつ成長したことだろう。成人に達すると彼は神官の道に進み、特に朗唱神官としての訓練を受けた。これは国内の大神殿で用いられる礼拝式文を守り、解釈して発展させていた学識ある神官集団のひとつである。パディアメンオペがこの仕事に秀でていたことは明らかだ。なぜなら彼は「アムンの主任朗唱神官」、「神の書の書記たちの監督官」、そして「自らの神の秘密の番人」に昇進しているからだ。これらの地位は、神殿祭祀では重要な役割を彼に与えたが、国家の要職のひとつに匹敵するものではなく、彼は神官団の上層には達していない。

しかしそれでもなお、彼は実に途方もなく巨大な墓を自分のために作らせることができた。ほぼ同時代の人びとの墓がそうであるようにこの墓もまた、ハトシェプスト葬祭殿の参道跡に造営された小さな聖舟（神輿）休息所に正面を向けて建てられている。この小さな構造物は、毎年おこなわれた「谷の美しき祭」の折りに、アムン・ラーの聖像がそのカルナクの至聖所から出てデル・エル＝バハリを訪問する時、その神輿の休息所として用いられた。神像が通る道筋に近接して自分の墓を造営することでパディアメンオペは、アムン・ラーが授ける幸運の分与に永遠にあずかれると期待したのだ。この墓そのものは印象的な建築である。低い位置にあるその外側の中庭は 31.4 × 23.2 メートルの大きさがあり、そこまでは、アーチ式の門を支える二つの巨大な泥煉瓦の壁の間を抜け、地上から下りる階段で行けるようになっている。この最初の中庭と内側の中庭は、戸口によってつながれている。

墓の内部の銘文に列挙された数多くの称号や形容辞には、王の側近のなかで格別の寵愛を受けていたことをほのめかすものがいくつか含まれている。それは（通常の「（王の）唯一の友」ではなく）「（王の）最愛の唯一の友」、「王の事柄すべての監督官」、「自らの主君の御心のうちにある者」、「王の最愛の知人」、そして「王の御前で尊ばれた者」である。たとえパディアメンオペが王からそうした後援を受けていることを、彫像のような人目に触れる記念物でひけらかさないほうがよいと考えたにせよ、おそらくはそのようなことが、彼の明らかに富裕な状態を説明するのに役立つだろう。彼の一生の間の政治的混乱は、分別こそ勇気のう

ちのよりよい部分であることを、彼に教えたように思われる。

　パディアメンオペが神聖な書物に持っていた職業的関心にふさわしく、彼の墓はほぼ例外なく宗教文書で装飾されており、奇妙なことに、それらは約500年以前のラメセス朝後期の宗教文書に最も良く似ている。この歴史学者のような人物は、神殿図書室での研究成果で、来世の自分を取り巻こうと願っていたようだ。第25王朝時代と第26王朝初期は、文学であろうと、美術であろうと、過去の文化様式に強い関心が持たれた時代であり、パディアメンオペは、この擬古的な傾向において指導的な人物だったことは明らかである。

パディアメンオペの沈め浮彫（第26王朝）。顔の特徴の表現と彫りの単純さは、古王国の原型にさかのぼるもので、古風に見せかけた表現である。おそらく過去のものとなった黄金時代の由緒と正当性を取り戻そうとしたものだろう。

90. ニトイクレト（ニトクリス）
：神妻として生涯を捧げた王女

神聖な「アムンの神妻」職は大きな宗教上の意義を持っていただけでなく、政治的にも重要だった。王族の女性がこの職を持つことで、王はテーベの神官団だけでなく、さらには国土の南半分をも支配下に置く手段を手に入れたのである。厳密に言えば地方的な勢力基盤をデルタ北西部に持つプサムテク1世のような君主にとっては、これはきわめて重要な目標だった。そのうえ、アムン祭祀との緊密な結びつきによって正統性が得られることは、新たな王朝、とりわけアッシリアの封臣として権力の座についた王朝にとっては、格別に魅力的だったはずである。そこでプサムテク1世は、治世9年に自分の長女を、「アムンの神妻」の確かな地位継承者とするべく、カルナクの女性神官に加えるた

「アムンの神妻」の浮彫（テーベ出土、第25王朝）。新王国初期に創設された「神妻」職は、末期王朝時代には有力なテーベの神官団に対して王権を行使する重要な手段となっていた。

め送りこんだのである。

　この王女ニトイクレトはさらに70年も生きたことが知られているから、紀元前656年の春にカルナクへと送られた時には、かなり若かったに違いない。指定された日に、彼女は王宮の波止場まで付き添われ、テーベまでの16日間の旅のため乗船した。王家の行幸の儀式をすべて含む船旅の詳細は、任務を誇りに思っていた船隊指揮官セマタウイテフナクト（1世）（91）によって記録されている。

　テーベに到着するや、ニトイクレトはただちにカルナクのアムン・ラー大神殿へと連れて行かれ、そこで神託による正式の歓迎を受けた。それから彼女は、現職の「アムンの神妻」であり、ピイの娘のシェペンウェペト2世に紹介された。プサムテク1世とテーベの神官団の間には合意が成立しており、それによればニトイクレトは、現職の「神妻」とその指定した後継者（アメンイルディス2世）がともに世を去ってからはじめて「神妻」職を継承することになっていた。いくつかの儀礼的行為が終わると、ニトイクレトをやがては後継者とする養子縁組が「神殿のすべての預言者、友人たち」を証人としておこなわれ、契約を公式に記録した書類が作成された。

　それは、「郊外と市内の」「アムンの神妻」のすべての資産をニトイクレトに譲り渡すという非常に重要なものだった。事実、協定の核心には経済的な配慮があった。プサムテク1世のほうでは、ニトイクレトに「彼女の前にいた者たちよりも良く」持たせてやったと主張している。これはいい加減な自慢話などではなかった。なぜなら、彼女が持参した資産には、王権の支配下にあるデルタの王領地と神殿から、日ごと、月ごとに送られてくる補給品とともに、上エジプトの1800アルーラ（486ヘクタール）の土地とその産物が含まれていたからである。このかなりの量の寄進と引き換えに、ニトイクレトはモンチュエムハト（88）を含むテーベで最も有力な人びとの何人かから、日ごと、月ごとの補給品を受け取ることになっていた。ニトイクレトを「アムンの神妻」の後継者とするこの養子縁組は、こうして、さきのクシュ王朝の最後の牙城だったテーベにおいて、サイス朝の宗主権が公式に認められたことを示すものとなった。クシュの最後のファラオ、タヌタマニがエジプトを去ってからすでに長い時がたっていたが、この養

子縁組の前年まで、テーベで作成されるあらゆる文書には、タヌタマニの治世年に従った日付が記されていたのである。

　ニトイクレトは、これから何十年も自分が「神妻」となることはないと思っていただろうが、彼女はその養子契約に定められていたよりもかなり早く相続財産を受け継ぐこととなった。クシュ人がエジプトから追われた今となっては、彼らに任命された「神妻」にとって、地位が継承されるのをあまり長く待つことはもはや合理的ではなく、政治的に好都合でもなかったのである。そこでプサムテク1世の治世後半のある時期にシェペンウェペト2世が世を去ると、後継者に指名されていたアメンイルディス2世は「神を礼拝する婦人」の副次的な地位は保ったものの、ニトイクレトが彼女をとびこして「神妻」となった。ひとたび就任するや、彼女は25年間その職にとどまり、アプリエスの治世4年（紀元前586年）に世を去る。彼女は、大規模な葬儀のうちに、テーベの墓地の中心、ラメセス3世のメディネト・ハブ葬祭殿前庭に作られた壮麗な礼拝堂形式の墓に埋葬された。デルタの王女は、その長い旅路を終えたのである。

アンクネスネフェルイブラーの玄武岩製彫像（カルナク神殿出土、第26王朝）。プサムテク2世の娘であるアンクネスネフェルイブラーは、「アムンの神妻」ニトイクレトの後継者となり、ペルシアがエジプトを征服するまで60年以上も、この役割を務めた。

91. セマタウイテフナクト (1世)

：王の船隊指揮官

　紀元前656年3月2日、約960キロ南の宗教上の都テーベをめざして、王都から壮麗な船隊が出帆した。それらの舟には十分な数の船員が乗り組み、食糧が積みこまれていたが、これは通常の輸送船団ではなかった。その目的は、王の娘のニトイクレト (**90**) を、カルナクのアムン・ラー大神殿まで送り届けることにあった。彼女はそこで神官たちに迎えられ、エジプトでは大司祭その人の次に重要な聖職である「アムンの神妻」にゆくゆくは就任する人物と認められることとなる。

　この船旅全体の指揮をとっていたのは「船隊指揮官」セマタウイテフナクトである。続くナイル遡航の16日間は、彼にとってキャリアの頂点となり、人生で最も重要な2週間となった。彼の生い立ちや教育、出世のいきさつなどは何ひとつはっきりしていない。彼はおそらく、メンフィスから南に舟で数日の距離のヘラクレオポリス（古代のフネス）の出身だったのだろう。紀元前656年までに、彼はその地域、すなわち古代エジプト人には「上流にある柘榴の木」という、魅力的であり説明的でもある名前で知られた上エジプト第20州（ノモス）の知事になっていた。セマタウイテフナクトはさらに王都の「港の長」でもあって、国中で最も名高いこの港を出入りするすべての川船に責任を負っていた。廷臣としての経験に軍事と事業遂行の経験も併せ持つセマタウイテフナクトは、王女ニトイクレトの入念な行幸を監督するには理想的な人物だったのである。

　この旅の計画は何ヵ月も前から進められていた。王の使者たちは道筋の端から

王の舟の木製模型（トゥトアンクアムン王墓より出土、第18王朝後期）。この精密な模型は、紀元前656年の春にセマタウイテフナクトの指揮のもと、ナイルをさかのぼってニトイクレトをテーベまで運んだ豪華船のイメージを良く伝えている。

端まで川をさかのぼり、船隊が通過することとなる地域の知事たちが、王女とその途方もない数の随員に食糧を供給するように、彼らすべてを説得し言いくるめた。彼ら州侯たちはそれぞれ船団を養うため、パンとビール、肉、鳥肉、果実と野菜を供給する責任を負うこととなった。このようにして、国庫はかくも高くつく企ての費用を捻出する重荷をすべて免れ、地方の有力者たちは支配王朝に対する忠誠を誇示することができたのである。

　出発当日の夜明けまでには、すべての用意が整っていた。通り道を塞ぐものを警官たちが排除すると、ニトイクレトとその一行は行列をなして王の私室から出て、港へと向かった。セマタウイテフナクトは、おそらく乗船を監督するため波止場区域にいただろう。彼の指揮する船団は 16 日後につつがなくテーベに到着し、王女を一目見ようと叫びどよめく群衆に迎えられた。彼女が岸に一歩踏み出した瞬間に、セマタウイテフナクトの仕事は終わった。彼は束の間の名声を楽しんだにすぎなかったが、それは彼の不死を確実なものとするには十分だったのである。

ナイルの対岸から眺めたテーベの崖。船隊指揮官セマタウイテフナクトが下エジプトの王都から王女ニトイクレトとその随員一行をともなってテーベに着いた時、これと良く似た風景が彼を迎えたに違いない。

92. アハモセ2世 （アマシス）

：ギリシア人と和解した王位篡奪者

　第26王朝は、アッシリアの封臣として権力の座についた。アッシュルバニパルが紀元前667年の侵攻の後、エジプトを統治する地位にネカウ1世とその息子プサムテクを据えた時のことである。しかしそのわずか50年後にアッシリア帝国は瓦解し、首都ニネヴェは破壊された。その地で新たな強国となったのはバビロニアである。さらに半世紀の後にはふたたび大変動が生じ、ペルシアが西アジアを支配する強国として台頭、その領土拡張の野望は、エーゲ海からインダス川にまで拡がった。この東方からの新たな脅威についてじっくりと考えたとき、エジプトの統治者たちは、地中海東部におけるそれ以外の唯一の大勢力、ギリシア諸国に、戦略上の支援を求めざるをえなくなる。

　紀元前6世紀の初頭、この複雑で危険な情勢のなかに、アハモセ2世は生まれた。彼の生い立ちについてはほとんど知られていない。古典的なエジプトの人名を持っているものの、彼はおそらくリビア人を先祖に持っており、ラメセス朝の頃にデルタに住みついた戦争捕虜の子孫だったのだろう。彼の特徴的な相貌——両目が高い位置にある長い顔——は、確かにエジプト人以外の民族を暗示している。当時の多くの人びとがそうだったようにアハモセも、軍隊を社会の上層にのぼるための道とみなしていた。兵士となった彼はまたたくうちに昇進し、アプリエスの治世（紀元前589〜570年）末頃には将軍の地位に昇った。

　アプリエスはギリシア人勢力を警戒しており、それを抑える試みとして、リビア沿岸のギリシア人植民市キュレネ攻撃のため、紀元前570年にエジプト軍を派

遣する。ところがあいにくなことに、王は敵に回した者たちの軍事技術を考えに
いれていなかった。エジプト軍は壊滅的な敗北を喫し、土着のエジプト人部隊が
反乱を起こす。アプリエスに対するエジプト兵の怒りは、ともに戦った異民族傭
兵の享受する特権だと彼らがみなしたものによって、いっそう煽り立てられた。
エジプトの主要な将軍だったアハモセは反乱の渦中にあり、機会を逃さなかっ
た。麾下の部隊の支援を受けて彼はアプリエスを放逐し、王座を要求したのであ
る。国外に逃亡したアプリエスは、最大の仇敵だったバビロンのネブカドネツァ
ル2世の宮廷に保護を求めた。3年後、アプリエスはバビロニアの支援を受けて、
アハモセ2世に対する「反クーデター」を試みる。両勢力はデルタで会戦し、ア
ハモセが圧勝をおさめた。アプリエスは戦死したか、あるいは捕虜となった後に
処刑され、新たなファラオの支配に挑戦する者はいなくなった。

　後代のギリシアの歴史家たちによれば、アハモセ2世の卑賤な出自は、国土の
最高位の官職につくにはふさわしくなく、彼は帝王にふさわしいふるまいができ
なかったとされている。しかしこのような評価は、アハモセ2世の真の性格であ
るよりはむしろ、エジプト在住のギリシア商人にとりわけ高額の税を課した彼の
経済政策を反映したものだろう。彼の44年間に及ぶ治世（紀元前570～526年）
から得られる証拠は、彼がエジプト王の伝統的な職務を模範的なやり方で果た
していたことを示しているのだ。アハモセ2世は、エジプトの交易路を守るため、
地中海東部と紅海に（ウァジホルレスネト（**93**）のような要員を配置した）強力な海
軍部隊を駐留させていた。彼は内政の達人で、エジプトの司法制度を改革し、か
なりの規模の神殿造営計画を実行に移した。彼はまたフィラエ島のイシス女神の
ための祠堂と、それより大規模なメンフィスの神殿を建設させた。これはエジプ
トにおけるイシス崇拝の最初の主要拠点であり、この女神の信仰が大きな人気を
博してやがて地中海を渡り、はるかブリタニアまで広まるための道を開くことに
なる。

　エジプト経済を押し上げるため、アハモセ2世はギリシア人によるすべての商
業活動を、プサムテク1世の治世にギリシア人の植民がはじめて奨励されたデル
タの都市、ナウクラティスに集中させた。しかしアハモセのギリシア政策の関心

396　第VII部　神々の黄昏：第三中間期、末期王朝時代、プトレマイオス朝時代

事は交易にとどまるものではなかった。対外政策については常に抜け目がなかったアハモセは、エーゲ海諸国との友好関係を深めるのに骨を折っていた。強固な同盟がバビロニアやペルシアに対する最良の防御となること、そして実際のところ、ほかならぬギリシア人によるエジプト侵略に対してもやはり最良の防御となることを、彼は認識していたのである。それゆえアハモセはギリシアの支配者たちと外交上の贈物を交換し、麾下の軍をギリシア人傭兵で強化しただけでなく、

アハモセ2世（アマシス）の彫像頭部（シルト岩、サイス出土、第26王朝）。サイスは第26王朝の故地であり王都であった。このみごとな彫像は本来、この都市の神殿のひとつに建立されていたと思われ、様式からみてアマシスを表わしたものとされている。

92. アハモセ2世（アマシス）：ギリシア人と和解した王位簒奪者

デルフォイにあったアポロンの聖所——ギリシア宗教の最も重要な聖地のひとつ——が紀元前548年に火災で破壊された後、その再建費用を負担することで、外交上究極と言える友好の意思表示をした。アハモセの妃のひとりも、エジプト在住のギリシア人一族の娘だった可能性がある。

　簒奪者として王座についたアハモセ2世は、自らの王家の地歩を固めるための方策を講じていた。息子のプサムテクを王位継承者とする一方で、娘のニトイクレト（2世）を現職の「アムンの神妻」の後継者に指名させたのである。他の2人の息子、パセネンコンスとアハモセは王朝を永続させるよう運命づけられているかに思われたが、そうはならなかった。はるか東方ではキュロス2世（大王）が紀元前550年にメディア人とペルシア人を統合し、11年後にはバビロンを征服すべく軍を進め、その最後の王の——実際のところ、壁に記された文字 [訳注：王の宴の最中に、王宮の壁に出現したとされるもの。王国滅亡の予兆とされた。旧約聖書「ダニエル書」第5章より] の意味を理解し損なった——ベルシャルスル（ベルシャツァル）を破った。さらに西に向かって押し寄せたキュロスは、その拡大しつつある帝国に小アジアのギリシア国家を併合し、レヴァント唯一の大勢力となった。紀元前530年かその前後までには、ペルシア軍はエジプトのまさに裏庭にいて、攻撃できるような弱点を示す兆候が何か現れないか待ちかまえていたのである。

　ペルシアによる侵攻の絶えざる脅威は、アハモセ2世の治世の最後の日々に影を落としていた。彼個人の決断力と強靭な性格、そして抜け目なく結ばれた外交同盟関係は、敵軍をつかのま食い止める事に成功したものの、彼が世を去るや、新たなペルシア王カンビュセスの率いる敵軍が侵攻してくる。アハモセの息子プサムテク3世は、自ら受け継いだ遺産を守り抜く仕事には、残念ながら器量不足であり、エジプトはたちまち屈服させられた。古くからの「アムンの神妻」職は断絶させられ、その他のアハモセ一族は逃亡するか殺害された。アハモセ自身の運命は謎めいてもいる。彼はおそらくサイスの神殿境内に自分の王墓を準備していただろうが、それは未だに発見されていない。彼の声望は、豪奢な埋葬や壮麗な記念建造物ではなく、圧倒的に不利な状況でエジプトの独立を保った偉業によって支えられることとなったのである。

93. ウァジホルレスネト

：ペルシアに協力した提督

　ペルシア王カンビュセスが紀元前525年にエジプトに侵攻して、力弱く無能な王プサムテク3世を退位させ、拡大しつつあるペルシア帝国にエジプトを併合したとき、ファラオたちの国は、根本的に異なる文化へと政治的に従属することとなった。この前例のない挑戦に対してエジプトのエリートがどう応えたかは、ウァジホルレスネトの生涯によって生き生きと例示されている。究極の現実主義者（裏切り者と呼ぶ者もいるだろう）だった彼は、ペルシアの侵略者と戦う道を選ばなかった。そのかわり彼は、忠誠と説得をあわせ用いることでペルシア人に、自分の――そしてエジプトの――流儀を認めさせるほうを選んだのである。

　ウァジホルレスネトは、戦いの女神ネイトの古くからの聖地で、第26王朝（サイス朝）の故地でもあり権力基盤でもあったデルタ北西部の都市、サイスの出身だった。父親は地元の神殿の神官であり、ウァジホルレスネト自身のネイト女神への帰依は、彼の人生を突き動かす力となる。アハモセ (92) の治世に彼は初めて高官職にのぼり、主君と同じように軍隊で首尾よくキャリアを積んで、「艦隊提督」という顕職についた。ウァジホルレスネトの軍人としての活動についてはほとんど知られていないが、アハモセの短命な後継者プサムテク3世のもとでは、ペルシア軍との戦いがそのなかに含まれていたに違いない。

　侵略がおこなわれたとき、エジプト人が示した反応は恐怖だった。ウァジホルレスネト自身は、ペルシアによる征服を「全土で生じた途方もない大変動」という生々しい表現で描いている。彼は侵略の及ぼす最悪の影響から自分の町を救っ

たことを誇っているが、彼が抵抗によってではなく、ペルシア側への協力によってそれを成しとげたことも、同様に明らかである。エジプトの新たな支配者となったカンビュセスは、時を移さずウァジホルレスネトを高位の文官職に任命し、彼を「(王の) 友」(興味深いことに、君主の側近のひとりを意味するエジプトの伝統的な称号である)、そして「王宮の管理者」に任命した。カンビュセスは明らかに、軍事力は忠実なペルシア人が掌握するのを確実にしつつ、新体制とすすんで協力しようとするエジプト人官吏の勤務はそのままにしておこうと決めていたのだ。ウァジホルレスネトが高位の水軍士官にとどまることは望めなかったが、指導者としての彼の技量は明らかに認められており、新たな方面に振り向けられたのである。

彼は祖国の伝統を試し、守るために自らの影響力を利用しようと企てた。王宮における人事を担当していたウァジホルレスネトは、新たなスタッフをエジプト貴族の各層から任命するよう気を配り、そうすることにより政治権力の中枢において文化が受け継がれていくのを確実にした。「主任医師」という微妙な立場へと昇進した彼はさらに一歩進んで、ペル

ウァジホルレスネトの(頭部が欠損した)ナオフォラス像[訳注：神像を納めるナオス(祠)を捧げ持つ姿の彫像](緑色玄武岩、サイス出土、第27王朝)。彼が着ている丈が長く流れるようなペルシア様式のローブは、ペルシア軍のエジプト侵攻とそれに続く時期の波乱に満ちた人生をつづった長い自伝銘文を刻む「カンヴァス」となっている。

シアの征服者をエジプトの模範的なファラオへと変える仕事に取りかかった。彼は自分の町とその神殿を略奪と荒廃から守ることにとりわけ関心を持っていたので、サイスのネイトの神域をかつての状態に復興できるように、この神域から異国人を排除してもらうようカンビュセスに嘆願した。カンビュセスのほうでは、模範的なファラオとしてふるまっていると見られれば政治的に有利であることを明らかに認識していたので、ウァジホルレスネトの要求に同意し、次に王自ら神域を訪れてネイトの祭祀を賛美した。ウァジホルレスネトの「ロビー活動」は、双方の側の実際的な物の考え方とあいまって、サイスの危機を救ったのである。

カンビュセスの後継者ダレイオス1世のもとでも、ウァジホルレスネトは相変わらず宮廷の中心人物だった。彼はペルシア王に、その帝国の中心に位置するはるかなスーサへと召し出され、それからエジプトの諸神殿復興のため送り返された。ウァジホルレスネトは、サイスの「生命の家」（神殿の写本室）に格別の注意を払った。これはなによりもエジプトの宗教と文化の伝統を保存し、世代から世代へと伝える施設だったからである。彼は自らの地域の神殿がとりあえず残されることだけでなく、祖国の独自性が長期にわたって生き残ることも確実にしていたのだ。

ウァジホルレスネトの不朽の記念物、その注目に値する経歴を銘文に刻んだ彫像がネイトの神殿に建立されたのは、実にふさわしいことと言える。彼の望みは、自分の崇拝するこの女神から永遠の生命を授かることだった。彼はすでにそれに値することをしていたのである。

93. ウァジホルレスネト：ペルシアに協力した提督　401

94. ウェンネフェル（オンノフリ）
：政変をくぐり抜けた蛇医者

　ウェンネフェルは、蛇のかみ傷や蠍の刺し傷を治療する専門医だった。風変わりな職業についていたとはいえ、彼は自分の人生が、第30王朝後半におけるエジプトの政治的苦境を反映して、他に例のない意外な展開や運命の変転を示すことになろうとは、予想できなかっただろう。

　ウェンネフェルは、デルタ中央部の下エジプト第12州（ノモス）にあるバハバイト・エル＝ハジャル（古代のヘビト）の町で生まれた。そこから16キロたらずの距離にある州都サマンヌード（古代のチェブネチェル）は、地元出身のナクトネベフ（ネクタネボ1世）が新王朝（第30王朝）を創始したファラオとして権力の座についた後、地方の拠点から国政の中心地へと飛躍したばかりだった。ウェンネフェルはそれゆえ、新たな王家の中核地域で成長したわけであり、この地理的・歴史的偶然が、彼の後年の人生に深甚な影響を及ぼすこととなる。

　しかし初めのうちは、彼は父親の足跡をたどって地元の神殿で働く定めだったように思われた。彼はそこ

402　第Ⅶ部　神々の黄昏：第三中間期、末期王朝時代、プトレマイオス朝時代

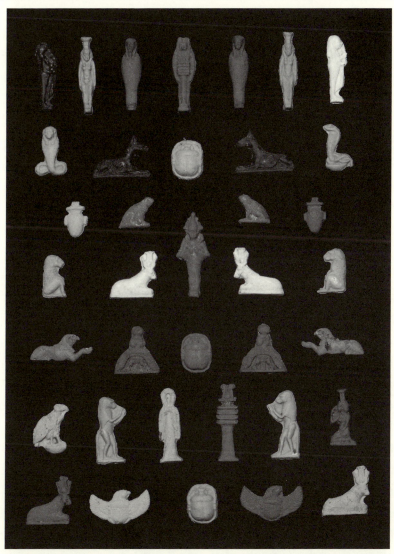

末期王朝時代のさまざまな護符の例。ファイアンスや石材などの素材で神々や神聖な象徴を表現した小像は、危難を避けるために広く携帯され、ウェンネフェル（オンノフリ）のような蛇医者が所持する標準的な用具の一部だったろう。前頁に示した護符は知恵と学問の神、朱鷺の頭部を持つトトを表わしたものである。

で呪術あるいは医術（古代エジプトではこれら両者は事実上区別できなかった）に専門的な関心を抱くようになる。「ヘテペトにおけるセクメトのウァブ神官の指導者」となった彼は、供犠の実行にかかわっていただろう。

　古代エジプトでは、聖職と世俗の職務はしばしばかかわりを持っていた。これがウェンネフェルの場合にもあてはまったのは確かだ。紀元前 362 年か 361 年に、彼が王から初めて命じられた二つの任務は、それぞれ宗教と行政に関するものだったのである。神聖な職務のほうは、聖牛アピスの豪奢な埋葬とその後継ぎとなる雄牛の探索を監督することだったが、世俗的な任務もそれに劣らず重要なものだった。アジア沿岸の地方総督（サトラップ）たちがペルシアの主君に対して反乱を起こした時、エジプト王ジェドヘル（テオス）はこの状況を利用して、ペルシアの支配者アルタクセルクセス 2 世に対する戦争に踏み切ろうと決断する。ウェンネフェルは、この軍事遠征の公式記録作成をまかされたのである。文字に書かれた記録が非常に大きな象徴的かつ宗教的な重要性を持つ社会では、これはきわめて意義深い任命であり、ウェンネフェルがすでに王家の側近のひとりとして信頼されていたことを示している。

　しかし事態はまもなく不吉な成り行きとなる。ジェドヘルはペルシア軍と交戦するため、麾下の軍を率いてアジアへと遠征の途についた。王がエジプトを去るや一通の書簡が、ジェドヘル不在の間に国土を治める支配者のもとに届けられる。それはウェンネフェルが陰謀にかかわっていることを示すものであり、彼は逮捕されて銅の鎖で縛られ、支配者の前に引き出されて訊問を受けた。しかし何かの幸運の訪れかあるいは狡猾さによるものか、ウェンネフェルは処罰を免れたばかりか、状況を自らの有利に転じる。詳細については簡単に記されているだけだが、彼は（王にとってもそうだったように）支配者の忠実な腹心として訊問の場の外に姿を現し、公式の保護を与えられ、贈物を雨のように与えられたのである。彼は高度の配慮が必要な外交使節の任務さえまかされて、ジェドヘルを発見するため、輸送船や軍船からなる船隊を率いてアジアへと出帆した。ウェンネフェルはエジプトに戻る前に、王がスーサにいること[訳注：後述のように、ジェドヘルは麾下の兵の謀反により退位させられ、ペルシア宮廷に保護を求めていた]を突き止めている。

帰国したウェンネフェルは、エジプトの統治者の送った使者に暖かく迎えられ、抱擁を受けた。彼らふたりは1日を共に過ごし、ウェンネフェルは自らの旅の詳細を物語ったのである。事実、彼は新王ナクトホルヘブ(95)に最も近く最も忠実な臣下のひとりとなっていた。この主君のためにウェンネフェルは、はるかな過去に属する二人の王、第4王朝のスネフェルとジェデフラーの葬祭を復興している。第30王朝とその支持者たちにとって、これらの祭祀復興にプロパガンダの価値があるのは明らかだった。それは新しい王家を、ピラミッド時代の最も高名な諸王のうち二人と結びつけることになったのである。

　ウェンネフェルがナクトホルヘブの即位を正当化する手助けと引き換えに受け取った褒賞には、数多くの名誉称号、デルタの多くの町にある実入りの良い知行地、そしてサッカラのセラペウム近くに墓を持つ特権が含まれていた。彼の葬祭記念建造物は実に印象的なものだった。塔門形の入口まで伸びるスフィンクス参道、4本の円柱が立つ多柱室、そして三つの小さな祠があるこの墓は、まぎれもなく神殿のミニチュアだった。玄室のなかで彼が最後の眠りにつくのは閃緑岩製の石棺であり、副葬品にはファイアンス製の召使小像82体が含まれていた。

　神殿のようなこの墓の中央の祠に、ウェンネフェルはゆったりした外衣と房飾りのついたペルシア様式のスカーフ、つまり第30王朝のエリート特有の衣装で着飾った自分の姿を表現させた。比較的低い身分の出身だった彼は、幸運と抜け目のない策略、そして政治的にまったく不確実な時代に丸損を防ぐ「両賭け」をするやり方を組み合わせることで、卓越した地位と威信、富を手に入れてきたのだ。ウェンネフェルの経歴は、彼をデルタの町からペルシア帝国の心臓部へと連れて行き、ふたたびエジプトへと連れ戻した。蛇の咬み傷と蠍の刺し傷を扱う医師にしては驚くべき旅と言えよう。

95. ナクトホルヘブ（ネクタネボ2世）

：エジプトで生まれた最後のファラオ

　ギリシア世界とペルシア帝国の衝突は、ウェンネフェル（94）の物語の背景となったが、それはまたナイル河谷を統治したエジプト生まれの支配者としては、近現代に至るまで最後の人物が置かれた状況でもある。ネクタネボ2世という呼び名のほうが良く知られているナクトホルヘブは、第30王朝の始祖ナクトネベフの甥の息子だった。スパルタの傭兵たちが彼の伯父のジェドヘル王を退位させ、ナクトホルヘブを代わりに据えた時、彼はまだフェニキアに遠征したエジプト軍に勤務する若者にすぎなかった。放逐された王はエジプトの大敵であるペルシアのアルタクセルクセス2世の懐に逃げこむ。この自暴自棄の重大な行動が、結局はエジプトの独立に終焉をもたらすこととなったのである。

　軍はエジプトに帰還したが、ナクトホルヘブは必ずしも英雄として迎えられたわけではなかった。王位を狙う手強い競争相手のメンデス侯にタニスで包囲された彼は、その王位への立候補をまず最初に後押ししたスパルタ王、アゲシラオスの軍事介入により辛うじて救われたのである。若きファラオは、自分の立場が危ういことを理解していたに違いない。そこで彼は、国中で最も影響力のある団体、大神殿の神官団から支持を取り付けようと企てた。このための最上の方法は、神々の館を飾り立て拡張するという伝統的な王の義務を実行すること（そして、ついでにというわけではないが、神々に仕える神官たちの富を増やすこと）だった。ナクトホルヘブの計画には、既存の祭祀拠点の多くに増築をおこなうことにくわえ、デルタのバハバイト・エル＝ハジャルに

406　第Ⅶ部　神々の黄昏：第三中間期、末期王朝時代、プトレマイオス朝時代

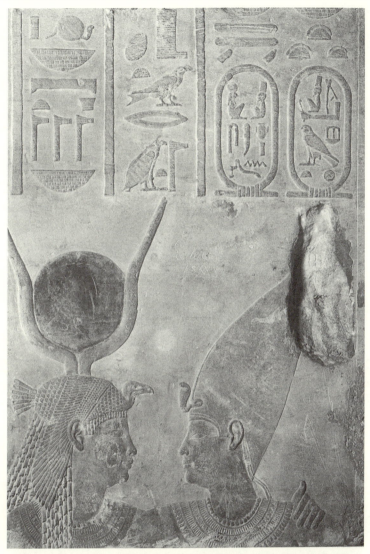

ナクトホルヘブ（ネクタネボ２世）を抱擁するイシス女神の浮彫（第30王朝）。ペルシアの侵攻とギリシア文明の拡大に脅かされたナクトホルヘブは、ファラオのエジプトの終焉に中心的な役割を務めることとなった。彼は近現代に至るまで、エジプト最後の土着の支配者だった。

95. ナクトホルヘブ（ネクタネボ２世）：エジプトで生まれた最後のファラオ

まったく新しいイシス神殿を造営することが含まれていた。第30王朝の前王たちの彫像がエジプト全土の神域に建立され、ナクトホルヘブ自身は、伝統的な王権の神であるホルスと自分自身を密接に結びつけるために彫刻を利用した。王の後援のもとで芸術と文学が栄え、エジプト文化はルネサンスとも言えるものを享受したのである。

しかしエジプトが独自の国家であるという自意識を満足させたところで、それは近東におけるこの国の勢力の衰えというどうしようもない現実を覆い隠すことはできず、エジプトの独立を終わらせようとする諸々の力を食い止めることもできなかった。最初の挑戦はナクトホルヘブの治世のわずか10年目、紀元前351年になされた。おそらく亡命中のジェドヘルがそそのかしたのだろうが、ペルシア軍がエジプト侵攻を企てたのである。ナクトホルヘブの軍は勝利を収めはしたが、この勝利は王の心中に、何ら根拠のない危険な自己満足を生み出すことになった。自分はどんな敵とも対等に渡り合えると考えた王は、ギリシア人をはじめとする地域勢力と条約を結ぶのを怠ったのである。これは致命的な誤りだった。7年後にペルシア軍は戻ってきた。今度は、彼らの大王アルタクセルクセス3世が陣頭指揮をとっている。ペルシア軍はデルタの要塞都市ペルシウム付近に集結し、ナクトホルヘブの率いる10万の軍と対峙した。しかし数だけでは、エジプト軍が敗北を免れるために十分ではなく、ペルシア軍はペルシウムを占領、首都メンフィスに攻め寄せる。避けようのない現実を受け入れたナクトホルヘブは、国外に逃亡した。

その後の彼がどのような運命をたどったのかは知られていない。彼はヌビアに行ったのかもしれない。そこにはファラオの時代の文化がすでに根づいており、さらに何世紀も生きながらえることになるのだ。中世の伝承にも反映されているもっと興味をそそられる可能性は、ナクトホルヘブが、ペルシアの主要な敵国マケドニアのフィリッポス王の宮廷へと向かい、そこでフィリッポスの妃オリュンピアスの注意を引いて、アレクサンドロス大王の父親となったというものである。そのような物語は立証不可能であり、おそらくはありそうもないことだが、アレクサンドロスとプトレマイオス朝諸王がナクトホルヘブの追憶に敬意を払い、こ

の王の祭祀のための祠をいくつも造営したのは事実である。

それにくらべると好ましいことではないとはいえ、もっと確かな運命が、このエジプト最後の土着ファラオの未使用の石棺を待ち受けていた。それはアレクサンドリアにたどり着き、沐浴のための共用貯水槽として使用されたのである。

ホルスに守られたナクトホルヘブ（ネクタネボ2世）の彫像。王権の神ホルスは、ナクトホルヘブが個人的に崇拝する神でもあった。ちっぽけな王と大きすぎる隼という著しく対照的な姿は、第30王朝が滅びつつある日々の王権の弱体化と、神の恩寵にますます頼る傾向とを暗示している。

96. セマタウイテフナクト (2世)
：アレクサンドロス大王による征服の目撃者

　かなたまで見通す歴史のレンズで眺めれば、ペルシアによる紀元前341年の侵攻は大変革をもたらした出来事のように思える。それは、ほぼ3000年間にわたって古代エジプトに奉仕してきたファラオによる統治パターンを、突然に終わらせたからである。しかし紀元前4世紀半ばのこうした出来事はそのなかを生きた人びとにとって、トラウマになるようなものには思われなかったかもしれない。少なくともそれが、ペルシアの侵略とその結果を生き延びただけでなく、それに続く体制のもとで明らかに成功を収めた一人の人物から受ける印象である。

　セマタウイテフナクトは、3世紀前に生きた同名の人物 (91) がそうだったように、中部エジプトのヘラクレオポリス（古代のフネス）出身だった。彼の名は、地元の神々のなかでヘラクレオポリスの町中に神域があったセマタウイ（「二つの国土を統合するもの」）にちなんでつけられたものだった。しかしヘラクレオポリスの主要な地方神は牡羊神ヘリシェフであり、この神に対する帰依は、セマタウイテフナクトの生涯に、途切れることのない糸のように通されている。

　彼はその経歴をナクトホルヘブ (95) の治世に始め、ペルシア軍の侵攻をじかにまのあたりにした。後にはこの出来事を災難と記しているものの、その当時の彼は、ペルシアの支配者アルタクセルクセス3世と和解し迎合することに何のためらいも示さなかった。事実、セマタウイテフナクトはセクメト女神の主任神官に任命されている。これは事実上、王の主治医だ。この資格によって彼は、アルタクセルクセス3世の宮廷の中枢に位置を占め、ペルシアに戻る主君に随行した。

410　第Ⅶ部　神々の黄昏：第三中間期、末期王朝時代、プトレマイオス朝時代

彼はわずか数年後の紀元前333年には、この有利な立場から、アルタクセルクセスの後継者ダレイオス3世がイッソスの戦いでアレクサンドロス大王の軍に敗れるのをまのあたりにすることとなる。セマタウイテフナクトはふたたび重大事件の渦中に巻きこまれ、そしてまたもや無傷で逃れることができた。彼はこの幸運を、自分が信仰する神であるヘリシェフの慈悲深い加護によるものとしている。

> あなた様はギリシア人たちの戦いのなかで私を守ってくださいました。あなた様がペルシアの者どもを追い払われたその時に。
> 彼らは私のかたわらで百万人を殺害し
> そして私に対しては誰ひとりとして、手を上げることはしなかったのです。

ケープをまとった初老男性の木像（第30王朝）。この何とも忘れ難い彫像は、彩色と象眼されていた両目を失ってはいるが、今なお品位と権威の雰囲気を漂わせている。この人物の剃り上げられた頭髪は、彼がエジプト神官のひとりであることを示すのかもしれない。彼ら神官は、プトレマイオス朝による支配へと移行する時期において、ファラオ時代の文化の最後の拠りどころとなった。

幸運に加えて、政治的な抜け

96. セマタウイテフナクト（2世）：アレクサンドロス大王による征服の目撃者　　411

目のなさも役に立ったことは疑いない。

　セマタウイテフナクトがペルシアの敗北について大喜びで述べていることは、彼自身がペルシア支配下で昇進をとげていることと、奇妙なほどそぐわないように思える。しかし彼は常に、権力の座についている者たちの忠実な召使だったのだ。それにマケドニアの支配下では、ペルシア人の追憶に対して深い敵意以外のどんな感情でも表わすのは、きわめて無分別なことだったろう。

　ペルシア支配のもとで欠乏や蛮行に苦しんできた多くのエジプト国民に、アレクサンドロス大王は解放者と受けとられ歓迎された。セマタウイテフナクトも風向きを見きわめて、エジプトに戻ることに決める。彼は故郷の町につつがなく帰着し、頭から「毛が抜けることもなかった。」経歴を終えるまでに、彼は眼がくらむほど数多くの栄誉や官職を集めていた。王の主治医だっただけでなく、彼は「川岸の管理者」でもあり、オリックス州（ノモス）の神々の神官、「ヘブヌの主であるホルス」の神官、そして、彼の名がそれにちなんでつけられた神、セマタウイの神官であった。それゆえ彼自身の言葉によれば、セマタウイテフナクトは「自らの主に祝福され、自らの州では敬われて」生涯を終えたのである。

　とりわけセマタウイテフナクトは「生き残り」だった。歴史は彼を裏切り者と呼ぶかもしれない。しかし彼は自らの幸運を自分が帰依する神のおかげとすることで満足していた。

　　私の始まりがあなた様のおかげで良きものだったように、
　　私の終わりをあなた様は完全なものにしてくださいました。
　　あなた様は私に、喜びのうちに長く続いた生涯を授けてくださったのです。

97. パディウスィル（ペトシリス）

：故郷の神の信仰に一生を捧げた神官

　エジプト人のなかには、セマタウイテフナクト（96）のようにペルシアの征服者たちに進んで協力した者たちもいただろうが、とりわけ地方には、身を隠してできる限り普通の生活を続け、異国の侵略者のことはかたくなに無視して、静かに土着の伝統を守っていた人びとがいたことも確かである。友人にはアンケフエンコンスとして知られていたヘルモポリスのパディウスィル（ギリシア語でペトシリス）は、そうした人びとのひとりだった。

　パディウスィルは、この都市のトト神殿と密接な関係があった地元の有力者一族の出身だった。彼の祖父ジェドトトイウエフアンク（ジェドジェフゥティイウエフアンク）（「トトは彼が生きるだろうと言われる」）と父親のネス・シュウは、第30王朝のファラオたちのもとでトト神の大司祭を順に務めていた。パディウスィルの世代になると、この職はまず兄のジェドトトイウエフアンクに受け継がれ、それからパディウスィル自身のものとなっている。パディウスィルと彼の兄は、紀元前341年のペルシアの侵攻を生き延びた。事実、まさにこの時期にパディウスィルは「神をその祠で目にし、自らの主をお運びし、自らの主に従い、至聖所に入り、大いなる預言者たちとともに自らの職務を果たす大司祭」の地位を継承したのである。政治的に困難な時代における彼のおこないと業績は、彼個人の敬虔の念と、古くからのエジプトの伝統を保とうとする彼の決意の証となっている。当時の情勢を述べたものとしては、彼自身の記述に勝るものはないだろう。

私はこの神の管理者として7年を過ごし、このお方への寄進を、過失が見出されることなく管理した。そのころは異国の支配者がエジプトの保護者であって、かつてと同じところにあったものは何ひとつなかった。なぜならエジプト国内で戦いが起こっており、南部は混乱のうちにあり、北部は反乱を起こしていたからだ……あらゆる神殿にそのしもべがおらず、神官たちは何が起こったのか知らずに逃亡していたのだ。

　ヘルモポリスの主であるトトの管理者となったとき、私はトトの神殿をかつての状態に戻し、あらゆる儀式を以前の通りとし、あらゆる神官をしてしかるべき時に奉仕をさせた……私はどこでも荒廃しているのが見出されたものは立派にした。私は、はるか以前に朽ち果ててもはやその場にないものを修復した。

　エジプトの伝統的な王権が崩壊していることを示す明白な例としてパディウスィルは、通常はもっぱらファラオがおこなうことになっている神殿の定礎儀礼さえ実行している。

松材で作られたパディウスィル（ペトシリス）の内棺（トゥナ・エル゠ジェベル出土、プトレマイオス朝初期）。この人形棺の正面には彩色ガラスのペーストで象眼されたヒエログリフで、「死者の書」第42章が引用されている。

私は広場にラー神殿の基礎を据えるために縄をのばし、綱を緩めた。私はそれを良質の白色石灰岩で建て、あらゆる種類の細工で仕上げた。その扉は松で作られ、アジアの銅が象眼された。

それが群衆によって踏みつけられないように、私は広場のまわりに周壁を作った。

ペルシアの支配のもとでは、社会不安の危険は常に存在した。しかしパディウスィルは、その力の及ぶ限りあらゆる伝統儀礼を守り、すべてが書物の記載通りにおこなわれるのを確実にするため「学者たちの助言を求める」労をいとわなかった。

ペルシアによる占領がもたらした政治と社会の混乱にくわえ、パディウスィル個人の生活は、息子のトトレク（ジェフゥティレク）（「トトは知り給う」）が若くして世を去るという悲劇に見舞われていた。個人的な悲哀は敬虔な信仰と結びついて、パディウスィルのうちにきわめて思慮深い人生観を作り出し、それはトゥナ・エル＝ジェベルに造営された彼の壮麗な家族墓の壁面に銘文として刻まれた。彼は何よりも、人生とは「神の道」に従って、つまり法を守り敬虔に、そして首尾よく幸せに送るべきものであると強調している。

故郷の町と崇拝する神のため忠実に奉仕した生涯の見返りにパディウスィルが求めたのは、簡単なわずかばかりの報酬だった。「心の喜びのうちにおくる一生涯、老年に達した後の良き埋葬、私の亡骸が、この墓の父と兄のかたわらに葬られること。」この簡潔なくだりは、エジプト人が最も強く持っていた願望を要約している。それはすなわち強い絆で結ばれた家族と幸せな来世であり、パディウスィルがこれらをともに達成したことは、古代エジプトの支配階級とファラオの時代の文化が、歴史の変転に対抗する復元力を持っていたことを示している。

97. パディウスィル（ペトシリス）：故郷の神の信仰に一生を捧げた神官　　**415**

98. プトレマイオス1世

：王朝を創始したマケドニアの将軍

アレクサンドロス大王は紀元前332年にエジプトを征服した時、救い主として歓迎された。彼はエジプト人ではなかったかもしれないが、憎むべきペルシア人の苛酷な支配から国土を救ったのであり、それは彼を合法的なファラオとして認めるに足る理由となったのである。ローマ世界に吸収されるまでの続く3世紀間、エジプトはギリシア語を話すエリートの支配下に置かれたが、我々に言える限りでは、それは土着の人びとによっておおむね合法的なものとして認められていた。これはエジプトを新たな進路にのせた人物、ギリシア支配の時代がその名にちなんで呼ばれる人物の努力と性格によるところが大きかった。この人物こそプトレマイオスである。

「ラゴスの息子」プトレマイオスは紀元前367年か366年、マケドニア王国に生まれた。母親のアルシノエは王家と血縁があったかもしれず、プトレマイオスは少年の頃、フィリッポス王の宮廷に奉仕する小姓たちの一団に編入された。そのため彼は、フィリッポスの息子であり後継者のアレクサンドロスと出会い、彼らふたりは親しい幼なじみとなった。「プトレマイオス」という名は「戦争」を意味するギリシア語、ポレモスの叙事詩形に由来するもので、少年プトレマイオスはこの名に背くことはなかった。彼は戦場で抜群の働きを示し、アレクサンドロスが王として、エーゲ海の岸辺からインドの密林に至る既知の世界の大部分を征服した時、そのかたわらで戦った。卓越した将軍だったプトレマイオスは、アレクサンドロスの7人の護衛のひとり、大王の最も信頼する仲間からなる側近の

ひとりに選ばれている。

　紀元前323年6月、アレクサンドロスがバビロンで突然に世を去ったことは、彼の帝国と助言者たちを大混乱におとしいれた。続く18年間、アレクサンドロスの後継者たち（ディアドコイ）が大王の広大な領土の分割をめぐって相争うなか、マケドニア政治の複雑な世界にプトレマイオスは巻きこまれていた。プトレマイオスが最初に打った手は、結果的には先見の明を示すものとなったが、あるいはおそらく幸運だっただけだろう。アレクサンドロスの死の5ヵ月後、彼はサトラップ（地方総督）として統治するためエジプトに到着した。彼はアレクサンドロスの異母弟で王位継承者のフィリッポス・アリダイオスによって、この地位に——おそらくさんざん説得を重ねたすえに——任命されていたのだ。プトレマイオスは44歳前後だったが、自分の剣を壁に飾って贅沢な余生を送るつもりなどなかったのは確かである。

　プトレマイオスの最大の競争相手はペルディッカスだった。この人物はアレクサンドロスの印章付き指輪を相続していたので、帝国を支配するため設置された国策会議を事実上、支配していたのだ。ペルディッカスはアレクサンドロスのバビロン領土を奪うことで自分の立場を活用し、さらに紀元前322年末頃には、リビア沿岸のギリシア人植民市キュレネの併合に着手する。これはプトレマイオスに対する真っ向からの挑戦だった。キュレネはエジプト本土攻撃のための前進基地となりえたからである。事実、この攻撃は1年後におこなわれたが、プトレマイオスは迎え撃つ準備ができており、ペルディッカスは遠征の途上で食い止められ、暗殺された。プトレマイオスはエジプトとキュレネの支配者として認められた。彼は、バビロンからマケドニアへ運ばれる途中のアレクサンドロスの遺体を強奪し、自分の支配を正当化する「トーテム」とするため、エジプトに持ち帰っている。

　しかし「将軍」プトレマイオスは、なおも戦場における栄光を追い求めていた。続く16年間にわたって、彼は遠征に次ぐ遠征に没頭し、終わりのないかのような戦いの連続のなかで、領土を勝ち取ってはまた失った。レバノン、パレスチナ、キプロス、そしてキクラデス諸島まで、すべてが勝ち取られ、すべてが失われた

のである。紀元前306年までには、プトレマイオスは自らの支配を強固にしてエジプトとキュレネで満足することに決めていたように思われる。これらの領土は守りやすく豊かであり、その名声については言うまでもなかったのである。しかし新たなファラオとして身を立てることは、そうすんなりといったわけではない。フィリッポス・アリダイオスとその王位継承者アレクサンドロス4世（アレクサンドロス大王の死後にロクサネが生んだその息子）のもとでは、プトレマイオスは、厳密にはエジプトのサトラップにすぎなかった。アレクサンドロスの後継者たち（ディアドコイ）のなかにも、王の称号を要求するところまでいった者はまだいなかった。アレクサンドロス4世が紀元前311年に殺害された後でさえ、プトレマイオスは、それから6年間にわたって、文書の日付にこの王の治世年を使わせていたのである。この「公的な虚構」は、プトレマイオスにじっくり考える余裕をいくらか与えた。その間を利用して彼は、マケドニアの王統が途絶えた今、エジプトをどのように統治したいかという問題を解決する。プトレマイオスがヒエログリフ銘文に刻ませた紀元前311年の布告には、彼の意図を伝えるはっきりとした兆候が示されている。そのなかで彼は、エジプトで最も重要な祭祀神殿のうち二つの神殿の領地と資産を復興しているのである。ファラオによる支配の再生は間近に迫っていた。

プトレマイオス1世の浮彫（石灰岩、コム・アブ・ビッロ出土、プトレマイオス朝初期）。エジプト最後の王朝の創始者となったプトレマイオスはマケドニア生まれだったが、伝統的なファラオの衣装をつけ、ハトホル女神に花を捧げる姿で表わされている。

紀元前305年11月、プトレマイオスは思い切った行動に出た。彼はまずマケドニアの伝統的なバシレウス(「王」)の称号を採用し、それから完全なファラオの称号を採用したのである。ひとたび王位につくや、彼は自分の治世を(実にエジプト的なやり方で)アレクサンドロス大王の死の時点までさかのぼらせ、ナイルの両岸にエジプト・ギリシア混成の力強い文明を創造する仕事にとりかかった。プトレマイオスは、多くが彼の奨励のもとに移住したエジプト在住ギリシア人の礼拝の中心として、セラピス(オシリス・アピス)神の新たな崇拝を確立した。彼はアレクサンドリアを、古都メンフィスをしのぐほどの文化と政治、宗教

プトレマイオス1世彫像頭部(おそらくファイユーム出土、プトレマイオス朝初期)。この彫像はおそらく、プトレマイオス朝の創始者を記念するため、その死後に作られたものだろう。ヘレニズムとエジプトの文化的特徴の繊細な融合が示されている。

98. プトレマイオス1世:王朝を創始したマケドニアの将軍　　419

の一大拠点として発展させ、プトレマイオス朝の支配が地中海方面を指向していることを確かなものとした。アメンホテプ3世 (52) やラメセス2世 (70) のような高名なファラオにならって、彼は自らを神格化さえしたが、エジプトからは安全な距離をとっていた。ロードス島の人びとが彼に聖域プトレマエウムを捧げ、称号としてソテル（「救い主」）を献じたのである。最後に彼は、お気に入りの後継者がつつがなく王位を継承するのを確実にするため、古くからの伝統を持つ共同統治の制度を復活させた。この後継者プトレマイオス2世フィラデルフォス（3番目の妻ベレニケとの間に生まれた年若いほうの息子）は紀元前284年に即位している。18ヵ月後、プトレマイオス1世は84歳で世を去った。アレクサンドロスの後継者たち（ディアドコイ）のうちで天寿を全うしたのは彼ひとりである。

　ギリシア世界の歴史家たちにとってプトレマイオスの最も偉大な業績は、アレクサンドロス大王の戦争に関して彼が残した権威ある記述だった。これは今なお、これらきわめて重要な出来事の主な資料のひとつである [訳注：このプトレマイオスの著作は失われているが、それにもとづくアッリアノスの著作『アレクサンドロス大王東征記』（紀元後2世紀）が残されている]。エジプト学者にとっては、彼は新しい王朝の始祖であり——ギリシアの趣きを伴うとはいえ——エジプト文明の最後の繁栄期となる新時代をもたらした人物だった。

99. マネト：エジプト史の父

　マネトは矛盾をはらんだ存在だ。古代エジプトの支配者たちを示す彼の編年体系は今なお広く用いられており、彼の名前はエジプト学者の間では今日まで良く知られている。しかし彼の著作は何ひとつ無傷で残っておらず、彼の生涯については、事実上何も知られていない。彼は紀元前4世紀末に、デルタ中央部のセベンニュトス（現在のサマンヌード）で生まれたように思われる。彼が活躍したのは最初の二人のプトレマイオスの治世だった。その当時のかなり多くの人びとがそうだったように、彼は神官の道に進み、おそらくはエジプトで最も重要な祭祀のひとつであるヘリオポリスのラー神殿で奉仕したとみられる。彼の名のエジプト語の形は「大神の最愛の者」を意味するメリエンネチェルアアであり、敬虔な信仰を旨とする一族の出であることがうかがえる。マネトの名を刻んだ彫像台座がカルタゴのセラピス神殿で発見されていることからすれば、彼は神官の権限で、プトレマイオス1世によるセラピス崇拝の創設に関与したのかもしれない。しかしこれらの数少なく内容の乏しい細部を別にすれば、人間としてのマネトは依然として謎のままである。

　彼の不朽の名声はその生涯の出来事ではなく、その著作によるものだ。神殿はエジプトの学識の拠点であり、神殿の文庫は国家の知識の宝庫だった。マネトは明らかに一つかそれ以上の神殿図書館を利用することができ、エジプトの宗教や祭祀慣行、医術、自然史に関する数多くの論文の情報源にそれを活用していた。彼は主として（かなりの数の）非エジプト人口、とりわけマケドニアの新たな支配階級のため執筆していたように思われる。おそらく彼は、そのような人びとに彼らの新たな王国の文化や習慣を知らせるのが自分の務めであるとみていたのだ

ろう。彼の永続的な業績となった著作も同じ傾向によるものだった。エジプトの歴史をまとめた記念碑的な3巻本、『エジプト史』(アイギュプティアカ) である。プトレマイオス2世によるアレクサンドリア大図書館の創設と、この書物の執筆には関連がありそうだ。確かにこのマネトの著作はその視野の点で百科全書的だった。そのなかで彼は、エジプト建国以来のおびただしい数におよぶ国王たちを、前提とされていた血縁関係にもとづいてもっと扱いやすいグループにまとめた。このマネトによる30の王朝は、第1王朝がメネス(ナルメル)によって始まり、第30王朝がネクタネボ2世(ナクトホルヘブ)をもって終わるもので、以後も古代エジプトの編年体系の基礎となっている。

　当時の著作家たちの多くがそうだったようにマネトもまた、読者を啓蒙するとともに楽しませるのが狙いだったので、各王朝の基本的なアウトラインに、それぞれの治世の長さや主要事件、王個人の性格についての所見を付け加えた。もっともここでは、彼は神殿に所蔵されていた記録からは離れて、民間伝承と、お

セティ1世(第19王朝)の神殿内部の通廊壁面に刻まれた「アビュドス王名表」。このような古代の記録をもとに、マネトは数えきれないほど多くのエジプト王を王家あるいは王朝に分類した。この体系はそれ以来、今なお用いられている。

そらく同じ歴史家のヘロドトスの著作から引用した逸話を記述に取り入れている。ファラオのささやかな過ちの数々についての、ヘロドトスよりも奇抜で風変わりなマネトの記述は、後代の学者たちの眼に映る彼の評価を低めることとなった。しかし彼の著作のうち無傷で現存しているものは何ひとつなく──『エジプト史』は後代の著述家たちの著作に引用された断片から知られているにすぎない──したがって彼の学識を正確かつ客観的に評価するのは不可能である。彼の記述の正確さがどうであろうと、自分の主な論考が死後二千年間も世界中で利用されることを望めるような著作家は、ほとんどいないだろう。それこそがマネトの業績の大きさである。

99. マネト：エジプト史の父 **423**

100. クレオパトラ7世

：伝説となった悲劇の女王

「クレオパトラ」という名はそれだけでも、想像を絶する享楽と富、愛と裏切り、美と悲劇のイメージ、そして古代エジプトの不朽の特質である異国趣味と神秘のイメージを彷彿とさせる。クレオパトラの物語、彼女とローマ帝国のもつれ合った関係の物語は、シェイクスピアからハリウッド映画に至るまで、何度も繰り返し語られてきた。この物語の数々は、それぞれの世代の先入観や偏愛を反映しているとはいえ、その中心には、稀に見る天分に恵まれた支配者であり、ローマの止めようのない力に抗して、祖国エジプトをむなしく守ろうと努めたひとりの生身の女性の生涯がある。彼女の悲劇は、ひとつの文明全体の悲劇だったのだ。

クレオパトラは紀元前69年に、プトレマイオス12世の第三子として生まれた。母親が誰かははっきりしないが、マケドニアの王朝が血族結婚を好んでいたことからすれば、彼女はおそらく、プトレマイオス自身の姉妹のひとりだったろう。エジプトは豊かな国だったが、プトレマイオス12世のもとでは政治的安定を欠いていた。クレオパトラはまだ10歳の頃、父王が支援を請うためローマに旅立つという屈辱をまのあたりにしていた。それが、古代世界で最も由緒ある文明と、その最も新しい「成り上がり者」との不運な関係の始まりだったのである。プトレマイオスは、ローマによる支援の約束をとりつけるため、エジプト全土の租税収入1年分と同額という莫大な金額を支払わねばならなかったばかりか、彼の不在によって、エジプト国内では党派間の争いも誘発されていた。彼の年長の娘2人、クレオパトラ6世とベレニケが、父王に対抗してかわるがわる王と宣言され

424　第Ⅶ部　神々の黄昏：第三中間期、末期王朝時代、プトレマイオス朝時代

たのである。ベレニケはさらに一歩進んで異国の王子と結婚し、自らの王位要求を支えるため兵を挙げた。これはローマの援軍を得てようやく鎮圧され、ベレニケは反逆のかどで処刑される。こうしてクレオパトラ7世は、15歳にして王位継承者となった。彼女は、身内同士の血で血を洗う抗争の教訓を幼い頃から身につけていた。この抗争は、彼女の残りの人生の悩みの種となる。

　3年後にプトレマイオス12世は世を去り、王位はクレオパトラと、その最年長の異母弟プトレマイオス13世の共同統治にゆだねられた。彼女は17歳、彼は10歳の子供であり、それゆえクレオパトラが事実上の単独統治者となった。治世の最初の年である紀元前51年に、彼女はメンフィスで聖牛アピスの葬儀に出席し、それによってエジプトの宗教伝統を尊重する意図があることを明らかにしている。彼女はさらにエジプト王妃の禿鷲の被り物を採用し、エジプトの言語を話すことで、自分が民衆にさらに親しまれる存在となるよう努めた。しかし文化を共有するだけでは、政治的安定を保障するには不十分だった。紀元前50年の凶作はクレオパトラの政府にとって重圧となり、弟の支持者たちは彼女を権力の座から除こうと努めたのである。危ういところで知らせを受けたクレオパトラはシリアに脱出、自らの生得の権利を取り戻すため兵を挙げ、エジプトに進軍した彼女の軍勢は、ペルシウムで弟の軍と交戦した。この戦いは膠着状態におちいり、ユリウ

クレオパトラ7世の彫像（黒色玄武岩、プトレマイオス朝後期）。女王として君臨した彼女は、自分をプトレマイオス王家の他の王妃たちと区別するために、額に3匹のウラエウス（聖蛇であるコブラ）をつけている。この彫像はクレオパトラの神性を強調するため本来は金箔で覆われていただろう。

100. クレオパトラ7世：伝説となった悲劇の女王　　425

クレオパトラ7世の治世の貨幣。鷲鼻と尖った顎を持つ女王の横顔は、美女クレオパトラの伝説が虚偽であること、彼女の魅力がその外見ではなくて政治力によるものだったことを暗示している。

ス・カエサル麾下のローマ軍の介入を招く。これはカエサルがクレオパトラの運命に何か格別の関心を抱いたからではなく、プトレマイオス13世のもとに避難しようとしていた競争相手ポンペイウスとの決着をつけるためだった。アレクサンドリアに入ったカエサルは、王家の内紛の判事兼陪審員としてふるまい、争っている姉弟を召喚したうえで、クレオパトラを支持する。プトレマイオス13世の支持者の側では一戦も交えずに引き下がるつもりはなく、アレクサンドリア沖合のファロス島にいた女王一派を包囲した。一進一退の戦いは結局、エジプトの叛徒の敗北に終わり、プトレマイオスは溺死する。エジプトを併合したいという衝動をおさえたカエサルは、そのかわり、クレオパトラと生き残っている異腹の弟プトレマイオス14世を結婚させ、共同統治の慣行を保って、彼らを共同統治者と宣言した。カエサルの関心はまったく利他的なものだったわけではない。彼とクレオパトラは愛人関係にあったのだ。

広く信じられている話とは違って、クレオパトラは美人だったわけではない。貨幣に表わされた彼女の肖像は、鷲鼻と突き出た顎を持つその容貌を示している。しかし彼女は知的で才気があり、あらゆるもののうち最高の獲物、すなわちエジプトを思いのままにできたのだ。カエサルのような野心に満ちた人物にとって、これは抗し難いほどの魅力を持つ組み合わせだった。紀元前46年、彼の招待を受けたクレオパトラは、夫である弟、従者たち、そしてカエサルとの間に生

クレオパトラ7世のものとされる彫像頭部（大理石、プトレマイオス朝後期あるいはローマ時代）。

100. クレオパトラ7世：伝説となった悲劇の女王

まれ、彼女がプトレマイオス・カエサリオンと名づけた幼子を伴ってローマを訪れた。女王一行は1年以上もローマに滞在することとなる。クレオパトラの出発を促したのは、紀元前44年3月15日のカエサル暗殺だった。彼女はただちにこの都市を後にし、7月までにはアレクサンドリアに戻っていた。2ヵ月後、プトレマイオス14世も世を去る。クレオパトラの有罪は立証できないとはいえ、この弟の死によって最も得をするのが当の女王であるからには、容疑者を指し示す指先が向けられるのが彼女であるのは明らかだ。クレオパトラは幼い息子を共同統治者（プトレマイオス15世）としたが、これは何よりも息子の将来を確実なものとするためだった。なぜならカエサルの遺書には、その後継者として彼の姪の子であるオクタヴィアヌスの名が記されていたからである。

　カエサルの死は、クレオパトラをローマ世界の権力政治のさなかにおとしいれる一連の事件を誘発させた。カエサルの友人たちばかりか彼の暗殺者たちからも支援を求められた女王は、結局、ローマの東方属州の支配権を相続していたマルクス・アントニウスと同盟を結ぶ。クレオパトラがまたもやローマの有力な指導者の愛人となった時、歴史は繰り返された。彼女はマルクス・アントニウスに、そのパルティア遠征のための資金を提供し、見返りとして彼の政治的な――彼女のただひとり存命の妹で競争相手の王族でもあるアルシノエの殺害にまで及ぶ――支援を得る。紀元前40年、二十代後半になっていたクレオパトラは、マルクス・アントニウスとの間に2人の子、アレクサンドロス・ヘリオスと名づけられた男子とクレオパトラ・セレネという名の女子をもうけた。エジプトでは比較的平和で豊かな時期がその後に続き、その間に3人目の子（プトレマイオス・フィラデルフォス）が生まれている。一方、マルクス・アントニウスの企てた戦争は――パルティア人を相手にした――大敗北から、アルメニア人に対する勝利へと転じていた。この勝利は華々しい儀式、「アレクサンドリアの寄贈」によって祝賀され、そのなかでマルクス・アントニウスは、クレオパトラを「諸王の女王、それぞれ王である息子たちの女王」と宣言し、彼らの3人の子供たちに領土の下賜を象徴的におこなった。そしてプトレマイオス15世をカエサルの真の後継者として公認したのである。彼は明らかに、ローマの領土すべてが彼の愛人と

子供たちによって統治されるのを、「人形師」となって眺めるつもりだったのだろう。

オクタヴィアヌスとの避けようのない対決の時が間近に迫っていた。紀元前32年、このローマの新たな実力者はクレオパトラに対して宣戦を布告、翌年に両陣営は戦争へと突入する。ギリシア西海岸沖のアクティウムでおこなわれた決戦はエジプト軍にとって災厄となり、クレオパトラとマルクス・アントニウスは、アレクサンドリアへと逃げ戻った。プトレマイオス15世とともにインドへ逃れようとする女王の目論見は挫折し、彼女は避けようのない宿命へと自らをゆだねる。かつての同盟諸国もオクタヴィアヌスのもとに走り、クレオパトラは、自らの生命とエジプトの運命が救われるなら子供たちのため退位しようと申し出るが、無駄だった。オクタヴィアヌスはアレクサンドリアの郊外に到達し、エジプト艦隊の降伏を受け入れる。紀元前30年8月1日、彼は王都に入城した。

クレオパトラが殺害されたと考えたマルクス・アントニウスは我が身に剣を突き立てた。愛人の死を知ると女王は自殺を図ったが、取り押さえられて捕虜となる。オクタヴィアヌスは、彼女がマルクス・アントニウスの葬儀に参列して、それから自害するのを許し、彼ら二人は王家の霊廟に並んで葬られた。オクタヴィアヌスはプトレマイオス15世を即座に殺害させ、エジプトを公式にローマへ併合した。これこそ、クレオパトラがあれほど懸命に避けようとしていた宿命である。

3000年間に及ぶエジプトの独立は終わりを告げた。ファラオたちの国土は、いまやローマ帝国の「穀物籠」として収奪されることとなる。しかしクレオパトラそのひとは、先代のファラオたちが夢に見ることしかできなかったある種の「不死」を獲得した。映画の時代には、彼女は「古代エジプト」を体現する存在となった。彼女の物語は世界中の人びとを魅了してきたし、来るべき世代をも魅了し続けることだろう。それは古代エジプト人の生涯に我々が感じる魅惑を象徴している。

100. クレオパトラ7世：伝説となった悲劇の女王　429

年表と王名一覧

　古代エジプトの年代は一般に、古代世界で最も確かなもののひとつに入るとみられており、誤差は紀元前 3000 年頃で 2 世紀以内、紀元前 1300 年頃で 20 年以内であり、紀元前 664 年以降は正確である。しかしこれはそれでもなお、この書物で扱っている時代の大部分について厳密な年代が得られないことを意味している。同じ出来事についてさまざまな書物がさまざまな年代を設定しており、その結果、たとえばナルメルが王となったのは紀元前の 3100 年か 3050 年、あるいは 2950 年かもしれず、カデシュの戦いが起こったのは紀元前 1297 年か 1286 年、あるいは 1275 年だったかもしれないということになるのである。しかし、専門家たちの間で完全な合意がないとはいえ、広く好まれている選択肢はいくつかある。以下に、この書物で用いている年代を、古代エジプト諸王の名とともに示す。

　エジプト学者たちは普通、古代エジプトの歴代諸王を 31 の王朝に区分する方法を用いるが、これは紀元前 300 年からほどなくして自国の歴史を書き記したエジプト人神官、マネトの慣行に従ったものである。これらの王朝は、一般的にいえば特定の王家と一致している。しかし歴史が比較的不分明な時期には、いくつかの王朝はせいぜい何人かの王を便宜的にまとめたものにすぎないように思われ、そのなかにはエジプト国内の異なる場所に同時に存在していた諸王も含まれていた。事実、この最後の点——エジプトにはしばしば一つ以上の王統が存在したこと——について、マネトはいたって明確に記している。

　現代のエジプト学者は、これらの王朝を「王国」として知られるもっと大きないくつかの時期にまとめている。この「王国」は一般に、エジプト全土にただ

年表と王名一覧　　431

一人の王が君臨していた時期である。古王国（紀元前2575～2125年頃）は「大ピラミッド」と「大スフィンクス」が作られた時代だ。中王国（紀元前2000～1630年頃）は国土の統一が更新され、美術と文学が大いに花開いた時代である。新王国（紀元前1539～1069年頃）はしばしば古代エジプトの「帝国時代」あるいは「黄金時代」と呼ばれる。それはアメンホテプ3世、アクエンアテン、そしてラメセス2世の時代であり、エジプトが世界で最も富み、最も強大な国家だった時代である。末期王朝時代（紀元前664～332年）は、古代エジプトの独立がもっと広い世界において主張された最後の時期となり、このあとエジプトの国土はアレクサンドロス大王に征服され、後にはローマ帝国に併合されるのである。

初期王朝時代

「第0王朝」 紀元前3100年頃
……存在したかどうかは不確実
カァ（？）
「蠍」（？）

第1王朝 紀元前2950～2775年頃
ナルメル
アハ
ジェル
ジェト
デン
アネジイブ
セメルケト
カア（カー）

第2王朝 紀元前2750～2650年頃
ヘテプセケムウイ

ネブラー
ニネチェル
ウェネグ（？）
セネド（？）
ペルイブセン
カーセケム（カーセケムウイ）

第3王朝 紀元前2650～2575年頃
ネチェリケト（ジョセル）
セケムケト
カーバ
サナクト
フニ

古王国

第4王朝 紀元前2575～2450年頃
スネフェル
クフ（ケオプス）

ジェデフラー
カフラー（ケフレン）
メンカウラー（ミュケリノス）
シェプセスカフ

第 5 王朝　紀元前 2450 ～ 2325 年頃
ウセルカフ
サフラー
ネフェルイルカラー・カカイ
シェプセスカラー・イズィ
ネフェレフラー
ニウセルラー・イニ
メンカウホル
ジェドカラー・イセスィ
ウナス

第 6 王朝　紀元前 2325 ～ 2175 年頃
テティ
ウセルカラー（？）
ペピ 1 世
メルエンラー・ネムティエムサフ
ペピ 2 世

第 7 王朝／第 8 王朝　紀元前 2175 ～ 2125
年頃
……数多くの短命な諸王の治世

第一中間期

第 9 王朝／第 10 王朝　紀元前 2125 ～ 1975
年頃
……以下を含む数人の王
ケティ 1 世

ケティ 2 世
メリカラー

第 11 王朝　紀元前 2080 ～ 1940 年頃
インテフ 1 世
インテフ 2 世
インテフ 3 世

中王国

メンチュホテプ 2 世　紀元前 2010 ～
1960 年頃
メンチュホテプ 3 世　1960 ～ 1948 年頃
メンチュホテプ 4 世　1948 ～ 1938 年頃

第 12 王朝　紀元前 1938 ～ 1755 年頃
アメンエムハト 1 世　1938 ～ 1908 年頃
センウスレト 1 世　1918 ～ 1875 年頃
アメンエムハト 2 世　1876 ～ 1842 年頃
センウスレト 2 世　1842 ～ 1837 年頃
センウスレト 3 世　1836 ～ 1818 年頃
アメンエムハト 3 世　1818 ～ 1770 年頃
アメンエムハト 4 世　1770 ～ 1760 年頃
ソベクネフェル　1760 ～ 1755 年頃

第 13 王朝　紀元前 1755 ～ 1630 年頃
……以下を含む 70 人の王（即位順は不確
定）
ソベクホテプ 1 世
アメンエムハト 5 世
アメニ・ケマウ
ソベクホテプ 2 世
ホル

年表と王名一覧　433

アメンエムハト 7 世
ウガフ
ケンジェル
ソベクホテプ 3 世
ネフェルホテプ 1 世
サハトホル
ソベクホテプ 4 世
ソベクホテプ 5 世
アイ（1 世）

第二中間期

メンチュエムサフ
デドゥモセ
ネフェルホテプ 2 世

第 14 王朝
……短命な数多くの王の治世

第 15 王朝　紀元前 1630 ～ 1520 年頃
……以下を含む 6 人の王
サリティス
シェシ
キアン
アペピ　1570 ～ 1530 年頃
カムディ　1530 ～ 1520 年頃

第 16 王朝
……短命な数多くの王

第 17 王朝　紀元前 1630 ～ 1539 年頃
……数多くの王。後期の王はおそらく以下
のとおり

インテフ 5 世
インテフ 6 世
インテフ 7 世
ソベクエムサフ 2 世
セナクトエンラー（タア？）
セケンエンラー・タア（2 世）
カモセ　1541 ～ 1539 年頃

新王国

第 18 王朝　紀元前 1539 ～ 1292 年頃
アハモセ　1539 ～ 1514 年頃
アメンホテプ 1 世　1514 ～ 1493 年頃
トゥトモセ 1 世　1493 ～ 1481 年頃
トゥトモセ 2 世　1481 ～ 1479 年頃
トゥトモセ 3 世　1479 ～ 1425 年頃
ハトシェプストとの共同統治
1473 ～ 1458 年頃
アメンホテプ 2 世　1426 ～ 1400 年頃
トゥトモセ 4 世　1400 ～ 1390 年頃
アメンホテプ 3 世　1390 ～ 1353 年頃
アメンホテプ 4 世（アクエンアテン）
1353 ～ 1336 年頃
スメンクカラー　1336 ～ 1332 年頃
トゥトアンクアムン　1332 ～ 1322 年頃
アイ（2 世）　1322 ～ 1319 年頃
ホルエムヘブ　1319 ～ 1292 年頃

第 19 王朝　紀元前 1292 ～ 1190 年頃
ラメセス 1 世　1292 ～ 1290 年頃
セティ 1 世　1290 ～ 1279 年頃
ラメセス 2 世　1279 ～ 1213 年頃
メルエンプタハ　1213 ～ 1204 年頃

セティ 2 世　1204 ～ 1198 年頃
アメンメセス　1202 ～ 1200 年頃
スィプタハ　1198 ～ 1193 年頃
タウォスレト　1198 ～ 1190 年頃

第 20 王朝　紀元前 1190 ～ 1069 年頃
セトナクト　1190 ～ 1187 年頃
ラメセス 3 世　1187 ～ 1156 年頃
ラメセス 4 世　1156 ～ 1150 年頃
ラメセス 5 世　1150 ～ 1145 年頃
ラメセス 6 世　1145 ～ 1137 年頃
ラメセス 7 世　1137 ～ 1129 年頃
ラメセス 8 世　1129 ～ 1126 年頃
ラメセス 9 世　1126 ～ 1108 年頃
ラメセス 10 世　1108 ～ 1099 年頃
ラメセス 11 世　1099 ～ 1069 年頃

第三中間期

第 21 王朝　紀元前 1069 ～ 945 年頃
スメンデス　1069 ～ 1045 年頃
アメンエムニスウ　1045 ～ 1040 年頃
プスセンネス 1 世　1040 ～ 985 年頃
アメンエムオペ　985 ～ 975 年頃
オソコル（「大」オソルコン）　975 ～ 970
　年頃
スィアムン　970 ～ 950 年頃
プスセンネス 2 世　950 ～ 945 年頃

第 22 王朝　紀元前 945 ～ 715 年頃
ショシェンク 1 世　945 ～ 925 年頃
オソルコン 1 世　925 ～ 890 年頃
　　　ショシェンク 2 世と共同統治

　　　890 年頃
タケロト 1 世　890 ～ 875 年頃
オソルコン 2 世　875 ～ 835 年頃
ショシェンク 3 世　835 ～ 795 年頃
ショシェンク 4 世　795 ～ 785 年頃
ピマイ　785 ～ 775 年頃
ショシェンク 5 世　775 ～ 735 年頃
オソルコン 4 世　735 ～ 715 年頃

第 23 王朝　紀元前 830 ～ 715 年
タケロト 2 世　840 ～ 815 年頃
ペドゥバスト 1 世　825 ～ 800 年頃
　イウプト 1 世と共同統治
　　　800 年頃
ショシェンク 6 世　800 ～ 780 年頃
オソルコン 3 世　780 ～ 750 年頃
タケロト 3 世　750 ～ 735 年頃
ルドアムン　755 ～ 735 年
ペフチャウアウイバスト　735 ～ 725 年頃
ショシェンク 7 世　725 ～ 715 年頃

第 24 王朝　紀元前 730 ～ 715 年頃
テフナクト　730 ～ 720 年頃
バクエンレネフ　720 ～ 715 年頃

第 25 王朝　紀元前 800 ～ 657 年頃
アララ　800 ～ 770 年頃
カシュタ　770 ～ 747 年頃
ピイ　747 ～ 715 年頃
シャバコ　715 ～ 702 年頃
シャビトゥコ　702 年頃～ 690 年
タハルコ　690 ～ 664 年頃
タヌタマニ　664 ～ 657 年頃

末期王朝時代（後期王朝時代）

第 26 王朝 紀元前 664 〜 525 年
ネカウ 1 世　672 〜 664 年
プサムテク 1 世　664 〜 610 年
ネカウ 2 世　610 〜 595 年
プサムテク 2 世　595 〜 589 年
アプリエス　589 〜 570 年
アマシス　570 〜 526 年
プサムテク 3 世　526 〜 525 年

第 27 王朝（ペルシアによる支配）
紀元前 525 〜 404 年
カンビュセス　525 〜 522 年
ダレイオス 1 世　521 〜 486 年
クセルクセス　486 〜 466 年
アルタクセルクセス 1 世　465 〜 424 年
ダレイオス 2 世　424 〜 404 年

第 28 王朝　紀元前 404 〜 399 年
アミルタイオス　404 〜 399 年

第 29 王朝　紀元前 399 〜 380 年
ネフェリテス 1 世　399 〜 393 年
プサンムティス　393 年
ハコル　393 〜 380 年
ネフェリテス 2 世　380 年

第 30 王朝　紀元前 380 〜 343 年
ネクタネボ 1 世　380 〜 362 年
テオス　365 〜 360 年
ネクタネボ 2 世　360 〜 343 年

第 31 王朝（ペルシアによる支配）
紀元前 343 〜 332 年
アルタクセルクセス 3 世　343 〜 338 年
アルセス　338 〜 336 年
ダレイオス 3 世　335 〜 332 年

マケドニア王朝時代　紀元前 332 〜 309 年
アレクサンドロス 3 世（アレクサンドロス
　大王）　332 〜 323 年
フィリッポス・アリダイオス　323 〜 317
　年
アレクサンドロス 4 世　317 〜 309 年

プトレマイオス朝　紀元前 309 〜 30 年
プトレマイオス 1 世　305 〜 282 年
プトレマイオス 2 世　285 〜 246 年
プトレマイオス 3 世　246 〜 221 年
プトレマイオス 4 世　221 〜 205 年
プトレマイオス 5 世　205 〜 180 年
プトレマイオス 6 世　180 〜 145 年
プトレマイオス 8 世とクレオパトラ 2 世の
　共同統治　170 〜 116 年
プトレマイオス 9 世　116 〜 107 年
　クレオパトラ 3 世との共同統治
　　116 〜 101 年
プトレマイオス 10 世　107 〜 88 年
プトレマイオス 9 世（復位）　88 〜 80 年
プトレマイオス 11 世とベレニケ 3 世の共
　同統治　80 年
プトレマイオス 12 世　80 〜 58 年
クレオパトラ 6 世　58 〜 57 年
　ベレニケ 4 世との共同統治

58～55年
プトレマイオス12世（復位） 55～51年
クレオパトラ7世とプトレマイオス13世
　の共同統治　51～47年
クレオパトラ7世とプトレマイオス14世
　の共同統治　47～44年
クレオパトラ7世とプトレマイオス15世
　の共同統治　44～30年

ローマ支配時代　紀元前30～紀元後 395年

訳者あとがき

　はるかな古代に栄えたさまざまな文明のなかでも古代エジプトは、我々現代人にとってなじみ深いもののひとつである。ナポレオンのエジプト遠征にともなう学術調査に端を発し、シャンポリオンによるヒエログリフ解読を経て、世界各国の学者による調査・研究が200年以上も続けられてきたおかげで、古代エジプトの歴史や宗教、言語、社会構造などのほか、当時の人びとの生活についても多くの情報が得られるようになっている。墓の壁画や副葬品、住居の遺構、ミイラなどから、彼らがどのような衣服を着て何を食べ、どんな家に住み、どんな病気に苦しんでいたのかをかなりの程度まで知ることができるのである。

　しかし古代エジプト人が実際にどのような人びとだったのかについては、あまり知られていない。彼らの大多数を占める庶民は読み書きができず、自分たちの生活や思いについて文字に残すことがなかったから、その価値観や思考様式についてはおおむね推測するしかない。しかし自らについて文字記録を残すことのできた上流階級の人びと――王と貴族、官僚やその一族――にしても、個人の性格や人となりが多少とも書き記されて現代まで伝わっている例は極めて稀である。これはひとつには、彼らに関する文字史料の多くが神殿や墓の壁面に刻まれた銘文であり、そうした銘文が、彼らの個性よりもむしろその社会的役割を記念するものだったことによる。そこには、個人のエピソードが入り込む余地はほとんどなく、彼らが人間として持っていたはずの欠点や弱さも、当然ながら表現されることはなかったのである。古代エジプトの王や貴族についてこれまで語られてきたことの多くが、ともすれば彼らの人間像よりもむしろ彼らの業績や経歴、彼らが残した物質的な遺産――墓や神殿――の紹介となりがちだったのも無理からぬことと言えるだろう。

訳者あとがき　439

本書の原著 Toby Wilkinson, *Lives of the Ancient Egyptians*（Thames & Hudson, London, 2007）は、古代のエジプトに生きていた人びとのなかから 100 人を選び、その人間像を浮かび上がらせることで、彼らの視点による古代エジプトを探求しようとする試みである。著者のウィルキンソン博士はイギリスのエジプト学者で、現在はケンブリッジ大学のクレアカレッジにおいて特別研究員の地位にある。彼はとりわけ古代エジプトの国家形成に関する研究で知られており、近年の著作としては本書のほか、*Early Dynastic Egypt* (Routledge,2001)、*Genesis of the Pharaohs : Dramatic New Discoveries Rewrite the Origins of Ancient Egypt* (Thames & Hudson, 2003)、*The Rise and Fall of Ancient Egypt* (Random House Trade Paperbacks, 2013)、*The Nile : A Journey Downriver Through Egypt's Past and Present* (Knopf, 2014) などがある。著者は当時の社会情勢と歴史的背景を念頭に置きつつ銘文史料の行間を読みこむとともに、書簡や遺言書、訴訟記録のような個人の性格や人生に光をあてる数少ない史料に着目し、彼ら 100 人それぞれの立場で、当時の社会に生きるということはどのようなものだったのかを描きだそうとする。著者の言葉を借りれば、まさに「古代エジプトの歴史と文化をその住人たちの生涯を通して探求し、彼らをして語らせる」試みと言えるだろう。

　古代エジプト人の代表とされたこの 100 人には、王族や貴族ばかりでなく、軍人から神官、書記、医師、芸術家、職人などさまざまな階層に属する人びとが幅広く選ばれており、トゥットアンクアムンやラメセス 2 世、クレオパトラなど高名な「主役」たちだけでなく、我が国の読者にはこれまでほとんど名を知られていなかった人びとも数多く登場する。時代の荒波に翻弄された王子や王女たち、王の側近として活躍し権勢をふるった貴族や、乱世に台頭した豪族、さらには農場経営について家族にやかましく指図する農夫、親不孝な子供たちに遺産を相続させまいとする母親、敬虔な信仰に生きた神官など、多種多様な人生の一端をかいま見ることで、読者は、はるかな昔、ナイルのほとりで確かに生きていた人びとの人間像に触れ、当時の社会の空気を感じとれることだろう。

　広範な内容を扱った著作にはありがちなことだが、原著の記述にはいくぶん説明不足と思われる箇所や、明らかな誤りとみられる箇所が散見された。そうした

440　訳者あとがき

箇所には著者の了承を得たうえで訳注を付し、必要に応じて訂正をほどこしたほか、いくつかの図版やその説明文について削除や変更をおこなったことをお断りしておく。これらの修正はおおむね細部に関するものであり、原著のもつ意義を損なうものではない。

　訂正が必要な箇所のなかには、本文を直すと記述が大幅に変わり、文章の流れを損ないかねないものが見られた。そこでその記述はあえて変更せず、ここで訂正をおこなうこととしたい。問題の箇所は新王国時代の犯罪者パネブについて述べた章（76）にあるもので、王墓地職人パネブが、第19王朝セティ2世の治世5年に職長のネフェルホテプが「世を去ったかあるいは引退」したとき、後任の職長となるため宰相に賄賂を贈り、贈賄の「証拠を隠すため」「宰相に対する苦情を申し立て、彼が免職されるようにした」という記述である。これはいかにも抜け目のない悪人の姿を彷彿とさせて興味深いが、パネブの悪行に関する情報源として本文にも言及されている告発書（パピルス・ソールト124番 [Papyrus Salt 124. BM 10055]。告発書そのものではなく、草稿あるいは写しとみられる）の内容とは異なっている。

　まず職長ネフェルホテプについては、引退したのではなく殺害されたことが告発書に明記されている（recto 1.2. パネブは彼の養子だったが、ネフェルホテプに乱暴を働き、殺害の脅迫までしていた。ただしネフェルホテプの殺害は職長交替の状況説明として触れられているだけで、パネブが下手人とされてはいない）。ネフェルホテプには実子がおらず、後を継ぐのは弟で告発書の筆者でもあるアメンナクトのはずだった（少なくともアメンナクトはそう期待していた）。ところがパネブは任命権を持つ宰相パラーエムヘブにネフェルホテプの召使5人を贈り、それと引き換えに職長の地位を得たとされていて（recto 1.3-4.）、これは原著の記述に合致する。

　ところが、パネブがこの贈賄の証拠隠しのため宰相を失脚させたとする原著の記述は、告発書に書かれている宰相失脚の経緯とは異なる。それによると、職長ネフェルホテプが、彼や他の職人たちに乱暴を働くパネブについて宰相アメンモセに訴え、そのために罰せられたパネブが王（セティ2世に反旗を翻して上エジプトを支配したアメンメセス。バイの章（77）参照）に訴えてアメンモセを失脚させ

訳者あとがき　441

たとされている（recto 2.14-18）。すなわち宰相への贈賄と宰相失脚は、それぞれ異なる２人の宰相、パラーエムヘブとアメンモセが関わる別個の事件であり、しかもアメンモセの失脚はネフェルホテプの生前、つまりパラーエムヘブへの贈賄がなされるより前の出来事だったと考えられるのである。

とはいえ、告発書のこうした記述は、アメンメセスの反乱による激動のさなか、パネブが宰相や王の権力をも利用して悪事を重ねていたことを述べている点で、原著の記述と大筋では合致すると言えるだろう。

記述の訂正以外にも、近年の学術調査の成果によって修正・補足が必要となった箇所がいくつかあり、それらについても訳注で言及した。そのうちウェニ（18）の出自や地位に関する新たな調査結果にかんしては以下の文献を挙げることができる。

Janet Richards, 'Quest for Weni the Elder : An Old Kingdom cemetery yields the tomb of a "True Governor of Upper Egypt",' *Archaeology* (May/June 2001), pp.48-49.

Janet Richards, 'Text and Context in late Old Kingdom Egypt : The Archaeology and Historiography of Weni the Elder,' *Journal of the American Research Center in Egypt* 39 (2002), pp.75-102.

ハトシェプスト（43）のミイラ、アクエンアテン（56）とトゥトアンクアムン（62）の親子関係と後者の死因に言及している邦語文献としては、フランシス・ジャノ（近藤二郎：監修、村田綾子：訳）『ビジュアル　王家のミイラ　古代エジプトの死後の世界』（日経ナショナルジオグラフィック社、2010年）があり、とくにアクエンアテンとトゥトアンクアムンにかんする近年の著作には、河合望『ツタンカーメン　少年王の謎』（集英社、2012年）と、大城道則『ツタンカーメン「悲劇の少年王」の知られざる実像』（中央公論新社、2013年）がある。

ラメセス３世（78）暗殺の事実がミイラの再調査によって裏付けられたことは我が国でも報道されており（ロイター、2012年12月18日付）、インターネットのいくつかのサイトでも概略を知ることができる（ScienceNewsline「ラムセス３世は暗殺された」(jp.sciencenewsline.com/articles/2012121816540000.html) など）。こ

の調査結果について発表した学術論文は次の通りである。

Zahi Hawass, Somaia Ismail et al. 'Revisiting the harem conspiracy and death of Ramesses III : anthropological, forensic, radiological, and genetic study,' *British Medical Journal* 345 (17 December 2012) (BMJ 2012 ; 345 ; e 8268).

このほか、古代エジプトの歴代諸王と王妃について扱った邦語文献として以下の著作が挙げられよう。

ピーター・クレイトン（吉村作治：監修、藤沢邦子：訳）『古代エジプト　ファラオ歴代誌』、創元社、1999年。

ジョイス・ティルディスレイ（吉村作治：監修、月森左知：訳）『古代エジプト女王・王妃歴代誌』、創元社、2008年。

エイダン・ドドソン、ディアン・ヒルトン（池田　裕：訳）『全系図付　エジプト歴代王朝史』、東洋書林、2012年。

翻訳に際しては、誤りがなく、原文の持つ味わいを損なわない明快な文章をめざしたつもりであるが、訳文の不備があればそれは訳者の責任であり、ご叱正を賜れば幸いである。本書の作成にあたり、記述と図版の変更を許可してくださったウィルキンソン博士、ナクト（50）の狩猟場面について、『カラー版　古代エジプト人の世界——壁画とヒエログリフを読む』（岩波書店、2004年）の掲載写真利用を許可してくださった著者の村治笙子さん、そして編集を担当してくださった悠書館の長岡正博さんに深く感謝申し上げる。

2014年11月14日

内田杉彦

引用出典

8 | メチェン
Allen, J.P., in Metropolitan Museum
of Art, *Egyptian Art in the Age of
the Pyramids* (New York, 1999), 213

10 | クフ
Dodson, A., *Monarchs of the Nile*
(London, 1995), 29–32

14 | ペピアンク
Lichtheim, M., *Ancient Egyptian
Autobiographies Chiefly of the
Middle Kingdom* (Freiburg &
Göttingen, 1988), 18–20

15 | ウナス
Lichtheim, M., *Ancient Egyptian
Literature, Vol. 1. The Old and Middle
Kingdoms* (Berkeley, 1975), 36–38

16 | メチェチ
Ziegler, C., in Metropolitan Museum of
Art, *Egyptian Art in the Age of the
Pyramids* (New York, 1999), 413

18 | ウェニ
Lichtheim, M., *Ancient Egyptian
Literature, Vol. 1. The Old and Middle
Kingdoms* (Berkeley, 1975), 18–23

19 | ハルクフ
Lichtheim, M., *Ancient Egyptian
Literature, Vol. 1. The Old and Middle
Kingdoms* (Berkeley, 1975), 23–27

20 | ペピ 2 世
Lichtheim, M., *Ancient Egyptian
Literature, Vol. 1. The Old and Middle
Kingdoms* (Berkeley, 1975), 23–27
Parkinson, R.B., *Voices from Ancient
Egypt. An Anthology of Middle
Kingdom Writings* (London &
Norman, 1991), 56

21 | ペピナクト・ヘカイブ
Lichtheim, M., *Ancient Egyptian
Autobiographies Chiefly of the Middle
Kingdom* (Freiburg & Göttingen,
1988), 15–16

22 | チャウティ
Darnell, J., *Theban Desert Road Survey in
the Egyptian Western Desert, Vol. 1.
Gebel Tjauti Rock Inscriptions 1–45
and Wadi el-Hôl Rock Inscriptions
1–45* (Chicago, 2002), 31

23 | アンクティフィ
Lichtheim, M., *Ancient Egyptian
Literature, Vol. 1. The Old and Middle
Kingdoms* (Berkeley, 1975), 85–86

24 | ヘミラー
Vassilika, E., *Egyptian Art* (Cambridge,
1995), 22

25 | インテフ 2 世
Lichtheim, M., *Ancient Egyptian
Literature, Vol. 1. The Old and Middle
Kingdoms* (Berkeley, 1975), 94–95

26 | チェチ
Lichtheim, M., *Ancient Egyptian
Literature, Vol. 1. The Old and Middle
Kingdoms* (Berkeley, 1975), 91–93

30 | ヘカナクト
Parkinson, R.B., *Voices from Ancient
Egypt. An Anthology of Middle
Kingdom Writings* (London &
Norman, 1991), 103–07

31 | サレンプウト
Wilkinson, T., after Gardiner, A.H.,
'Inscriptions from the tomb of Si-
renpowet I, prince of Elephantine',
*Zeitschrift für Ägyptische Sprache und
Altertumskunde* 45 (1908), 123–40

33 | クヌムホテプ 2 世
Breasted, J.H., *Ancient Records of Egypt*
(Chicago, 1906), Vol. 1, §§619–39

34 | イケルノフレト
Wilkinson, T., after Lichtheim, M.,
*Ancient Egyptian Literature, Vol. 1.
The Old and Middle Kingdoms*
(Berkeley, 1975), 123–25

35 | センウスレト 3 世
Lichtheim, M., *Ancient Egyptian
Literature, Vol. 1. The Old and Middle
Kingdoms* (Berkeley, 1975), 198
Clayton, P.A., *Chronicle of the
Pharaohs* (London & New York,
1994), 84–87

36 | ホルウェルラー
Parkinson, R., *Voices from Ancient Egypt*
(London & Norman, 1991), 97–99

41 | アハモセ（「アバナの息子」）
Breasted, J.H., *Ancient Records of Egypt*
(Chicago, 1906), vol. 11, §§1–16,
38–39, 78–82

42 | アハモセ・ペンネクベト
Breasted, J.H., *Ancient Records of Egypt*
(Chicago, 1906), vol. 11, §§17–25, 344

43 | ハトシェプスト
Robins, G., *Women in Ancient Egypt*
(London, 1993), 45–52

444　引用出典

Breasted, J.H., *Ancient Records of Egypt*
(Chicago, 1906), Vol. II, §§304–21

44|セネンムト
Dorman, P.F., *The Monuments of
Senenmut. Problems in Historical
Methodology* (London and New York,
1988)

45|トゥトモセ3世
Clayton, P.A., *Chronicle of the Pharaohs*
(London & New York, 1994), 109
Lichtheim, M., *Ancient Egyptian
Literature, Vol. II. The New Kingdom*
(Berkeley, 1976), 33

46|メンケペルラーセネブ
Breasted, J.H., *Ancient Records of Egypt*
(Chicago, 1906), Vol. II, §§772–76

47|レクミラー
Breasted, J.H., *Ancient Records of Egypt*
(Chicago, 1906), Vol. II, §§663–762

49|ケンアムン
Davies, N. de G., *The Tomb of Ken-Amun
at Thebes* (New York, 1930)

51|センネフェル
Caminos, R.A., 'Papyrus Berlin 10463',
Journal of Egyptian Archaeology 49
(1963), 29–37

55|アメンホテプ（「ハプの息子」）
Fletcher, J., *Egypt's Sun King:
Amenhotep III* (London, 2000),
98–99

56|アクエンアテン
Murnane, W., *Texts from the Amarna
Period in Egypt* (Atlanta, 1995),
73–106
Clayton, P.A., *Chronicle of the
Pharaohs* (London & New York,
1994), 120–26

58|メリラー
Davies, N. de G., *The Rock Tombs
of el Amarna, Part I. The Tomb
of Meryra* (London, 1903)

60|マフ
Murnane, W., *Texts from the Amarna
Period in Egypt* (Atlanta, 1995),
147–51

61|フイ
Davies, N. de G. & Gardiner, A.H.,
*The Tomb of Huy, Viceroy of Nubia
in the Reign of Tut'ankhamun*
(London, 1926)

66|ホルエムヘブ
Murnane, W., *Texts from the Amarna
Period in Egypt* (Atlanta, 1995),
227–40

70|ラメセス2世
Shelley, P.B., 'Ozymandias'
Kitchen, K.A., *Pharaoh Triumphant:
The Life and Times of Ramesses II,
King of Egypt* (Warminster, 1982)

72|カーエムウァセト
Kitchen, K.A., *Pharaoh Triumphant:
The Life and Times of Ramesses II,
King of Egypt* (Warminster, 1982),
103–09

74|ディディア
Wilkinson, T., after Lowle, D.A.,
'A remarkable family of draughtsmen-
painters from early nineteenth-dynasty
Thebes', *Oriens Antiquus* 15 (1976),
91–106

78|ラメセス3世
de Buck, A., 'The Judicial Papyrus
of Turin', *Journal of Egyptian
Archaeology* 23 (1937), 152–64

80|ナウナクト
Cerny, J., 'The will of Naunakhte
and the related documents', *Journal
of Egyptian Archaeology* 31 (1945),
29–53

81|トゥトモセ
Wente, E.F., *Late Ramesside Letters*
(Chicago, 1967)

86|ピイ
Clayton, P.A., *Chronicle of the Pharaohs*
(London & New York, 1994), 190–92

88|モンチュエムハト
Lichtheim, M., *Ancient Egyptian
Literature, Vol. III. The Late Period*
(Berkeley, 1980), 29–33

96|セマタウイテフナクト2世
Lichtheim, M., *Ancient Egyptian
Literature, Vol. III. The Late Period*
(Berkeley, 1980), 42–43

97|パディウスィル（ペトシリス）
Lichtheim, M., *Ancient Egyptian
Literature, Vol. III. The Late Period*
(Berkeley, 1980), 44–54

引用出典　445

参考文献

古代エジプト史全般：
Rice, M., *Who Was Who in Ancient Egypt* (London & New York, 2002)

国王および王家の人びと：
Clayton, P.A., *Chronicle of the Pharaohs* (London & New York, 1994)
Dodson, A. & Hilton, D., *The Complete Royal Families of Ancient Egypt* (London & New York, 2004)
Tyldesley, J., *Chronicle of the Queens of Egypt* (London & New York, 2006)

1｜ナルメル
Wilkinson, T.A.H., *Early Dynastic Egypt* (London & New York, 1999), 67–70
Wilkinson, T.A.H., 'What a king is this: Narmer and the concept of the ruler', *Journal of Egyptian Archaeology* 86 (2000), 23–32

2｜メルネイト
Wilkinson, T.A.H., *Early Dynastic Egypt* (London & New York, 1999), 74–75

3｜デン
Wilkinson, T.A.H., *Early Dynastic Egypt* (London & New York, 1999), 75–78

4｜カーセケムウイ
Wilkinson, T.A.H., *Early Dynastic Egypt* (London & New York, 1999), 91–94, 246

5｜ジョセル
Kahl, J., 'Old Kingdom: Third Dynasty' in Redford, D. (ed.), *The Oxford Encyclopedia of Ancient Egypt* (New York, 2001), vol. 2, 591–93
Kahl, J., Kloth, N. & Zimmermann, U., *Die Inschriften der 3. Dynastie: eine Bestandsaufnahme* (Wiesbaden, 1995)
Metropolian Museum of Art, *Egyptian Art in the Age of the Pyramids* (New York, 1999), esp. 169–87
Verner, M., 'Old Kingdom: An Overview' in Redford, D. (ed.), *The Oxford Encyclopedia of Ancient Egypt* (New York, 2001), vol. 2, 585–91
Weill, R., *Les Origines de l'Égypte Pharaonique, 1ère Partie. La 11e et la 111e Dynasties* (Paris, 1908)
Wilkinson, T.A.H., *Early Dynastic Egypt* (London & New York, 1999), 95–98, 247–52

6｜ヘスィラー
Hoffmann-Axthelm, W. (tr. Koehler, H.M.), *History of Dentistry* (Chicago, Berlin, Rio de Janeiro & Tokyo, 1981), 20–21

7｜イムホテプ
Kahl, J., Kloth, N. & Zimmermann, U., *Die Inschriften der 3. Dynastie: eine Bestandsaufnahme* (Wiesbaden, 1995)
Ray, J., *Reflections of Osiris. Lives from Ancient Egypt* (London, 2001), 5–22
Wildung, D., *Egyptian Saints: Deification in Pharaonic Egypt* (New York, 1977), 31–81

8｜メチェン
Metropolitan Museum of Art, *Egyptian Art in the Age of the Pyramids* (New York, 1999), 208–13
Wilkinson, T.A.H., *Early Dynastic Egypt* (London & New York, 1999), 147

9｜ヘテプヘレス
Metropolitan Museum of Art, *Egyptian Art in the Age of the Pyramids* (New York, 1999), 216–19

10｜クフ
Dodson, A., *Monarchs of the Nile*, 2nd edition (Cairo, 2000), 29–32
Kuper, R. & Förster, F., 'Khufu's "mefat" expeditions into the Libyan Desert', *Egyptian Archaeology* 23 (2003), 25–28
Lehner, M., *The Complete Pyramids* (London & New York, 1997), 108–19

11｜ヘムイウネ
Metropolitan Museum of Art, *Egyptian Art in the Age of the Pyramids* (New York, 1999), 229–31

12｜ペルニアンクウ
Metropolitan Museum of Art, *Egyptian Art in the Age of the Pyramids* (New York, 1999), 150, 163–64, 299

13｜プタハシェプセス
Breasted, J.H., *Ancient Records of Egypt* (Chicago, 1906), vol. 1, §§254–62
Verner, M., *The Mastaba of Ptahshepses* (Prague, 1977)

14｜ペピアンク
Blackman, A.M., *The Rock Tombs of Meir*, IV (London, 1924)
Lichtheim, M., *Ancient Egyptian Autobiographies Chiefly of the Middle Kingdom* (Freiburg & Göttingen, 1988), 18–20

15｜ウナス
Altenmüller, H., 'Old Kingdom: Fifth Dynasty' in Redford, D. (ed.), *The Oxford Encyclopedia of Ancient Egypt* (New York, 2001), vol. 2, 597–601
Hassan, S., 'The causeway of the Wnis at Sakkara', *Zeitschrift für Ägyptische Sprache und Altertumskunde* 80 (1955), 136–39, pls XII–XIII
Lehner, M., *The Complete Pyramids* (London & New York, 1997), 154–55

16｜メチェチ
Metropolitan Museum of Art, *Egyptian Art in the Age of the Pyramids* (New York, 1999), 408–17

17｜メレルカ
Duell, P., *The Mastaba of Mereruka* (Chicago, 1938)
Porter, B. & Moss, R.L.B., *Topographical Bibliography of Ancient Egyptian Hieroglyphic Texts, Reliefs, and Paintings*, 2nd edition (rev. Malek, J.), vol. III (Oxford, 1978–81), Part 2, 525–37

18｜ウェニ
Eyre, C.J., 'Weni's career and Old Kingdom historiography' in Eyre, C.J., Leahy, A. & Leahy, L.M. (eds), *The Unbroken Reed: Studies in the Culture and Heritage of Ancient Egypt in Honour of A.F. Shore* (London, 1994), 107–24
Lichtheim, M., *Ancient Egyptian Literature, vol. 1. The Old and Middle Kingdoms* (Berkeley, 1975), 18–23
Richards, J., 'Text and context in late Old Kingdom Egypt: the archaeology and historiography of Weni the Elder', *Journal of the American Research Center in Egypt* 39 (2002), 75–102
Richards, J., 'The Abydos cemeteries in the late Old Kingdom' in Hawass, Z. (ed.), *Egyptology at the Dawn of the Twenty-first Century: Proceedings of the Eighth International Congress of Egyptologists, Cairo* (Cairo, 2003), 400–07

19｜ハルクフ
Lichtheim, M., *Ancient Egyptian
Literature, Vol. 1. The Old and
Middle Kingdoms* (Berkeley, 1975),
23–27
Wilkinson, T., 'Egyptian explorers' in
Hanbury-Tenison, R. (ed.), *The
Seventy Great Journeys in History*
(London & New York, 2006), 29–32

20｜ペピ2世
Dodson, A., *Monarchs of the Nile*,
2nd edition (Cairo, 2000), 40–42
Lehner, M., *The Complete Pyramids*
(London & New York, 1997), 161–63

21｜ペピナクト・ヘカイブ
Habachi, L., *Elephantine IV. The
Sanctuary of Heqaib* (Mainz, 1985)
Lichtheim, M., *Ancient Egyptian
Autobiographies Chiefly of the Middle
Kingdom* (Freiburg & Göttingen,
1988), 15–16

22｜チャウティ
Darnell, D. & Darnell, J., 'Exploring
the "Narrow Doors" of the Theban
Desert', *Egyptian Archaeology* 10
(1997), 24–26
Darnell, J., *Theban Desert Road Survey
in the Egyptian Western Desert,
vol. 1. Gebel Tjauti Rock
Inscriptions 1–45 and Wadi el-Hôl
Rock Inscriptions 1–45*
(Chicago, 2002)

23｜アンクティフィ
Lichtheim, M., *Ancient Egyptian
Literature, vol. 1. The Old and Middle
Kingdoms* (Berkeley, 1975), 85–86
Vandier, J., *Mo'alla: La tombe
d'Ankhtifi et la tombe de Sebekhotep*
(Cairo, 1950)

24｜ヘミラー
Vassilika, E., *Egyptian Art* (Cambridge,
1995), 22–23

25｜インテフ2世
Darnell, J., *Theban Desert Road Survey
in the Egyptian Western Desert,
vol. 1. Gebel Tjauti Rock
Inscriptions 1–45 and Wadi el-Hôl
Rock Inscriptions 1–45* (Chicago,
2002), 41
Dodson, A., *Monarchs of the Nile*, 2nd
edition (Cairo, 2000), 46–49
Parkinson, R., *Voices from Ancient Egypt*
(London & Norman, 1991), 112–13

26｜チェチ
Blackman, A.M., 'The stele of Thethi,
Brit. Mus. No. 614', *Journal of
Egyptian Archaeology* 17 (1931),
55–61
Lichtheim, M., *Ancient Egyptian
Literature, vol. 1. The Old and Middle
Kingdoms* (Berkeley, 1975), 90–93
Robins, G., *The Art of Ancient Egypt*
(London, 1997), fig. 85

27｜メンチュホテプ2世
Arnold, D., *The Temple of Montuhotep
at Deir el-Bahari* (New York, 1979)
Bourriau, J., *Pharaohs and Mortals*
(Cambridge, 1988), 10–20
Dodson, A., *Monarchs of the Nile*, 2nd
edition (Cairo, 2000), 49–54

28｜メケトラー
Kemp, B.J., *Ancient Egypt. Anatomy
of a Civilization* (London & New
York, 1989), 151–53, fig. 81
Winlock, H.E., *Models of Daily Life in
Ancient Egypt* (New York, 1955)

29｜アメンエムハト1世
Dodson, A., *Monarchs of the Nile*,
2nd edition (Cairo, 2000), 55–58
Lichtheim, M., *Ancient Egyptian
Literature, vol. 1. The Old and Middle
Kingdoms* (Berkeley, 1975), 114

30｜ヘカナクト
Allen, J.P., *The Heqanakht Papyri*
(New York, 2002)
Parkinson, R., *Voices from Ancient Egypt*
(London & Norman, 1991), 101–07
Ray, J., *Reflections of Osiris. Lives from
Ancient Egypt* (London, 2001), 23–39

31｜サレンプウト
Gardiner, A.H., 'Inscriptions from
the tomb of Si-renpowet 1,
prince of Elephantine', *Zeitschrift
für Ägyptische Sprache und
Altertumskunde* 45 (1908), 123–40

32｜ハピジェファ
Breasted, J.H., *Ancient Records of Egypt*
(Chicago, 1906), vol. 1, §§535–593
Griffith, F.L., *The Inscriptions of Siût and
Dêr Rîfeh* (London, 1889)

33｜クヌムホテプ（2世）
Breasted, J.H., *Ancient Records of Egypt*
(Chicago, 1906), vol. I, §§619–39
Newberry, P.E., *Beni Hasan, I*
(London, 1893)

34｜イケルノフレト
Breasted, J.H., *Ancient Records of Egypt*
(Chicago, 1906), vol. I, §§661–9
Lichtheim, M., *Ancient Egyptian
Literature, Vol. I. The Old and Middle
Kingdoms* (Berkeley, 1975), 123–5.
Schäfer, H., *Die Mysterien des Osiris
unter König Sesostris III* (Leipzig,
1904)

35｜センウスレト3世
Arnold, D., *The Pyramid Complex
of Senwosret III at Dahshur:
Architectural Studies*
(New York, 2002)
Bourriau, J., *Pharaohs and Mortals*
(Cambridge, 1988)
Dodson, A., *Monarchs of the Nile*, 2nd
edition (Cairo, 2000), 58–64
Delia, R.D., 'Senwosret III' in Redford, D.
(ed.), *The Oxford Encyclopedia of*

36｜ホルウェルラー
Parkinson, R., *Voices from Ancient Egypt*
(London & Norman, 1991), 97–9

37｜ソベクホテプ3世
Ryholt, K., *The Political Situation in
Egypt During the Second Intermediate
Period c. 1800–1550 B.C.*
(Copenhagen, 1997), 224–22, 343–45
Spalinger, A., 'Sobekhotep III', in Helck,
W. & Westendorf, W. (eds), *Lexikon
der Ägyptologie*, vol. 5 (Wiesbaden,
1984), 1039–41

38｜アペピ
Ryholt, K., *The Political Situation in
Egypt During the Second Intermediate
Period c. 1800–1550 B.C.*
(Copenhagen, 1997)
Säve-Söderbergh, T., 'The Hyksos rule
in Egypt', *Journal of Egyptian
Archaeology* 37 (1951), 53–71

39｜タア2世
Polz, D.C., 'Seventeenth Dynasty'
in Redford, D. (ed.), *The Oxford
Encyclopedia of Ancient Egypt*
(New York, 2001), vol. 3, 273–74
Ryholt, K., *The Political Situation in
Egypt During the Second Intermediate
Period c. 1800–1550 B.C.*
(Copenhagen, 1997)
Winlock, H.E., 'The tombs of the kings
of the Seventeenth Dynasty at Thebes',
Journal of Egyptian Archaeology 10
(1924), 217–77

40｜アハモセ・ネフェルトアリ

Robins, G., *Women in Ancient Egypt*
(London,1993), 43–45

41｜アハモセ（「アバナの息子」）

Breasted, J.H., *Ancient Records of Egypt*
(Chicago, 1906), vol. 2, §§1–16,
38–39, 78–82

Helck, W. & Otto, E. (eds), *Lexikon
der Ägyptologie*, vol. 1 (Wiesbaden,
1975), 110–11

42｜アハモセ・ペンネクベト

Breasted, J.H., *Ancient Records of Egypt*
(Chicago, 1906), vol. 11, §§17–25,
344

Helck, W. 'Ahmose Pennechbet',
in Helck, W. & Otto, E. (eds),
Lexikon der Ägyptologie, vol. 1
(Wiesbaden, 1975), 110

43｜ハトシェプスト

Breasted, J.H., *Ancient Records of Egypt*
(Chicago, 1906), vol. 11,
§§304–21

Lipinska, J., 'Hatshepsut' in Redford, D.
(ed.), *The Oxford Encyclopedia of
Ancient Egypt* (New York, 2001),
vol. 2, 85–87

Ray, J., *Reflections of Osiris. Lives from
Ancient Egypt* (London, 2001), 40–59

Robins, G., *Women in Ancient Egypt*
(London, 1993), 45–52

Roehrig, C.H., Dreyfus, R. and Keller,
C.A. (eds), *Hatshepsut: From Queen
to Pharaoh* (New York, 2005)

Tyldesley, J., *Hatchepsut: The Female
Pharaoh* (London, 1996)

44｜センエンムト

Dorman, P.F., *The Monuments
of Senenmut. Problems in Historical
Methodology* (London & New York,
1988)

Dorman, P., 'Senenmut' in Redford, D.
(ed.), *The Oxford Encyclopedia
of Ancient Egypt* (New York, 2001),
vol. 3, 265–66

Ray, J., *Reflections of Osiris. Lives from
Ancient Egypt* (London, 2001), 57–58

Tyldesley, J., *Hatchepsut: The Female
Pharaoh* (London, 1996), 177–209

45｜トゥトモセ3世

Breasted, J.H., *Ancient Records of Egypt*
(Chicago, 1906), vol. 11, §§391–540

Cline, E.H. & O'Connor, D. (eds),
Thutmose III: A New Biography
(Ann Arbor, 2006)

Lipinska, J., 'Thutmose III' in Redford, D.
(ed.), *The Oxford Encyclopedia of
Ancient Egypt* (New York, 2001),
vol. 3, 401–03

46｜メンケペルラーセネブ

Breasted, J.H., *Ancient Records of Egypt*
(Chicago, 1906), vol. 11, §§772–76

Davies, N. de G. & Davies, N. de G.,
*The Tomb of Menkheperraseneb,
Amenmose, and Another* (London,
1933)

Porter, B. & Moss, R.L.B., *Topographical
Bibliography of Ancient Egyptian
Hieroglyphic Texts, Reliefs, and
Paintings*, vol. 1 (Oxford, 1927),
117–19

47｜レクミラー

Breasted, J.H., *Ancient Records of Egypt*
(Chicago, 1906), vol. 11, §§663–762

Dorman, P. 'Rekhmire' in Redford, D.
(ed.), *The Oxford Encyclopedia of
Ancient Egypt* (New York, 2001),
vol. 3, 131–32

48｜デディ

Porter, B. & Moss, R.L.B., *Topographical
Bibliography of Ancient Egyptian
Hieroglyphic Texts, Reliefs, and
Paintings*, vol. 1 (Oxford, 1927),
153–54

49｜ケンアムン

Davies, N. de G., *The Tomb of Ken-Amun
at Thebes* (New York, 1930)

50｜ナクト

Davies, N. de G., *The Tomb of Nakht
at Thebes* (New York, 1917)

Shedid, A.G. & Seidel, M., *The Tomb
of Nakht* (Mainz, 1996)

51｜センネフェル

Caminos, R.A., 'Papyrus Berlin 10463',
Journal of Egyptian Archaeology 49
(1963), 29–37

Carter, H., 'Report upon the tomb
of Sen-nefer found at Biban el-Molouk
near that of Thotmes 111 No. 34',
*Annales du Service des Antiquités de
l'Egypte* (1901), 196–200

Fletcher, J., *Egypt's Sun King: Amenhotep
III* (London, 2000), 13–14

Porter, B. & Moss, R.L.B., *Topographical
Bibliography of Ancient Egyptian
Hieroglyphic Texts, Reliefs, and
Paintings*, vol. 1 (Oxford, 1927),
125–27

Simpson, W.K. 'Sennefer', in Helck,
W. & Otto (eds), *Lexikon der
Ägyptologie*, vol. 5 (Wiesbaden, 1984),
855–56

Virey, P., 'La tombe des vignes à Thèbes',
*Recueil des travaux relatifs à la
philologie et à l'archéologie
égyptiennes et assyriennes* 20 (1898),
211–23; 21 (1899), 127–33, 137–49;
22 (1900), 83–97

52｜アメンホテプ3世

Fletcher, J., *Egypt's Sun King: Amenhotep
III* (London, 2000)

Kozloff, A. & Bryan, B., *Egypt's Dazzling
Sun: Amenhotep III and his World*
(Cleveland, 1992)

O'Connor, D. & Cline, E.H. (eds),
*Amenhotep III: Perspectives on
His Reign* (Ann Arbor, 1998)

53｜ティイ

Aldred, C., *Akhenaten, King of Egypt*
(London, 1988), 146–52, 219–22

Eaton-Krauss, M., 'Tiye' in Redford, D.
(ed.), *The Oxford Encyclopedia of
Ancient Egypt* (New York, 2001),
vol. 3, 411

Fletcher, J., *Egypt's Sun King: Amenhotep
III* (London, 2000)

Robins, G., *Women in Ancient Egypt*
(London, 1993), 21–55

54｜ウセルハト

Beinlich-Seeber, C. & Shedid, A.,
Das Grab des Userhat (TT56)
(Mainz, 1987)

55｜アメンホテプ（「ハプの息子」）

Fletcher, J., *Egypt's Sun King: Amenhotep
III* (London, 2000), 98–99

Vandersleyen, C.A.P., 'Amenhotep, son
of Hapu' in Redford, D. (ed.), *The
Oxford Encyclopedia of Ancient Egypt*
(New York, 2001), vol. 1, 70

Wildung, D., *Egyptian Saints: Deification
in Pharaonic Egypt* (New York, 1977)

56｜アクエンアテン

Aldred, C., *Akhenaten: King of Egypt*
(London & New York, 1988)

Freed, R., Markowitz, Y.J. & D'Auria,
S.H. (eds), *Pharaohs of the Sun*
(London, 1999), esp. 81–95

Montserrat, D., *Akhenaten: History,
Fantasy and Ancient Egypt*
(London & New York, 2000)

Murnane, W., *Texts from the Amarna
Period in Egypt* (Atlanta, 1995),
73–106

Reeves, N., *The Complete Tutankhamun*
(London & New York, 1990), 18

Reeves, N., *Akhenaten: Egypt's False
Prophet* (London & New York, 2001)

57 | ネフェルトイティ
Freed, R., Markowitz, Y.J. & D'Auria,
S.H. (eds), *Pharaohs of the Sun*
(London, 1999), esp. 81–95
Murnane, W., *Texts from the Amarna
Period in Egypt* (Atlanta, 1995), 74
Robins, G., *Women in Ancient Egypt*
(London,1993), 53–55
Tyldesley, J., *Nefertiti* (London, 1998)

58 | メリラー
Davies, N. de G., *The Rock Tombs of el
Amarna, Part I. The Tomb of Meryra*
(London, 1903)
Murnane, W., *Texts from the Amarna
Period in Egypt* (Atlanta, 1995),
151–62

59 | パク
Freed, R., Markowitz, Y.J. & D'Auria,
S.H. (eds), *Pharaohs of the Sun*
(London, 1999), 116, 128, 131, 244
Murnane, W., *Texts from the Amarna
Period in Egypt* (Atlanta, 1995),
128–30

60 | マフ
Davies, N. de G., *The Rock Tombs of El
Amarna, Part IV* (London, 1906)
Freed, R., Markowitz, Y.J. & D'Auria,
S.H. (eds), *Pharaohs of the Sun*
(London, 1999), 147
Murnane, W., *Texts from the Amarna
Period in Egypt* (Atlanta, 1995),
147–51

61 | フイ
Davies, N. de G. & Gardiner, A.H.,
*The Tomb of Huy, Viceroy of Nubia
in the Reign of Tut'ankhamun*
(London, 1926)
Reeves, N., *The Complete Tutankhamun*
(London & New York, 1990), 32

62 | トゥトアンクアムン
Freed, R., Markowitz, Y.J. & D'Auria,
S.H. (eds), *Pharaohs of the Sun*
(London, 1999), esp. 81–95
Reeves, N., *The Complete Tutankhamun*
(London & New York, 1990)

63 | アンケセンアムン
Freed, R., Markowitz, Y.J. & D'Auria,
S.H. (eds), *Pharaohs of the Sun*
(London, 1999), 36, 94 n. 61, 161,
178, 180, 200
Reeves, N., *The Complete Tutankhamun*
(London & New York, 1990)

64 | マイア
Martin, G.T., *The Hidden Tombs of
Memphis* (London & New York,
1991), 147–88
Murnane, W., *Texts from the Amarna
Period in Egypt* (Atlanta, 1995), 215
Reeves, N., *The Complete Tutankhamun*
(London & New York, 1990), 31
van Dijk, J., 'The Overseer of the
Treasury Maya: A Biographical Sketch'
in *The New Kingdom Necropolis
of Memphis: Historical and
Iconographical Studies*, unpublished
dissertation, Rijksuniversiteit
Groningen, 1993, 65–83

65 | アイ
Aldred, C., *Tut-ankh-amun and His
Friends* (Santa Barbara, 1987)
Murnane, W., *Texts from the Amarna
Period in Egypt* (Atlanta, 1995),
107–20, 219–20
Reeves, N., 'The royal family' in Freed,
R., Markowitz, Y.J. & D'Auria, S.H.
(eds), *Pharaohs of the Sun* (London,
1999), 81–95
Reeves, N., *The Complete Tutankhamun*
(London & New York, 1990)
Schaden, O., *The God's Father Ay*
(Ann Arbor, 1982)
Vinson, S., 'Ay' in Redford, D. (ed.),
*The Oxford Encyclopedia of Ancient
Egypt* (New York, 2001), vol. 1, 160

66 | ホルエムヘブ
Freed, R., Markowitz, Y.J. & D'Auria,
S.H. (eds), *Pharaohs of the Sun*
(London, 1999), 177, 180
Hornung, E., *Das Grab des Haremhab
im Tal der Könige* (Bern, 1971)
Martin, G.T., *The Memphite Tomb
of Horemheb, Commander-in-Chief
of Tutankhamun* (London, 1989)
Murnane, W., *Texts from the Amarna
Period in Egypt* (Atlanta, 1995), 227–40
Ray, J., *Reflections of Osiris. Lives from
Ancient Egypt* (London, 2001),
60–77

67 | センネジェム
Hayes, W.C., *The Scepter of Egypt*,
part II (New York, 1959), 414
Porter, B. & Moss, R.L.B., *Topographical
Bibliography of Ancient Egyptian
Hieroglyphic Texts, Reliefs, and
Paintings*, vol. 1 (Oxford, 1927), 1–5

68 | ウルヒヤおよび | 69 イウパ
Kitchen, K.A., 'The family of Urhiya
and Yupa, High Stewards of the
Ramesseum: Part II, The Family
Relationships' in Ruffle, J., Gaballa,

G.A. & Kitchen K.A. (eds), *Orbis
Aegyptiorum Speculum. Glimpses
of Ancient Egypt. Studies in Honour
of H.W. Fairman* (Warminster, 1979),
71–74
Kitchen, K.A., *Pharaoh Triumphant:
The Life and Times of Ramesses II,
King of Egypt* (Warminster, 1982),
30, 70, 112, 139, 140, 171
Ruffle, J., 'The family of Urhiya and
Yupa, High Stewards of the
Ramesseum: Part I, The Monuments'
in Ruffle, J., Gaballa, G.A. & Kitchen
K.A. (eds), *Orbis Aegyptiorum
Speculum. Glimpses of Ancient Egypt.
Studies in Honour of H.W. Fairman*
(Warminster, 1979), 55–70

70 | ラメセス2世
Kitchen, K.A., *Pharaoh Triumphant:
The Life and Times of Ramesses II,
King of Egypt* (Warminster, 1982)

71 | ライア
Martin, G.T., *The Hidden Tombs
of Memphis* (London & New York,
1991), 124–30
Martin, G.T., *The Tomb-Chapels of Paser
and Ra'ia at Saqqâra* (London, 1985)

72 | カーエムウァセト
Kitchen, K.A., *Pharaoh Triumphant:
The Life and Times of Ramesses II, King
of Egypt* (Warminster, 1982), 103–09
Ray, J., *Reflections of Osiris. Lives from
Ancient Egypt* (London, 2001), 78–96

73 | メス
Gaballa, G.A., *The Memphite Tomb-
chapel of Mose* (Warminster, 1977)
Gardiner, A.H., *The Inscription of Mes*
(Leipzig, 1905)
Kitchen, K.A., *Pharaoh Triumphant:
The Life and Times of Ramesses II,
King of Egypt* (Warminster, 1982),
128–9

74 | ディディア
Lowle, D.A., 'A remarkable family
of draughtsmen-painters from early
nineteenth-dynasty Thebes', *Oriens
Antiquus* 15 (1976), 91–106, pls I–II

75 | メルエンプタハ
Kitchen, K.A., 'New Kingdom: Nineteenth
Dynasty' in Redford, D. (ed.), *The
Oxford Encyclopedia of Ancient Egypt*
(New York, 2001), vol. 2, 534–38
Lichtheim, M., *Ancient Egyptian
Literature, vol. 2. The New Kingdom*
(Berkeley, 1976), 73–77
Sourouzian, H., *Les monuments du roi
Merenptah* (Wiesbaden, 1989)

参考文献　449

76|パネブ
Černý, J., 'Papyrus Salt 124 (Brit. Mus. 10055)', *Journal of Egyptian Archaeology* 15 (1929), 243–58
Vernus, P. (tr. Lorton, D.), *Affairs and Scandals in Ancient Egypt* (Ithaca and London, 2003)

77|パイ
Dodson, A., *Monarchs of the Nile*, 2nd edition (Cairo, 2000), 141
Grandet, P., 'L'execution du chancelier Bay: O.IFAO 1864', *Bulletin de l'Institut Français d'Archéologie Orientale* 2000 (2000), 338–45

78|ラメセス3世
de Buck, A., 'The Judicial Papyrus of Turin', *Journal of Egyptian Archaeology* 23 (1937), 152–64
Grandet, P., 'Ramesses III' in Redford, D. (ed.), *The Oxford Encyclopedia of Ancient Egypt* (New York, 2001) vol. 3, 118–20
Leahy, A., 'Sea Peoples' in Redford, D. (ed.), *The Oxford Encyclopedia of Ancient Egypt* (New York, 2001) vol. 3, 257–60
Redford, S., *The Harem Conspiracy: The Murder of Ramesses III* (Chicago, 2002)
Vernus, P. (tr. Lorton, D.), *Affairs and Scandals in Ancient Egypt* (Ithaca & London, 2003)

79|ラメセスナクト
Bierbrier, M., *The Late New Kingdom in Egypt c. 1300–664 BC. A Genealogical & Chronological Investigation* (Warminster, 1975), 10–12

80|ナウナクト
Černý, J., 'The will of Naunakhte and the related documents', *Journal of Egyptian Archaeology* 31 (1945), 29–53

81|トゥトモセ
Wente, E.F., *Late Ramesside Letters* (Chicago, 1967)

82|パネヘスィ
Dodson, A., *Monarchs of the Nile*, 2nd edition (Cairo, 2000), 152–53
Janssen-Winkeln, K., 'Das Ende des Neuen Reiches', *Zeitschrift für Ägyptische Sprache und Altertumskunde* 119 (1992), 22–37
van Dijk, J., 'The Amarna Period and the later New Kingdom' in Shaw, I. (ed.), *The Oxford History of Ancient Egypt* (Oxford, 2000), 272–313, esp. 308–09

83|ヘリホル
Epigraphic Survey, Chicago, *The Temple of Khonsu, vol. 1, Plates 1–110. Scenes of King Herihor in the Court with Translation of the Texts* (Chicago, 1979)
Taylor, J.H., 'Nodjmet, Payankh and Herihor: the end of the New Kingdom reconsidered' in Eyre, C.J. (ed.), *Proceedings of the Seventh International Congress of Egyptologists* (Leuven, 1998), 1143–55

84|ウェンジェバエンジェデト
Coutts, H. (ed.), *Gold of the Pharaohs. Catalogue of the Exhibition of Treasures from Tanis* (Edinburgh, 1988)
Kitchen, K.A., *The Third Intermediate Period in Egypt (1100–650 B.C.)*, 3rd edition (Warminster, 1995), 265
Montet, P., *La nécropole royale de Tanis, II. Les constructions et le tombeau de Psousennes* (Paris, 1951)

85|オソルコン
Aston, D.A., 'Takeloth II – A king of the 'Theban Twenty-third Dynasty'?', *Journal of Egyptian Archaeology* 75 (1989), 139–53
Caminos, R.A., *The Chronicle of Prince Osorkon* (Rome, 1958)
Dodson, A., *Monarchs of the Nile*, 2nd edition (Cairo, 2000), 169–73

86|ピイ
Kitchen, K.A., *The Third Intermediate Period in Egypt (1100–650 B.C.)*, 3rd edition (Warminster,1995), 362–63, 378
Morkot, R., *The Black Pharaohs* (London, 2000)

87|ハルウァ
Lichtheim, M., *Ancient Egyptian Literature, vol. 3. The Late Period* (Berkeley, 1980), 24–28
Tiraditti, F., 'Three years of research in the tomb of Harwa', *Egyptian Archaeology* 13 (1998), 3–6

88|モンチュエムハト
Leclant, J., *Montouemhat, Quatrième Prophète d'Amon, Prince de la Ville* (Cairo, 1962)
Lichtheim, M., *Ancient Egyptian Literature, vol. 3. The Late Period* (Berkeley, 1980), 29–33
Russman, E.R., 'Relief decoration in the tomb of Montuemhat', *Journal of the American Research Center in Egypt* 31 (1994), 1–19

89|パディアメンオペ
Anthes, R., 'Der Berliner Hocher des Petamenophis', *Zeitschrift für Ägyptische Sprache und Altertumskunde* 73 (1937), 25–35, plates V–VI
Aston, D.A., 'The Theban west bank from the Twenty-fifth Dynasty to the Ptolemaic Period' in Strudwick, N. & Taylor, J.H. (eds), *The Theban Necropolis: Past, Present and Future* (London, 2003), 138–66
Bianchi, R.S., 'Petamenophis' in Helck, W. & Otto (eds), *Lexikon der Ägyptologie*, vol. 4 (Wiesbaden, 1984), 991–92
Eigner, D., *Die monumentale Grabbauten der Spätzeit in der thebanischen Nekropole* (Vienna, 1984)
Porter, B. & Moss, R.L.B., *Topographical Bibliography of Ancient Egyptian Hieroglyphic Texts, Reliefs, and Paintings*, vol. 1 (Oxford, 1927), 66–67
von Bissing, F., 'Das Grab des Petamenophis in Theben', *Zeitschrift für Ägyptische Sprache und Altertumskunde* 74 (1938), 2–26

90 | ニトイクレトおよび
91 | セマタウイテフナクト(1世)
Caminos, R.A., 'The Nitocris Adoption Stela', *Journal of Egyptian Archaeology* 50 (1964), 71–101, plates 7–10
Kitchen, K.A., *The Third Intermediate Period in Egypt (1100–650 B.C.)*, 3rd edition (Warminster, 1995)

92|アハモセ2世（アマシス）
Josephson, J.A., 'Amasis' in Redford, D. (ed.), *The Oxford Encyclopedia of Ancient Egypt* (New York, 2001), vol. 1, 66–67

93|ウァジホルレスネト
Bares, L., *Abusir IV: The Shaft Tomb of Udjahorresnet at Abusir* (Prague, 1999)
Lloyd, A.B., 'The inscription of Udjahorresnet: a collaborator's testament', *Journal of Egyptian Archaeology* 68 (1982), 166–80

94|ウェンネフェル（オンノフリ）
Ray, J., *Reflections of Osiris. Lives from Ancient Egypt* (London, 2001), 117
von Känel, F., 'Les mésaventures du conjurateur de Serket Onnophris et de son tombeau', *Bulletin de la Société Française d'Egyptologie* 87–88 (1980), 31–45

450　参考文献

95 | ナクトホルヘブ（ネクタネボ2世）
Dodson, A., *Monarchs of the Nile*, 2nd
edition (Cairo, 2000), 200–01
Josephson, J.A., 'Nektanebo', in Redford,
D. (ed.), *The Oxford Encyclopedia
of Ancient Egypt* (New York, 2001),
vol. 2, 517–18
Ray, J.D., 'Late Period: Thirtieth Dynasty'
in Redford, D. (ed.), *The Oxford
Encyclopedia of Ancient Egypt*
(New York, 2001), vol. 2, 275–76
Ray, J., *Reflections of Osiris. Lives from
Ancient Egypt* (London, 2001), 113–29
Spencer, N., 'The great naos of
Nekhthorheb from Bubastis', *Egyptian
Archaeology* 26 (2005), 21–24

96 | セマタウイテフナクト（2世）
Clère, J.J., 'Une statuette du fils aîné du
roi Nectanebô', *Revue d'Egyptologie* 6
(1951), 135–56, esp. 152–54
Gardiner, A.H., *Egypt of the Pharaohs*
(Oxford, 1961), 379–80
Lichtheim, M., *Ancient Egyptian
Literature, Vol. 3. The Late Period*
(Berkeley, 1980), 41–44
Tresson, P., 'La stèle de Naples', *Bulletin
de l'Institut Français d'Archéologie
Orientale* 30 (1930), 369–91

97 | パディウスィル（ペトシリス）
Lefebvre, G., *Le Tombeau de Petosiris*
(Paris, 1924)
Lichtheim, M., *Ancient Egyptian
Literature, Vol. III. The Late Period*
(Berkeley, 1980), 44–54

98 | プトレマイオス1世
Bevan, E., *The House of Ptolemy.
A History of Egypt under the
Ptolemaic Dynasty* (Chicago, 1968)
Ellis, W.M., *Ptolemy of Egypt* (1994)
Hölbl, G., *A History of the Ptolemaic
Empire* (London, 2001)
Hölbl, G. (tr. Schwaiger, E.), 'Ptolemaic
Period', in Redford, D. (ed.), *The
Oxford Encyclopedia of Ancient
Egypt* (New York, 2001),
vol. 3, 76–85

99 | マネト
Redford, D., 'Manetho' in Redford, D.
(ed.), *The Oxford Encyclopedia
of Ancient Egypt* (New York, 2001),
vol. 2, 336–37
Waddell, W.G., *Manetho* (Loeb Classical
Library, 1940)

100 | クレオパトラ7世
Flamarion, E., *Cleopatra. From History
to Legend* (London, 1997)
Hölbl, G., *A History of the Ptolemaic
Empire* (London, 2001)
Hughes-Hallett, L., *Cleopatra:
Histories, Dreams and Distortions*
(London, 1990)
Samson, J., *Nefertiti and Cleopatra:
Queen-Monarchs of Ancient Egypt*
(London, 1985)
Walker, S. & Higgs, P. (eds), *Cleopatra
of Egypt. From History to Myth*
(London, 2001)

図版出典

Reproduced with permission of the Abydos Middle Cemetery Project, University of Michigan / K.D. Turner 77, 78; © Lesley and Roy Adkins Picture Library 345; akg images/Erich Lessing 4 ; akg-images/ullstein bild 322; Art Archive/Dagli Orti 126; Art Archive/Musée du Louvre, Paris/Dagli Orti 252, 409; Art Archive/Musée du Louvre, Paris/Eileen Tweedy 314; Musée Calvet, Avignon 308; Ägyptisches Museum und Papyrussammlung, Staatliche Museen zu Berlin 34, 35, 185, 219, 220, 224, 248, 249, 259, 356, 386, 427 ; Daniel Berti 155; From Blackman, *The Rock Tombs of Meir, Part IV* (1924) 61 ; From Blackman, *The Rock Tombs of Meir, Part V* (1953) 60; Museum of Fine Arts, Boston 42, bpk/Ägyptisches Museum und Papyrussammlung, Staatliche Museen zu Berlin 146, Margarete Büsing 277, Jürgen Liepe 265, Jürgen Liepe 397; Bridgeman Art Library/Ashmolean Museum, University of Oxford 352; Bridgeman Art Library/Fitzwilliam Museum, University of Cambridge 93; Brooklyn Museum of Art 69, 89, 159; Brooklyn Museum of Art, Charles Edwin Wilbour Fund 79; Musées Royaux d'Art et d'Histoire, Brussels 310, 388; © Deutsches Archäologisches Institut, Cairo 14; Egyptian Museum, Cairo   2, 6, 24, 30, 44, 49, 55, 65, 195, 196, 217, 243, 270, 274, 285, 288, 326, 365, 370, 376, 384 左, 384 右, 411; Egyptian Museum, Cairo, photo Hirmer 75, 190, 192; Fitzwilliam Museum, University of Cambridge 261, 304, 336, 389; Ny Carlsberg Glyptothek, Copenhagen 419 ; From N. De Garis Davies, *The Rock Tombs of El Amarna*, Part I (1903) 255; From N. De Garis Davies, *The Rock Tombs of El Amarna*, Part IV (1906) 263; © Aidan Dodson 10, 391; © Michael Duigan 125; Myers Museum, Eton College, with Permission of the Provost and Fellows 402; © M. Girodias 197; Photo Heidi Grassley © Thames & Hudson Ltd., London 47, 57, 151, 177, 299; © Robert Harding Picture Library 393; Joe Harvey © Thames & Hudson Ltd., London vii ; © Peter Hayman/British Museum, London 82; Roemer-und Pelizaeus-Museum, Hildesheim 52; © Andrea Jemolo 17, 97, 294, 349, 372; © Dieter Johannes 22, 92; Nelson-Atkins Museum of Art, Kansas City 40; Rijksmuseum van Oudheden, Leiden 281, 282, 320 ; © Jürgen Liepe ii, viii, 21, 25, 38, 116, 122, 183, 232, 234, 238, 276, 292, 315, 335, 343, 364, 414; Courtesy University of Liverpool, Mo'alla Expedition 102, 103; British Museum, London 14, 28, 112, 117, 119, 150, 162, 201, 210, 222, 344, 361, 381, 418, 426; Luxor Museum of Ancient Egyptian Art 221; © Bill Manley 176, 394; M. Robert Markowich: Harer Family Trust 403; Staatliche Sammlung Ägyptischer Kunst, Munich 138; From P.E. Newberry, *Beni Hasan*, Part I (1893) 142; Metropolitan Museum of Art, New York 71, 98, 108, 123, 131, 204, 272; © Numismatic Fine Arts International Inc. 167; Palermo Archaeological Museum 13; Musée de Louvre, Paris 173, 226, 242; Photo RMN 407; Photo RMN-Hervé Lewandowski 330; © John G. Ross 163, 189, 225, 239, 251, 271, 422; State Hermitage Museum, St. Petersburg 425; © Will Schenck 186; Abdel Ghaffer Shedid 144, 229, 230; Albert Shoucair 73; From G. Elliott Smith, *The Royal Mummies* (1912) 170; Frank Teichmann 67, 297; © Theban Mapping Project 283; Museo Egizio, Turin 313; Werner Forman Archive 43, 64, 305 ; Werner Forman Archive/E. Strouhal 267, 268; © Toby Wilkinson 29, 135; © Joachim Willeitner 91, 358; Museo Gregoriano Egizio, The Vatican 400 ; 村治笙子『カラー版　古代エジプト人の世界』(岩波書店、2004) 213

452 図版出典

索　引

あ行

アアケペルエンラー（トゥトモセ 2 世）　180
アイ　250，271，272，277，279，282，**285～289**，300
アヴァリス（古代のフゥト・ワレト）　166，175
赤い冠　12
赤い祠堂（カルナク神殿の）　186，187
赤い山（アスワン採石場）　258
アクエンアテン　227，239，240，**242～247**，250 ～ 252，254 ～ 258，260 ～ 263，271，272，277，280，281，286，298
アクティウム　429
アクミーム　250，285
アゲシラオス　406
アケトアテン　248，251，282，287
アケトアテン（「アテンの地平線」、現在のアマルナ）　227，245，248，251，258，275，282，287（「アマルナ」も参照）
アジア人　22，65，143，144，166，168
アジア人の王　168
アシュケロン　333，334
アシュート（古代のサウティ）　116，138
アスクト　151
アスクレピオス（医術の神）　28
アスクレピオン　31
アスワン　81，90，120，258，314
アスワン採石場　259
アッシュール　198
アッシリア　198，382，389，395
アテン　237，239，244～246，250，254，272，277，278
アテン神殿（カルナクの）　243，251，273，282
「アテン大讃歌」　247，262，286
アテン大司祭　255

アテン大神殿（アマルナの）　254
〈アテンはきらめく〉（御座船）　222
アナトリア　19，345
アネン（アメンホテプ 3 世の義理の兄弟）　221
アハ　9
アバナの息子　→アハモセ
アハホテプ（タア 2 世妃）　169，172
アハモセ（「アバナの息子」）　168，**175～179**
アハモセ 1 世　177，178，180
アハモセ 2 世（アマシス）　**395～398**
アハモセ（トゥトモセ 1 世の正妃）　182
アハモセ・ネフェルトアリ　162，170，**172～174**
アハモセ・ペンネクベト　180～181
アビシャ　143
アビスコ　120
アピス（聖なる雄牛）　53，273，321，322，404，425
アビュドス（古代のアブジュウ）　11，15，18，76，100，107，113，116，123，145，146，147，153，173，316
アブウ　→エレファンティネ
アブシール　56，58，87，324
アブ・シンベル神殿　317
油　13
アプリエス　395
アベド　168
アペピ　**166～168**
アポロンの聖所（デルフォイの）　398
アマルナ（古代のアケトアテン）　227，237，238，246，247，249，251，252，254 ～256，261～263，271，272，282（「アケトアテン」も参照）
アマルナ革命　254
アマルナ時代　237，240，259，280，300
アムル地域　316

索引　453

アムン（アムン・ラー） 107, 118, 164, 185, 223, 226, 246, 278, 300, 316, 365, 375, 387
アムン祭祀 389
アムン神官団 172, 286, 357, 358, 371, 379
アムン（アムン・ラー）神殿 186, 205, 221, 266
アムン神殿（トゥトモセ3世の） 329
アムン大司祭 200, 348, 360, 371～374
アムンの主任下絵師 329
アムンの神妻 172, 365, 389, 398
アムン・ラー大神殿 186, 200, 233, 244, 294, 374, 375, 379, 390
アメンイルディス1世（ピイの姉妹） 376
アメンエムオペト（ケンアムンの母親） 210
アメンエムハト1世 125～129, 141
アメンエムハト3世 154
アメンエムハト・イチ・タウイ 127
アメンヒルウェネメフ（ラメセス2世の息子） 314
アメンホテプ1世 173, 178, 180
アメンホテプ2世 205, 209, 210, 216
アメンホテプ3世 224, 225, 226, 227, 233, 234, 273, 280, 285, 332, **218～223**
アメンホテプ4世 →アクエンアテン
アメンホテプ（アムン大司祭） 357, 358
アメンホテプ（ハトシェプストの行政官） 184
アメンホテプ（「ハプの息子」） 221, 223, **231 ～235**
アメンホテプ・フイ →フイ
アメンメス（アメンモセ）（アムン神殿の下絵師） 216
アメンメセス 339
アルシノエ 416
アルタクセルクセス2世 406
アルタクセルクセス2世（ペルシアの支配者） 404
アルタクセルクセス3世 408, 410
アルマント（古代のイウニ） 189
アルメニア人 428
アレクサンドリア 366, 409, 419, 426

アレクサンドリアの寄贈 428
アレクサンドリア大図書館 422
アレクサンドロス4世 418
アレクサンドロス大王 366, 408, 411, 412, 416
アンアンケト（斥候監督官） 92
アンク 21
アンクウァ 21
アンクティフィ 101～104
アンクネスネフェルイブラー（プサムテク2世の娘） 391
アンケセンアムン 272, 239, 276, **277～279**
アンケセンパアテン →アンケセンアムン
アンケト 159
アンケネスメリラー（ペピ2世の母親） 86, 89
アンテロープ 74
イアナススィ 166
イアノアム 333, 335
イアムの国 81, 83, 84, 87
イアルの野 305, 306
イウイア（ティイの父親） 225
イウティ（ティイの専属彫刻師） 226
イウトエンハブ（ヘカナクトの妻） 132
イウパ 309, **310～311**, 373
イケルノフレト 145～148
異国人傭兵 307
イシュタール 227
医術 24
イスラエル 335
イセト（トゥトモセ2世の側室） 182
イセト（ラメセス3世妃） 343
イセトノフレト（ラメセス2世妃） 314, 317, 321
異端 254
イチ・タウイ 141
一神教 247
イッソスの戦い 411
イピ（メンチュホテプ2世の宰相） 120, 130
イブハト 79
イペト（ルクソール） 223
移民 157

異民族　309，329，365
イムホテプ　4，21，**27〜32**
イルチェト　83，84，90，91
インテフ2世　**107〜110**，112，113，115
インテフ3世　112，113
イントカエス（ジョセルの娘）　22
ウァジホルレスネト　**399〜401**
ウェシェシュ　346
ウェニ　**76〜80**，127
「ウェンアムンの報告」　362
ウェンジェバエンジェデト　**368〜370**
ウェンネフェル　**402〜405**
ウセルハト　64，**228〜230**
ウナス　**63〜67**
海の民　293，334，345，346
ウラエウス（聖蛇，コブラ）　86，125，171，
　　225，285，314，425
ウルヒヤ　**307〜309**
ウロナルティ　151
運河　80，150
栄誉の黄金　216，217，256，283，286，298
エクウェシュ　334，346
エーゲ海　345
エジプト史　421
『エジプト史』（アイギュプティアカ）　422
エジプト水軍　178
エジプト帝国　194，218
エドフ（古代のウチェス・ホル）　31，101
エルカブ（古代のネケブ）　18，175，180，221
エルサレム　333
エレファンティネ（古代のアブウ）　8，40，79，
　　81，93，101，134，136，149，354，383
オアシス・ロード　83
王位簒奪　126，339
王家の谷　163，164，173，187，216，221，270，
　　271，273，274，275，282，288，303，
　　313，332
王家の年代記　13
王権のイデオロギー　3，7，12，23
王権の図像体系　3，7
黄金　44，202，218，265，268
黄金の葬祭用マスク（トゥトアムクアムンの）

王の舟（御座船）　21，393
王の道　246
王墓地職人　303
王墓地職人の共同体　295，336（「デル・エ
　　ル＝メディーナ」も参照）
王名表　275
オクタヴィアヌス　428，429
オシリス　106，145，146，148
オシリスの墓　147
オシリスの秘儀　145〜147
オシリス・ケンティアメンティウ　147
オシレイオン（アビュドスの）　381
オソルコン3世　**371〜374**
「オソルコン王子の年代記」　371
踊るピグミー　84，87
オペト祭　221，223，273，300，314，362，377
オベリスク　184，187，191
オリオン座　46
オリックス・ノモス（上エジプト第16州）　141，
　　143
オリュンピアス（フィリッポス妃）　408
オロンテス河　194
音楽　319

か行

カア　9，11，46，130
カァネフェル　30
階段ピラミッド複合体（ジョセルの）　ii，4，
　　20〜23，27〜30，32，153
カイロ・エジプト博物館　42
カーイ（宰相）　311
カーエムウァセト　63，311，314，**321〜324**
カーエムハトの墓　219
下級耕地判事　33
革命　282
ガザ　196
カーセケムウイ　**16〜19**，20
カーター，ハワード　270
家畜化　74
カデシュ　198，202

索引　455

カデシュ同盟　196
カデシュの戦い　310，316
カデシュ要塞　194
カナン　157，334
カーバウソカル　22
カフラー（クフの息子）　48
上エジプト　1，7，12，101，149，167，175，
　　203，371，377，383，390
神の印章保持者　154
「神々の玉座」神殿　15
カーメレルネブティ　57
カモセ（テーベ王）　168
カルナク（カルナク神殿）　107，184，186，191，
　　194，199，201，202，212，216，235，
　　243，244，273，282，294，361，378，387
カルナク神殿大列柱室　329
カルナク大神殿　374
カワ（古代のゲムパアテン）　273
緩衝在庫　37
鯰　5
カンビュセス（ペルシア王）　398，400，401
官僚　3，33，189
キア（アクエンアテンの側室）　246，271
飢饉　66，107
飢饉碑　23
ギザ　46，54，127，293
キネブの墓　162
記念スカラベ　220，221，222
休戦　107
九柱神　23
宮廷専属小人　55
キュレナイカ（キュレネ）　345，417
キュロス2世（大王）　398
行政改革　13，301
ギリシア　397，406，408
ギリシア・エジプト文化　366
ギリシア語　416
ギリシア政策　396
ギルケパ王女（ミタンニ王シュッタルナ2世
　　の娘）　221
銀　44
近東　218

クウ　101
クサエ（古代のクス）　59，167
クシュ　98，151，161，178，202，265，268，
　　357，375
クシュ総督　265，266
クソイス　31，33
クッペト・エル＝ハウア　82，91
クーデター　166，347
クヌム・クフウイ　→クフ
クヌム　48，134
クヌムホテプ1世　141
クヌムホテプ2世　141〜144
クヌムホテプ3世　143
クフ　38，42，43，51，127，46〜50
〈供物〉（御座船）　175
クリスティ，アガサ　133
クレオパトラ6世　424
クレオパトラ7世　424〜429
クレタ　201
黒い皮膚　162
グローブの王宮　227
軍人ファラオ　291
軍隊　164
芸術　408
芸人の長　225
ケク　180
ゲゼル　333，335
ケティ（メンチュホテプ2世の大蔵大臣）
　　107，120
ケナ屈曲部　100，207
ケムスィト（メンチュホテプ2世妃）　117，
　　119
ケルエフ（ティイの家令）　226
ケレドゥアンク　30
ケンアムン　209〜211
ケンティアメンティウ（ジャッカルの姿の地
　　方神）　145
交易（地中海東部との）　19
工芸品　96
香料　346
古王国　37
国王　10

456　索引

国勢調査　3
穀倉監督官　358
輿　43
古代エジプトの編年体系　422
国家の救済者　359
護符　403
「コフィン・テキスト」　120
コプトス州（古代のネチェルウイ）　99，101，
　　202
コブラ　→ウラエウス
コル　151，335
コンス神殿　361，362，369

さ行

サァセネト　88
宰相　58，72，120，203，360
サイス　365，390，399，401
再生　162，353，360
砂上に住む者たち　79，92，127
蠍の医師　24
サチュウ　84，91
サッカラ　4，20，21，22，28，31，63，68，
　　87，280，284，293，319，322
サテト　159
サト・チェニ　134
サトラップ（地方総督）　404，417，418
砂漠　99
砂漠路　99，100
サブニ2世（ペピナクトの息子）　91，93
サフラー　87
サマンヌード（古代のチェブネチェル）　402
サレンプウト　92，134〜137
シェイクスピア，ウィリアム　424
シェケレシュ　334，346
シェシ　167
ジェセルアケトの祭礼　201
ジェセル・ジェセルウ（「至聖所」）　187
ジェデト（ブシリス、現在のアブシール）
　　368
ジェデフラー（クフの息子）　48，405
ジェト　11

ジェドコンス（アムン神殿の下絵師）　216
ジェドヘル（テオス）（エジプト王）　404，406，
　　408
シェビウ襟飾り　219
ジェベル・エル＝シルシラ　191，313
ジェベル・バルカル（ナパタ）　375，378
ジェベレイン（古代のイネルティ）　18，167
シェペンウェペト2世（ピイの娘）　390
シェリー，パーシー　312
ジェル　11
シェルデン　334，346
歯科医　24，25
『死が最後にやってくる』　133
シカモアの女神　163
「死者の書」　305，365
史上最初の個人　242
自然界　65
シナイ半島　14，23，48，78，154，127，186，
　　346
支配者の壁　98，128
下エジプト　12，17，33
下ヌビア　83，84，90，120，134，136，149，
　　152
ジャウ　86
シャス（ベドウィン）　181
ジャッカル・ノモス　143
ジャッカルの神　147
シャブティ　210，227，304，381
シャルヘン　177
シュウ　250
周極星　46
州侯（州知事）　99，134，138，139
州侯の時代　97，141
祝祭記念メダル　234
祝祭布告官　311
シュッピルリウマ（ヒッタイト王）　279
主任建築家　191
主任彫刻師　258
シュネト・エル＝ゼビブ　19
主馬頭　225
諸王の王　318
書記　228

索引　457

職業的官僚制度　21
職業的常備軍　164
「食人讃歌」　63
女性　105, 188, 350
女性王族　164, 172
女性歌手　213
女性神官　57
女性のファラオ　184
ジョセル　**20〜23**, 27, 28, 64
シリア　198, 343
シリア人　202
シリアの成り上がり者　341
シリア・パレスチナ　13, 98, 179, 291, 329,
　　333
白い冠　12
神官団　23
神妻　184
新宗教　286
心臓スカラベ　190
神殿図書館　421
スィトアムン（アメンホテプ3世の娘）　223
スィプタハ　340
数学パピルス文書　138
スカラベ印章　167
杉材　18
錫　19
スーダン　81, 83
スネフェル（スネフェルウ）　42, 48, 51, 405
スパイ　211
スパルタ　406
スフィンクス　226
スペオス・アルテミドス　185
すべての土地争いの判事　33
スメンクカラー　240, 253, 286
スメンデス　362
聖家族　277
聖舟　362
青銅　19
西部砂漠の長官　207
生命の家　231, 401
セケムケト　27
石灰岩　20

斥候の長　81
摂政政治　10, 184, 220, 340
セティ1世　305, 314
セティ2世　339
セティ・メルエンプタハ（メルエンプタハの息
　　子）　333
セド祭　12, 17, 22, 23, 64
セナイ（センネフェルの妻）　215
セネト（盤上遊戯）　305
セネンムト　184, **189〜193**
セパ　21
セヘル島　31
セマタウイテフナクト1世　392〜394
セマタウイテフナクト2世　410〜412
ゼムティ（「砂漠の（もの）」）　13
セラピス（オシリス・アピス）神　419
セラビト・エル゠カディム　186
センウスレト1世　128, 134
センウスレト2世　143
センウスレト3世　97, 145, 146, **149〜153**
船隊指揮官　392
センネジェム　303〜306
センネフェル　215〜217
戦没者共同墓地　118
閃緑岩　48
相互不可侵条約（エジプトとヒッタイトの）
　　317
葬祭慣行　138
葬祭周壁　19
葬祭殿（葬祭記念建造物）　19, 20, 29, 164,
　　385, 405
――――（アメンホテプ1世とアハモセ・ネフェ
　　ルトアリ共同の）　329
――――（アメンホテプ3世の）　222
――――（ウェニの）　77
――――（センウスレト3世の）　153
――――（テティの）　72
――――（トゥトモセ3世の）　329
――――（ハトシェプストの）　182, 185, 187,
　　191, 329, 387
――――（メンチュホテプ2世の）　116, 118,
　　121, 329

——（ラメセス2世の） 312
——（ラメセス3世の） 343, 345, 391
造船 18
相続 294, 351
租税 37
ソテル（「救い主」） 420
ソベク（鰐神） 68, 167
ソベクネフェル（ソベクネフェルウ） 157
ソベクホテプ3世 157〜159
ソレブ（古代のケムマアト） 165, 233, 268

た行

タア1世 169
タア2世 167, 168, **169〜171**, 175
第一急湍 136, 150
第一中間期 141
大王妃 173, 184, 188
大家令 309, 311
大蛇 168
「大セソストリス」伝説 149, 153
タイティ・ザブ・チャティ 203
第二急湍 151
第二預言者（第二司祭） 200
「大ハリス・パピルス」 344
大ピラミッド（クフの） 46〜50, 51, 126（「ピ
　　ラミッド」も参照）
太陽 254
太陽神 219, 222, 223, 226
第四急湍 218
タウイ（ナクトの妻） 213
タウォスレト（セティ2世の未亡人） 340
タエムウァジスィ（フイの妻） 266
ダギ（メンチュホテプ2世の宰相） 120
タケロト2世 371〜373
タケロト3世 374
「竪琴弾きの歌」 30
タニス（古代のジャネト） 362, 369, 373
タニスの遺宝 368
谷の美しき祭 213, 387
タヌタマニ 390
ダハシュール 43, 48, 130, 150, 153

タハルコ（クシュのファラオ） 383
タヘリ（バクの妻） 260
ダルブ・エル＝アルバイーン（「40（日）の道」）
　　83
ダレイオス1世 401
ダレイオス3世 411
探検家 81
チェケル 346
チェチ 111〜114
知恵文学 30
チェヘヌ（リビア） 334
チェメフ 83
畜牛 268
畜牛頭数調査 122
畜産 73, 74
地中海 291
チャウティ 99〜100
チャネニ（トゥトモセ3世の軍司令官） 194
中央集権 3, 203
テイ（アイの妻） 286
ディアドコイ（アレクサンドロスの後継者たち）
　　417, 418
ティイ 2, 85, 220, 222, 223, **224〜227**, 250
ティイ（ラメセス3世妃） 347
ティス（古代のチェニ） 1, 7, 83, 107, 116,
　　134
ディディア 329〜331
ティネト・タ・アムウ 178
ティムナ 346
テティ 72, 76
デディ 207〜208
テティアン 178
テティシェリ（タア2世の母親） 169, 173
デニエン 346
テフナクト（サイスの支配者） 376
テフヌト 250
デプ（ブト、現在のテル・エル＝ファライー
　　ン） 72, 334（「ブト」も参照）
テーベ 95, 99, 100, 101, 107, 111, 115,
　　118, 130, 139, 162, 164, 167, 169,
　　170, 200, 204,、212, 215, 222,
　　223, 227, 228, 233, 234, 237, 267,

269, 272, 287, 293, 294, 300, 313, 349, 357, 362, 365, 371, 372, 373, 374, 378, 379, 383, 385, 390
テーベ・コプトス連合　102
テーベ西岸　116, 164, 192, 233, 235, 273, 294
テム（メンチュホテプ2世の第二妃）　120
デル・エル＝バハリ　116, 118, 121, 122, 182, 185, 187, 192, 235, 384
デル・エル＝バラス　170
デル・エル＝メディーナ　31, 235, 295, 303
テレシュ　334, 346
デン　9, 11, **12～15**
田園生活　61
デンデラ　31, 104
銅　23, 70
トゥイウ（ティイの母親）　225
道化師　54
トゥシュラッタ（ミタンニ王）　227, 265
トゥトアンクアテン（「アテンの生きた似姿」）
　　→トゥトアンクアムン
トゥトアンクアムン　227, 239, 240, 246, 253, 265, 266, 268, **270～275**, 278, 283, 286, 287, 288, 298
トゥトモセ　223, 244, **353～356**
トゥトモセ1世　174, 178, 180, 182, 185, 194, 198
トゥトモセ2世　180, 181, 182, 185
トゥトモセ3世　181, 184, 185, 188, **194 ～199**, 203, 231, 329
トゥトモセ4世　218, 283, 284
トゥトモセ（彫刻師）　249
トゥナ・エル＝ジェベル　415
トゥニプ　194, 198, 202
東方人　14
時の神官　147
トト（知恵と文字の神）　53, 403
トト神殿　413
トトの言葉（ヒエログリフ）　231
「トリノ王名表」　23, 293
トルコ石　23, 48, 124, 155, 156, 346
トルコ石のテラス　154～156

ドンゴラ直線流域　375

な行

内戦　107
ナイル・デルタ　1, 13, 98, 127, 149, 371, 390
ナウクラティス　396
ナウナクト　**350～352**
中王国　95, 138
ナガダ（古代のヌブト）　7, 104
ナクト　143, **212～214**
ナクトネベフ（ネクタネボ1世）　402
ナクトホルヘブ（ネクタネボ2世）　31, 405, **406～409**
ナパタ　376, 378
ナポレオン・ボナパルト　50
ナルメル　**5～9**
軟膏　13
ニウセルラー　57
西アジア　194
二重王　12
日輪（アテン）　244, 245, 246, 254
ニトイクレト（ニトクリス）　383, **389～391**, 392, 398
ニマアトハプ（カーセケムウイ妃）　20, 23
ニムロト（ヘルモポリスの支配者）　376
ヌビア　8, 31, 41, 78, 81, 87, 91, 120, 136, 150, 151, 153, 165, 177, 178, 180, 186, 194, 198, 207, 218, 265, 267, 268, 273, 291, 313, 317, 340, 357, 359, 375, 378
ヌビア砂漠　218
ヌビア人　17, 334, 365
ネイト（戦いの女神）　399, 401
ネイトホテプ　7
ネクタネボ2世　406
ネクベト（禿鷲の女神）　16, 221, 226
ネケブ　179
ネシの入植地　326
ネジュメト　147, 362
ネスウト・ビティ（「葦と蜜蜂の者」）　12

ネブウェネネフ（アムン大司祭） 316
ネフェルウ（メンチュホテプ2世の正妃）
　120
ネフェルウラー（ハトシェプストの長女）
　181，182，184，190，192
ネフェルカラー（ペピ2世の即位名） 84，85，
　86，88
「ネフェルティの予言」 128
ネフェルトアリ（ラメセス2世妃） 314，317
ネフェルトイティ 246，**248～253**，256，263，
　277，286，
ネフェルホテプ1世 158
ネフェルマアト王子 51
ネブカドネツァル2世 396
ネブケペルウラーの家 273
ネブペフティラー　→アハモセ王
ネヘスィ（ハトシェプストの大蔵大臣） 184
ネムティエムサフ（2世） 88
ネメス頭巾 22，86
「年代記」 194
農業 130
鑿 5

は行

バイ 339～341
パイアンク（将軍） 359，360
ハイエナ 74
ハイエナの年 357
墓泥棒 338
バク 258～260
パケト（猫の女神） 185
禿鷲の被り物 425
バシレウス（「王」） 419
鉢巻き 78，234
ハッティ　→ヒッタイト
パディアメンオペ 365，**385～388**
パディウスィル（ギリシア語でペトシリス）
　413～415
パディウスィル（ペトシリス）の木棺 364
ハトシェプスト 181，**182～188**，189，190，
　216

ハトセケム 206
ハトホル 110，118，156，223，226，320
ハトホル神殿 225
パネブ 336～338
パネヘスィ 354，**357～359**
バハバイト・エル＝ハジャル（古代のヘビト）
　402，406
ハピジェファ 138～140
バビロニア 222，395，396
パラメセス（後のラメセス1世） 302
ハルウァ 379～381
ハルクフ 81～85，86，90
ハルダイ 359
パルティア 428
パレスチナ 8，13，14，127，181
パレット（「化粧板」） 5
パレルモ・ストーン 13，15
反革命 282
反逆者 359
犯罪 295
ピイ 375～378，379
ヒエラコンポリス（古代のネケン） 5，7，8，
　16～18，102，149
ヒエラティック（神官文字） 131
ヒエログリフ（聖刻文字） 5
ヒクソス 161，166～168，170，175，177
ピグミー 54，84，87
ヒシミ・シャルマ 318
美術 258
備蓄穀物 358
ヒッタイト 202，314，316～318，333
ヒッタイト帝国 291
ビュブロス 18，65，362
ピラミッド 4，20，39，321，323（「階段ピ
　ラミッド複合体」も参照）
──（アメンエムハト1世の） 126
──（ウナスの） 63，64，66
──（クフの） 46～50，51，126
──（センウスレト3世の） 150
──（テティの） 72
──（ペピ2世の） 87
──（メルエンラーの） 79

ピラミッド時代　127
ピラミッド社会　209
「ピラミッド・テキスト」　63，64，67，87，88
ピラミッドの町　72，77
ファイユーム　34，218
ファラス（古代のセヘテプネチェルウ）　267，
　268，273
ファロス島　426
フイ　239，**265〜269**
フイア（ティイの家令）　227
フィラエ島　31
フィリッポス・アリダイオス　418
フィリッポス（マケドニア王）　408，416
フウ（古代のフウト・セケム）　216
プサムテク1世　382，389，390
プサムテク3世（アハモセの息子）　398
ブシリス（古代のジェドゥ）　105
プスセンネス1世　368
二つの穀倉の監督官　139
二つの国土　161
二つの国土の女主　184
二つの国土の統一者　120
プタハシェプセス　56〜58
プタハ神　30，68，320
プタハ神殿（メンフィスの）　31，315，319，
　323，325
プタハ大司祭　223
ブト（古代のジェバウト）　8（「デプ」も参照）
プトレマイオス12世　424
プトレマイオス13世　425，426
プトレマイオス14世　426，428
プトレマイオス15世　428，429
プトレマイオス1世　416〜420
プトレマイオス2世フィラデルフォス　420
プトレマイオス5世　23，31
プトレマイオス・カエサリオン　428
プトレマイオス朝　31，367，408
フニ　42
ブヘン　186
フルリ語　307
文学　96
文学　128，408

プント国　92，198，346
ペ（ブト、現在のテル・エル＝ファライーン）
　26，334
ベイト・カラフ　23
ヘカナクト　130〜133
ペケル　147，148
ヘテプセケムウイ　18，64
ヘテプヘルネブティ（ジョセル妃）　22
ヘテプヘレス　42〜45，48
ベドゥイン　144
ペドゥバスト　372，373
ベニ・ハサン　141，143，185
ヘネヌ（メンチュホテプ2世の大家令）　120
ペピ1世　76，79，86
ペピ2世　84，86〜89，90
ペピアンク　59〜62
蛇医者　402
ペピナクト・ヘカイブ　90〜93
ヘマカ　15
ヘミラー　105〜106
ヘムイウヌ　51〜53
ヘラクレオポリス（古代のフネス）　95，99，
　100，107，116，139，296，374，377，
　410
ヘラクレオポリス朝　116
ヘリオポリス（古代のイウヌ）　23，31，221，
　327
ヘリシェフ（牡羊神）　410，411
ヘリホル　360〜362
ペルウネフェル　210
ペルシア　366，395，399〜400，404，406，408，
　410，412，413
ペルシウム　425
ベルシャルスル（ベルシャツァル）　398
ペルディッカス　417
ペルニアンクウ　54〜55
ヘルモポリス（古代のケムヌ）　348，376，
　377，383，413
ペル・ラメセス（現在のカンティール）　293，
　313，318，357
ペレセト（ペリシテ人）　346

ベレニケ　424
ヘロドトス　49，423
ペンタウェレト（ラメセス3世の息子）　347
防衛協定（エジプトとヒッタイトの）　317
方鉛鉱　143
方解石　48
宝庫監督官　283
宝庫書記　325
封臣　389，395
法廷闘争　325
没薬　346
ホルウェルラー　154〜156
ホルエムヘブ　272，281，282，284，287，289，
　292，**296〜302**，314
ホルス　7，10，16，226，292，406
ホルス・ケンティケティ神　233
ポンペイウス　426

ま行

マアトカラー　→ハトシェプスト　181
マアトの原理　203
マアトの場　→赤い祠堂
マアトホルネフェルウラー（ヒッタイト王女）
　318
マイア　280〜284
マケドニア　412，416，419，424
マケドニア人　366
マスタバ　48
マネト　86，149，**421〜423**
マの大首長　377
マフ　261〜264
マルクス・アントニウス　428，429
ミタンニ王国（古代のナハリン）　178，180，
　194，218，222
南の宰相　203
ミノア人　202
ミン（豊穣神）　26，225
ムト　226
ムトエムウイア（アメンホテプ3世の母親）
　220，223
ムトエムウイア（ライアの妻）　319

ムトベンレト（ネフェルトイティの姉妹）　250
メイドゥム　43
メギド　196
メケトアテン　252
メケトラー　122〜124
メス　325〜328
メスデメト　143
メチェチ　40，68〜71
メチェン　33〜35
メディネト・ハブ（古代のジェメ）　343，358，
　391
メナト（儀礼用襟飾りの平衡錘）　282
メナト・クフ　141，143
メヒト（ライオンの女神）　26
メムノンの巨像　258
メリトアテン　238
メリトイテス（クフの正妃）　48
メリト（センネフェルの妻）　215
メリト（マイアの妻）　282
メリラー　252，254〜257
メルエンプタハ　332〜335
メルエンプタハの泉　333
メルエンラー　79，81，86
メル・ケペシュ（「力を愛する者」）　218
メルネイト　10〜11，13
メレルカ　72〜75
メロエ　31
メンケペルラーセネブ　200〜202
メンチュホテプ2世　115〜121
メンチュホテプ3世　120
メンチュホテプ4世　125
メンフィス　19，31，37，68，118，164，220，
　223，237，272.，273，283，293，313，
　319，321，327，371，377，378
〈メンフィスで輝く〉（御座船）　175
モアッラ（古代のへファト）　101
モアブ　143
文字記録　130
諸々の異国の監督官　18
モンチュエムハト　382〜384
モンチュ神　107，115
モンチュ神殿　311

索引　463

や行

遺言　294，352
ユーフラテス川　194，198
ユリウス・カエサル　425，428
「良き名前」のヘミ　→ヘミラー
ヨッパ（現在のヤッファ）　198
読み書き能力　353

ら行

ライア　319〜320
来世の民主化　96
ラー（太陽神）　23，254
ラー大司祭　254
ラメセウム　309，311，313
ラメセス2世　305，312〜318
ラメセス3世　342〜347
ラメセス4世　348
ラメセス9世　349
ラメセス11世　360
ラメセス朝　23，307
ラメセスナクト　294，348〜349
リシュト　125，126，127
リビア　291，360
リビア砂漠　48
リビア人　8，22，65，334，357

リブの民　345
ルクソール神殿　186，273，300，316
ルクソール神殿の隠し場　221
ルッカ　334，346
ルネサンス　127，128，365，408
レヴァント　127，157，177，178，180，198
レクミラー　203〜206
レジイ（ジョセルの娘）　22
レバノン　166
錬金術師　32
レンペトネフレト（イムホテプの妻）　29
労働監督官　282
ロータスの花　162
ロードス島　420
ローマ時代　31
ローマ帝国　367，424，428

わ行

ワイン　35
ワエンラー（アクエンアテン）　260
ワディ・ナトルン　220
ワディ・ハンママート　125，348
ワディ・ヘスイ　107
ワディ・マガラ　23
ワーテトケトホル（テティの長女）　72
ワワト（第二急湍以北のヌビア）　84，90，
　　91，93，265，268

【著者】

トビー・ウィルキンソン（Toby Wilkinson）

イギリスのエジプト学者で、現在はケンブリッジ大学のクレアカレッジにおいて特別研究員の地位にある。とりわけ古代エジプトの国家形成に関する研究で知られており、近年の著作としては本書のほか、*Early Dynastic Egypt.* (Routledge,2001)、*Genesis of the Pharaohs : Dramatic New Discoveries Rewrite the Origins of Ancient Egypt.* (Thames & Hudson, 2003)、*The Rise and Fall of Ancient Egypt.* (Random House Trade Paperbacks, 2013)、*The Nile : A Journey Downriver Through Egypt's Past and Present* (Knopf, 2014) などがある。

【訳者】

内田杉彦（うちだ・すぎひこ）

1957年生まれ。早稲田大学第一文学部卒業、同大学大学院文学研究科博士課程単位取得満期退学。シカゴ大学大学院近東言語文明学科に留学。専攻分野はエジプト学。現在は明倫短期大学准教授。共著に日本オリエント学会編『古代オリエント事典』（岩波書店）、単著に『古代エジプト入門』（岩波書店）、訳書には、ジョイス・ファイラー『病と風土：古代の慢性病・疫病と日常生活』（學藝書林）、チャールズ・フリーマン『ヴィジュアル版古代エジプトの世界』（原書房）、マーク・レーナー『図説ピラミッド大百科』（東洋書林）、リチャード・H・ウィルキンソン『古代エジプト神々大百科』（東洋書林）などがある。

Lives of the Ancient Egyptians
by
Toby Wilkinson
Copyright © 2007　Thames & Hudson Ltd. , London
This edition first published in Japan in 2015
by Yushokan Publishing Co. Ltd. , Tokyo
Published by arrangement with Thames & Hudson, London,
through Tuttle-Mori Agency, Inc., Tokyo.
Japnese edition © Yushokan Publishing Co. Ltd.

図説
古代エジプト人物列伝

2015 年 1 月 20 日　初版発行

著　者	トビー・ウィルキンソン
翻訳者	内田杉彦
装　幀	桂川　潤
発行者	長岡正博
発行所	悠書館

〒 113-0033　東京都文京区本郷 2-35-21-302
TEL 03-3812-6504　FAX 03-3812-7504

印刷・製本：理想社

Japanese Text © 2015 Sugihiko UCHIDA
2015 Printed in Japan
ISBN978-4-903487-97-7